健身原理与方法

JIANSHEN YUANLI YU FANGFA

刘 胜 张先松 贾 鹏 著

中国地质大学出版社
ZHONGGUO DIZHI DAXUE CHUBANSHE

图书在版编目(CIP)数据

健身原理与方法/刘胜,张先松,贾鹏著. —武汉:中国地质大学出版社,2010.12

ISBN 978-7-5625-2576-9 (2021.9重印)

Ⅰ.①健…

Ⅱ.①刘…②张…③贾…

Ⅲ.健身运动-高等学校-教材

Ⅳ.①G883

中国版本图书馆 CIP 数据核字(2010)第 245877 号

健身原理与方法 　　刘　胜　张先松　贾　鹏　著

选题策划:郭金楠　　责任编辑:王文生　　责任校对:戴　莹

出版发行:中国地质大学出版社(武汉市洪山区鲁磨路 388 号)　　邮政编码:430074

电话:(027)67883511　　传真:67883580　　E-mail:cbb@cug.edu.cn

经　销:全国新华书店　　http://www.cugp.cn

开本:787 毫米×1 092 毫米 1/16　　字数:500 千字　印张:18.75

版次:2010 年 12 月第 1 版　　印次:2021年 9月　第 7次印刷

印刷:武汉珞南印务有限责任公司　　印数:10001-12000册

ISBN 978-7-5625-2576-9　　定价:39.80 元

前言

随着社会发展和人们生活水平的不断提高，健身已逐渐成为人们日常生活中的重要内容，全民健身活动已蔚然成风，成为一种新的文化现象和社会时尚。为了更好地贯彻实施《全民健身计划纲要》，推动我国体育事业的发展，加强社会体育指导方面专业人才的培养，一些体育院校陆续开设了社会体育、休闲体育、健身健美和休闲健身等新的专业或方向。传统的体育教育专业为了适应当前学校体育改革中对“健康教育”和“终身体育”的需要，也开始注重健身教育。目前全国许多体育院校都将《健身原理与方法》课程作为专业理论课程，设置到体育教育中的社会体育、休闲体育和健身健美等专业和方向的人才培养方案的课程体系之中。据调查，武汉体育学院、上海体育学院、北京体育大学、西安体育学院、山西大学体育学院、江汉大学体育学院等院校的相关专业都开设了《健身原理与方法》课程。不仅如此，现在全国许多高校还开设了《健身原理与方法》的公共选修课，以满足学生对健身教育的需求。为了满足上述专业教学的需要，促进健身原理与方法的研究，更好地指导人们的口常健身锻炼，我们编写了《健身原理与方法》教材。

20世纪70年代以来，国内外的健身专家和学者就开始注意健身理论与方法的研究，取得了一些研究成果。先后出版了《群众体育学》、《科学健身》、《健身教育教程》、《体育健身学》、《体育健身原理与方法》、《运动与健身》等教材或专著，我们在前者的基础上进行了一些拓展和探索，其主要内容包含以下几个方面：①人们的健身理念和健身运动对人体的功效；②科学健身的理论基础；③健身锻炼的手段与方法；④健身锻炼的个性化方案。

本教材在编写过程中秉承全面、基础、精练、实用的编写原则，其特点主要体现在以下几个方面。

1. 全面性

健身原理涉及到生理学、心理学、运动学、行为学、社会学等相关学科和课程的基础，在教材编写中不仅注重学生相关专业知识的提炼和综合，尽量避免与其他课程知识的简单重复，而且对影响健身的各相关因素进行充分的归纳和整理，保证教材内容体系的系统性。

2．先进性

科学合理的健身锻炼是提高健康水平最有效的手段。为此，本教材力求在内容上反映各学科最新的研究成果和健身实践中最好的实践经验。主要内容包括健身新理念、健身的科学基础、健身原则、健身方法与手段、健身效果评价、科学营养与健身、健身环境与装备、健身分类指导。

3．实践性

优化教材内容体系结构，注重学生的认知规律，保证教材从理论到实践，从普遍规律到个性化案例的层次推进；既考虑专业人才培养的规格要求，又充分考虑体育专业学生的特点和健身锻炼者的需求，具有科学性与通俗性相统一的特点。既便于教师的教学，同时也便于学生和健身爱好者自学。

本教材主要适用于高等体育院校社会体育、体育教育、休闲体育、体育管理等专业的学生使用。也可作为社会体育工作者、体育教师、相关研究人员的参考书及高等院校公共选修课教材。

本教材由刘胜、张先松、贾鹏共同撰写。具体撰写分工为：第一章（刘胜）、第二章（贾鹏）、第三章（刘胜）、第四章（刘胜）、第五章（张先松）、第六章（张先松）、第七章（贾鹏）、第八章（张先松）。最后，刘胜对全书进行了统稿、修改并最终定稿。

本教材是武汉市城市体育文化研究基地立项研究项目。

在本教材的编写过程中，我们参考、阅读和应用了大量的文献资料，谨向这些文献的作者表示深深的感谢！由于编者水平有限，本书难免存在疏漏甚至错误之处，敬请批评指正。

刘　胜　张先松　贾　鹏

2010年12月1日

目　　录

第一章　健身新理念 ………………………………………………………………（1）
第一节　健身的内涵及特点 ……………………………………………………（1）
一、健身运动的产生与发展 ……………………………………………………（1）
二、健身的概念及内涵 …………………………………………………………（6）
三、健身的特点 …………………………………………………………………（7）
四、与健身相关的概念 …………………………………………………………（8）
第二节　健身对人类健康的积极影响 …………………………………………（9）
一、社会发展与人类健康危机 …………………………………………………（10）
二、健康新理念 …………………………………………………………………（10）
三、影响人体健康的因素 ………………………………………………………（11）
四、健身对人体健康的影响 ……………………………………………………（12）
思考题 ……………………………………………………………………………（14）
第二章　健身的科学基础 ……………………………………………………（15）
第一节　健身的人体科学基础 …………………………………………………（15）
一、人体运动时的物质与能量供应 ……………………………………………（15）
二、运动疲劳的产生与消除 ……………………………………………………（20）
第二节　健身的运动学基础 ……………………………………………………（23）
一、运动技能的基本概念 ………………………………………………………（23）
二、运动技能的分类 ……………………………………………………………（23）
三、运动技能的生理本质 ………………………………………………………（23）
四、形成运动技能的过程及其发展 ……………………………………………（24）
五、影响运动技能形成与发展的因素 …………………………………………（25）
第三节　健身的心理学基础 ……………………………………………………（28）
一、健身锻炼促进心理健康的理论机制 ………………………………………（28）
二、通过健身锻炼来促进心理健康 ……………………………………………（29）
第四节　身体素质敏感期 ………………………………………………………（30）
一、力量 …………………………………………………………………………（31）
二、速度 …………………………………………………………………………（31）
三、耐力 …………………………………………………………………………（32）
四、协调、灵敏与柔韧 …………………………………………………………（32）

第五节 体适能发展 …………………………………………………………………… (33)
一、有氧适能健身……………………………………………………………………… (33)
二、肌适能健身………………………………………………………………………… (37)
第六节 中国传统健身思想 ………………………………………………………… (38)
一、古代中国的传统体育思想沿革………………………………………………… (38)
二、我国传统体育思想观念………………………………………………………… (39)
思考题 ……………………………………………………………………………… (41)
第三章 健身原则 …………………………………………………………………… (42)
第一节 健身过程的基本原理 ……………………………………………………… (42)
一、新陈代谢理论……………………………………………………………………… (42)
二、运动负荷价值阈规律……………………………………………………………… (42)
三、超量恢复原理……………………………………………………………………… (44)
四、身心互制原理……………………………………………………………………… (45)
五、人体发展的阶段性特征…………………………………………………………… (45)
第二节 健身原则 …………………………………………………………………… (46)
一、全面性原则………………………………………………………………………… (47)
二、自觉性原则………………………………………………………………………… (47)
三、经常性原则………………………………………………………………………… (48)
四、适量性原则………………………………………………………………………… (49)
五、针对性原则………………………………………………………………………… (49)
思考题 ……………………………………………………………………………… (50)
第四章 健身方法与手段 …………………………………………………………… (52)
第一节 常用的健身练习方法 ……………………………………………………… (52)
一、重复练习法………………………………………………………………………… (52)
二、变换练习法………………………………………………………………………… (52)
三、间歇练习法………………………………………………………………………… (53)
四、持续练习法………………………………………………………………………… (53)
五、循环练习法………………………………………………………………………… (53)
六、竞赛与表演法……………………………………………………………………… (54)
第二节 有氧与无氧健身方法 ……………………………………………………… (54)
一、有氧运动健身方法………………………………………………………………… (54)
二、无氧运动健身方法………………………………………………………………… (61)
第三节 休闲健身方法 ……………………………………………………………… (64)
一、非运动性休闲健身活动…………………………………………………………… (65)
二、运动性休闲健身活动……………………………………………………………… (66)
三、智力性休闲健身活动……………………………………………………………… (66)
四、休闲健身活动的要求……………………………………………………………… (67)
第四节 民族传统与自然力健身方法 ……………………………………………… (67)

一、民族传统健身方法……………………………………………………………………………(67)
二、自然力健身锻炼方法…………………………………………………………………………(69)
第五节　运动处方与训练后的恢复健身方法 ……………………………………………(71)
一、运动处方健身方法……………………………………………………………………………(71)
二、健身训练后的恢复方法………………………………………………………………………(83)
第六节　不同年龄阶段人群健身方法 ……………………………………………………(88)
一、婴幼儿健身……………………………………………………………………………………(88)
二、儿童健身方法…………………………………………………………………………………(89)
三、青少年健身方法………………………………………………………………………………(90)
四、青壮年健身方法………………………………………………………………………………(90)
五、中年人健身方法………………………………………………………………………………(91)
六、老年人健身方法………………………………………………………………………………(92)
思考题 ………………………………………………………………………………………………(93)
第五章　体育健身效果评价 ……………………………………………………………………(94)
第一节　体育健身效果评价的种类和原则 ………………………………………………(94)
一、体育健身锻炼效果测量与评价的意义…………………………………………………(94)
二、体育健身锻炼效果测量与评价的种类…………………………………………………(94)
三、体育健身效果测量评价的原则……………………………………………………………(96)
第二节　体育健身效果评价方法 ………………………………………………………………(96)
一、定性评价………………………………………………………………………………………(96)
二、定量评价 ……………………………………………………………………………………(101)
三、健身与健美运动水平的目标评价 ………………………………………………………(112)
思考题………………………………………………………………………………………………(113)
第六章　科学营养与健身 ………………………………………………………………………(114)
第一节　健康营养与营养素……………………………………………………………………(114)
一、营养目标与健康营养要求 …………………………………………………………………(114)
二、营养素 …………………………………………………………………………………………(115)
第二节　健身营养膳食指导……………………………………………………………………(128)
一、健身运动的饮食原则与膳食指南 …………………………………………………………(128)
二、健康食品的选择与食物的搭配 ……………………………………………………………(129)
三、健身人群膳食营养计划的制定方法与步骤 ……………………………………………(133)
四、不同运动形式的营养补充 …………………………………………………………………(137)
五、增加肌肉体积与减肥的特殊营养 …………………………………………………………(137)
六、保健营养补品与天然“食物补品” ……………………………………………………(143)
七、营养早餐及食物选择 ………………………………………………………………………(145)
第三节　不同健身人群的营养方案……………………………………………………………(147)
一、减肥塑身人群的饮食营养方案 ……………………………………………………………(147)
二、强身健体人群的饮食营养方案 ……………………………………………………………(155)

三、康复人群的饮食营养方案 …………………………………………………… (156)
四、特殊人群的饮食营养方案 …………………………………………………… (171)
第四节　健身运动膳食的最优化方案…………………………………………… (185)
一、不同人群三大营养素需要量不同 ………………………………………… (185)
二、不同活动目的热量需求不同(千卡/公斤体重/天) ……………………… (186)
三、不同锻炼目的热量需求不同(千卡/公斤体重/天) ……………………… (186)
四、不同体力活动热量消耗的简易计算方法 ………………………………… (187)
五、不同食物提供热量的简易计算方法 ……………………………………… (187)
六、健美训练营养膳食方案举例 ……………………………………………… (188)
第五节　健康膳食的安全措施…………………………………………………… (188)
一、应该减少食用的食物 ……………………………………………………… (188)
二、注意食物安全 ……………………………………………………………… (189)
思考题……………………………………………………………………………… (190)
第七章　健身环境与装备 ……………………………………………………… (191)
第一节　室内健身器械…………………………………………………………… (191)
一、健美类器械简介 …………………………………………………………… (191)
二、有氧健身类器械简介 ……………………………………………………… (193)
三、健身操类器械简介 ………………………………………………………… (195)
第二节　户外健身器械与装备…………………………………………………… (198)
一、攀岩 ………………………………………………………………………… (198)
二、蹦极 ………………………………………………………………………… (199)
三、滑板 ………………………………………………………………………… (200)
四、小轮车运动 ………………………………………………………………… (200)
五、冲浪运动 …………………………………………………………………… (202)
六、潜水 ………………………………………………………………………… (203)
七、野外生存环境与安全装备 ………………………………………………… (204)
第三节　环境因素对健身的影响………………………………………………… (207)
一、自然环境与健身 …………………………………………………………… (207)
二、人工环境与健身 …………………………………………………………… (211)
三、社会环境与健身 …………………………………………………………… (212)
第四节　不同季节的健身方略…………………………………………………… (213)
一、春季健身 …………………………………………………………………… (213)
二、夏季健身 …………………………………………………………………… (214)
三、秋季健身 …………………………………………………………………… (216)
四、冬季健身 …………………………………………………………………… (217)
思考题……………………………………………………………………………… (218)
第八章　体育健身分类指导 …………………………………………………… (219)
第一节　减脂塑身人群的健身指导……………………………………………… (219)

一、肥胖的危害、原因及标准……………………………………………………(219)
二、减肥塑身人群的科学健身方法 ……………………………………………(221)
第二节 强身健体人群的健身指导………………………………………………(224)
一、有氧健身与无氧健身锻炼的不同作用 ……………………………………(224)
二、强身健体人群的科学健身原则与方法 ……………………………………(225)
第三节 康复人群的健身指导……………………………………………………(234)
一、高血压人群的健身锻炼指导 ………………………………………………(234)
二、高脂血症人群的健身锻炼指导 ……………………………………………(234)
三、糖尿病人群的健身锻炼指导 ………………………………………………(236)
四、冠心病人群的健身锻炼指导 ………………………………………………(238)
五、骨质疏松症人群的健身锻炼指导 …………………………………………(239)
第四节 特殊人群的健身指导……………………………………………………(242)
一、老年人健身锻炼指导 ………………………………………………………(242)
二、孕期及哺乳期女子的健身锻炼指导 ………………………………………(244)
三、婴幼儿的健身锻炼指导 ……………………………………………………(249)
第五节 形体修塑人群的健身指导………………………………………………(250)
一、形体修塑的原则与技巧 ……………………………………………………(250)
二、人体不同部位肥胖的修塑技法 ……………………………………………(251)
第六节 体态矫正人群的健身指导………………………………………………(257)
一、颈短的矫正技法 ……………………………………………………………(257)
二、脊柱侧弯的矫正技法 ………………………………………………………(258)
三、背部畸形的矫正技法 ………………………………………………………(259)
四、肩部畸形的矫正技法 ………………………………………………………(261)
五、胸部畸形的矫正技法 ………………………………………………………(264)
六、腿部畸形的矫正技法 ………………………………………………………(266)
七、足部畸形的矫正技法 ………………………………………………………(267)
第七节 青少年增高的健身指导…………………………………………………(268)
一、人体增高的科学原理 ………………………………………………………(268)
二、青少儿增高训练的方法 ……………………………………………………(272)
三、促进青少儿长高的营养 ……………………………………………………(274)
四、影响青少儿长高的重要因素 ………………………………………………(275)
五、身高的标准与预测方法 ……………………………………………………(279)
思考题……………………………………………………………………………(287)
参考文献 ………………………………………………………………………(288)

第一章 健身新理念

第一节 健身的内涵及特点

从远古时代开始，人们就企求长生不老，希望有健康的体质和强壮的体格，并且一直努力实践和探索。现代健身作为一种社会现象，是随着人类社会的不断发展，生产和生活方式的重大变革，而逐渐成为人们一种崭新的生活时尚并风靡世界。健身活动与体育的产生和发展有着非常紧密的联系。

一、健身运动的产生与发展

（一）健身活动的起源

在人类社会形成之初，教育就随之产生了。为了生存和繁衍，人们必须学会劳动作业过程中的跑、跳、投掷、攀登等技能并将之传授给后人，这就是体育教育最初的主要内容，也是人类健身活动的源头之一。

当原始人类在物质生产过程中逐步积累了愈来愈多的经验时，就开始认识到他们的生存取决于自己同被追逐的野兽之间在力量、速度、耐力、灵巧性等方面的差异，于是开始有意识地对上述身体素质进行培养。随着人类的进一步发展，萌芽期的身体教育已开始与社会一般教育分离，成为人类社会的一种以人的自身为其客体的特殊的活动形式，从而导致了“身体练习”的出现。这就是学者们所称的“原始体育的第一次质的飞跃”。

在原始人类的社会活动中，已经出现了最初的艺术、舞蹈、娱乐、祭祀、礼仪等活动。关于舞蹈的产生，古书这样记载：“情动于中而形于言，言之不足，故嗟叹之，嗟叹之不足，故咏歌之，咏歌之不足……手之舞之，足之蹈之也。”舞蹈源于人类的生产劳动，但它与人类对自己情感的表达和模仿自然的游戏有关（也就是所谓“心理冲动”）。舞蹈属于艺术的范畴，但与体育和体育健身活动有着不解之缘，古今亦然。人们在舞蹈过程中，又逐渐产生对自身的朴素的美学要求。伴随着人类的社会需要，与舞蹈相近的活动性游戏也在原始社会出现了。

健身运动的另一种渊源，是原始的医疗卫生活动。医学史认为，“……我们不必把医药的起源推崇为伏羲或是神农、或是黄帝的发明，而是原始社会人民向疾病伤害作斗争……从生活经验的积累中渐渐产生了纯靠经验的早期医学。”在人类的早期医学中，古代舞蹈兼具医疗卫生功能。关于原始社会末期“消肿舞”的记载，就是这方面的典型例子。《吕氏春秋·古乐》中曰：“昔陶唐氏之始，阴多滞伏而湛积，水道雍塞，不行其原，民气郁闷而滞著，筋骨瑟缩不达，故作为舞以宣导之。”

古罗马的医生盖伦著书立说，倡导健身运动。他将运动分为臂部、躯干和腿部运动，并倡导举重、爬绳等运动项目。古印度的医生也非常重视公共卫生和保健,主张通过身体运动(如瑜伽术)、按摩等手段来保持和恢复健康,达到预防疾病、帮助消化、延缓衰老等目的。这些都证明,原始人类已经认识到舞蹈动作的舒筋壮骨功能并运用于医疗实践中。

关于健身运动的源起,还有一种"需要论"。这种观点认为,"需要"是人类一切活动的动因。任何社会现象和生命现象,无不以社会的需要和人的需要为其产生、存在和发展的依据。可以说,人的活动都是由需要引起的,需要是人的能动性的源泉和动力。单就健身运动产生的动因而言,除了劳动的需要以外,还有适应环境的需要,对付同类袭扰的防卫需要等。这些归纳起来,就是需要一副健康的身体,需要进行强健自身的活动,因此,也就构成了健身运动产生的原因。

学者们认为,人类的健身运动不是自发产生的,它是适应人们的社会需要而产生和发展起来的。人类健身运动的产生,具有三个最为直接的渊源,即最初的教育、文化娱乐和医疗卫生。上述这些活动的发展,推动了健身运动的发展。

(二)古代健身运动的发展

1. 东方古代健身运动的发展

当世界绝大多数地区还处于混沌蒙昧状态的时期,古代的东方已从公元前5千年初便已开始向文明社会过渡。东方各民族多生息于大河流域地区,生活环境相对稳定,与世隔绝,宗教盛行。许多民族形成了清静淡泊、自然调和、温顺好养的特点,致使其体育不是以争胜负、表现自我的竞技运动为主要内容,而是以保健养生为主要活动形式。这种形式在历史上得到了极大的发展和丰富,至今仍是世界体育运动的重要手段和内容。

比如,在古埃及,由于社会等级森严,社会阶层人群的健身状况存在着很大的差异。许多自由民家庭不仅强调儿童的道德和智力发展,而且对其身体健康也十分关心。当婴儿开始学步时,父母便任其赤裸着身子在空气新鲜、阳光充足的户外尽情活动、嬉戏。进入儿童少年阶段,各种体育游戏活动,如捉迷藏、骑人马、滚铁环、鞭陀螺、球戏等体育游戏活动便成为他们生活的重要内容。只到现在,包括本书作者在内的许多中国人,其孩提时代也是在这些童趣十足的游戏中泡大的。青年时期的体育活动强度则进一步加大,包括剧烈的户外游戏、各种球类活动,特别是跑跳活动、拳击、摔跤等,使他们的身心得到了极大的满足和发展。正如古代史学者底奥多尔所说的那样,古埃及人的生活方式仿佛是由一个按照身体健康的需要来确定生活制度的高明医生拟出的。

在古代印度,健身活动相当普及,每个人都有参加体育健身活动的权利,连妇女也不例外。除社会上各种球戏、拳击、狩猎、骑马、战车等活动十分流行外,体育的卫生保健原则和方法手段也开始在宗教的影响下形成。在早期吠陀时代,人们已经产生了长寿的愿望,并演绎出印度独具特色的瑜伽术。

中华民族在几千年的历史长河中,创造了灿烂的文化。置根于祖国医学沃土上的中华养生术,是中国传统文化的奇葩。中华民族地处长江和黄河流域,几乎世世代代生息在一个以自给自足的小农经济为基础的闭塞的静穆环境中,铸成了清静淡泊、顺乎自然、淡情寡欲、洁身自好、温良敦厚的性格;追求个人与社会、伦理与心理、理智与情感和谐统一的理想;重人伦、重情操的美德,从而使萌发于史前时代的、采用控制呼吸等以获得超自然体验的"养生术"得以在中国延续和发展。中国古代的养生活动,一直与哲学、伦理、道德、医学、教育、科学、艺术相互交织在一起,彼此渗透,承担着较重的伦理、道德的功利载负。从而与印度瑜伽术中的弃世绝俗、逃避人生，甚至自我摧残大相径庭。此外，发源于中国古代民间的许多健身游戏也倍受人们喜爱，并一直流传于世。

2. 西方古代健身运动的发展

古代西方文明比古代东方文明要晚几千年。但是，它一问世，就以咄咄逼人的气势雄踞历史舞台。西方古代体育刚一出现，就显现其鲜明的个性，使世界呈现出两种不同类型的体育交相辉映、平等发展的新态势。

不宜农耕，只宜发展商业的环境，养成了古代希腊人力求开拓、勇于竞争的性格，公民敢于否定自我，对个人的目标有着执著的追求。这样，古希腊体育就以带有个人情感和争胜负为特点的竞技运动为主要内容，并促成古代奥运会的蓬勃兴起。

另一方面，古希腊的审美观在重思辨哲学的基础上形成和发展起来，其审视的眼光又必然落到具体的自然物——人体上，其结果，使得人体的健美成为体育实施的主要目标之一。

在古希腊，原始的体操得到了较大的发展，有一种原始的体操称为巴列斯特里卡(Palestrica)，内容包括五项运动：赛跑、跳跃、投掷标枪、投掷铁饼和摔跤等。儿童也时常进行球戏、滚铁环、跑步、投掷标枪及其他一些增加身体素质的体育健身游戏。

在古希腊，有两种有代表性的政治制度，它们的体育健身制度也具有不同的特点，那就是斯巴达和雅典的体育。

(1)斯巴达的健身运动。古代斯巴达的体育健身运动被严格地纳入军事教育范围之内。12 岁以下的儿童，就要在专门的地方学习游戏、投枪、投重物、跳跃、角力、赛跑、远足和游泳等。12 岁以上的青少年被重新编组，进行更加严格和强度更大的训练。意志训练被列入斯巴达青少年教育的重要内容，如鞭笞、惩罚、过极其艰苦的生活等。斯巴达的女子在 18 岁以前也要进行严格的身体训练，经常进行的运动项目有赛跑、跳跃、投掷重物和摔跤，以及球戏、舞蹈、爬山活动等。经过运动磨练的姑娘，也具有和男子同样的刚毅性格和健美体型。国家对她们进行系统的身体训练，是为了让她们生育健壮的后代，并在男子出征后能担负守城的防务。严格的体育制度，使古代斯马达人具有强壮的体魄、优越的身体素质，从而在古代奥运会的竞技中保持了 100 多年的优势。

(2)雅典的健身运动。雅典的地理条件与斯巴达不同，全境多山，不利于农耕，但沿海良港甚多，具有商业发展的良好条件，很早就成为古希腊的工商业中心。

在公元前 600 年左右出现的梭伦改革，使雅典成为奴隶主民主制城邦国家。因此，雅典体育的重要特征之一就是民主性，其最突出的表现是公民都享有体育权。雅典的教育制度是一种包括德育、智育和体育在内的全面发展的教育制度，一个雅典公民在尚未成年前，便有资格接受包括体育在内的全面发展教育，各类体操学校和体育馆均向他们开放。成年自由公民也享受国家提供的参加文娱活动和从事体育活动的同等待遇，不因财产多寡而有所差异。在某些节日，雅典人甚至可以倾城参加包括体育竞赛在内的庆典。

值得一提的是，许多古希腊著名学者都是十分注重健身运动的专家。苏格拉底(公元前 469—公元前 399 年)是古希腊著名哲学家，他认为身体是事业成功的关键，人的身体越是健康，其工作效率就越高。他注意从国家利益的高度来认识人的体育问题，强调体育对国家存亡至关重要，若无视青年人的体育，到战时便会有亡国之灾。苏格拉底被视为智慧的化身，但他不仅推崇知识，而且十分赞赏健美，并身体力行。他曾经感叹过：如果一个人一生都未曾使自己身体表现出力和美，那是一个极大的悲剧。

柏拉图(公元前427—公元前347年)不仅是著名的学者,而且是当时杰出的竞技手。他主张采用斯巴达教育制度的原则,在雅典实施强制性教育,培养青年人的勇敢精神和不畏劳苦的品德。他认为在青少年成长时期,要特别注意进行系统的健身训练,教他们舞蹈、骑马、投掷、赛跑、野营等。亚里士多德(公元前384—公元前322年)师承柏拉图20多年,也同柏拉图一样注重身心的全面发展教育。他提出“体育先于智育”的观点,在他看来,有了健康的身体,才有进一步进行知识教育的条件。他的教育主张,是把体育作为人的全面发展的有机组成部分,并按年龄分期实施。

中世纪的欧洲,基督教神权在社会中的地位逐步确立,逐渐控制社会政治、经济、文化等各个领域,“它把古代文明、古代哲学、政治和法律一扫光”(恩格斯语),给社会生活带来了巨大的灾难。在基督教的残酷迫害下,包括健身运动在内的西方体育运动在几百年内销声匿迹。

导致基督教仇视体育的根本原因,是体育与基督教神学在世界观上的格格不入。基督教神学宣扬人的灵魂是上帝的生气,灵魂是不朽的。肉体不过是灵魂的监狱,它将随人的死亡而化为尘土。为了拯救灵魂,人应当注意自己的行为,要无条件地服从、忍耐,在祈祷、忏悔、冥想中度过不值得留恋的人生,不可图口腹之乐、贪视听之娱、求情爱之欢。这种对未来审判的恐惧,对现世人生的冷漠,导致了禁欲主义的肆行,这就必然产生否定身体的自我,而以重人贵生的主观需要为前提的健身运动也就消失殆尽了。

公元15～16世纪的文艺复兴,对欧洲健身体育的复兴起到了重要的推动作用。作为其思想武器的人文主义,在纠正宗教世界观所形成的人的畸形心理,恢复人的理智方面起到了重要的作用。人文主义的核心是“人”,它竭力歌颂人的价值、人的尊严和人的力量,使得人再次被人自身所认识、所重视。这是西方体育得以复兴的前提条件。在这种思潮的影响下,以及在众多社会学家、教育家、思想家的创导下,欧洲的健身运动又得到一定的发展,各种户外运动、游戏、球类运动、体操、旅行等又逐渐地兴盛起来。

总之,西方古代的健身运动经历了三个重要时期,即人类童稚时期(如古希腊人)对健身运动的崇拜,中世纪(欧洲基督教神权)对上帝的偶像崇拜和对人及体育的否定;只到文艺复兴时期,欧洲资产阶级思想家对人的价值重新肯定,健身运动才得以回到人们中间,人体美又重新成为人的审美对象。

(三)现代健身运动的发展

上下五千年,今天承昨天。今天的健身运动已不可与昔日的健身运动同日而语了,特别是进入21世纪以来,世界发生了根本性的变化,这是一个数字化生存的新世纪,这是一个知识产业化、国民经济知识化的新世纪,这也是一个需要终身学习和锻炼的新世纪。这个世纪,社会经济得到了高速发展,人们的余暇时间日益增多,业余生活丰富多彩。如在我国仅国家开展的非竞技体育项目(即社会体育项目)就有101个,加上民间开展的各类健身运动项目就更多了,这一切的一切,带来了现代人生活质量的显著提高,健身价值观日益更新。在高水平竞技运动受到了人们普遍青睐的同时,以全民参加的,健身、休闲、娱乐为主要内容的体育健身运动正在全世界范围内兴起,被誉为“第二奥林匹克运动”。在这场运动中,首当其冲的,是世界上一些工业发达国家。

在20世纪50年代,一项体力测试结果表明,美国青少年的体质健康水平低于欧洲,这引起了当时的美国总统艾森豪威尔的高度重视,为此,美国于1956年成立了“青少年健康总统委员会”,出台了一系列促进国民健身运动的措施。进入20世纪90年代以来,为了对抗“文明病”对国民健康的损害，美国政府联合各体育、健康机构推出了《2000 年健康人计划》。在今天的美国，体质与健康已经成为国民可望得到回报的投资。

目前美国体育产业的总值已经大大超过了通讯、农业、汽车等行业的产值(《体育商业》Sport business journal，2003)，可见美国人对体育的重视程度。

第二次世界大战以后，日本致力于发展经济和国民教育。他们总结战败的原因之一是“国民素质不优”，因此，十分重视健身运动的开展，有效地增强国民体质。日本已经积累了近百年的国民体质测定材料。到了 20 世纪 60 年代，日本政府专门颁布了《体育振兴法》。今天，日本青少年的身体形态、机能和身体素质均有了明显的提高，国民的平均寿命也跃居世界前列。

据日本大阪体育学院的原田宗彦教授 2004 年 7 月在中国深圳举行的第二届社会体育国际论坛上介绍，2001 年，日本人年平均工作时间只有 1 948 小时，并呈继续下降趋势，这一措施为人们参加休闲健身增加了不少自由时间和机会，加上全日本健身会所林立，高尔夫球场多达 2 000 多个，这也是日本人热衷健身运动的见证和国民寿命不断延长的原因之一。

俄罗斯民族是一个崇尚勇武、豪爽的民族，有着高度发达的教育体系。前苏联实行的是高度统一的中央集权制，所有领域的方针、政策都自上而下的贯彻实施。在一段时间内，前苏联曾一度片面强调竞技体育的发展，而对群众体育缺乏应有的重视，造成了竞技场上的金牌大户而人民群众体质健康不佳的局面。20 世纪 80 年代后期，他们着力克服这一弊端。俄罗斯一贯实施的《劳卫制》，在推动群众健身和提高国民体质方面起了重要的作用。1990 年，他们专门制定了《居民体育教育大纲》。

德国是一个严谨、自尊、进取的民族，崇尚勤劳与坚强，良好的经济状况和国民的健康意识，为体育健身运动创造了良好的条件。为了推动全民健身运动的开展，它们以兴建体育场地设施为突破口。从 20 世纪 60 年代开始，连续推出了三个“黄金计划”(每 10 年投资 100 亿马克兴建体育设施)。总体来说，德国的全民健身运动经历了四个阶段：锻炼身体阶段(1970—1977 年)；一道游戏阶段(1978—1982 年)；有氧锻炼阶段(1983—1989 年)；走进大自然阶段(1990 年以后)。

德国科隆体育学院体育社会研究所所长沃赖克·利特内尔教授的追踪研究表明，从 1985 年到 2001 年间，德国有规律地从事健身活动人群的比例是：35～44 岁组为 56.9%，45～54 岁组达到 89.7%，65 岁及以上组达 66.5%，可见德国的中老年人对健身运动的参与重视程度也是世界罕见的。

中华民族过去长期受人欺凌，被污蔑为“东亚病夫”，民族灾难深重。新中国成立后，毛泽东主席及时发出“发展体育运动，增强人民体质”的伟大号召，各种体育措施相继出台，促进了群众体育运动的发展和人民体质健康水平的提高。改革开放以来，随着我国综合国力的不断增强，广大人民群众生活质量的不断提高，竞技运动水平也有了长足的进步，人们对提高身体健康和体质水平的要求日趋迫切。群众性健身活动的滞后已经明显地制约着我国经济和社会的发展。为了适应广大人民群众对健康生活的强烈愿望和要求，国务院于 1995 年颁布了《全民健身计划纲要》。今天，一个由国家倡导、政府推动、全民参加的大众健身运动热潮正在我国城乡蓬勃兴起。健身运动正逐渐向着生活化、社会化、科学化、产业化和法制化的方向发展。为此，有关学者还为现代社会的健身运动总结了如下几个特点：

(1)参加体育健身活动的人数十分广泛。

(2)各级政府积极倡导并参与领导。

(3)体育健身活动形式丰富多彩。

(4)体育健身活动设施的建设受到全社会的重视。

(5)体育健身科学化的步伐进一步加快。

(6)大众健身活动与社会经济发展的联系日趋紧密。

二、健身的概念及内涵

什么是健身,从健身产生与发展的过程来看,世界各国对健身这一活动过程的称谓及其内涵也不尽相同。在古代,无论东西方,人们都认为健身就是强健体魄、修炼身心,健身一词,与我国传统的养生一词有着共同的含义。中国传统养生方法就通过独特的运动方式,达到保养生命、延长生命的目的。传统体育养生,又称摄生、道生、养性、卫生、保生、寿世等。养生一词最早见于《庄子》内篇。所谓生,就是生命、生存、生长之意;所谓养,即保养、调养、补养之意。总之,养生就是保养生命的意思。养生又等同于现代医学所说的保健,保健作为医学专用术语,是近代西医传入以后才有的,它是指集体和个人所采取的医疗预防与卫生防疫相结合的综合措施。养生与保健,就个体保健角度而言,两词的含义基本上是一致的。

当今社会,随着物质生活的不断丰富,健康已经成为人们的第一需求。但人们普遍认为体育锻炼就是健身,直到20世纪90年代,健身一词才出现,并且将健身理解为除了医疗手段,其他的一些为了人体健康而采用的方法与手段,都属于健身范畴。而采用体育运动的方式进行健身,可以称之为运动健身或体育健身。

20世纪90年代以来,随着国外大量先进的健身文献和资料的引入,国内的专家学者对健身一词有了更深入的理解,如林笑峰先生认为:“人类的身体需要建设,这是客观需要。健身这个命题的含义是建设人的身体,或健全人的身体,或增强人的体质。人的头脑是身体的一部分,而且是主要部分,健身应该包括健头脑,不应该仅是健四肢。”朱金官主编的《健身健美手册》对健身的解释为:“健身指通过一定的身体锻炼来强健体质。”林建棣编撰的《体育健身指南》认为,所谓健身实际上就是健全人的身体、增强人的体质。毕春佑在《健身教育教程》中对健身的定义是:“健身的含义是建设人的身体或健全人的身体,也可以说是增强人的体质。”

综上所述,我们认为健身是指为促进人体健康,达到理想的生活质量的一种行为方式。其概念可以定义为:健身是指运用各种体育手段,结合自然力和卫生措施,以发展身体、增进健康、增强体质和愉悦身心为目的的身体活动过程。健身包括智力、机体及社会的行为,这种行为结果将是身体健康状况的明显改善,而不仅仅是一种摆脱疾病的状态。健康的人有很高的心肺功能和智力的敏感性;有良好的社会交往;理想的体质、体力及机体的灵活性。经常性的健身锻炼,健康的饮食,避免滥用药品及不断发展摆脱压力的能力便可以达到这种理想的状态。

用“健身”这一现代汉语用词,既代表了古汉语中养生这个词,也概括了当今世界各国所用的“增强体质”、“发展身体”、“完善人体”之类的词语。人类的身体建设,既要由弱到强(强健),又要在种族的遗传变异中由不完善到完善(健全)。所以我们选用健身一词来标记“养生”、“增强体质”、“发展身体”和“完善人体”这些词语。我们明确肯定:“健身”这个词概括了增强体质、发展身体和完善身体的几层内涵,具有强健身体和健全身心的综合含义。

三、健身的特点

(一)健康第一

随着社会的进步与发展,人类的生产和生活方式发生了巨大的变化,运动缺乏导致人类机能下降和“文明病”的产生,严重威胁着人类的健康。为此,世界各国政府把目光投向了大众健身,并通过设立各种机构和组织来大力发展大众健身。2002 年世界卫生日的主题是体育锻炼,提出的口号是“运动有益健康”。可见,健身已经成为现代生活方式的主要内容,健身也必将为人类的健康作出自己的贡献。因此,健身与竞技运动不同,它主要是以健身、娱乐为目的的。通过健身锻炼,人们可以增强体质、塑造美的形体、形成良好的心理素质、提高对环境的适应能力和对疾病的抵抗能力等。因此,在健身过程中人们首先关注的是能否获得理想的健身效果。

为了使健身锻炼更能促进人体的健康,在锻炼之前,应进行身体机能和运动能力检查,明确机能、素质和能力等方面的基础与现状,为科学选择健身锻炼的内容和方法提供依据,也为日后评价锻炼过程与效果提供参考。参与健身锻炼之前还应该特别注意自身的健康状况,应通过必要的医学检查,预先发现身体的各种疾病,明确体育锻炼的禁忌症,进而有针对性地采取必要的医疗保健措施,避免产生不良后果。

(二)长期坚持

俗话说:“冰冻三尺,非一日之寒。”健身锻炼由于受到体质增强的渐进性和锻炼效果不稳定性特点的制约,更需要长期坚持。

健身锻炼首先引起身体形态、机能以及生理生化指标的良好变化,且经过逐步积累,产生机体的适应性变化。但是,健身获得的生理生化变化效果并非终身保持,随着健身间隔时间的延长甚至终止,获得增长的技能水平也会逐步消退。健身锻炼的持续性特点,要求每个人养成长期锻炼的习惯,科学规律的健身能够使身体形成稳定的生物节奏,每一次健身对身体产生的良好影响为后一次锻炼打下了良好基础,在此基础上,新的锻炼才会有新的提高。

良好健身习惯的养成,需要有坚强的毅力,要克服生理和思想上的惰性,坚持不懈,在此基础上产生健身需求。此外,健身锻炼中还应该注意在技能练习和运动负荷安排上,做到循序渐进,稳步提高;在健身内容、方法和手段上,注意系统连贯,由简到繁、由易到难,逐步提高,并采用有氧健身锻炼方法,其健身效果会更明显。

(三)因人而异

健身者既可以根据个人学习、工作和生活的实际,也可以根据自己的年龄、性别、健康状况、兴趣爱好、传统习惯、职业特点、作息制度、自然条件和健身环境等综合因素,来合理计划自己的健身方案,充分满足自己个性化的需求。如人的不同的年龄阶段,健身锻炼的侧重点就应不同。婴幼儿时期(0～6 岁),由于身体各器官和系统发育还没有成熟,在健身中应注意培养和锻炼全面协调能力,尽可能让孩子参加游泳等需要全身协调用力的运动,随着年龄的增大,逐渐开展一些有竞争意识的竞赛活动,培养健身兴趣;儿童时期(7～12 岁),在全面提高身体素质的同时,应充分发挥孩子的自觉性和主动精神;少年时期(13～17 岁),可以在健身中追求个人身体素质和运动能力的最高水平,健身负荷可以大、中、小相结合,以此促进青少年生长发育和素质的全面提高;青壮年时期(18～35 岁),由于身体发育水平达到人生的最高水平阶段,可以参加较大强度和负荷量的体育活动，且由于该时期个体之间差异较大，在内容、方法和强度上可以选择适合个人特点的健身活动；中年期(36～60岁)，健身内容丰富多彩，但对于个体而言，应精选健身内容，注重锻炼的目的和时效性，养成锻炼习惯。另外，还应结合工作和生活进行锻炼；老年期(60岁以上)，健身方法应该简单，锻炼应与防病和治病紧密结合，强度要小，负荷量要适当。

在健身内容方面，每个人可根据自己的实际情况来进行选择，并不一定人人都得去锻炼同一个项目，达到同样的运动强度。如肥胖者可参加减肥运动和健美运动，老年人则可以选择慢跑一类有氧锻炼或中国传统体育健身方法等，个体时间不同、年龄不同、性别不同，采用手段、方法、组织等也不同，根据个人需要灵活掌握。在时间上，根据季节不同变化，体育健身活动形式也有变化，如夏季游泳，冬季慢跑、冰雪运动等。在空间上根据地区特点，近山者登山，近水者游泳、划船；高寒地区进行冰上、雪上体育健身；逐牧地区摔跤、骑马等。

对于不同职业人群，其健身锻炼也应具有针对性。如脑力劳动者，由于该群体肌力活动少，身体长期处于固定姿势，健身中应养成锻炼习惯，注意选择合适的内容，保持与增强心肺功能和身体协调能力发展及体力的增强，其次，还应多参加户外运动，改善机体适应外界环境的能力；农民群体的健身，应注重身体的全面发展，弥补体力劳动的不足，避免与防止身体畸形发展，内容上应选择柔韧性和灵活性的身体练习，有利于增进身心健康；工人群体的健身，应根据身体局部负担过重的现状，有针对性地选择体操动作和全身性运动项目，提高整个机体及心血管系统机能能力，改善身心状态等。

(四)全面发展

健身能全面锻炼和发展身体的各个部位、各器官系统的机能、各种身体素质和基本活动能力。健身以追求身体形态、机能、身体素质与心理等全面和谐发展为目标，能锻炼人的身体、精神、智力、社交等多方面的能力。因此健身中不仅要锻炼各部位的关节、骨骼、韧带和肌肉，以提高人的力量、耐力、柔韧、灵敏度、协调性等身体素质；还要使人体的循环系统、呼吸系统、消化系统及神经系统的功能都能得到改善。人们通过健身锻炼，还能产生体验运动的乐趣和愉快的情绪，并把这种娱乐方式变成大众生活中一个重要的组成部分，用以调节社会工作紧张的压力和心理，起到健身和健心效果，从而有效地改善大众现代生活质量。

四、与健身相关的概念

(一)健身锻炼

以强身健体、健全心智为目的而进行的一切身体活动，都可以称之为健身锻炼。随着人类社会的发展，人类文明的进步，健身锻炼已成为一种有目的、有组织、有计划地促进身心全面发展、增强体质、健美体形、延缓衰老、提高和丰富生活质量的手段。它不以夺取比赛优胜、摘取金牌及实现个人功利为主要目的，而是以增强体质、提高健康水平和生活质量、谋求身心愉快、延年益寿为主要目的，有时还包含有提高劳动效率等含义。

(二)健身运动

健身运动是根据人体生命科学的原理，运用不同的运动方式，通过各种形式练习，以增强人们的体质、提高生活质量、延长人类生命为目的的体育运动。它不是某一个单一的项目，而是一个广义的概念，是所有益于身心的运动项目的概括，包括健美、康复健身、体形修塑及娱乐与休闲健身等。

健身运动是指一般健康人为增进健康、增强体质而从事的身体锻炼。健身运动主要是为了发展人体内脏器官的功能，特别是心血管系统和呼吸系统的功能，以及力量、耐力、柔韧、灵敏和速度等运动素质，提高工作、学习效率，丰富业余生活，延年益寿。

健身运动一般多以有氧代谢为主，对运动量的控制要求较高。由于参加者的年龄、性别和健康状况不同，因而所采用的内容与方法也不一样。青少年常采用各种运动项目，如田径、体操、球类、游泳、滑冰等。中老年人则一般采用行走（散步）、慢跑、做操、打太极拳、练气功、健身球等。在形式上常以自我锻炼为主。

（三）休闲健身

休闲健身亦称闲暇体育、余暇体育、休闲体育、娱乐体育等。是人们为了丰富生活、调节情绪、谋求身体满足、善度余暇而进行的自由自在的体育健身娱乐活动。休闲健身以消遣、娱乐、放松为目的，内容选择上以个人爱好为前提，如各种竞技、游戏、球类活动、郊游、钓鱼、艺术欣赏、科学活动及接触大自然等。

（四）健美运动

健美运动是在健身运动的基础上，为增加身体美感而进行的建设性的身体锻炼。它是健身运动的升华和提高。当然，健美运动也属于广义的健身运动范畴。通过练习，形成良好的体形和姿态。健美锻炼的针对性较强，如发展肌肉体积，可采用负荷和器械练习；为了养成端庄优美的体型，增加协调和韵律感，可采用艺术体操、健身操、健美操和体育舞蹈及轻器械练习等。在体系上，健美运动又可分为以下两大类。

1. 竞技健美

包括健美比赛（也称为肌肉竞赛）和健身比赛（即健美先生、小姐竞赛，形体竞赛，体育模特竞赛等）及其训练体系。

2. 大众健美

为改善形体与健康状况而进行的徒手练习，如自抗力锻炼、健身操、健美操和有氧练习及器械练习等。

（五）康复健身

康复健身又称康复体育和医疗体育，是指疾病患者为了治愈某些疾病或恢复身体机能而进行的健身锻炼。康复健身的内容应根据疾病性质采用适宜的锻炼方法，如动作缓慢、负荷较小的散步、慢跑、太极拳、气功、按摩、保健操等。为提高康复效果，锻炼活动常与药物治疗相结合，在医生的指导下，按运动处方要求进行定量锻炼。

第二节　健身对人类健康的积极影响

随着我国社会经济的发展和人们生活水平的提高，人们渴望健康的愿望越来越强烈。全民健身运动的广泛开展，人们参与体育锻炼积极性的普遍提高，充分证明健康已经成为人们生活的第一需要。

一、社会发展与人类健康危机

自“二战”以来，随着西方发达国家工业化和城市化进程的加快，它给人类带来文明进步的同时，也给人类带来了许多困扰。社会经济的高速发展使大自然的破坏日趋严重；工业化社会的竞争使人们承受了强烈的心理紧张感与压抑感；现代生产方式与生活方式使人们身体运动的机会越来越少；老龄化社会的来临使国民的医疗保健费用大幅度增加，使西方各国的国民经济背上了沉重的负担。为此，在21世纪，为了建设健康的国家，西方各国的政要们无一例外地把目光投向了大众健身。美国前总统卡特指出“体育活动是最可期待的抵押性投资”。美国前总统克林顿指出“健康是21世纪的通行证”。韩国前总统金泳三则提出了“为提高生活质量振兴国民福利体育”的口号。

社会需求本质上是人的需求。健康是人生最宝贵的。多少年来，健康、长寿一直是人类的美好愿望。人生在世，尽管你拥有一切，若无健康，一切都等于零，所以当今关心身体健康比关心其他的人越来越多。在高度发展的现代社会，人们更加注重身体的健康、内心世界的充实与安宁、追求与周围环境的协调平衡，以迎接现代生活的各种挑战。而一个人的健康主要有三个因素：一是营养，二是休息，三是运动。当今社会，人们缺少的既不是营养，也不是休息，而是运动。现代科学技术的发展给社会发展创造了物质基础，到20世纪末，随着计算机、自动控制、信息技术在各个领域的广泛运用，人类已经进入信息社会，极大地加快了生产、生活的现代化步伐，提高了社会生产力。但与此同时，给人们也带来了一些负面效应，这些效应主要体现在人的生理和心理两个方面。例如：现代生活使人感到紧张和疲劳；生活变化速度过快使人感到焦虑不安；工作、生活节奏过紧使人无暇顾及身体锻炼，造成运动不足，引发的肌力衰退；营养结构的失调，造成肥胖病和营养不良；等等。因此，精神负担过重、体力活动不足、营养摄入与消耗失衡，导致了心血管病、糖尿病、肥胖症等“现代文明病”泛滥。

据统计，现代城市人口中，心血管系统的疾病已高居各病之首，其病因与紧张、焦虑、运动不足、肥胖等有密切的关系。国外资料报道：20世纪80年代美国有20%的人患肥胖症，德国高达30%。美国因心血管病死亡的人数占死亡总数的50%以上。在美国，国民的体质并没有随物质生活水平的提高而上升，甚至出现了下降的趋势。而我国1979、1985、1991和1995年全国四次大规模的7～22岁城乡男女学生体质健康调研结果表明，中国7～22岁学生的耐力素质普遍下降，呼吸机能(肺活量)普遍下降，大学生下降的幅度最大，体质状况低于日本同龄组的学生。男生18岁、女生16岁以前，其生长发育水平均落后于日本男女学生1岁。在我国成年男性56～59岁人群中，患有高血压和糖尿病的人分别为6.8%和1.4%。面对人类亲手创造的现代文明给自己健康带来的负面效应，古老的巫术和现代的医学都无力回天，人们最终把救世的目光投向体育。

二、健康新理念

1978年世界卫生组织在《阿拉木图宣言》中提出“健康是基本人权，达到尽可能的健康是全世界一项重要的社会性指标”。体质健康水平不仅关系到个人健康成长和幸福生活，而且关系整个民族健康素质，随着人类社会的发展和认识水平的不断提高，人们对于“健康”这一概念的理解不断变化，对于健康的内涵也不断扩大。美国社会学家约翰·奈斯比特(John. Naisbitt)指出美国人健康观念发生了根本性的变化：“在过去认为只要没有病就是健康，而现在健康则是以整个人的身心处于一种积极的健康状态为标准。”《世界卫生组织宪章》也给健康下了新的定义：“健康是整个身体、精神和社会的完好状态。”这个提法的核心是强调肉体和精神的统一，人与社会的统一，人与自然的统一。从有生命就是健康，没有疾病就是健康，生理、心理的健全就是健康，到生理、心理健全和社会适应良好、道德健康才能称为健康等发展过程来看，人们对健康的认识和追求从低层次的生理健全逐步拓展到“生物、心理和社会”多维健康观上。

究竟什么是健康，健康的内涵是什么？当前世界卫生组织的健康定义得到人们的普遍认可。世界卫生组织（WHO）提出的健康新概念是：所谓健康，并不仅仅是不得病，还应包括心理健康以及社会交往方面的健康。因此，健康是指机体与自然环境的动态平衡，是一种身体、精神和社会的完美状态。

现代健康理念是在理解生物学内涵的同时，把人体健康置于整个外部环境中来认识，把人体健康与社会文化、经济条件、自然环境、人际关系等联系起来，形成系统的健康观念。健康的真正内涵不仅是减少疾病和增强体质，更重要的是追求、探索、建立适合自己健康的良好生活方式。

三、影响人体健康的因素

（一）环境因素

人类的生存和繁衍及其一切活动都与环境息息相关，因此，环境对人的健康影响极大。环境包括自然环境和社会环境。自然环境包括空气、阳光、水、土壤、食物等，它是人的生命之源，但由于地理地质原因及人类发展对自然环境的污染和破坏，以及某些致病微生物的侵袭，使人类健康面临严重的威胁，因此，为了人类的健康必须要保持一个良好的环境。

社会环境包括社会制度，经济、文化、教育等，社会环境对人类的健康也会产生重要影响。社会制度对人健康的影响主要表现在国家制定和实施的各种方针、政策、法令。世界卫生组织提出：“2000 年要使全世界人民人人享有保健”。我国已经响应号召，全国动员，人人参加，制定了“预防为主”的方针，广泛开展群众性的爱国卫生运动，建立健全了医疗保健体系、医疗保险体系、合作医疗体系和社会救济体系，确保人民健康水平得到较大提高；经济的发展为人们提供了更多受教育的机会，也有利于提高人们的健康意识和健康知识水平，促进人们选择增进健康的行为。

文化是指物质文化和精神文化的总和，包括思想意识、道德规范、风俗习惯等，这些也直接影响着人类的健康。一个有着崇高理想和明确人生目标、朝气蓬勃、积极进取、不怕困难与挫折的人，必定具有健康的行为方式；相反，一个颓废的、思想意识混乱的社会，其成员必定存在危害健康的行为。可见，思想意识与个体健康及社会成员的健康有着密切的联系。

教育不仅能促进受教育者知识技能水平的提高，同时也能增长受教育者的健康知识和提高健康意识。一个人接受教育水平的高低对其健康的影响是十分明显的。受到良好教育的人接受健康信息多，自我保健意识强，有着良好的生活习惯和方式，能够按照社会健康规范来约束自己。同时，教育事业越发达的国家，国民健康水平也越高。

（二）生物学因素

生物学因素主要指先天遗传因素，它在个体生长发育过程中起决定性的作用。遗传基因决定了人体各种遗传性状，如体型、长相、性格和气质等，包括某些遗传性疾病，都受到其影响。

不仅如此，遗传程度也受后天环境条件的影响，遗传也可以变异。通过后天环境条件的改善，机体在充分保留遗传特征的同时，还能促使机体朝着良好方面发展，继续若干年后，这种后天获得的优良体质和体格都能遗传给下一代。当受到不良环境和不利因素的干扰，也可使机体内外平衡失调，引起遗传基因的突变，导致各种遗传病发病率升高。因此，每个人一生中注意卫生保健，养成健康的行为和生活方式，以及科学健身、科学婚姻和优生优育，对种族的世代繁衍，增强体质，获得健康美好的生活有着重要意义。

人类在心理方面的遗传特征也是明显的。俗话说："笑一笑，十年少；愁一愁，白了头"，说明心理对人的健康的影响。积极的心理状态是保持身体健康的必要条件，消极的心理因素能引起许多疾病。现代医学证明，50%～80%的疾病属于"心身疾病"，是指由心理和社会因素为主要原因引起的疾病，如高血压、癌症、神经衰弱等，因此保持良好的情绪，做到心理平衡，对于预防疾病均有重要作用。

(三)生活方式因素

生活方式是指不同的个人、群体或社会全体成员在一定的社会条件制约和价值观指导下，所形成的满足自身生活需要的全部活动形式与行为特征体系，生活方式是人们的行为方式，人类的健康水平与体质状况越来越多地受这一因素的影响。要解决人类的健康问题就必须从人们的行为和生活方式入手。前苏联医学博士兹与洛夫斯基提出了一个著名的健康长寿公式：健康长寿＝(情绪稳定＋经常运动＋合理饮食)/懒惰＋烟＋酒。因此科学、合理的体育运动是提高生活质量，保证健康的生活方式不可缺少的因素，这种健康生活方式将给人类带来积极的影响。

20 世纪 80 年代以来，我国的疾病谱、死亡谱已经和西方发达国家一样，主要是心脑血管病和癌症等非传染性疾病，其重要原因，60%是由于不健康的生活方式和行为方式引起的，其中最为严重的危害因素是吸烟、过量饮酒、膳食结构不合理、缺少运动和心理应激能力下降等。许多国家为此付出了巨大的代价。不良生活方式会导致各种疾病，严重地损害人体的健康和寿命。许多国家都把由于不健康生活方式导致的疾病称为"生活方式病"。世界卫生组织总干事中岛宏严肃地告诫人们，大约到 2015 年，不良生活方式疾病将成为世界头号杀手。许多专家也发出警告：改变不健康生活方式是当今预防生活方式病的根本对策，如果人们不改变有害于健康的生活方式，生活方式病将在全国、全世界大流行。世界卫生组织向全世界人民提倡四种健康的生活方式：不吸烟、饮酒不过量、平衡膳食、体育锻炼。随着社会的进步与发展，人们要想保障身心健康，就必须把人的思想观念的重点转移到改变和克服不良生活方式，引导到良好生活方式上来。

四、健身对人体健康的影响

随着社会的发展，人们对健身与健康的认识正不断走向深入。1997 年日内瓦第 47 届世界健康大会上，世界卫生组织与国际奥委会联合召开会议并倡导"积极生活——体育为健康"的观点。马克思曾说过，现代社会对体育的需要是由生产力发展的客观要求决定的。随着人类社会的发展，体育将越来越显示它的重要地位。人的发展和进步是以健康为基础的，人体是知识、精神、信仰等的载体，它的好坏直接影响人的创造力。为了解除快节奏、高效率工作环境给人带来的生理和心理上的疲劳与压抑，人们迫切需要在紧张的工作之余有多种活动方式调节，使体力和脑力的疲劳状态得以改善、精力得以恢复。体育活动的健身、益智、观赏、休闲、娱乐、医疗等功能能充分满足人们的各种需求。人体是一个复杂的、有机统一的整体，健身活动作用于人体必然引起人体内部产生一系列变化。体育健身活动对人体的生理功能影响尤为明显。

(一)对身体健康的影响

健身活动可以提高身体的兴奋程度，使脑垂体分泌生长素，甲状腺分泌甲状腺素，并维持维生素A的含量，使得长骨不断加长；健身还可以促进人体的新陈代谢水平，使流向长骨的血量增多，加速细胞分裂，促使骨骼生长加快。由于血液循环的改善，还可促使骨密质增厚，骨骼变粗，使骨骼从形态结构上变得粗壮而坚固。运动健身能够改变肌肉的形态和结构。肌肉的基本单位是肌纤维，运动过程中由于血液循环及血氧供应，增加了肌肉的营养物质，肌肉的收缩使肌球蛋白不断增加，运动还可以使肌肉结缔组织增厚、肌肉纤维的数量增加和横截面积增大，从而使人体的体重、宽度、围度和厚度增大。体姿是人体各部位在空间的相对位置，又叫体态，人体的身体姿态主要是通过人体脊柱弯曲的程度及坐、立、走、跑的体态来体现。一个人良好的身体姿态，不仅反映其精神面貌，而且是一个民族精神文明的标志之一。健身运动不仅可以促进青少年正常的生长发育，而且还可以培养他们挺拔、轻灵和矫健的姿态。这是因为运动中由于承受了一定的运动负荷，促进了其血液循环和新陈代谢，使附着在骨骼、脊柱上的肌肉、韧带的柔韧性增强，消除体内多余的脂肪，故可控制体重，改善体型和外表。

健身运动可以提高人体各器官系统的机能，尤其是神经系统、心血管系统、呼吸系统和消化系统的机能。俗话说："身体锻炼好，八十不算老"。大量研究表明，有规律地长期坚持健身运动不仅能够提高人体各器官系统的机能水平，还可以延缓衰老，延年益寿。

体能也叫体适能，主要是通过健身锻炼而获得。每个人的健康都需要有一定的体能，但是每个人所需要的体能水平不尽相同，体能可以分为两类：与健康有关的体能和与动作技能有关的体能。健身锻炼是提高体能水平的重要途径。当我们在进行健身锻炼时，首先要明确自己的目标，然后再选择与目标相关的体能指标进行针对性的锻炼，如你想增进健康水平，就要发展与健康有关的体能，如果想提高运动技能，就要发展与动作技能有关的体能，作为大学生，应该重点考虑发展与健康有关的体能。当然，这两者之间也有共同之处，如心肺耐力、肌肉耐力、肌肉力量、柔韧性和身体成分等体能成分无论是对健康还是对技能性运动项目都是十分重要的。

(二)对心理健康的影响

心理健康水平不仅是适应社会的基本条件，而且对人体的生理健康有着直接的影响，并且还会影响到人的智力发展水平。由此可见，只有保持良好的心理状态，才能保证身体的健康、学业的完成、个人的成长以及事业的发展，才能更好地适应社会发展，幸福生活一辈子。

经常参加健身活动，能够体验丰富多彩的生活，缓解学习和工作的紧张和压力，驱散生活的空虚与忧愁，消除人际关系中的不快和烦恼；有利于扩大交往范围，增进友谊；有利于改善神经系统的调节机能；有利于疲劳的消除，使人心情舒畅、思维敏捷；有利于提高适应自然环境和社会环境的能力等。另外，由于体育活动中的情感体验强烈而深刻，可以帮助人们改善心境、降低压力、宣泄消极情绪、转移个体不愉快的意识、情绪和行为，使人从烦恼和痛苦中尽快摆脱出来。

体育活动能够降低应激反应和紧张情绪，对消除疲劳、保持良好的情绪状态有很大益处。

意志品质是指果断性、坚韧性、自制力、勇敢顽强和主动独立等精神。在健身活动中，由于环境条件要求在活动中不断克服客观困难(气候条件变化、动作难度提高和设置条件障碍等)和主观困难(胆怯、畏惧、疲劳等)，这些都能够帮助人们培养起良好的意志品质，并对他们的生活和学习产生积极影响。

健身活动被公认为是一种良好的治疗心理疾病的手段。美国对 1 750 名医生的调查显示，80%的人认为体育活动对治疗抑郁症有效，60%的医生认为可以用来消除焦虑症。众多研究资料显示，有氧运动有助于轻度和中度抑郁程度的降低。

(三)对社会适应能力的影响

人际交往是指在社会活动中人与人之间进行信息交流和情感沟通的联系过程。人际关系的好坏反映了人们在相互交往中精神和物质的需要能够得到满足的心理状态，它不仅反映了人与人之间的心理距离，其好坏程度也影响到人们的健康。

现代社会的发展，城市化进程的加快，带来了人们的生活节奏加快，工作压力加大，生活环境和工作环境发生改变，使得现实生活中人们情感交流的机会和渠道减少。他们需要通过各种交往方式表达情感和传递信息，去缓解生活中出现的情感危机。健身活动能够增加人们交流的机会，满足人的社交需求。

由此可见，体育锻炼不仅能促进人的社会交往活动，而且，体育活动的社会交往特性又会吸引人们参与和坚持体育锻炼。

现代社会需要有合作精神，一个人要想在社会和集体中取得成功，就要学会与他人合作，借助于他人的帮助，否则难成大业。合作能力既是体育活动参与者必备的素质，也是可以通过体育活动培养和发展的一种能力，从事体育活动，特别是从事集体性的体育活动，需要与他人通力合作，这不仅有利于团队目标的实现，而且个体的才能也能得到充分发挥。经常性地参加体育活动，特别是参与集体性的体育活动，有助于合作意识和团队精神的培养。

思考题：

1. 什么是健身，健身的特点有哪些？
2. 什么是健康，影响健康的因素有哪些？
3. 体育锻炼是如何促进人体健康的？

第二章　健身的科学基础

第一节　健身的人体科学基础

一、人体运动时的物质与能量供应

水、蛋白质、糖、脂肪、无机盐和维生素六大营养物质，是人生命活动的物质基础。人体活动的能量，是人吃的食物在人体内经一系列化学变化，进行物质代谢而得到的。人参加体育运动时，由于肌肉长时间的收缩和舒张，脏器活动的增强，能量消耗会大大增加。所以体育运动可以促进人体的新陈代谢过程和提高机能活动水平，是增强体质的一种积极手段。

糖是生命活动中能量的主要供应者。糖在体内除供应能量外，还可以转变成蛋白质和脂肪。人进行体育运动，体内能量消耗大，肝脏储存的糖元便转变成葡萄糖进入血液，由血液输送到肌肉中供运动需要。经常参加体育运动，体内糖储备量增加，调节糖代谢能力加强，能使血糖在较长时间内保持稳定，能提高耐力。

脂肪是人体细胞的组成部分，它包括甘油脂、磷脂和胆固醇三大类，是一种含能量最多的物质。它在体内氧化所释放出的能量，约为同量的糖或蛋白质的两倍。脂肪还可以起到保护器官、减少摩擦和保护体温的作用。脂肪过多对人体是有害的。经常参加体育运动，不但可以防止肥胖，还可以预防因人体脂肪过多而造成的疾病。

蛋白质是生命的基础，是细胞的主要组成部分，是体内能量的来源之一。肌肉收缩、神经系统的活动、血液中氧的携带和参与各种生理机能调节的许多激素，都与蛋白质有关。人体内有一类能加速各种化学反应进行的酶，其化学本质也是蛋白质。参加体育锻炼，能提高酶的活性，有利于增加人运动时身体内的能量供应和运动后消耗物资的补充。

水在人体的组成中含量最高，成年人体内含水量约占体重的65%，水不但能维持人体体温，参加体内的水解，促进物质的电离，还在体内有润滑作用。

伴随物质代谢过程发生的能量吸收、储存、释放、转移和利用的过程，称为能量代谢。能量代谢的核心物质是ATP。

(一)磷酸原供能系统

ATP、CP分子内均含有高能磷酸键，在代谢中均能通过转移磷酸基团的过程释放能量，所以将ATP、CP合称磷酸原。由ATP、CP分解反应组成的供能系统称做磷酸原供能系统。

1. 磷酸肌酸的分子结构与功能

(1)磷酸肌酸的分子结构，如图2-1所示。

(2)磷酸肌酸的功能：①高能磷酸基团的储存库；②组成肌酸—磷酸肌酸能量穿梭系统。

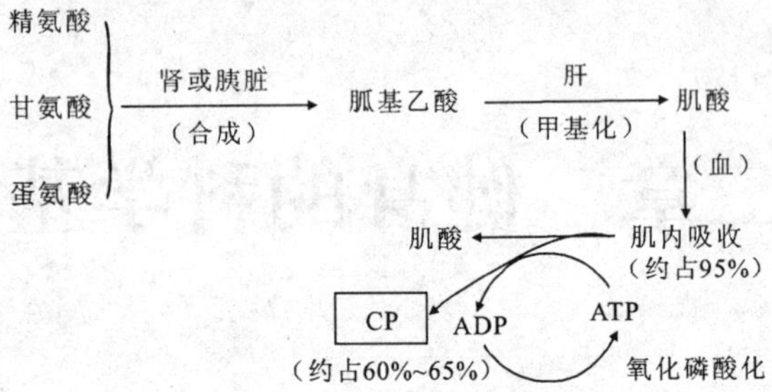

图 2－1　磷酸肌酸生成简图

2. 磷酸原系统供能特点

(1)磷酸原系统的基本供能特点。

启动：运动开始时最早启动，最快利用，具有快速供能的特点。

功率：最大功率输出。短时间极量运动时，磷酸原系统的最大输出功率可达每千克干肌每秒 2.16～3.0 毫摩尔～P。

可维持最大供能强度运动时间：约 6～8 秒钟。

运动项目：与速度、爆发力关系密切。短跑、投掷、跳跃、举重及柔道等项目的运动。

(2)不同强度运动时磷酸原储量的变化：①极量运动至力竭时，CP 储量接近耗尽，达安静值的 3%以下，而 ATP 储量不会低于安静值的 60%；②当以 75%最大摄氧量强度持续运动时达到疲劳时，CP 储量可降到安静值的 20%左右，ATP 储量则略低于安静值；③当以低于 60%最大摄氧量强度运动时，CP 储量几乎不下降。这时，ATP 合成途径主要靠糖、脂肪的有氧代谢提供。

(3)运动训练对磷酸原系统的影响：①运动训练可以明显提高 ATP 酶的活性；②速度训练可以提高肌酸激酶的活性，从而提高 ATP 的转换速率和肌肉最大功率输出，有利于运动员提高速度素质和恢复期 CP 的重新合成；③运动训练使骨骼肌 CP 储量明显增多，从而提高磷酸原供能时间；④运动训练对骨骼肌内 ATP 储量影响不明显。

(二)糖酵解供能系统

糖原或葡萄糖无氧分解生成乳酸，并合成 ATP 的过程为糖的无氧代谢，又称为糖酵解。糖酵解供能是机体进行大强度剧烈运动时的主要能量系统，其基本代谢途径如图 2 -所示。

功率：每千克干肌每秒 1 毫摩尔～P。

维持最大功率的时间：2 分钟以内。

与运动项目的关系：速度、速度耐力项目；200～1 500 米跑、100～200 米游泳，短距离速滑等项目；摔跤、柔道、拳击、武术等。

(三)有氧代谢供能系统

在氧的参与下，糖、脂肪和蛋白质氧化生成二氧化碳和水的过程，称为有氧代谢。

1. 糖有氧氧化供能

(1)细胞质内反应阶段。反应过程及参与的酶与糖酵解生成丙酮酸的完全相同。但丙酮酸和 3 -磷酸甘油醛脱氢生成的 NADH · H^+，可经不同方式进入线粒体继续氧化。

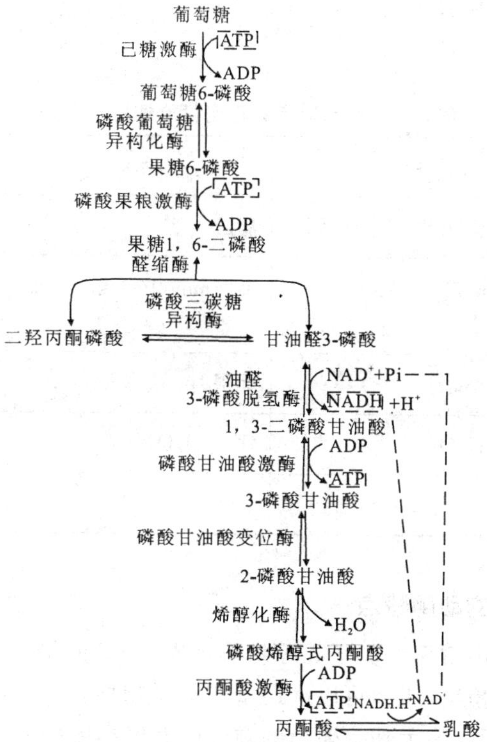

图 2－2　糖酵解的基本代谢途径

(2)线粒体内反应阶段。丙酮酸在丙酮酸脱氢酶系作用下氧化脱羧生成乙酰辅酶 A。乙酰辅酶 A 与草酰乙酸缩合成柠檬酸后进入三羧酸循环。

2. 糖无氧代谢和有氧代谢的区别

如表 2－1 所示。

表 2－1　糖酵解、糖有氧氧化比较

	糖酵解	有氧氧化
底物	肌糖原、葡萄糖	肌糖原、葡萄糖
产物	乳酸	二氧化碳、水
反应部位	细胞质	细胞质、线粒体
反应主要阶段	1. G(Gn)→丙酮酸 2. 丙酮酸→乳酸	1. G(Gn)→丙酮酸 2. 丙酮酸→乙酰辅酶 A 3. 乙酰辅酶 A→CO_2、H_2O
氧化方式	脱氢	脱氢
反应条件	不需氧	需氧
ATP 生成方式	底物水平磷酸化	底物水平磷酸化、氧化磷酸化
ATP 生成数量	3ATP、2ATP	36(38)ATP

(四)运动时的有氧代谢供能

如表 2-2 所示。

表 2-2 运动时有氧代谢供能情况一览表

	糖	脂肪	蛋白质
底物	葡萄糖、肝糖原、肌糖原	脂肪	支链氨基酸
最大的供能功率	0.5mmolPi · kg 干肌$^{-1}$ · 秒$^{-1}$	0.25mmolPi · kg 干肌$^{-1}$ · 秒$^{-1}$	
维持时间	1～2 小时	无限时	
终产物	CO_2、H_2O	CO_2、H_2O	CO_2、H_2O、尿素
运动项目			

(五)运动时供能系统的动用特点

运动时代谢供能的输出功率取决于能源物质合成 ATP 的最大速率。运动中基本不存在一种能量物质单独供能的情况，肌肉可以利用所有能量物质，只是时间、顺序和相对比率随运动状况而异，不是同步利用。最大功率输出的顺序由大到小依次为：磷酸原系统＞糖酵解系统＞糖有氧氧化＞脂肪酸有氧氧化，且分别以近 50％的速率依次递减。当以最大输出功率运动时，各系统能维持的运动时间是：磷酸原系统供极量强度运动 6～8 秒；糖酵解系统供最大强度运动 30～90 秒，可维持 2 分钟以内；3 分钟主要依赖有氧代谢途径。运动时间愈长强度愈小，脂肪氧化供能的比例愈大。由于运动后 ATP、CP 的恢复及乳酸的清除，须依靠有氧代谢系统才能完成，因此有氧代谢供能是运动后机能恢复的基本代谢方式。

1. 不同活动状态下供能系统的相互关系

安静时，不同强度和持续时间的运动时，骨骼肌内无氧代谢和有氧代谢供能的一般特点如下。

(1)安静时。安静时，骨骼肌内能量消耗少，ATP 保持高水平；氧的供应充足，肌细胞内以游离脂肪酸和葡萄糖的有氧代谢供能。线粒体内氧化脂肪酸的能力比氧化丙酮酸强，即氧化脂肪酸的能力大于糖的有氧代谢。在静息状态下，呼吸商为 0.7，表明骨骼肌基本燃料是脂肪酸如图 2-3 所示。

(2)长时间低强度运动时。在长时间低强度运动时，骨骼肌内 ATP 的消耗逐渐增多，ADP 水平逐渐增高，NAD^+ 还原速度加快，但仍以有氧代谢供能为主。血浆游离脂肪酸浓度明显上升，肌内脂肪酸氧化供能增强，这一现象在细胞内糖原量充足时就会发生。同时，肌糖原分解速度加快，加快的原因有以下两点：①能量代谢加强；②脂肪酸完全氧化需要糖分解的中间产物草酰乙酸协助才能实现。

在低强度运动的最初数分钟内，血乳酸浓度稍有上升，但随着运动的继续，逐渐恢复到安静时的水平。

(3)大强度运动。随着运动强度的提高，整体对能量的要求进一步提高，但在血流量调整

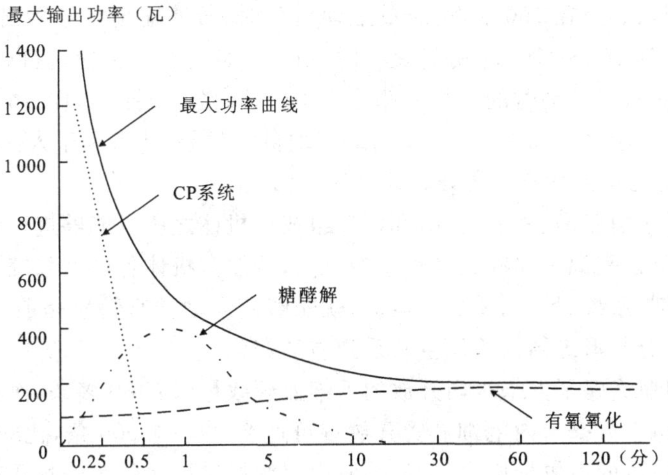

图 2－3　骨骼肌能量供应生化过程的顺序和数量关系

引自霍华德（Howald）等，1976

后，机体对能量的需求仍可由有氧代谢得到满足，即有氧代谢产能与总功率输出之间保持平衡。在这类运动中，血乳酸浓度保持在较高的水平上，说明在整体上基本依靠有氧代谢供能时，部分骨骼肌内由糖酵解合成 ATP。血乳酸浓度是由运动肌细胞产生乳酸与高氧化型肌细胞或其他组织细胞内乳酸代谢之间的平衡决定的。

(4)短时间激烈运动时。在接近和超过最大摄氧量强度运动时，骨骼肌以无氧代谢供能。极量运动时，肌内以 ATP、CP 供能为主。超过 10 秒的运动，糖酵解供能的比例增大。随着运动时间延长，血乳酸水平始终保持上升趋势，直至运动终止。

总之，短时间激烈运动(10 秒以内)基本上依赖 ATP、CP 储备供能；长时间低、中强度运动时，以糖和脂肪酸有氧代谢供能为主；而运动时间在 10 秒至 10 分钟内执行全力运动时，所有的能源储备都被动用，只是动用的燃料随时间变化而异：运动开始时，ATP、CP 被动用，然后糖酵解供能，最后糖原、脂肪酸、蛋白质有氧代谢也参与供能。

运动结束后的一段时间，骨骼肌等组织细胞内有氧代谢速率仍高于安静时水平，它产生的能量用于运动时消耗的能源物质的恢复，如磷酸原、糖原等。

(三) 适量运动促进健康的生理学效应

1. 经常性的适量运动促进和改善心血管的功能

运动时需要大量的氧气和营养物质，另一方面也需要排出二氧化碳等代谢产物，这就需要有一个强有力的循环系统。运动不仅可以加强新陈代谢，而且还能改善血管的弹性，提高血流量，促进血液循环，增大心脏容量，提高机体的摄氧能力。由于每搏输出量的不同，安静时一般人心率为 60～80 次/分钟，而经常进行适量运动的人为 50～60 次/分钟甚至更少，心脏跳动次数少了，心脏休息时间就增加了，这标志着心脏功能的储备能力得到了提高，使人体能够承受更大的负荷量，且运动后恢复期短。那么运动中心率应控制在怎样的范围以内，才能获得最佳的效果呢？

研究表明，心率在 110 次/分钟以下的运动负荷时，机能的血压、心电图等多项指标没有明显变化，健身价值不大；心率在 130 次/分钟运动负荷时，每搏输出量接近和达到一般人的最佳状态，健身效果明显；心率在 150 次/分钟的运动负荷时，每搏输出量开始出现缓慢下降，当心率随运动负荷增加到 160～170 次/分钟之间时，虽无不良的异常反应，但也未能呈现出更好的运动效果。因此，只有当运动时的平均心率在 120～150 次/分钟之间波动，锻炼时间达到 20～60 分钟，每周至少运动 3～5 次，才能取得理想的健身效果，才有利于人体身心健康。

2. 体育锻炼使运动系统产生良好的适应性变化

人体的运动系统由肌肉、骨骼、关节和韧带组成。机体之所以能够进行各种各样复杂精细的运动，其原动力就是来源于那些大大小小的肌肉，按照有机体各器官系统“用进废退”的自然法则，只要通过长期、系统、科学、适量的运动，就能够使运动器官特别是肌肉的毛细血管组织和肌肉内的化学成分与形态结构等发生一系列质的变化。

人体在安静时肌肉每平方毫米内开放的毛细血管数量只有 80 多条，而在运动时毛细血管的口径增大，肌肉每平方毫米内毛细血管开放量可达 2 000～3 000 条，比安静时增加了 30 多倍，使单位时间内通过的血氧量增多，从而给肌肉组织提供更多的营养物质和氧气，与此同时，肌肉在运动后消耗了大量的能量，经过适当休息和摄取营养后肌肉组织就会得到更多的补充，有助于其生长，这种现象生理学上称为“超量恢复”。

运动还能促进骨骼新陈代谢的加强、改善血液循环、增强骨细胞生长能力，使骨的长度增加、骨密度增厚、骨径变粗，骨组织的机械稳定性加强，使骨骼的抗拉、抗压、抗扭转性能增强。

二、运动疲劳的产生与消除

参加体育锻炼以及运动训练和比赛到一定程度的时候，人体就会产生工作能力暂时降低的现象，这种现象称为运动性疲劳。早在 1880 年，莫索(Mosso)就开始研究人类的疲劳。此后，许多著名学者从多种视角采用不同手段广泛研究疲劳，并先后给疲劳下了不同的定义。第五届国际运动生物化学会议(1982)指出，运动性疲劳是指机体生理过程不能持续其机能在一特定水平上或不能维持预定的运动强度。

运动性疲劳是运动本身引起的机体工作能力暂时降低，经过适当时间休息和调整可以恢复的生理现象，是一个极其复杂的身体变化综合反应过程。疲劳时工作能力下降，经过一段时间休息，工作能力又会恢复，只要不是过度疲劳，并不损害人体的健康。所以，运动性疲劳是一种生理现象，对人体来说又是一种保护性机制。但是，如果人经常处于疲劳状态，前一次运动产生的疲劳还没来得及消除，而新的疲劳又产生了，疲劳就可能积累，久而久之就会产生过度疲劳，影响运动员的身体健康和运动能力。如果运动后能采取一些措施，就能及时消除疲劳，使体力很快得到恢复，消耗的能量物质得到及时的补充甚至达到超量恢复，就有助于训练水平的不断提高。

(一)疲劳产生的原因及意义

体育运动科研人员对疲劳进行了大量的研究，提出了运动性应激的负效应可能是导致运动性疲劳发生的根本原因，如代谢基质的耗竭、代谢产物的堆积、代谢环境的改变等。

目前，运动生化研究对于运动性疲劳的定义是：机体的生理过程不能维持其机能在某一特定水平或不能维持预定的运动强度。同时对于“力竭”定义为：是疲劳的一种特殊形式，是在疲劳时继续运动，直到肌肉和器官不能维持运动。

这个“疲劳”的定义具有以下两个特点：①把疲劳时体内组织、器官的机能水平和运动能力结合起来评定疲劳的发生和疲劳的程度；②有助于选择客观的指标来评定疲劳。通过这个定义，可以对于运动员的疲劳进行客观的评价，这也是关于疲劳在运动实践中重要的应用。

体育锻炼后身体会产生一定的疲劳感，这主要表现在三个方面：

（1）肌肉疲劳：肌肉力量下降，收缩速度放慢，肌肉出现僵硬、肿胀和疼痛，动作慢、不协调。

（2）神经疲劳：反应迟钝，判断错误，注意力不集中。

（3）内脏疲劳：呼吸变浅变快，心跳加快等。

由于运动量不同，每个人的情况不一样，产生的疲劳也有不同程度之分。一般将疲劳分成三个层次：轻度、中度和重度疲劳。运动后产生疲劳感是正常的。轻度疲劳可以在短时间内消除；中度疲劳通过采取一系列手段也很快能消除，不会影响身体；但如果重度疲劳不能及时消除，就会影响学习和生活，损伤身体。研究证明，运动员提高体育成绩最关键的两个条件是运动训练的科学性和恢复手段的有效性，由此可见消除疲劳、恢复体力的重要性。

运动性疲劳在人体中可以分为躯体性疲劳和心理性疲劳。这两种不同性质的疲劳有其不同的表现，躯体性疲劳主要表现为运动能力的下降；心理性疲劳主要表现为行为的改变。按不同运动项目的物质能量代谢特点，可将运动项目分为五种代谢类型（磷酸原代谢类型、磷酸原糖酵解型、糖酵解型、糖酵解有氧代谢型、有氧代谢型）。不同运动项目的疲劳存在一定的规律性，短时间最大强度运动的疲劳是由于肌细胞内代谢变化导致 ATP 转换速度下降或一部分运动单位不能参加收缩所致。长时间中等强度运动疲劳往往与能源储备动用过程受抑制有关。

（二）运动性疲劳的消除

运动时和运动后供能物质量的变化，是消耗和恢复过程保持平衡的结果。运动时以消耗过程为主，恢复过程跟不上消耗过程，表现为能源物质数量下降；运动后休息期，以恢复过程为主，消耗过程下降，因此，能源物质逐渐恢复，达到或超过原来水准。

在训练期应根据训练的目的、身体内消耗的主要能源物质，选择最适宜的休息间歇，并在这期间增加被消耗能源物质的补充或采取其他有关的措施，以加速恢复过程。力竭运动后物质的恢复时间如下：①肌肉中磷酸原恢复。最短 2 分钟，最长 3 分钟；②氧合血红蛋白恢复。最短 1 分钟，最长 2 分钟；③长时间运动后肌糖原恢复。最短 10 小时，最长 46 小时；④间歇训练后肌糖原恢复。最短 5 小时，最长 24 小时；⑤活动性休息时肌肉和血液中乳酸消除。最短 30 分钟，最长 1 小时；⑥静坐休息时肌肉和血液中乳酸消除。最短 1 小时，最长 2 小时。

运动疲劳的消除可以通过以下途径来进行。

1. 用各种方法使肌肉放松，改善肌肉血液循环，加速代谢产物排出及营养物质的补充

如整理活动、水浴、蒸汽浴、桑拿浴、理疗、按摩等。

（1）整理活动：是消除疲劳、促进体力恢复的一种良好方法。教练员、运动员应给予足够的重视。剧烈运动后进行整理活动，可使心血管系统、呼吸系统仍保持在较高水平，有利于偿还运动时所欠的氧债。整理活动使肌肉放松，可避免由于局部循环障碍而影响代谢过程。

整理活动应包括慢跑、呼吸体操及各肌群的伸展练习。运动后作伸展练习可消除肌肉痉挛，改善肌肉血液循环，减轻肌肉酸痛和僵硬程度，消除局部疲劳，对预防运动损伤发生也有良好作用。

（2）按摩：是有效的恢复手段。负担量最大的部位，应是按摩的重点，肌肉部位以揉捏为主，交替使用按压、抖动、扣打等手法，在肌肉发达的部位可用肘顶、脚踩。关节部位不仅是运动的着力点，也是运动的枢纽。应全面进行，以按摩为主，穿插使用按压、搓和揉拉。按摩应先全身后局部，全身性按摩一般取俯卧位。根据专项不同，如某部运动负担过重，需重点按摩，应在全身按摩之后再进行。在按摩肢体时，先按摩大肌肉群后按摩小肌肉群。如按摩下肢，先按摩大腿肌肉后按摩小腿肌肉，以提高肌肉韧带的工作能力，加速疲劳时的肌僵硬紧缩和酸胀痛的代谢产物的排除，改善血液循环和心脏收缩功能。

2. 通过调节神经系统机能状态来消除疲劳

(1)睡眠：是消除疲劳、恢复体力的好方式。睡眠时大脑皮层的兴奋过程降低，体内分解代谢处于最低水平，而合成代谢过程则相对较高，有利于体内能量的蓄积。

成年运动员在平时训练期间，每天应有 8～9 小时的睡眠。在大运动量和比赛期间，睡眠时间应适当延长。青少年运动员的睡眠时间应比成年运动员长，必须保证每天有 10 小时的睡眠。

入睡前，应注意以下几点：①就寝前尽量使精神状态趋于平静；②避免外界刺激；③室内空气保持新鲜；④就寝前应泡脚，使大脑得以休息，有助于尽快入睡，使疲劳能快速消除。

(2)温水浴：健身后进行温水淋浴是最简单易行的消除疲劳方法。温水浴可促进全身的血液循环，调节血流，加强新陈代谢，有利于机体内营养物质的运输和疲劳物质的排除。水温 42℃左右为宜，时间为 10～15 分钟，勿超过 20 分钟。训练结束半小时后，还可进行冷热水浴。冷水温为 15℃，热水温为 40℃。冷水淋浴 1 分钟，热水淋浴 2 分钟，交替 3 次。

(3)意念活动：心理恢复主要是意念活动，通过一定的套语暗示进行导引，使肌肉放松，心理平静，从而调节植物性神经系统的机能，然后再运用带有一定愿望的套语进行自我动员，如暗示性的睡眠休息、肌肉松弛、心理调节训练。实践证明，采用上述方法能促进身体疲劳的尽快消除，加快身体的恢复过程。另外，舒适幽雅的环境、听音乐等也有助于人们消除疲劳。

3. 通过补充机体在运动中大量失去的物质，促进疲劳的消除

(1)药物：使用中药，如黄芪、刺五加、参三七等，都具有调节中枢神经系统的功能、扩张冠状动脉和补气壮筋的作用，对促进疲劳的消除有较好的效果。

(2)营养物质：运动中产生疲劳的重要因素之一，就是能量供应不足，运动中各种营养物质消耗增加，运动后及时补充，有助于消除疲劳，恢复体力。疲劳时，注意补充能量和维生素，尤其是糖、维生素 C 及 B_1，夏季或出汗较多时，应补充盐分与水。食品应富有营养和易于消化，并尽量多吃些新鲜蔬菜、水果等碱性食物，但不同性质的运动项目需要不同营养。速度性的项目应供给含较多易吸收的糖、维生素 B_1 和维生素 C 的蛋白质和磷；耐力性的项目要多供给糖以增加糖元储备，同时还要增加维生素 B_1、维生素 C 和磷；力量性的项目需要增加蛋白质和维生素 B_2，因此在运动中适时地补充有关营养物质，既能提高身体的抗疲劳能力，又能有助运动疲劳的消除。

人们食用适量的酸性食品和碱性食品，将会维持体液的酸碱平衡，但食品若搭配不当，则会引起生理上的酸碱失调。在营养学的角度上，酸性食物和碱性食物实际上是针对它们对人体酸碱平衡的影响而言的。当食品搭配不当，酸性食品在膳食中超过所需的数量时，导致血液偏酸性、粘度增加，这会使机体感到疲劳，影响身体健康。同时体液酸化还会动员骨骼里的钙质游离出来，导致骨质流失，引起缺钙。因此，运动后应注意食物的酸碱搭配，这样才有利于运动疲劳的消除。

第二节　健身的运动学基础

一、运动技能的基本概念

运动技能是指人体在运动中掌握和有效地完成专门动作的能力。这种能力包括大脑皮质主导下的不同肌肉间的协调性。换言之，运动技能也就是指在准确的时间和空间里大脑精确支配肌肉收缩的能力。这需要用精确的力量和速度依一定的次序和时间去完成所需要的动作。运动技能的发展和提高，有赖于人们对人体机能客观规律的深刻认识和自觉运用。

二、运动技能的分类

美国学者将运动技能划分为闭式技能和开式技能两类。

1. 闭式技能的特点

(1)完成闭式技能动作时，基本上不因外界环境的改变而改变自己的动作。

(2)闭式技能动作几乎是千篇一律的重复动作。

(3)完成闭式技能动作时，反馈信息只要来自本体感受器。

2. 开式技能的特点

(1)完成开式技能动作时，往往随外界环境的改变而改变自己的动作。

(2)开式技能动作是多种多样的。

(3)完成开式技能动作时，由多种分析器参与工作，并综合总的反馈信息，其中往往以视觉分析器起主导作用。

多数单人项目属于闭式技能，如田径、游泳、自行车等项目，对抗性项目属于开式技能，如球类、击剑、摔跤等项目。一般来说，开式技能比闭式技能的动作复杂。

三、运动技能的生理本质

(一)运动条件反射的形成与运动技能

1. 人随意运动的反射本质

谢切诺夫曾提出："一切随意运动，严格地讲，都是反射。脑的活动的一切外部表现，确实都归结为肌肉运动。"其生理机理被认为是：人的随意运动是从感觉开始，以心理活动为中继，以肌肉的效应活动而告终的一种反射。以后巴普洛夫在《所谓随意运动的生理机制》一文中，从理论上阐明：随意运动的生理机理是暂时性神经联系。他用狗建立食物—运动条件反射证明，大脑皮层动觉细胞可与皮质所有其他中枢建立暂时性神经联系，包括内、外刺激引起皮质细胞兴奋的代表区在内。随意运动的生理机理是以大脑皮质活动为基础的暂时性神经联系。因此，学习和掌握运动技能，其生理本质就是建立运动条件反射的过程。

2. 人运动条件反射形成的生理机理假说

人形成运动条件反射的过程是通过许多简单的非条件反射活动，如食物反射、防御反射等。随大脑和各器官的发育，在这些非条件反射的基础上，通过视觉、听觉、触觉和本体感觉与条件刺激物多次结合，就形成了简单的运动条件反射。在大脑中，与条件反射相关的中枢之间建立起了暂时的神经联系。

人形成运动技能就是形成复杂的、连锁的、本体感受性的运动条件反射。

运动技能与一般运动条件反射的区别是:①复杂性。有多个中枢参与形成运动条件反射活动(运动中枢、视觉中枢、听觉中枢、皮肤感觉中枢和内脏活动中枢);②链锁性。反射活动是一连串的,一个接一个,前一个动作的结束便是后一动作的开始;③本体感受性。在反射过程中,肌肉的传入冲动(本体感受性冲动)起到重要作用,没有这种传入冲动,条件刺激得不到强化,同时由运动中枢发放神经冲动传至肌肉效应器官引起活动,这个复杂过程条件反射就不能形成,运动技能就不能掌握。因此,形成运动技能就是建立复杂的、连锁的、本体感受性的运动条件反射。

(二)运动技能的信息传递与处理

从信息处理过程来看,将人看成是信息处理器,人对外界环境的刺激到发生反应,就是信息处理过程。运动技能的学习也可以看成是这一过程。

形成和再现运动技能的信息源(刺激)来自体外和体内两个方面。体外信息源来自教学过程中,教师发出信息(包括信息的形式、强度、数量等),传输给学生(传输手段包括讲解、示范、录像等)。学生通过感觉器官,经大脑皮质分析综合形成初步的概念。体内信息来源来自大脑皮质一般解释区。大脑的一般解释区由躯体感觉、视觉和听觉的联合区组成。一般解释区位置在颞叶后上方,角回的前方。一般解释区是动觉、视觉、听觉的汇合区,具有各种不同的感觉体验和分析能力,信号是由这里转移到脑的运动部位以控制具体的运动。

四、形成运动技能的过程及其发展

运动技能的形成,是由简单到复杂的建立过程,并有其建立、形成、巩固和发展的阶段性变化和生理规律,只是每一阶段的长短随动作的复杂程度而不同。一般说来,可划分为相互联系的三个阶段或称三个过程。

(一)泛化过程

学习任何一个动作的初期,通过教师的讲解和示范以及自己的运动实践,只能获得一种感性认识,对运动的技能的内在规律并不完全理解。由于人体对外界的刺激,通过感受器(特别是本体感觉)传到大脑皮质,引起大脑皮质细胞强烈兴奋,另外因为皮质内抑制尚未确立,所以大脑皮质中的兴奋与抑制都呈现扩散状态,使条件反射暂时联系不稳定,出现泛化现象。这个泛化过程表现在肌肉的外表活动往往是动作僵硬,不协调,不该收缩的肌肉收缩,出现多余的动作,而且做动作很费力。这些现象是大脑皮质细胞兴奋扩散的结果。对此过程,教师应该抓住动作的主要环节和学生掌握动作中存在的主要问题进行教学,不应过多强调动作细节,而应以正确的示范和简练的讲解帮助学生掌握动作。

(二)分化过程

在不断的练习过程中,初学者对该运动技能的内在规律有了初步的理解,一些不协调和多余的动作也逐渐消除。此时,大脑皮质运动中枢兴奋和抑制过程逐渐集中,由于抑制过程加强,特别是分化抑制得到发展。大脑皮质的活动由泛化阶段进入了分化阶段,因此练习过程中的大部分错误动作得到纠正,能比较顺利地、连贯地完成完整动作技术。这是初步建立了动力定型。但定型尚不巩固,遇到新异刺激(如有外人参观或比赛),多余动作和错误动作可能重新出现。在此过程中，教师应特别注意错误动作的纠正，让学生体会动作的细节，促进分化抑制进一步发展，使动作日趋准确。

（三）巩固过程

通过进一步反复练习，运动条件反射系统已经巩固，达到建立巩固的动力定型阶段，大脑皮质的兴奋和抑制在时间和空间上更加集中和精确。此时，不仅动作准确、优美，而且某些环节的动作还可出现自动化，即不必有意识去控制而能作出动作来。在环境条件变化时，动作技术也不易受破坏，同时由于内脏器官的活动与动作配合得很好，完成练习时也感到省力和轻松自如。

形成运动技能的三个过程是相互联系的，各过程之间并没有明显的界限。训练水平高的运动员在学习掌握新动作时泛化过程很短，对动作的精细分化能力强，形成运动技能快。运动新手在学习新动作时，泛化过程较长，分化能力较差，掌握动作较慢。动作越复杂，泛化过程就越明显，分化的难度也就越大，形成运动技能所需要的时间就越长。

但是，动力定型发展到了巩固过程，也并不是可以一劳永逸了。一方面，还可在继续练习巩固的情况下精益求精，不断提高动作质量，使动力定型更加完善和巩固；另一方面，如果不再进行练习，巩固了的动力定型还会消退，技术愈复杂，难度愈大，消退得也愈快。在此过程中，教师应对学生提出进一步要求，并指导学生进行技术理论学习，更有利于动力定型的巩固和动作质量的提高，促使动作达到自动化程度。

（四）动作自动化

随着运动技能的巩固和发展，暂时联系达到非常巩固的程度以后，动作即可出现自动化现象。所谓自动化，就是练习某一套动作时，可以在无意识的条件下完成。其特征是，对整个动作或者是对动作的某些环节，暂时变为无意识的，例如，走路是人类自动化的动作，在走路时可以谈话、看报，而不必有意识地想应如何迈步，如何维持身体平衡，又如熟练的篮球运动员在比赛时运球等动作往往也是自动化的动作。

此外，在运动技能已经巩固的时候，第一和第二信号系统之间的联系，已经成为运动动力定型的统一机能体系。第一信号系统的兴奋可以选择性地扩散到第二信号系统，所以运动员可以精确地意识到自己所完成的动作，并可以用语言表达出来。当动作出现自动化现象时，第一信号系统的活动已经从第二信号系统的影响下相对地“解决出来”。完成自动化动作时，第一信号系统的兴奋不向第二信号系统传递，或者只是不完全地传递，这时的动作是无意识的，或是意识不完全。要想提高运动成绩，必须使动作达到自动化程度，但不应认为动作达到自动化后质量就得到保证。虽然动力定型已经非常巩固，但由于进行自动化动作时第一信号系统的活动经常不能传递到第二信号系统中去，因此，如果动作发生少许变动，也可能一时未觉察，等到一旦觉察，可能变形的动作已因多次重复而巩固下来。所以，动作达到自动化以后，仍应不断检查动作质量，精益求精。

五、影响运动技能形成与发展的因素

（一）动机

人们的一切行动都是有目的的，都是受一定目的支配的，这种支配人们行为的目的，就称为动机（又称要求、抱负、意愿、志向、需要、理想、向往等）。动机是行为的发端。

动机与运动机能之间成倒“U”字形的曲线。在教学、训练和比赛中，教师要善于调整学生的动机状态，使之处于最佳水平。心理学家将动机分成原发性动机和继发性动机。原发性动机（先天固有的）多来自人体内部生理的需要，与人体器官、系统、激素水平有关。例如，体内钠离子浓度的减少，会使人有渴的感觉，驱使人去喝水。生理动机具有维持人体生存的意义，它在保持人体内环境的稳定方面起着重要作用。继发性动机（后天获得的）又称获得性动机或社会性动机。它是个体通过学习和在生活经验中获得的，受社会环境的影响极为明显（如追求荣誉、地位、成就等）。

抱负水平（Lebel of aspiration，缩写 LOA），是指一个人在从事某种活动之前，希望自己的活动结果达到什么水平。抱负水平受个人经验与真实水平以及社会环境等条件的制约。因此，在为自己的行为结果预订指标时，必须从主客观的实际情况出发。抱负、动机和运动机能的形成及运动成绩之间都有密切的联系。如果学生动机处于最佳状态，抱负水平较高，其获得的学习效果和运动成绩较理想。

（二）反馈在形成运动技能中的作用

控制论创始人维纳（Vefal）认为：反馈是输出信息的一部分，而这部分的输出信息又返回到输入信息中去，通过伺服机构调整，使再次输出更为精确。通俗说，反馈就是效应器在反应过程中产生信息又传回控制部分，并影响控制部位的功能。

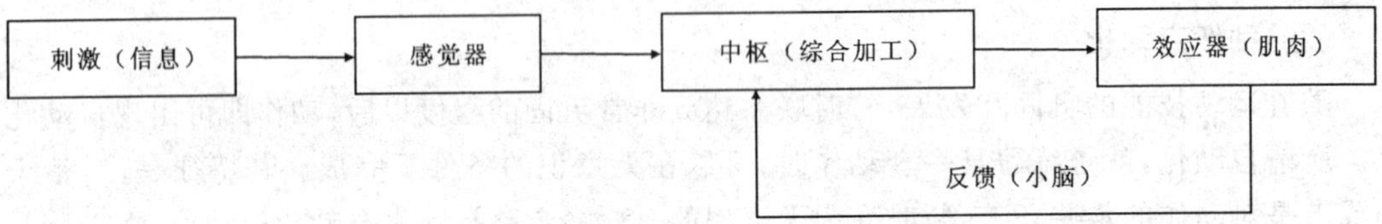

图 2-4　运动技能形成过程的信息反馈通道

生理学根据反馈效果将反馈划分为正反馈和负反馈。正反馈的作用是通过反馈信息加强控制部位的活动。负反馈的作用是通过反馈信息抑制反馈部位的活动。运动技能学根据不同信息将反馈划分为固有反馈和非固有反馈。根据不同情况，科学地运用反馈原理来提高教学训练水平。例如，用非固有反馈改善学生的技术；用语言反馈给学生以必要的暗示；用同步反馈在练习时给以不断的强化；在闭式运动技能中使学生善于体会本体感受的反馈信息；在开式运动技能中善于利用综合的反馈信息；教师应学会在反馈原理指导下创造出行之有效的教法。教师应教会学生发展有效的反馈，如图 2-4 所示。在学习的分化阶段，由于神经过程处于泛化阶段，内抑制尚末完全建立，因而控制动作的能力差，动作不协调、不精确，有多余动作。在这一阶段的教学中，教师应充分利用视觉的反馈作用，加强示范与模拟练习，不断强化视觉与本体感觉之间的沟通，但应注意不要过多地抓动作细节。在学习动作的巩固阶段，肌肉运动的表象更清楚，动觉动作的控制及语言反馈信息作用加强，视觉和意识对动作的控制相对逐渐减弱。因此，在此阶段的教学训练中，应多运用语言反馈信息，以及非固有的、积累的反馈信息，引导大学生的注意力去适应环境，强化动作与思维的沟通。在纠正动作时，对初学者应当经常给予阳性的反馈信息（即肯定其对的或正确的一面）。这实际上是在扶持正确动作的同时，通过负诱导的机制来纠正错误动作。

对于高水平运动员，因为他们对动作理解深刻，原来的动作定型巩固，故可以直接指出其错误动作，特别是精细动作更是如此。反馈对初学者的作用是直接指导他们完成正确动作，对高级运动员的作用是直接帮助他们改进错误动作。

(三)运动成绩与运动技能的关系

运动训练水平提高一般是开始快，后期则既慢又难。其原因如下。

(1)在学习新技术初期，过去已经掌握的与新技术有关的相似动作及动作经验，具有迁移作用，有助于新技术的掌握。但到了后期，随着技术水平的提高，对运动条件反射的精确性的要求越来越高，与训练初期形成的运动条件反射差距很大，这就相当于需要重新建立新的运动条件反射。

(2)在学习新技术的初期是粗糙的分化，而到了后期则要求进行精细的分化。技术水平越高，对分化的精度要求也越高，因此，这种分化抑制的建立也就越困难。

(3)运动技术的掌握和提高是建立在一定的身体素质基础上的。在学习新技术的初期，可以利用原有的素质基础，而到了后期，随着运动技术水平的提高，对身体素质的要求也越来越高，而发展和提高身体素质是需要时间的。

(4)运动成绩的提高是螺旋式上升的，因而运动训练也总是分周期的。运动成绩是身体素质、技术、战术、心理因素的综合表现。每一个训练周期，在不同的训练水平上，都存在一个构成运动成绩的诸因素重新综合的问题。这种综合实质上是要求重新建立更高水平的运动条件反射。

(5)从心理因素上来分析，初学动作时，运动内容和教学训练方法都比较新颖，容易激发起学生的学习兴趣，加之学习效果比较明显，因而容易激发学生的学习积极性，从而加速了掌握技术的进程。而到了改进和提高阶段，练习内容、手段大都是重复的，可直接感知的学习效果减少。因而这些因素容易使学生产生单调、枯燥以至厌烦的感觉，而形成消极心理，影响学习效果。

(四)大脑皮质机能状态与运动技能

大脑皮质机能状态对运动技能发挥的熟练程度起着重要的作用。大脑皮质兴奋性过高或过低都会影响正常水平发挥。20 世纪初期美国的耶克斯(Yekes)和多德森(Dougdsen)发现应激水平与技能之间的反 U 关系，如图 2-5 所示。

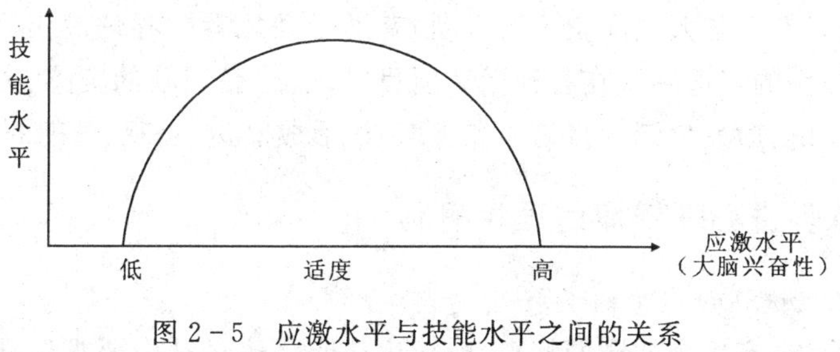

图 2-5　应激水平与技能水平之间的关系

疲劳可以导致应激水平降低，赛前紧张可以导致应激水平提高。通过调整赛前状态和准备活动可以调整应激水平达到最佳状态。研究应激水平的方法，目前主要应用脑电图、心率、呼吸、肌电、皮电等。

(五)充分利用各感觉机能间的相互作用

运动技能的形成过程,就是在多种感觉机能参与下同大脑皮质动觉细胞建立暂时的神经联系。特别是本体感觉,对形成运动技能尤有特殊意义。人体各种感觉都可帮助肌肉产生正确的肌肉感觉,没有正确的肌肉感觉就不可能形成运动技能。所以在运动实践中只有勤学苦练,反复实践,才能建立精确的分化,区别正确动作和错误动作的肌肉感觉,才能巩固正确动作,消除错误动作。

在体育运动训练中,充分发挥视觉与本体感觉之间的相互作用,能强化正确动作,纠正错误动作。充分发挥听觉与本体感觉间的相互作用,建立正确动作的频率和节奏感。充分发挥位觉与本体感觉间的相互作用,也要充分发挥皮肤感觉与本体感觉间的相互作用,以建立正确的动作定型。

如上所述,在形成运动技能时,除视觉、听觉、位觉、皮肤感觉起重要作用外,同时也与内脏感觉机能有着密切的联系。在完成任何动作时各感觉机能都同时起作用,只不过根据运动项目的特点,对某一种感觉机能要求更高一些。所以在运动实践中,要尽量多实践,充分发挥各感觉机能的作用,以便有效地加速运动技能的形成。

第三节　健身的心理学基础

健身与心理健康有着密切的关系。心理健康是指个体心理在本身环境条件许可的范围内所能达到的良好功能状态。也就是说,个体心理具有平稳的、良好的状态,对自然环境、社会环境有良好的适应性,并具有最好的功能状态。心理健康对人的生活、学习和工作都有重要意义。良好的情绪对人的行为具有增力作用,消极的情绪会影响人的正常学习工作,还会对人的身体心理产生许多不良影响。长时期的情绪压抑、忧虑和紧张,还可导致疾病。有调查表明,人运动时大脑会产生一种类似吗啡作用的物质——内啡肽,它可以降低抑郁、焦虑、困惑以及其他消极情绪的程度。健身锻炼也给人们提供一个机会,使人们能够分散对自己的忧虑和挫折的注意力,在单调重复性的技术动作中,通过冥想思考等思维活动,可以促进思维反省和脑力的恢复,这种对注意力的有效集中或转移,可以达到调节情绪目的。伯杰(1988)指出,有氧运动、封闭式运动、没有人与人之间竞争的运动,有助于锻炼者的心理健康。经常参加健身锻炼,可使机体产生极大的舒适感。在各种运动项目中,去感受运动的美感、力量感、韵律感,从而陶冶情操,开阔心胸,激发生活的自信心和进取心,形成豁达、乐观、开朗的良好心境。

一、健身锻炼促进心理健康的理论机制

1. 健身锻炼能促进认识能力的发展

体育运动各项目都有一个共同的特点,即在运动或高速运动中要求运动者既要能对外界物体(如球、器械等)作出迅速准确的感知与判断,又能迅速感知、协调自己的身体以保证动作的完成。这样长期的运动便能促进人感觉、知觉能力的发展,提高人的反应速度和直觉判断能力,使人变得敏锐、灵活。

2. 健身锻炼能培养坚强的意志品质

意志品质是指一个人的目的性、自觉性、自信性、坚韧性、自制力以及勇敢顽强和主动独立等精神，意志品质既是在克服困难的过程中表现出来的，又是在克服困难的过程中培养起来的。锻炼者越能克服困难也就越能培养良好的意志品质。体育活动的特征是克服一定的困难和障碍，是培养人的意志品质的重要途径。

3. 健身锻炼可调节情绪

体育运动对心理健康影响的主要标志之一就是情绪状态，也是人的自然需要是否得到满足而产生的一种体验。情绪几乎参与人的所有活动，对人的行为活动起着很大的调节作用。而体育活动能直接给人带来愉快和喜悦，并能降低紧张和不安，从而调控人的情绪，改善心理健康。伯格(1993)研究认为，有规律地从事中等强度(最大心率的60%～75%)活动的锻炼者，每次活动20～30分钟，有利于情绪的改善。有些研究人员发现，用力运动可减少情绪上的负担，甚至能减轻因精神压力的偶发事件而造成的心理负担。通过运动行为的替代作用，减轻或消除情绪障碍。在当今比较发达的城市，人们处在快节奏、高效率、强竞争的环境下，心理上会产生一定程度的紧张、焦虑和不安的反应。通过体育运动可以使不良的情绪状态得到改善，心理承受能力得到提高。

4. 健身锻炼可以降低应激反应

健身运动具有减轻应激反应以降低紧张情绪的作用，因体育活动可以锻炼人的意志，增强人的心理坚韧性。有实践表明，一些高应激反应的成人参加散步或慢跑训练，或接受应激灌输训练，其中接受任何一种训练方法的被试者都比控制被试(即未接受任何方法训练)处理应激反应的能力强。克瑞等在1987年回顾了以前发表的34篇论文后指出，与习惯坐着的人相比，经常从事体育活动的人更少产生生理上的应激反应，如果有也能尽快地从中恢复过来，这说明了健身锻炼在降低应激反应方面的功效。

二、通过健身锻炼来促进心理健康

1. 主动培养对体育的兴趣

兴趣是最好的老师。兴趣是探究某种事物或进行某项活动的一种带有情绪色彩的心理倾向，它能使大脑皮层的相应区域处于兴奋、活跃状态，而使其他区域相对淡化或受到抑制。当我们的注意、思维、想象等心理活动集中在体育上时，效率就会大大提高。人对体育的兴趣是与需要相联系的，是在健身锻炼的实践活动中逐渐培养和产生的。有的人还没有进行健身锻炼，主观上先觉得健身锻炼没意思，带着任务观点，缺乏主动性和积极性。

明确体育锻炼的意义和作用。树立体育意识，认识体育锻炼对自己的身体、学习和生活的积极作用。认识不到体育锻炼的作用，就会缺乏体育锻炼的内驱力。相反，把体育锻炼作为促进身心发展的需要，就会产生积极参与的愿望。

经过努力，即使是微小的进步与成功，也会增强自信心，不断提高兴趣。特别是通过努力克服身心方面可能产生的障碍，战胜了困难获得成功后，更会体验到其中的甘甜，提高参加体育锻炼的积极性。

把对体育的理性认识与体育锻炼的实践结合起来，从而巩固学习兴趣，形成良性循环，参加体育锻炼的兴趣就会日益浓厚。

2. 树立自信心

自信心是一个人学习进步、事业成功的必要条件。认识和发现自己的能力和潜能是自信的前提，并把可能性变为现实性。然而，在体育锻炼中，有的同学因为某次挫折，便失去了信心，甚至产生自卑心理。这不仅对自身的健身锻炼十分不利，而且会影响心理健康。

在树立对体育的自信心的过程中，一方面要正确地对待挫折和失败；另一方面要量力而行，循序渐进，先易后难，从而减少挫折，在成功的实践中，体验胜利的喜悦。

健身锻炼的过程，时刻伴随着意志的磨练。要使自身健康、强壮，除学习和掌握各项运动技术外，还要进行重复甚至是枯燥的练习，这既是体育锻炼的特点之一，也是使身体机能提高、磨练意志的重要过程。意志的磨练来源于对体育锻炼的坚定信念。把体育锻炼过程作为有意识培养自己坚强意志品质的过程，逐渐使自己成为意志坚强、勇往直前、百折不挠的人。

第四节　身体素质敏感期

身体基本活动能力是机体在体育活动或日常生活劳动中最基本的身体动作能力，包括走、跑、跳、投、攀爬、支撑、悬垂、负重、平衡等，是完成动作的基本形式。身体素质指人体在身体活动中各器官系统表现出的速度、力量、耐力、灵敏、柔韧等的机体能力，是人体完成动作的最基本的性质指标，反映的是动作的快慢、力量大小、持续能力等。所谓身体素质发展敏感期，就是指运动成绩快速增长和提高的年龄阶段，也称最佳发展期。男、女孩的发展总趋势为：18 岁前都是持续的增长，但并不是平稳的，男孩在 13 岁左右，力量指标逐年比女孩高。青少年的生长发育中之所以出现敏感期，是因为人体的生长发育具有阶段性和非等比性。

人的生长发育是一个连续的统一过程，但在这一过程中，生长发育的速度并不是直线发展的，而是有时快有时慢的，表现出明显的阶段性变化。从总体来看，人的生长发育有两个快速增长阶段。第一个阶段是从出生到 7 岁，在这一时期人的生长发育速度很快，形成第一个高峰期；第二个阶段是从 10 或 11 岁开始，人的生长发育速度又加快，女子在 10 到 12 岁、男子在 12 到 14 岁时达到高峰，这即称为青春发育的敏感期。

人是一个完整的统一机体，因此各部位之间都有一定的比例。但是，在生长发育的过程中，人体各部位之间并不是按等比例关系发展的，而是遵循一定的程序。如头尾程序，它是指人体各部位的长、围、宽等指标快速增长的顺序是由头向下肢过渡的过程。这一过程主要在人的婴儿期进行。虽然胎儿的生长发育是遵循头尾程序的，但是最迟到了 3 岁，人体就不在遵循这一程序了。首先，下肢的生长发育领先于躯干。另外，上肢的发育也领先于躯干。如果要想正确地促进人体的生长发育，就必须根据人体各部位发育的早晚和快慢，合理安排其体育锻炼和业余训练。

人体的生长发育具有阶段性和非等比性的特点造成了不同身体素质在不同的年龄段快速增长，这就是身体素质敏感期产生的生理学基础。正是由于有了上述的生理学基础，才使得敏感期成为人体不可逾越的阶段。

由于现代社会人们生活水平的提高，以及科技和经济的发展，人的身体发育显然有了明显的提前，青少年运动素质敏感期和以前也有所不一样，为了适应这种变化，以提高青少年的运动训练水平，同时也能在运动训练中根据少儿的特点来合理安排运动量及手段，减少运动创伤，避免青少年运动员“昙花一现”的现象，延长运动寿命。

一、力量

在青春发育期的身高突增阶段，由于骨骼猛长，肌肉主要随着骨骼向纵向生长。因此，宜多采用伸展肢体，弹跳、跑、支撑自身体重的力量练习。而过大的负重或过长时间的静力练习就容易引起关节损伤，抑制骨骼的生长。人体不同部位的肌力敏感期的年龄阶段有差异，练习的部位在不同年龄阶段应有所侧重。例如，前臂屈肌在 8～15 岁；腿部弹跳力为 7～14 岁；握力为 14～16 岁；背力为 15 岁等。女孩还应注意发展肩带肌、背肌、腹肌和盆底肌。

1. 绝对力量发展特点

7～9 岁为力量发展的第一个可训练阶段，女孩 10 岁开始绝对力量的自然发展可分以下四个阶段：

第一阶段：10～13 岁，力量增长的速度很快，特别是屈肌的力量，在这三年中总的绝对力量可提高 74%。

第二阶段：13～15 岁，力量增长的速度明显下降，在这两年中的绝对力量只增 8%，虽然此时增长速度下降，但总的来说，9～14 岁期间是力量增长最快的时间。

第三阶段：15～16 岁，一年中力量增长速度为 14%。

第四阶段：16～21 岁，绝对力量增长很慢，只增长 6%，接近 20 岁时达最大力量。

男孩在 10 岁以前与女孩差异不大。增长速度也较慢，从 11 岁起男孩与女孩出现差异，增长速度也开始加快。在 11～13 岁期间力量增长最快，18～25 岁左右力量增长缓慢，到 25 岁左右达到最大力量。

男、女孩的发展总趋势：18 岁前都是持续增长，但并不是平稳的，男孩在 13 岁左右，力量指标逐年比女孩高。

2. 相对力量的发展特点

相对力量对男、女孩来说，发展都比较平缓，虽然绝对力量指标快速增长，但相对力量指标增长的速率并不大，甚至在个别年龄阶段，例如 12～14 岁，每年只增长 2%～3%。

3. 速度力量的发展特点

男、女孩在 7～13 岁速度力量增长都很快。13 岁以后，男、女孩间的差别就明显了，男孩仍以较快的速度增长，而女孩增长的幅度就稍小些，到 16～17 岁时增长速度开始变慢。在儿童时期，速度力量发展要快些、早些。所以发展快速力量放在儿童时期及早培养较好(男孩从 7～17 岁，力量耐力的发展是直线上升，女孩 15 岁是持续上升，但 15 岁后则开始产生停滞，甚至下降)。

二、速度

速度素质的发展较其他素质为早，前苏联学者法尔费利用测定动作反应速度、跳跃高度、蹬固定自行车和手指叩击的频率四种方法观察各种年龄速度素质的变化，提出速度素质在 10～13 岁时期增长最快；如果此时期不进行训练，则 14 岁以后肌肉收缩的速度就缓慢下来。反应速度的发展敏感期，前苏联沃尔科夫的研究结果为 9～12 岁；德国葛欧瑟的研究结果为 12 岁和 20 岁左右两次高峰。对于动作速度沃尔科夫认为是 9～13 岁；美国维克托 · L 认为 14 岁时已表现出最快动作频率；前苏联的另外两名专家塔巴茨尼克和汉斯 · 托里姆认为还要早些，7～11 岁时频率提高最容易，以后就比较难了。对于位移速度，国外认为是 10～13 岁，我国的调查为男孩 7～14 岁、女孩 7～12 岁。专家建议，7～11 岁重点发展动作速度和跑的频率，12～15 在巩固前者的基础上提高速度力量，16 岁以后用最大力量和最高频率发展最高速度。现代生活的节奏越来越快，速度已成为人体美的第一素质，在各项体育运动中速度也被称为灵魂、核心。速度的发展敏感期又如此之早，因此不失时机地发展速度素质当是儿童少年时期最重要的健美内容。在此阶段应多安排短距离的赛跑、游泳、滑冰、自行车和乒乓球及其他球类运动。

1. 反应速度的发展特点

6～12 岁反应速度大幅度提高，在 12 岁时反应速度出现第一次高点，在性发育阶段，反应速度稍减慢。到 20 岁左右出现第二次高点。

2. 步频的发展特点

儿童从 7 岁起步频自然增长，13 岁左右下降。在阻力较小时，动作频率主要决定于协调性，因此在协调性最佳发展期步频有良好的增长是必然的，6～13 岁是协调发展的敏感期，因而 7～13 岁步频也随它自然增长。

3. 跑得最高速度的发展特点

男、女孩在 7～13 岁期间跑的最高速度的发展比例几乎是平行的，只是从 13～16 岁期间开始产生差异，女孩落后于男孩。

跑的最高速度的发展，总的说来，7～13 岁期间是提高最快的时期，其中 10～13 岁期间尤为突出，增长值最大。如果将男、女孩性别分开谈，男孩在 8～13 岁，女孩在 9～12 岁增长最快。男、女孩增长的总趋势是男孩持续增长，且 13～16 岁后增长速度不太稳定，女孩差于男孩。

三、耐力

耐力素质的发展敏感期，由于男、女孩之间性成熟的差距存在着性别差异。据前苏联和美国等专家的研究，男孩的耐力敏感期为 10、13、16 岁，认为 14、15 岁性成熟期耐力是不增长的。而前西德马丁、日本福水哲夫则认为青春期开始更能进行耐力训练，14 岁可达耐力训练最佳效果。我国的研究认为，男孩的耐力逐年提高，7～14 岁增长最快并在 19 岁达到高峰。一般认为女孩的耐力素质发展更早些。发展敏感期为 9 岁、12 岁两次，13 岁后增长速度减慢。我国的研究还证实，17～18 岁耐力增长速度回升到 13 岁水平，20 岁时再次达到高峰。儿童的耐力训练并非越早越好，科学地、符合生长发育规律地进行耐力训练才会引起器官系统和物质代谢调节等方面的适应性现象。儿童耐力训练的主要方法就是连续法，那些短间歇大强度的成人间歇训练手段不适于儿童。在练习手段上应注意综合、交替，以更加适合少年儿童的心理、生理特点。

男孩 10 岁时，耐力指标出现首次大幅度提高，13 岁时再次出现较大幅度的提高。16 岁时耐力有最本质的提高。15 岁时耐力增长时期缓慢，是少儿时期最慢的时期。

女孩在 9 岁时耐力指标出现首次大幅度提高。在 12 岁时耐力指标再次提高，14 岁后即进入性成熟期三年，耐力水平逐年降低，15～16 岁耐力水平下降最大，16 岁后下降速度减慢。

四、协调、灵敏与柔韧

协调、灵敏素质随年龄的增长而自然增长，15～16 岁自然增长的速度缓慢。因此 13～14

岁前可以取得较大的训练效果。儿童骨和肌肉的弹性好，关节韧带的伸展度较大。所以年龄越小柔韧性越好，女孩比男孩的柔韧性更好。柔韧性的专门练习的效果与关节的部位有关。肩关节的活动范围随年龄的增长而有所缩小，训练只能降低其缩小的程度；脊柱和髋关节的柔韧性随训练程度的提高而提高。柔韧性练习应与力量练习相结合，尤其是要与那些对完成动作的肌力有直接关系的力量练习相结合，有助于完成柔韧性的动作。有志于从事那些对柔韧性要求较高的体操、游泳、武术、杂技等项目的应从儿童时期及早进行训练。

1. 协调能力的发展特点

6～9 岁是发展一般能力的最有利时期，9～14 岁是发展专门协调能力的最有利时间，随着发育成熟，从 11～12 岁开始素质训练，力量、速度、耐力则可较快地发展。协调能力的自然发展到 13～14 岁，个别人到 15 岁达到高峰，而运动素质为 18 岁。如果适时予以训练，在 20 岁左右可以达到协调能力与素质能力大致平衡的新的水平。也就是说，此时运动员将可达到表现自己最佳成绩的阶段。

2. 灵敏素质的发展特点

少儿时期是发展灵敏素质最佳期。儿童在 7～12 岁左右，灵敏素质稳定地提高，13～15 岁是儿童少年快速生长期。

3. 柔韧素质的发展特点

少儿时期发展柔韧素质较为适宜，儿童从 4～5 岁起就可以进行柔韧练习。

第五节　体适能发展

一、有氧适能健身

有氧适能是指人体摄取、运输和利用氧的能力。它是实现有氧工作的基础，故又可称为有氧工作能力。主要依靠有氧代谢供能系统提供能量来完成的工作或运动称有氧工作。长时间的中、低强度活动如步行、慢跑、各种日常的活动和劳动，以及长距离跑和长距离游泳等都属有氧工作，如表 2-3 所示。

表 2-3　有氧适能锻炼的健身益处

1. 促进心肺功能的提高	增加最大吸氧量
	降低最大强度运动时的心肌耗氧量、心率和血压
	增加乳酸阈值
	增加心肺耐力和骨骼肌内的毛细血管数量
2. 降低冠状动脉疾病危险因子	降低安静时收缩压和舒张压
	降低血胆固醇和增加高密度脂蛋白含量
	降低体脂肪量，尤其是腹部脂肪量
	降低胰岛素的需求量，改善葡萄糖耐受力
3. 降低致病率和死亡	慢性心血管疾病、肿瘤和Ⅱ型糖尿病
4. 其他相关效益	降低焦虑和忧郁
	增加幸福感
	提高工作、娱乐和运动能力

(一)有氧适能的生理学基础

1. 氧的摄取和运输能力

主要包括肺的通气能力、血液的载氧能力、心脏的泵血能力、动脉血管对血液的再分配能力。

2. 肌肉利用氧的能力

包括氧的利用率和骨骼肌纤维的特性。

(二)有氧适能的评定

1. 最大摄氧量

人体在进行有大量肌肉参加的长时间激烈运动中，心肺功能和肌肉利用氧的能力达到本人极限水平时，单位时间所能摄取的氧量称为最大摄氧量(VO_2max)。反映人体有氧运动能力的重要指标，如图 2-6 所示。

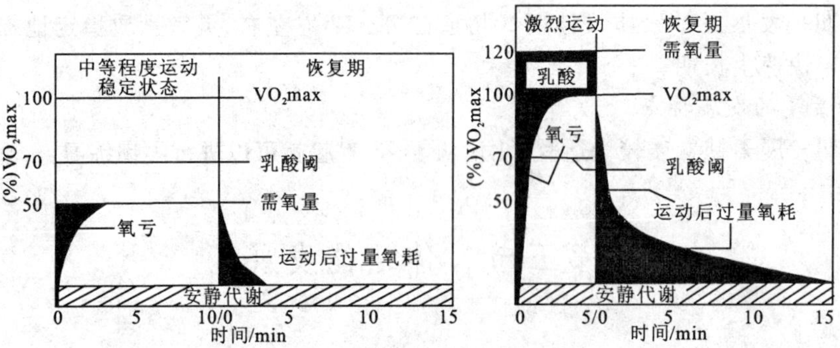

图 2-6 VO_2max 百分比直观显示

最大吸氧量的表示方法有两种，即绝对值和相对值。绝对值用 L/min 表示；相对值用 mL/(kg · min)表示。

(1)VO_2max 直接测定法。运动中收集气体的时间多以 1 分钟为单位，所测得的 VO_2max 的值是否正确，按照 VO_2max 的判定确定，如图 2-7 所示。

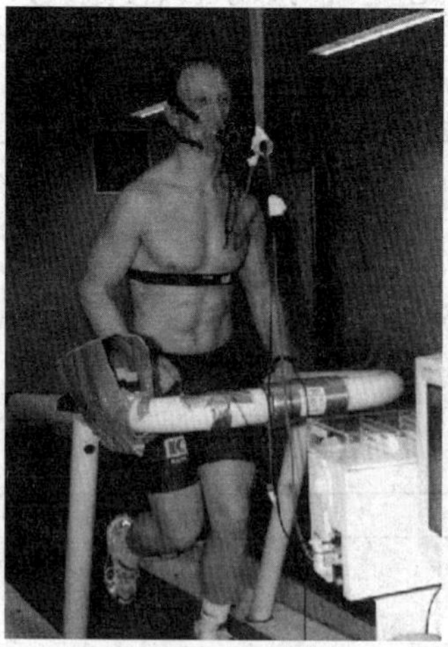

图 2-7 VO_2max 的开放式直接测量

VO_2max 的判定：①运动时心率达到或超过 180 次/min；②摄氧量达峰值并保持一定时间；③呼吸商超过 1。

(2)VO_2max 间接测定法。用 VO_2max 的相对强度所测得值推测 VO_2max 的方法，称为 VO_2max 间接测定法。

VO_2max 的间接推测方法的基本原理是：在一定范围内，VO_2 与受试者的负荷功率或 HR 反应之间呈线性相关，因此只要准确测量受试者的做功量或 HR 便可对 VO_2max 作出准确预测。具体方法有：

①Bruce 法。健康成年人的推测公式：VO_2max[mL/(kg · min)]＝6.70－2.28×性别＋0.056×时间(s)；②Cooper 12min 跑法。测试方法：让受试者跑 12 分钟，要求尽量跑更长的距离，记录 12 分钟跑的距离。

VO_2max[mL/(kg · min)]＝35.79×距离－11.29

2. 乳酸阈

在渐增负荷的运动中，血乳酸浓度随运动负荷的渐增而增加，当运动强度达到某一负荷时，血乳酸浓度急剧上升的开始起点，称为乳酸阈。乳酸阈反映最大摄氧量实际所利用的百分比。

(1)个体乳酸阈。乳酸阈反映人体的代谢供能方式由有氧代谢为主开始向无氧代谢为主过渡的临界点。通常血液乳酸浓度 4mmol/L，其变化范围大约在 1.1～7.5mmol/L 之间。因此，此时的拐点也称为“个体乳酸阈”。最大吸氧量反映人体在运动时所摄取的最大氧量，而乳酸阈则反映人体在渐增负荷运动中血乳酸浓度没有急剧堆积时的最大吸氧量实际所利用的百分比，即最大吸氧量利用率％(VO_2max)。其值愈高，有氧工作能力愈强；反之，有氧工作能力愈低。

(2)影响乳酸阈的因素。

①训练水平的影响。最大吸氧量受遗传因素的影响，而训练可以提高乳酸阈。戴维斯(Davis)的研究指出，经过系统训练后的受试者，最大吸氧量只能提高 25％，而乳酸阈却提高 44％。其原因是遗传因素限制了最大吸氧量的提高幅度，而乳酸阈值与外周代谢因素的关系更密切，例如：肌肉的血流量、肌纤维类型的百分组成及酶的活性等。训练可以改善代谢能力，使乳酸阈值较大幅度的提高。

②运动项目的影响。许多研究表明，长跑、游泳、自行车等项目运动员的乳酸阈值及吸氧量利用率百分比要高于短跑、短距离游泳等非耐力项目运动员。

③肌纤维类型及酶的活性。慢肌纤维百分组成高的人，其乳酸阈也高。泰斯克(Tesch)等报告了乳酸阈值 4mmol/L 时的吸氧量与慢肌纤维之间的相关系数(r=0.75)。有氧耐力训练可提高氧化酶的活性。可见，乳酸阈的提高与肌纤维类型的运用、酸的活性有密切相关，训练的目的就在于改善这些因素。

④性别、年龄的影响。性别影响乳酸阈时的吸氧量水平，但不影响乳酸阈时的最大吸氧量利用率百分比。研究表明，我国男子大学生乳酸阈时的吸氧量比女子显著增大，而增大吸氧量百分比在男女之间却没有显著差异。我国男女优秀运动员的最大吸氧量有显著差异，乳酸阈时的吸氧量占最大吸氧量百分比却没有明显差异，年龄对儿童少年的乳酸阈有一定的影响，如图 2－8 所示。

⑤环境条件的影响。人在 4 000m 的高处时，大气压的下降伴随着氧分压的减少，吸氧量也大为减少，同时也影响乳酸阈。高原条件下乳酸阈时吸氧量明显低于平原地，温度的变化也影响乳酸阈。研究表明，在高温(40℃)条件下进行渐增负荷运动与常温(25℃)相比，乳酸阈时吸氧量有明显的差异。

(三)有氧适能的影响因素

1. 遗传

遗传因素的影响无法改变。

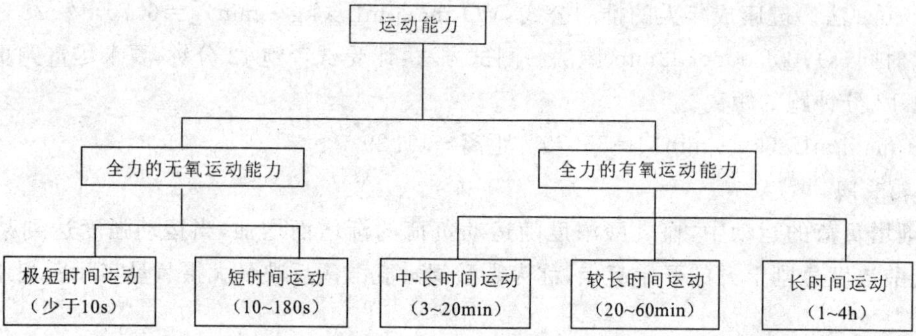

图 2－8　运动能力的基本分类

2. 训练

可以有效改变有氧适能的状况，如表 2－4 所示。

3. 性别

在青春期前后，年轻女子的有氧适能水平平均要比男子低 15％～25％。

4. 年龄

最大摄氧量随年龄增长而渐渐衰退，30 岁以后，活动少的人每 10 年会降低 8％～10％，而活动多的人，每 10 年只降低 4％～5％。长期坚持耐力运动者，每 10 年甚至只降低 1％～2％。

表 2－4　训练不同阶段测得的 VO_2max 及其有关变量

	VO_2max (L/min)	心率 (次/min)	每搏量 (L/搏)	动一静脉氧差 (mL/L)
训练前	3.58	206	124	140
4 个月	4.38	210	143	142
18 个月	4.53	205	149	149

（引自 B. Ekblom，1969）

(四)不同人群的有氧适能健身途径

1. 青少年的有氧适能健身

青少年可以通过参加耐力项目，如跑步、游泳等使最大有氧能力得到提高。并表现出与成人类似的适应方式。过去的几十年中，青少年已经安全地接受训练并在 4 小时之内完成了马拉松跑，如表 2－5 所示。

表 2－5　中国成年人体质测定标准实施办法（男子 18～20 岁评分表）

	1 分	2 分	3 分	4 分	5 分
肺活量(mL)	2 500～2 849	2 850～3 249	3 250～3 899	3 900～4 349	4 350 以上
台阶指数	45.0～48.5	48.6～53.3	53.6～62.4	62.5～70.8	70.9 以上
坐位体前屈(cm)	0.2～4.4	4.5～9.9	10.0～17.3	17.4～22.7	22.8 以上
握力(N)	310～360	361～410	411～485	486～539	540 以上
纵跳(cm)	30.0～35.9	36.0～43.9	44.0～53.8	53.9～61.0	61.1 以上
10m×4 往返跑(s)	15.0～13.5	13.4～12.0	11.9～11.2	11.1～10.6	10.5 以下
俯卧撑 4 个	4～11	12～19	20～29	30～39	40 以上

训练人员要监督训练，注意正确的推举动作和呼吸要求，防止憋气；动作要强调在肌肉的控制下进行，避免使用蛮劲；每次做1～2组练习，每组包含8～10个不同的练习；训练频度以每周两次为宜，不要采用8－RM以上的负荷，第一次增加负荷时应该先增加重复次数，然后再增加重量；训练中要避免出现肌肉疲劳，防止骨和关节损伤。

2. 中老年人从事运动的部分问题

不经常进行体育运动的老年人其典型的体型变化是：肥胖、变矮、腰背弯曲。运动对该方面的改善有积极作用。随着年龄的增加，平均肌纤维横截面积变小，肌纤维数目减少，肌肉出现萎缩，力量和耐力下降。所以进行力量练习非常有益。老年人骨密度随着衰老而下降，导致骨质疏松，易发骨折。而克服其下降仅仅需要长期定量饮用牛奶和进行负重的力量练习即可解决。老年人最大心率下降，安静时的脉搏量和最大运动时的心输出量下降，血压随年龄增加而上升。解剖学研究表明，有60％～70％的老人有冠心病的迹象。由于胸壁弹性下降，呼吸肌力量下降，以及肺泡开始出现扩张，肺的有效气体交换能力下降。肺活量也随着年龄的增加而减少。

大量的研究表明，老年人长期坚持耐力练习，能够起到改善动静脉氧差，提高VO_2max等方面的作用。中老年运动应侧重椎体锻炼，改善中枢神经系统功能；加强心血管系统的锻炼，减缓和预防动脉血管硬化；加强腿部和关节锻炼，预防衰老。

根据老年人的生理特点，适合进行耐力性项目而不宜从事速度性练习。对于力量性练习近年来的观点认为，衰老最显著的变化之一是肌力的减弱，进而导致体力和工作能力的下降，发生姿势性改变而出现劳损和畸形，所以需要进行力量锻炼。慢跑是增强心肺功能最简易和最有效的项目，并能改善精神和心理状态。

一般方法是：开始阶段可从50～70m/分钟开始，5分钟左右，可走跑交替间歇进行；1～2周后可增加到120m/分钟，时间逐步延长到20分钟，每周3～5次。

二、肌适能健身

肌适能主要包括肌肉力量和肌肉耐力。力量是肌肉在紧张或收缩时所表现出来的一种能力，或者说是肌肉抵抗阻力的能力。力量是实现一切身体活动的基础。肌肉耐力是指肌肉在某一负荷下能长时间保持持续收缩的能力。它通常用次最大收缩时所能重复的次数或次最大收缩下所能坚持的时间(静力耐力)来测定。

从事规律的负重练习对增强体质具有十分重要的意义，具体表现在以下几个方面：①有助于提高或维持骨密度，避免骨质疏松的发生；②改善神经对肌肉的控制能力，促进肌肉发达，维持肌肉质量；③优化身体成分，促进瘦体重增加；④强化软组织(如肌腱)的强度，对于老年人群来说，还可以缓减腰背疼痛和行动迟缓等；⑤改善自我意识，强化自我信心，并增强完成日常工作的能力。

研究表明，要使肌肉力量和耐力有明显提高，训练的频度应以每周3～5天为宜，而且每次训练要由3组6～10－RM组成。尽管训练的频度对于最大肌力的提高至关重要，但研究结果显示每周3天和每周5天的训练效果没有明显差异。要想提高肌肉的耐力，则要减小运动强度，增加重复次数。Stone等提出，活动的重量训练，如杠铃，比固定的重量机械训练更有实效。其理由如下：

(1)活动重量训练的动作形式多，因此其动作更可能专门化。

(2)活动重量训练可以包括大肌群和复合动作,因此需要运动员掌握平衡和固定,而这两者为实际运动过程所必需。

(3)活动重量训练的效果较好,拥有更多的研究数据支持。

动力性抗阻力训练的优点在于能够在整个运动范围内训练肌肉。不足之处就是需要很昂贵的器械设备,费用较高;而且对空间的要求相对较大;安排不便利(如仰卧推举,通常要在练习中安排一位保护者)。

第六节　中国传统健身思想

一、古代中国的传统体育思想沿革

我国是一个有着悠久传统体育思想的国家。一些与生命健康有关并且影响深远的重要体育思想如气、寿考、康宁等在商代就已经形成。《尚书》"五福六极"价值体系的形成,表明商末周初已经确立了以康宁长寿为中心的人生价值观。《易经》则确立了影响深远的阴阳变化是宇宙本原和基本规律的思想,其"中和"与动静平衡的思想显示了古代中国人在思维方法上的基本倾向。

春秋战国时已经初步形成的传统体育思想体系,在先秦诸子著作中已经有了清楚、完整的表述。古代体育确立了国人在思考与生命、健康和身体活动等问题时的思维方式和价值观念,也是推动体育思想理论发展的重要前提和动力。到了隋唐,在崇尚自然而喜游乐的风气影响下,养生思想得到较大发展,而南北方民族交流与融合又导致了社会风气向崇尚武勇与尊妇孺的转变,从而为隋唐体育风尚和体育思想的发展奠定了基础;在隋唐时期,各民族体育文化的融合影响到体育思想的形成,具体表现为医家运动保健思想的完善、佛教贵生倾向的形成和道教养生术说的成熟;在宋元明清时期,后期儒学天理心性学和城市发展造成的人欲横流之间的价值冲突,导致了体育价值体系的重建。研究发现:宋明以后体育思想很少超越汉代人们的认识水平和认识范围。在这样的背景下,颜元对传统体育思想进行了总批判,其思想带有明显的启蒙倾向。在中国传统文化氛围和学术思想的基础上,颜元达到了传统体育思想的高峰。但是,传统体育过于关注身体活动的健康和教育价值、强调对整体生命和健康的影响而不太重视体能发展的特点,保留在军事训练和武术中的体能练习由于缺乏教育制度的支撑和理性的关注,因而不能不始终停留在经验的层面。

鸦片战争以后,传统体育由于来自西方的冲击而造成了发展轨迹的中断:西方的坚船利炮,使本已不合时宜的传统军事体育加速退出战场;日渐委顿的乡村社会和遭遇现代工商业及现代化农业围剿的小农经济,已经无力支持传统民俗民间体育活动继续发展;传统的养生方术也遭遇到前所未有的健身理论与方法的挑战……传统体育陷入了空前的危机。面对这些危机与挑战,社会各阶层都以自己的方式作出回应。尽管这些回应并不都明确地指向体育或以体育为工具,但其中多少都包含着对体育性质、功能与方法的重新认识。在这个过程中,洋务运动使相当部分中国人开始接触到西方体育,而甲午战争前后的危急局势,却使越来越多的中国人意识到变法维新、自强保种的紧迫性,从而使人们开始从国家前途、民族素质、教育使命等角度去重新认识素来被社会鄙视的身体活动,形成了一套不同于传统养生保健观念的新的体育观。在这种认识和社会需要的双重推动下，中国体育以不断解决当时紧迫的现实需要的形式，艰难地寻求着体育的现代化之路。

由于现代体育挟西方列强入侵之势传入中国，因而它深入到被视为“道”与“体”的教育和军事制度领城时，因而它与中国传统体育的冲突也就是不可避免的了。经过数百年的酝酿和积聚，终于在新文化运动和20世纪30年代先后爆发了两次空前激烈的论争。讨论结果是不但促进了中国传统体育的现代化和科学化进程，促进了和中、西方体育文化的融合，加速了中国体育的国际化进程，并对当时中国的体育政策和实践产生了深刻的影响。从八一南昌起义开始的中国共产党独立领导下的苏区和后来的抗日根据地、解放区，使共产党人能够从一个全新的视角，即从工农权力的立场上看待教育和体育问题，因而产生了区别以往体育学说的体育思想。共产党人的体育思想有三个来源：近代体育科学认识、科学社会主义理论和新民主主义体育实践。新民主主义的体育思想为中华人民共和国成立以后的体育思想和政策的发展奠定了基础。50年代中国的体育思想受到前苏联体育理论和体育思想的强烈影响。中华人民共和国体育思想的发展表现出明显的阶段特征：“文革”以前十七年、“文革”时期和改革开放以来三个时期。成果重点讨论了新时期体育思想的变化，认为1977—1984年是在思想解放的大背景下对中国体育发展的初步反思，但这个反思没有能完成对违背体育发展规律的“左”倾思想的清理；1984—1992年围绕“体育强国”的讨论接触到中国体育发展的一些深层体制和思想文化问题，但同样是半途而废未能深入展开讨论。1993年以来，随着体育改革的深入，特别是体育法制化、市场化和社会化对体育思想的发展产生了深刻的影响，但仍然缺乏理论上的充分讨论。成果还是从党和国家领导人对体育的指导思想、对体育的总体认识、从体育工作方针到体育发展战略、社会转型与体育价值观的变迁、学校体育思想研究和从体育文学看国民体育思想的变迁六个方面，对我国的体育思想发展进行了专题研究，并对体育思想发展的趋势进行了分析和展望。研究认为从群体政治需要到人类发展需要、从社会功利需求到个体健康生活是中国体育发展的总趋势。在此基础上，体育思想发展也呈现出多元化趋势。

传统体育现代化和中国体育融入全球化进程是一个不容忽视的问题，是重建民族本位的体育话语权。这就要求我们从悠久的中华传统体育中整理出曾经有过、并且仍然在影响着中国人的生命观、身体观、健康观和体育生活的那些观念、范畴和独特认识，并以现代科学体育话语体系为参照，建立起民族本位的体育话语体系，以实现东方体育与西方体育文化、传统体育与现代体育的平等对话，共同去探究人类体育文化的奥秘。

二、我国传统体育思想观念

(一)“天人合一”的生态和谐观

《周易大传》载：“夫‘大人’者，与天地合其德，与日月合其明，与四时合其序。”当人与自然社会和谐共生时，“儒者则因明致诚，因诚致明，故天人合一”。表明中国传统文化既强调人的主体地位，又注重人必须不断认识自然规律，遵循自然发展规律，最终实现人与自然的完美融合。“天人合一”强调个人身心发展与自然、社会发展和谐统一，从而为积极心理健康提供了生态学的理念和范式。世界卫生组织将健康定义为：“健康是指人的身体、精神以及与社会和谐的完善状态，而不仅仅指无疾病或无体弱的状态。”从中国文化看，这种完善状态是一种整体和谐状态：外部是人与自然、人与社会关系的和谐和人与他人关系的和谐；内部是个人身心关系的和谐。这种天、地、人三才的和谐，正是和谐社会所追求的理想状态。

(二)阴阳平衡的动态和谐观

从公元前一千多年的西周开始,中国人就用阴阳相互作用的观点来解释天地间的现象,并视之为宇宙间万事万物构成、发展和相互作用的根源。“一阴一阳之谓道”,阴阳是对事物共有的特殊规定性的抽象概念,是宇宙中相关联的事物或现象对立双方属性的概括。阴阳与心理健康的关系主要表现在情志的阴阳属性及心身疾病的致病机理两方面。阴阳协调则人的精力充沛,身心和谐。《素问·生气通天论》说:“阴平阳秘,精神乃治。”相反,阴阳失调则形病及神,或形神并病为各种心身疾病,“阴不胜其阳,则脉流薄疾,并乃狂”。当“阴气少而阳气胜,故热而烦满也”(《素问·逆调论》)。阴阳平衡或失调与健康或疾病关系表明健康和疾病是一个动态发展过程。

(三)五行生克的动态发展观

中国传统哲学认为宇宙处在永不停息的变化发展之中,五行相生相克衍生出天地万物。《尚书·洪范》云:“五行:一曰水,二曰火,三曰木,四曰金,五曰土。”五行相生起促进作用:“水生木,木生火,火生土,土生金,金生水。”五行相克起抑制作用:“金克木,木克土,土克水,水克火,火克金。”《内经》将五行生克作为健康与疾病彼此消长的内在原因和规律,并总结了情绪的分类和属性、情绪的生理基础、情绪的变化规律。《素问·阴阳应象大论》载:“天有四时五行”,“人有五藏化五气,以生喜怒悲忧恐”。五脏分属五行:“肝主木,心主火,脾主土,肺主金,肾主水”;五脏之气化生五志:“心主喜,肝主怒,脾主悲,肺主忧,肾主恐”;故情志之间存在着相生相克的关系:“怒伤肝,悲胜怒;喜伤心,恐胜喜;思伤脾,怒胜思;忧伤肺,喜胜忧;恐伤肾,思胜恐”,这些根据五行相生相克关系归纳的情志相胜原则,被广泛用于中医辨症施治、心理调节和其他治疗实践中。

儒家文化主要是一种以自强不息、积极进取为人生价值观的伦理文化。《周易》载:“天行健,君子以自强不息”;“地势坤,君子以厚德载物”。天(即自然)的运动刚强苍健,君子处世应像天一样,力求自我进步,刚毅坚卓,发愤图强,永不停息;大地的气势厚实和顺,君子应增厚美德,容载万物。内以圣人道德为体,外以王者仁政为用,“内圣外王”是儒家追求的理想人格。这种“自强不息,厚德载物”的浩然正气,至大至刚,“塞于天地之间”,形成了中华民族文明进步的精神脊梁,为积极心理健康服务赋予了历史灵魂。

由古代养生导引术发展演变而来的现代气功和由武术中分化出来的以健身为主要目的的太极拳套路等健身类体育项目,融合了中国传统文化哲学和体育健身等思想,强调在健身活动中顺乎自然、协调身体和精神的关系、平衡动静、疏通经络等观念,比较适合中老年人的生理心理特点。在1997年我国体育人口活动调查中,中老年人群中的太极拳参与率仅在散步跑步之后,列第二位。在不同年龄体育人口主要活动项目参与率中列第三位,成为中国人最重要的大众健身方式之一。太极拳、气功及部分武术套路类健身项目,由于其带有典型的中国传统文化意识,随着中国同世界交流程度的加深,也逐渐走出国门,在西方一些国家的高文化阶层中得到开展,并有希望作为一项中国古代文化遗产,为世界带来一种新的健身理念,作为对以西方竞技体育为主构成的现代群众体育体系的一种补充。当然,在大众气功的开展普及中,虽然不时有人借气功之名散布歪理邪说,蒙骗练功群众.损害练功群众的利益.给社会和国家带来不同程度的损害。但随着此类体育项目的正规化、科学化、系统化和国家对之加强引导管理,借健身运动行健身之外的利益的现象将会得到较好治理。随着中国社会的老龄化进程的加快,此类运动在国内将得到较大的发展空间。

随着中国经济快速增长，国民物质生活条件逐步改善，体育文化得到了较大的发展空间。在西方体育思想观念及项目主导竞技体育世界的现实情况下，用中国传统体育的一些项目和思想补充世界群众体育体系，丰富世界体育文化内容，为人类强身健体提供新的方法和理念。抛开短期的功利性，这种非竞技性选择能更多地保存这些项目的文化内涵、更有利于传承中国传统文化，使部分能适应现代社会的中国传统体育项目得到更大的生存和发展空间。

思考题

1. 试述最大摄氧量的主要生理机制及其影响因素。
2. 试述有氧耐力的生理学因素及其影响因素。
3. 简述体育促进心理健康的理论机制。
4. 简述我国传统体育思想观念，以及我国传统体育在当前社会中的的定位和发展理念。
5. 试述最大摄氧量的主要生理机制及其影响因素。
6. 试述有氧耐力的生理学因素及其影响因素。

第三章 健身原则

第一节 健身过程的基本原理

一、新陈代谢理论

人体生命活动最重要的物质基础是蛋白质和核酸这两种高分子物质。恩格斯曾指出:"生命是蛋白体的存在方式,这种存在方式本质上就在于这些蛋白体的化学组成部分的不断地自我更新。"有机体与外界交换物质的过程,就是新陈代谢的过程。新陈代谢是蛋白体的基本运动形式,也是有机体最基本的生命过程,人体的一切生命过程如生长、发育、生殖、遗传、变异、适应、进化等都是在新陈代谢的基础上进行的。它是人体生命活动的基本规律。

新陈代谢是生物体与外界环境之间的物质与能量交换以及生物体内物质和能量的转变过程,包括物质代谢和能量代谢两个方面,是生物的基本特征之一。在新陈代谢过程中,同化作用是机体从外界摄取营养物质并转变为自身物质,意味着体质的增强;异化作用是机体自身的部分物质被氧化分解并排除代谢废物,意味着体质的削弱。在健身过程中,唯有在保持同化作用占优势的情况下,才能达到增强体质的目的。因此,在健身过程中必须根据有机体同化作用和异化作用相互诱导原理,保证体育方法对增强体质具有良好的效果。

在健身实践中,要保证同化作用优势必备的条件:一是良好的身心状态。它是保证新陈代谢正常运转不可缺少的条件;二是保证足够的营养供给。大量进食虽然对保证同化作用优势起不了决定作用,但饥饿却会失去同化优势的条件。为了保证同化作用的优势必须补充足够的足以补偿异化作用所消耗的物质;三是控制一定的体力消耗,避免过度疲劳,才能保持同化优势;四是保证必要的休息,它是保证同化优势的重要条件。真正增强体质的过程是在休息中实现的,而运动只是引起同化作用优势的诱因。

二、运动负荷价值阈规律

运动负荷(Exercise Workload,简称 EW)是指加载于机体上的各种外部物理"功"的总称。健身运动过程中都存在运动的负荷,它包含运动量与运动强度这两个方面。前者反映负荷对机体刺激的量的大小,后者反映负荷对机体刺激的深度。负荷的量和强度分别通过不同的侧面表现出来,但是也可以运用不同的指标反映运动量和运动强度。不合理的运动时间、运动负荷、运动量非但不能达到锻炼目的,而且还会对身体造成慢性伤害。长期无效的健身不但浪费时间,而且可能在不知不觉中侵害我们的健康。

运动量是指在一定运动强度下维持的时间长短和一定时间内的次数,是运动强度、持续时间和频率的乘积，即运动的总量。运动量是运动健身计划中最重要的内容，是健身有效性和安全性的关键。根据年龄、性别、运动强度的大小，运动量还有许多分配方法。总趋势是强度越大，间隙越大；年龄越大，运动量越小。从低强度、小运动量到中等强度、中运动量的训练过程是不同的。年轻人用 1～2 个月的时间进行过渡期的训练，而心脏病、高血压患者可一直采用轻度持续的训练，而老年人要用 3～4 个月进行过渡期训练。

运动强度是指人体单位时间所完成的运动量，由运动密度、每组运动数和每组运动之间的休息时间等因素构成。这些因素相互联系、相互制约，任何一种因素的改变，都将改变运动强度，从而影响到运动量。运动强度可分为绝对运动强度和相对运动强度两种。绝对运动强度指机体所承受的物理负荷量，如做了多少功等，又叫物理负荷强度。采用物理负荷的优点是强度大小简单明了，能对体力进行绝对评价，其不足是难以了解运动者身体机能的变化情况。相对运动强度是根据个人最大摄氧百分数或最大心率百分值等生理指标来反映某一负荷量对身体的刺激程度。

所谓运动负荷的价值阈是指人体的健身活动应承受适宜的对人体有着良好健身效果的负荷强度，且应按照一定的心率区间去确定运动负荷的计量标准。健身锻炼应根据不同个体的特点安排运动负荷，不能参照一个绝对标准，但正常人之间差异不大，因此，运动负荷价值阈对多数人来说有着普遍的意义，如图 3－1 所示。

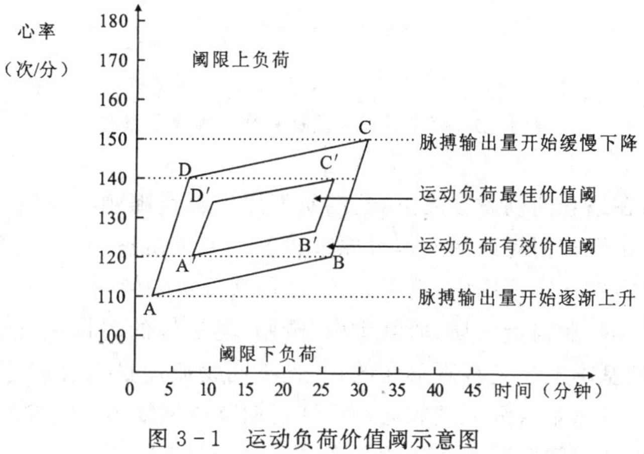

图 3－1　运动负荷价值阈示意图

相关研究认为，心率在 120～140 次/分钟时，心脏的脉搏输出量达到最高值，身体各器官系统能够得到充分的血液供应，新陈代谢状态最好，增强体质的效果也最明显。当心率在 120 次/分钟以下时，心脏功能未得到充分发挥，健身效果小。而当心率达到 140 次/分钟以上时，肌体主要靠增加脉搏频率来提高心脏血液输出量，机体运动只能维持较短时间，否则会出现全身供血不足而精疲力竭。所以，为了防止运动过度而损伤人的身体，把最佳负荷价值阈定在脉搏量极限心率 140 次/分钟以下，对保证运动增强人的体质具有重要意义。

心率 120～140 次/分钟的负荷标准是针对健身运动的，不是针对知识技能教学和运动训练的。在技能学习过程中，经常用到阈限下负荷，而在运动训练中则经常采用阈限上负荷。另外，在运用价值阈规律过程中，还应注意到年龄、体质的不同，来合理确定健身负荷，以自我感觉舒适，不影响正常的工作、学习和生活为准。

三、超量恢复原理

超量恢复也称超量代偿。是关于运动时和运动后休息期间能量物质消耗和恢复过程的超量恢复学说，是由前苏联学者雅姆波斯卡娅提出来的。其主要观点为：人体在运动中所消耗的能量物质，在运动后不仅可以恢复到原有水平，而且可以超过原有水平，且机能水平的恢复也可以超过原有水平，这就是超量恢复原理。根据超量恢复原理，人体的锻炼过程可以分为三个阶段，即运动时各器官系统工作能力下降阶段、运动后工作能力复原阶段、工作能力超量恢复阶段，如图 3－2 所示，从而达到增强体质的效果。

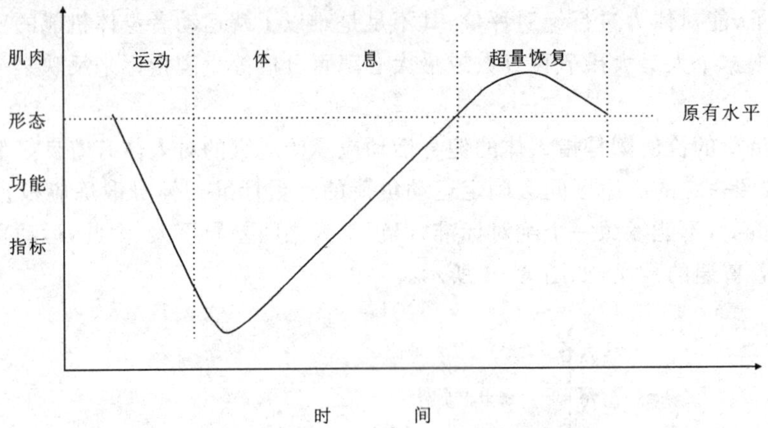

图 3－2　健身过程中消耗和恢复规律示意图

该研究还证明：在适宜的刺激强度下，运动肌糖原消耗量随刺激强度增大而增加；在恢复期的一个阶段中，会出现被消耗的物质超过原来数量的恢复阶段，称为超量恢复；超量恢复的数量与消耗过程有关，在一定范围内，消耗越多，超量恢复效果越明显。此后，许多运动生化工作者对肌肉中磷酸肌酸、肌肉蛋白质、肌红蛋白、磷脂、酶活性的超量恢复过程进行了研究，进一步证实超量恢复的基本规律是客观存在的，并且不同物质超量恢复的速度不同。由此提出肌肉活动时消耗物质的超量恢复原理和运动后恢复期物质恢复的异时性原理。

超量恢复的程度和时间取决于消耗的程度，在一定范围内，肌肉活动量越大，消耗过程越剧烈，超量恢复越明显。如果活动量过大，超过了生理范围，恢复过程就会延缓。

不同能源物质在运动时的消耗速率和恢复时间是不相同的，而不同专项运动对消耗能源物质的要求不同，这就成为选择休息间歇、掌握负荷强度和量度的一个重要依据和指标。目前认为可以根据不同能量物质恢复的速率来安排不同专项练习的间歇休息时间；而超量恢复则是课后休息期至下次训练时应掌握的指标。

以上内容提醒我们，为了达到健身效果，锻炼过程中必须要承担一定的生理负荷，造成消耗和产生疲劳，才能达到一定的健身效果。另外，运动后必须要有合理的恢复与休息，并补充合理的营养，否则，超量恢复的效果是不明显的。

四、身心互制原理

20世纪以来,现代西方哲学家已经认同身体不再是单纯的生理机体,而是心灵和躯体的结合点,身体不仅包含躯体,而且包含意识。有机体是内外相连,形神兼备的,健康的身体不仅是没有疾病和机体功能正常,而应是生理、心理和社会适应方面具有良好的状态。古代雅典人的健身理念就始终认为:"身体优美既指身体诸部分都得到和谐的发展,而且又举止文雅。"我国传统养生理论也非常重视身心互补,《养生大观》中说:"善养生者养内,不善养生者养外",说的就是在体育锻炼中要内外结合,不仅要注重身体活动,而且要注意情绪和精神调节。

《体育运动国际宪章》明确指出:"体育运动却并不局限于人体的幸福、健康,还有助于人的充分平衡的发展。"因此,要"寻求把体育运动与文化和教育融合起来,创造一种在努力中求欢乐、发挥良好榜样的教育价值并尊重基本公德原则为基础的生活方式。"美国医学体育医学委员会甚至提出"体育和娱乐活动的主要目标应该是增进人的精神素质的提高"。这些身心统一的健身观都代表了今后健身运动的发展方向。

体育从其本质功能而言,是直接作用于人的生理结构及其机能,但由于心理是生理的功能形态,所以对生理的改造必然导致心理的发展,并且也只有将心理的发展纳入到身体的改造中,让人的心理来调控人的生理,才符合人的体育特征。因此,体育不仅要体现在人的身体方面,也同时要体现在人的心理方面。实际上,体育就是一种有目的的使人的身体文化化的和谐教育活动。因此,在体育锻炼活动中,锻炼者不仅要充分利用多种途径和方式来增进健康,增强体质,同时也应该充分发挥体育对人的多方面的作用和影响,也就是说体育锻炼应该是身心的全面锻炼。随着社会的发展,自然环境和人际关系对人的不利影响越来越大,更需要人们通过体育锻炼来调节人的身心协调发展。

五、人体发展的阶段性特征

人体的生命过程中,由于结果和功能上质的变化,有机体在规律性的形态、机能、生化的变化方面表现出不同年龄阶段的特点。而且各年龄阶段并不是孤立的,而是互相联系,前一个阶段的生长发育为后一个新的阶段奠定了物质基础。具体特点如下。

1. 波浪性和阶段性

人体的生长发育虽然是一个连续、统一、逐渐完善的过程,但在各个年龄阶段生长发育的速度并非是均匀的,而是有快有慢,呈现出明显的波浪性和阶段性特点。虽然人体生长发育在不同的年龄阶段都要经历出生、生长、发育、成熟、衰老、死亡的生命过程,但由于各方面因素的影响,如生活方式、卫生习惯、营养条件、客观环境、健身锻炼等,每一个个体的生命历程又是不尽相同的,如图3-3。

2. 非等比性

人体是一个统一的有机体。因此,人体各部分的生长发育有相应的比例,但身体各部分的生长发育在发育过程的每一时期内并不按比例进行。

3. 程序性

人体在生长发育的不同时期,分别遵守头尾发展规律和向心发展规律的不同生长方式。

4. 性别差异

从青春期开始,男、女之间的生长发育出现了明显的差异。主要表现在以下几方面:时间

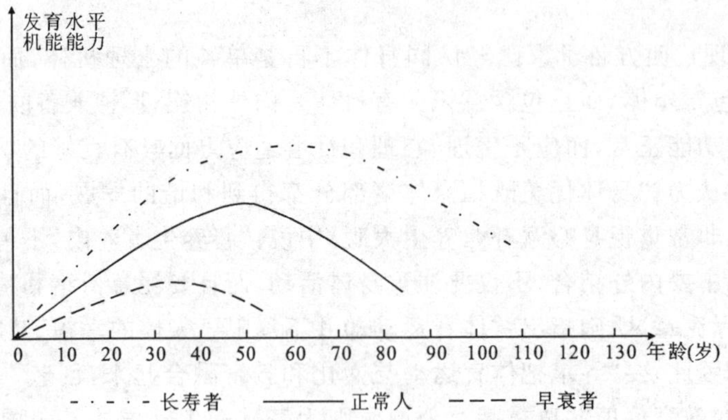

图 3-3 身体机能水平与寿命关系示意图

上的差异，女子青春期发育较男子早，各项发育指标的增长值和增长率曲线出现高峰的年龄，女子比男子早1～2年，青春期发育的结束时间女子比男子早2～3年；体格上的差异，男子多数指标生长发育曲线的波峰比女子高，波幅比女子宽，这就造成了男子体格比女子高大；多数指标的发育曲线存在两个交叉，10～14岁的女子身高、体重的平均数高于男子，形成发育曲线上的第一次交叉；14岁左右男子的身高、体重又超过女子，形成发育曲线上的第二次交叉，此后，男子各项指标的数值一直高于女子，最终形成了成年男、女在身高、体重上的显著差异；体型上的差异，青春期男子上体的围度、宽度增长得较快，女子则是下肢的围度、宽度增长得较快，所以，男子的上体粗宽、下肢细长，女子的上体窄细、下肢粗短。

很显然，人们都希望健康长寿，这就要注重养生之道。并通过积极的措施和手段，科学地进行健身锻炼。人体生命活动的发展变化过程受遗传和后天生活条件影响，遗传在很大程度上决定机体的生命活动过程。后天生活条件对人的影响也是巨大的，而且这种影响的时间越早，效果越明显，所受的影响也比较稳定而深刻。健身者和健身指导人员应掌握生长发育规律，在临界期内有效地优化环境，科学安排健身锻炼，保持强健阶段，推迟衰老的到来，以促使人体的生长发育及身体素质的增长并接近或达到遗传物质所规定的最高极限，才能实现人们的良好愿望。

第二节 健身原则

体育健身的原则是体育健身过程中客观规律的反映，是在长期的体育健身实践中积累起来的具有指导意义的经验总结和概括，是健身过程中必须遵循的行为准则。

健身原则不是人们主观臆造或随意杜撰的，它是人们不断总结健身过程中的成功经验和失败教训，并进行科学研究和运用相关学科理论的结果，在研究健身原则的过程中，依据健身的人体科学基础、心理学基础、运动学基础以及体育运动对人体的作用和特点等进行综合概括。因此，健身原则的提出有充分的科学依据，并反映了事物发展的客观规律。

体育健身的原则主要有：全面性原则、自觉性原则、循序渐进原则、经常性原则、适量性原则。

一、全面性原则

全面性原则是指通过体育锻炼使身体形态、机能、素质和心理品质等各方面都得到全面和谐发展。人体是有机的统一体，各组织、器官、系统之间是相互联系、相互制约的。身体某一方面的发展会影响其他方面的发展。这就要求我们在体育锻炼中要注意全面锻炼身体，要把身体形体和机能的锻炼、身体和心理的锻炼紧密结合起来，使有机体得到全面协调发展。

人体是一个有机联系的统一整体，身体某一个方面的发达或衰退，都会影响和关联其他方面。生物进化的"用进废退"原理也告诉我们，在一定范围内，经常使用的部位、器官和系统会得以发展，并逐渐形成形态学和生理学特征。而那些长久不用或很少使用的部分，就可能萎缩或退化，由此造成身体发展的比例失调。

贯彻全面性原则，应注意以下几点。

(1)健身应从改善机体形态、提高身体机能、适应环境、抵抗疾病、愉悦身心等方面综合考虑，全面发展。全面发展不等于没有重点，而是要根据个体的需要，发展各自职业需要的部位和素质，以及在劳动过程中活动最少的部位。这样有的放矢地进行锻炼，将收到更好的效果。如纺织工人大多数下肢负担过重，容易静脉曲张，应多做些下肢屈伸活动，促进全身血液循环。长期伏案工作的知识分子，则需要提高心血管系统和呼吸系统的功能，特别要注意中枢神经系统的调节，因而更需要全面锻炼身体，如跑步、体操、打拳、练气功等都是很好的锻炼项目。

(2)要合理选择和搭配健身内容。要达到全面发展，一方面要尽可能选择那些对身体有全面影响的锻炼内容，如跑步、游泳等；另一方面，也可以某一运动项目为主，辅以其他锻炼内容。此外，在锻炼过程中还要注意扬长补短，应加强薄弱环节的锻炼。

(3)要内外结合。健身锻炼中不仅要注重骨骼、肌肉等形态上的锻炼，同时也应加强内脏器官、系统的功能锻炼，使机体能力得到全面提高。内外结合还应身心合一，不仅要注重身体和动作的质量，更要求锻炼中精神集中、意念专注，使思想和动作紧密结合，这样不仅可以提高身体锻炼的效果，更能够获得精神上的享受和心理上的修炼，使身体锻炼获得物质和精神的双重效应。

二、自觉性原则

人们做任何事情，都要有追求、有目标。体育锻炼也是这样，首先明确了锻炼目的，才能自觉地坚持身体锻炼。自觉性原则是指健身应该出自锻炼者的内在需要和自觉的行动。毛泽东同志在《体育之研究》一文中提出："欲图体育之有效，非动其主观，促其对于体育之自觉不可。"并指出："坚持在于锻炼，锻炼在于自觉。"这充分说明自觉性对于体育锻炼的重要意义。

健身锻炼是一种业余活动，制约性与监督性都不强，锻炼者的自主性较大，再加上身体锻炼本身是克服自身惰性的体力性活动，健身者不仅要承受一定的生理负荷，还要面对严寒酷暑、雨雪风霜等困难条件，这对锻炼者的身心都是一个巨大的考验，没有主动自觉性是难以常年坚持的。另外，健身锻炼是一个长期积累、反复实践和不断提高的过程，要想取得理想的健身效果，必须要主动积极、长期坚持。健身活动作为人类特有的一种有目的、有意识的实践活动，主要是通过人体的自身锻炼来获得强健身体、增强体质的实效。它不同于日常生活和劳动中的一般躯体活动，它要求锻炼者自觉、积极地投入，才能使人体在活动中得到身心发展，达到事半功倍的锻炼效果。

贯彻自觉性原则，应注意以下几点。

(1)明确目的、强化动机。人的一切行为总是与动机紧密联系在一起的，健身锻炼也应首先明确目的，每个人健身锻炼的目的应与个人的健身需要结合起来。根据性别、年龄、身体条件等方面的差异，健身锻炼的需求主要有：强身、保健、娱乐、健美、竞赛等。例如针对有保健需求的个体，应结合生物学的基本观点，在客观认识药物、营养品等保健作用的同时，充分认识健身锻炼这一特殊保健手段的医疗作用和保健价值，通过各种健身锻炼的实例，启发他们参加健身锻炼。

(2)培养兴趣、形成习惯。健身锻炼的自觉性一方面依赖于健身者的意志努力，另外也受健身内容的影响。兴趣有直接兴趣和间接兴趣之分。直接兴趣是指对现实具体的活动内容本身所产生的兴趣，如羽毛球、乒乓球运动就受到大多数健身爱好者的欢迎。而间接兴趣是对活动的结果所产生的兴趣，如对锻炼后生理机能和素质的提高、身体多余脂肪的减少等结果感兴趣。应通过启发引导和多种形式的组织，将两种兴趣结合起来，互为渗透，形成稳定的健身兴趣。健身锻炼自觉性的养成，还要依靠锻炼习惯的养成。俗话说："习惯成自然。"只有把身体锻炼纳入日常生活制度，形成规律，才会坚持不懈、主动积极。

(3)检查评价、激发动力。健身锻炼的实效是逐步积累的，在锻炼过程中应该通过医务监督、效果评定和比赛等方式，对锻炼效果定期进行检查，让锻炼者及时了解健身效果，充分调动锻炼的积极性，从正反两个方面激发健身者的锻炼热情。

三、经常性原则

经常性原则是指参加体育锻炼要持之以恒，坚持长期、不间断地锻炼。众所周知，生命在于运动，运动贵在有恒。人的体质增强是一个长期积累的过程，决非一朝一夕就能奏效的。任何运动水平的提高，都是通过肌肉活动反复多次强化的结果。

体质增强的渐进性规律告诉我们，人体机能水平的提高是一个逐步发展的过程，人体在体育运动的作用下所发生的各种适应性变化，只靠几次身体锻炼是不可能的，必须经过由少到多的逐渐积累和持续不断地科学锻炼，才能收到良好的效果。同时，运动技能的形成，人体结构、机能的改善，身体素质的提高等，都符合"用进废退"的规律，如果不能经常锻炼，已取得的锻炼效果就会逐渐消退。

要贯彻经常性原则，应注意以下几点。

(1)养成锻炼习惯。健身效果并非一劳永逸，健身者要有坚定的信念，从自己身体的实际情况出发，制定合理的锻炼计划，确定锻炼的时间、次数、内容和负荷，长期有规律地进行锻炼，并形成较为稳定的生物钟，这样才能持之以恒。如果健身锻炼间隔时间过长，健身效果就会受到影响。

(2)循序渐进，逐步提高。锻炼内容和方法的选择要注意连贯和系统，注意由简到繁、由易到难，逐步提高。科学研究证明，采用有氧代谢进行身体锻炼，健身价值较大。

(3)合理设定自己的健身目标，并制定具体可操作和可落实的锻炼计划，把经常性锻炼作为培养毅力、锻炼意志、陶冶情操的手段和过程，尽力排除各种因素的干扰。

四、适量性原则

众所周知，健身锻炼对身体健康的良好作用，只有在运动负荷维持在适宜程度时方能取得。适量性原则是指体育锻炼要根据参加锻炼者的实际情况（年龄、性别、健康状况等），合理确定锻炼的运动负荷。人体能够承受的生理负荷都有相对的极限，锻炼的运动负荷要力求控制在一定的范围之内。锻炼效果的大小，很大程度上取决于运动刺激的强度，弱的刺激不能引起肌体功能变化，而过大的负荷刺激可能损害健康。

从 21 世纪 90 年代开始，日本、美国、德国等体育发达国家，对健身的适宜负荷进行了专题研究，从健身频度、健身强度、每次健身持续时间及健身方式等方面提出了不同的要求。除此以外，他们还通过先进的检测监督仪器，运用气体分析、能量消耗、人体质量分析、脂肪重量以及汗、尿液化验等手段，进行身体锻炼负荷的评价，提出许多负荷强度掌握的方法。如德国黑廷格提出，采用肌肉紧张方法健身的负荷强度，应以肌力的 40％为标准；美国健身运动创始人劳伦斯认为，运动时应以脉频 120 次/分为标准；美国医生库珀倡导有氧长跑，他认为，适宜的运动负荷应为锻炼者最大摄氧量或最大心脏血液输出量的 70％。

目前各类文献中较为常见并在实践中运用较多的负荷强度掌握方法有以下几种。

(1)以脉频 150 次/分以下（平均 130 次/分）的负荷量为指标，谋求机体的有氧代谢能力。

(2)用 180（体弱或病患老人用 170）减去锻炼者的年龄数，所得的差作为锻炼时的每分钟平均脉频数。

(3)运动时的最高心率（次/分）＝（接近本人极限心率—安静心率）×70％＋安静心率。

(4)负荷指数评定法。

负荷指数＝（运动后心率－运动前心率）/运动前心率×100％

其负荷对照标准为：小负荷为 30％～40％，中负荷为 40％～70％，大负荷为 70％以上。

适宜的强度取决于能量的消耗和恢复的超量补偿，能量消耗过多，便产生了疲劳。适度疲劳经过休息和恢复，可以促进人体机能水平的提高，产生明显的锻炼效果。而过度疲劳则造成身体机能水平的下降并损害身体健康。适宜负荷既包括负荷强度，又包括负荷量。负荷强度简易方法一般以脉率来度量，而负荷量则以连续时间、次数、距离和重量等计算。为了准确掌握健身适宜负荷，应注意以下几个方面：①健身锻炼要量力而行，适度把握健身时间、健身频率和健身强度的要素，将客观标准与自我感觉结合起来，使锻炼更具有针对性；②要根据年龄、性别、环境、劳动强度、睡眠、营养、兴趣等综合因素统筹安排健身锻炼；③注意避免过度疲劳，可通过自我症状诊断等方法判断运动负荷大小。

健身中在保证适宜负荷的前提下，应注意逐步增加运动负荷，保证机体机能能力的不断提高，要合理安排锻炼和间隔时间，并进行医务监督。

五、针对性原则

针对性原则是指在健身锻炼过程中，根据锻炼者的个人实际以及客观环境条件，合理确定锻炼内容，选择健身方法手段及负荷，使之更符合健身者个人实际。

健身锻炼者的个体差异是普遍存在的，其锻炼需求也是千差万别的，必须根据锻炼者的不同特点区别对待；其次，健身手段也是丰富多彩，具有广泛的选择性，这些运动项目特点功能各异，为提高锻炼身体的实效，应该有针对性地进行选择；再者，健身锻炼的环境也是经常变化的，健身锻炼也应该随着季节、气候等自然条件的变化，实时调整健身内容和方案。

贯彻针对性原则，应注意以下几点。

(1)注重年龄特点。人在不同的年龄阶段，身体机能是有显著差异的(图 3 - 4)，应根据人体生长发育的年龄特征，科学合理地进行健身锻炼。如少儿阶段，由于骨骼硬度小，韧性大，不宜采用过多的负重练习；由于心肺功能尚未完善，心跳和呼吸频率快，心脏血液输出量和肺通气量较小，应避免剧烈运动、憋气或静力性练习，防止过劳。

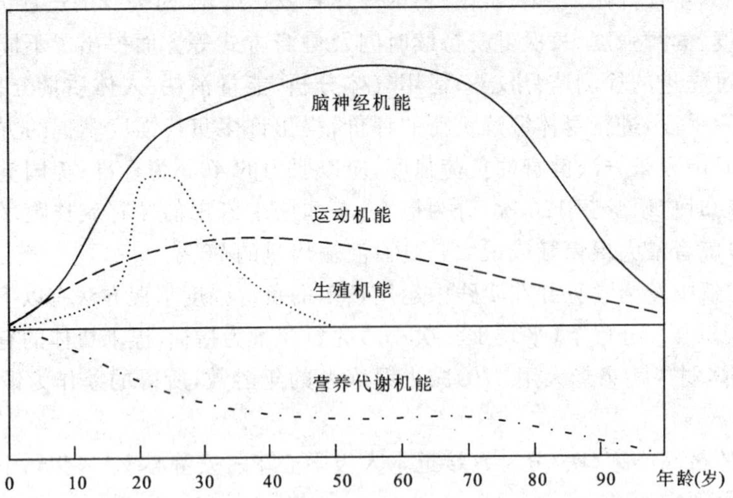

图 3 - 4　各年龄阶段人体机能变化图

(2)注意性别特点。男女身体在许多方面存在差异。如男性肌肉发达，约占体重的 42%，而女性只占 36%左右，因此在安排健身负荷时女性运动负荷应该小于男性。另外，女性适合完成平衡和柔软等练习，而男性在力量、速度及跳跃方面能力较强。

(3)身体健康状况。人体各部位的机能状况，是确定锻炼内容、方法和运动负荷的主要依据。健身锻炼前应该掌握和了解锻炼者的健康水平，对于有疾病的人群，应在医生的指导和监督下进行锻炼。对于病情较重的患者应暂时中止锻炼。

(4)职业特点。不同职业劳动者劳动强度差别较大，掌握锻炼者的职业特点，就可以因人制宜制定合理的健身方案。如脑力劳动者，长期伏案，脑部供血受阻，经常出现头昏脑胀和颈部、背部、腰部的肌肉酸痛，针对这些特点，应该以动作舒展的户外运动为主。

(5)地域和季节特点。我国幅员辽阔，不同地域的地理条件和文化背景不同，锻炼中应从各地实际出发，根据季节和自然环境条件合理选择健身方案。此外，健身锻炼还应充分考虑锻炼者的兴趣爱好、体育基础和锻炼条件，只有综合考虑这些因素，才能科学合理地制定锻炼方案。

思考题

1. 健身过程是如何促进人体新陈代谢的？

2. 什么是运动负荷价值阈，健身中通过调控负荷价值阈来促进健康的生理机制是什么？

3. 谈谈对健身原则的理解。

4. 全面性原则的含义是什么？健身中如何贯彻该原则？

5. 什么是健身的适量性原则，贯彻该原则有何要求？

第四章 健身方法与手段

体育健身方法是身体锻炼过程中，为达到预期健身效果而采取的健身手段和方式。自古以来，人们在寻觅健身运动锻炼技术手段的同时，亦从来没有放松过对锻炼方法的探索，两者密不可分。如古代的导引术和太极拳，既是传统的健身手段，又是特殊的健身锻炼方法。在现代，既有与锻炼手段日益分野的专门性健身方法，如有氧运动健身方法、无氧运动健身方法、发达肌肉健身方法，也有与其手段融合在一起的健身方法，如间歇锻炼法、组合(循环)锻炼法、变换锻炼法、重复锻炼法等，可谓纷繁复杂，不一而足。

健身方法的合理选择，直接关系到锻炼内容的实施和健身目标的实现，因而选用健身运动锻炼方法时，要因人而异。其一，可根据健身的目的和任务来选：以改善和提高机体内脏器官功能、去脂减肥、降低血压等为主要目的者，可选用有氧运动健身方法来锻炼；以形体健美为目的者，可选用发达肌肉健身方法来锻炼；以养生保健、延年益寿为目的者，可选用传统养生方法来锻炼。其二，可根据锻炼者自身的特点来选：年轻、体壮、且性格活泼、喜欢交友和竞技者，可选用游戏、球类比赛等健身方法锻炼，并将有氧与无氧健身方法等混合运用；而体弱、年龄偏高者，可选用气功、太极拳(剑)等单纯重复性的传统健身方法锻炼。其三，根据锻炼者所处的环境条件来选：即选用健身方法时必须考虑现实环境和物质条件。其四，要根据健身锻炼项目的特点和要求选择相应方法。总之，健身有法，但无定法，灵活用法，贵在得法。

第一节 常用的健身练习方法

一、重复练习法

重复练习法是在相对固定的条件下，按照一定要求反复做同一练习的方法。这种方法主要适合于负荷较小或用时较短的项目；动作技术比较复杂，难于掌握的项目或者运动负荷较大，难以一次完成的练习。这种方法在练习过程中每组或每次练习都安排一定的休息时间，且每次(每组)练习的距离、时间、强度、间歇时间和练习的总次数要合理和固定。

采用该方法时应注意：合理确定重复的要素，包括重复的总次数、每次练习的距离或时间、每次练习的强度及间歇时间等；保证每次练习的质量；注意克服单调、枯燥及厌烦情绪。

二、变换练习法

变换练习法是在改变练习内容、强度和环境的条件下进行练习的方法。如可以改变练习项目，变换练习要素，改变运动负荷、练习环境和条件等。变换练习法能够提高中枢神经系统的灵活性，发展身体的调节能力和适应能力。同时，对于调整健身计划，活跃锻炼氛围，提高健身积极性也有一定的意义。

采用变换练习法要根据长远计划和实际需要为前提，让机体有一个适应的过程。同时也应该积累和收集反馈信息，不断调整锻炼计划和方式，并注意对练习结果及时总结，为制定新计划提供依据。变换练习法应是短期和非经常性的，在达到变换的要求之后，应尽快转入常规练习，如果变换时间过长或者过于平凡，则不利于原练习方案的实施。在采用变化练习法时，要把注意力集中到所要解决的任务上，不要因为练习内容、条件或环境的改变，产生新异刺激，兴奋点就集中到锻炼的形式和环境上，因而忽略了变换练习的目的。

三、间歇练习法

间歇练习法是在两次练习之间，规定一个严格的休息时间，在健身者机体尚未完全恢复的情况下，就进行下一次练习的方法。间歇练习法由于两次练习之间休息时间短，机体尚未完全恢复，故对提高机体运动负荷有重要的作用。它对青少年健身者最为适宜。

间歇练习法中间歇时间的长短可根据健身者个人身体机能状况而定。水平低者，间歇时间可长；反之，则间歇时间应短。一般以心率每分钟 120 次左右为宜。在间歇过程中应进行积极性的休息和放松，如慢跑、按摩和深呼吸等，以加快血液回流，保证氧气供应。特别注意的是，间歇练习法对机体的机能能力有较高的要求，要注意根据自身实际情况，加强对负荷的监测。

运用体育健身方法要考虑多种因素，如健身目的、健身者自身的特点和健身者所处的环境条件等，这些都直接影响到健身者锻炼过程的实施和健身效果的达成。

四、持续练习法

为了保持有价值的负荷量而不间断地连续进行活动的方法叫持续练习法。其作用在于把负荷量维持在一定水平上，使健身者的身体能充分地受到锻炼的作用。从谋求良好的锻炼效果出发，不能仅讲究重复和间歇，也要讲究连续。重复、间歇、连续三者都应在锻炼过程中得到统一，并发挥其各自的作用。持续练习时间的长短，同样要根据负荷价值有效范围而确定，可使机体的各个部位长时间地获得充分的血液和氧的供应，因而能有效地增强有氧代谢能力。实践中，用于持续练习的主要是那些较容易并已为锻炼者所熟悉的动作，可以是跑步、游泳，也可以是迪斯科舞等。

五、循环练习法

把具有不同锻炼效果的项目依次排列成若干个“站”，然后按一定顺序作往复练习的方法称为循环练习法。这种方法可以获得综合锻炼、全面发展的良好效果。运用本练习法时，关键是要按照全面性原则去搭配项目。就青少年而言，锻炼时既要发达四肢，也要发达躯干；既要运动胸背部，又要运动腰腹部；既要追求形态的健美，也须注重机能、素质的全面发展。为此，就必须科学地搭配项目。根据已有的经验，一般选择 6～12 个已为锻炼者掌握的简单易行项目。搭配应注意上肢动作与下肢动作、剧烈的跑跳练习与静力憋气动作之间的合理交替。

循环锻炼的各个项目都要用比较轻度的负荷进行练习，通常为本人最大负荷量的 1/2～1/3 的强度即可。随着机体适应程度的提高，则要及时增加循环的次数和各个项目的练习强度。

六、竞赛与表演法

竞赛与表演法是指练习者面对观众，在互相比较、彼此竞争的情况下进行练习的方法。与其他练习方法相比，竞赛与表演对练习者提出了更高的要求。健身者不仅要熟练地掌握技术、技巧，而且要与同伴配合或整齐协调地完成动作或随机应变地运用技术、战术，争取战胜对方。因此，应用这种练习方式对于表现练习成果，检查评价练习水平，激发锻炼热情，培养团结、合作、顽强、果断和自信心等方面都具有特殊价值。

应用竞赛与表演法进行健身，应注意解决好以下几个问题。

(1)控制运动负荷和情绪，防止伤害事故。由于比赛中竞争激烈，场面紧张，竞赛者要善于控制自己的情绪，掌控比赛节奏，维持身体适宜的运动负荷水平。体弱者和老人更要注意安全。比赛中，如感到身体不适，应及时调整、休息，甚至终止比赛和表演。

(2)比赛和表演中可灵活改变规则。健身中的主要目的不是为了创造优异运动成绩，根据需要，可以对比赛规则进行简化和调整，包括对场地、器材、比赛时间和强度等都可进行修改，以保证完成健身目标。

(3)相互学习，总结经验。比赛和表演为健身者提供了较好的学习和交流平台，应借此机会，认真观察、相互学习，取长补短，不断提高健身的积极性和健身锻炼的效果。

各种方法都有其特定的作用。在实际锻炼时，应注意相互补充、灵活运用。

第二节　有氧与无氧健身方法

一、有氧运动健身方法

(一)经典的有氧健身方法

有氧运动健身法是指锻炼者通过呼吸能够满足运动对氧气的需要，在不负氧的情况下进行健身锻炼的方法。这种健身的运动负荷强度适中，运动时间较长，以增强心血管系统和呼吸系统功能为主要目标，是近年来国外和国内较流行的一种健身方法。

有氧(cardio)运动一词是在 20 世纪 60 年代末由健身先驱肯尼斯·库珀发明的。库珀是一位美国军医，负责指导美国飞行员、宇航员的体育锻炼。他目睹工业国家文明病四起，便利用其有利条件，埋头钻研四年，研究了 3 万多人，从而创造了闻名世界的“有氧健身法”，特别是他创造的 12 分钟跑，曾经为世界大多数国家所采用，几乎成了运动场上众人皆知的通用方法。

库珀认为，只有根据吸氧能力才能判定一个人体力的强弱。平时对氧的最小需要量和激烈活动时对氧的最大需要量之间的差别大小，就成为测量人的体力强弱的标准。从事这种有氧健身的目的，是使身体每一部位都能得到充分的氧的供应，促使参加循环的血量增多。这种健身需要强而有力的心血管和呼吸系统作基础，通过锻炼，又能使其变得坚强有力。

1. 有氧运动健身的方法

在进行有氧健身前，要进行身体检查，这是保证锻炼安全的前提。

在身体检查合格以后，要进行体力测试，以确定健身者的体力程度，为确定有氧活动的时间和距离提供依据。确定健身者的体力水平可采用 12 分钟跑，其标准如表 4－1。当然，也可采用 24 分钟跑或定距离跑。通过体力测试，将锻炼者的体力分成五个等级。体力水平达到四、五级者，说明其体力水平较高，可以直接按照健身方案进行锻炼。体力水平为一、二、三级者，需要进行预备性体力锻炼。

有氧健身最常用的运动项目为三大运动：长跑、游泳、骑自行车。此外，还有步行、原地跑、耐力体操和球类运动等。这些运动项目的特点是：运动持续时间相对较长，运动负荷强度相对较小，运动中负荷变化相对不大。

表 4－1　体力评价标准表(12 分钟跑)　　单位：米

体力级别	30 岁以下	30～39 岁	40～49 岁	50 岁以上
Ⅰ极差	1 600↓ 1 500↓	1 500↓ 1 400↓	1 400↓ 1 200↓	1 300↓ 1 000↓
Ⅱ差	1 600～1 999 1 500～1 799	1 500～1 799 1 400～1 699	1 400～1 699 1 200～1 499	1 300～1 599 1 000～1 399
Ⅲ稍差	2 000～2 399 1 800～2 199	1 800～2 199 1 700～1 999	1 700～2 099 1 500～1 799	1 600～1 999 1 400～1 699
Ⅳ好	2 400～2 799 2 200～2 599	2 200～2 599 2 000～2 399	2 100～2 499 1 800～2 299	2 000～2 399 1 700～2 199
Ⅴ极好	2 800↑ 2 600↑	2 600↑ 2 400↑	2 500↑ 2 300↑	2 400↑ 2 200↑

注：表中各栏数字，上为男，下为女

如何确定每周有氧健身的量度，这是一个运动适度的问题，同时也是一个十分棘手的问题。库珀提出以标准分作为每周有氧健身量的标准。他曾对数千人进行测试和训练，结果是每周取得 30 分的人，有 80%都达到了理想的体力水平，他结合本人的实践经验和瑞典的体力标准，提出每周锻炼量应达到 30 分。

制定标准分的要领是运动的强度(即每分、每公斤体重的耗氧量)，其基本数据如表 4－2 所示。

表 4－2　有氧锻炼计分标准

1 600 米跑或走的时间(分・秒)	分数	耗氧量 [毫升/(公斤・分)]
20～14.30	1	7
14～12	2	14
12～10	3	21
10～8	4	28
8～6.30	5	35
6.30↓	6	42

其他的运动项目，只要达到相应的时间和强度，也可得到相应的评分。甚至劳动和日常生活的体力投入，都可加入相应的评分。譬如，每周锻炼要取得 30 分，其典型方案是：长跑2 400 米，用时 12 分钟，每周一、二、四、五锻炼 4 次，每次取得 7.5 分，总计 30 分。这是取得 30 分的最快的方法。也可以采用跑步、游泳、骑自行车、球类运动等相结合的办法，以获得相应的分

数。

在开始正式的有氧健身之前，体力较差者必须先进行预备性身体锻炼(如年龄小，训练水平低的就以匀速、低强度为主)。库珀认为，1、2、3 级体力者，要进行 10～16 周的预备性体力锻炼，才能按照正常的锻炼标准进行运动，如表 4-3 所示。

表 4-3　预备性体力锻炼方案

Ⅰ级		Ⅱ级		Ⅲ级	
周数	每周应达到的分数	周数	每周应达到的分数	周数	每周应达到的分数
1～2	5	1～2	5	1～2	5
3～4	10	3～4	10	3～4	10
5～7	15	5～6	15	5～6	15
8～11	20	7～9	20	7～8	27
12～14	27	10～21	27	9～10	30
15～16	30	12～13	30		

采用有氧健身法的关键是掌握练习强度，这种练习强度既要处在有效健身价值阈以上，又不能超过无氧阈值，以保持"有氧"的性质。国内外较为流行的是用运动时心率控制练习强度，可以用 130 次/分左右，不高于 150 次/分作为控制指标，或以 180 减去锻炼者年龄的差值作为控制强度指标。另一种意见认为，运动强度处于最大吸氧量的 70%以下，属于有氧健身强度范围。此外，运动强度与年龄有一定的依存关系。日本学者在广泛研究的基础上，提出了运动强度与不同年龄锻炼者心率对照表(表 4-4)，可作为有氧健身者的参考心率指标。有了这种对照表，要保持最大吸氧量的 70%以下，就显得容易多了。

表 4-4　运动强度与不同年龄锻炼者心率对照表　　心率:(次/分)

年龄 强度	20～29 岁	30～39 岁	40～49 岁	50～59 岁	60 岁以上
100%	190	185	175	165	155
90%	175	170	165	155	145
80%	165	160	150	145	135
70%	150	145	140	135	125
60%	135	135	130	125	120
50%	125	120	115	110	110
40%	110	110	105	100	100

生理学分析得出，5 分钟(持续运动)是全身有氧耐力运动所需的最短时间，60 分钟对于坚持正常工作的人是最长时间。一般中老年都以健身为目的，应选择强度小而时间长的方法；青少年则可选择时间相对较短，强度相对较大的方法进行锻炼。一般以 30～60 分钟为宜。

从锻炼的次数看，研究也证明，一周运动 1～2 次，锻炼效果不明显；一周运动 3 次，基本是隔日运动,不仅不会疲劳,反而锻炼效果产生积蓄;一周运动4～5次,效果最佳。当然最好要以自己不感觉疲劳为原则。

2.有氧运动健身时必须注意的事项

(1)在从事有氧健身之前要进行医学检查,以确定身体是否能够从事有氧运动。这种检查的目的是了解其心脏、血管、肺部等器官的功能是否正常,是否存在运动中可能发生意外的隐患。患有严重的心脏病、高血压、糖尿病和过分肥胖者,除步行外,绝不可从事长跑等激烈运动;上述疾病症状较轻者,以及肾脏病、贫血症、肺病、下肢血管病、关节炎患者,也应“相对地禁止运动”。相对禁止运动并非完全不可运动,但要在医学监督下因人而异地进行运动。

(2)要根据有氧健身的特点选择锻炼项目。有氧锻炼以提高心血管和呼吸系统功能为目的,以有氧耐力水平提高为标志,其项目特点是长时间小强度匀速运动。因此,在项目选择上,一般不采用举重、肌肉健美、力量体操等运动,也不主张运用短跑等无氧运动手段。因为这些项目或手段是与有氧锻炼的目标不相吻合的。当然,也不是说这些项目或手段对身体无锻炼价值。从身体全面发展的角度来说也是必要的。

(3)健身的强度和时间要因人而异。每个个体及其在不同的年龄阶段,其心血管和呼吸系统的功能是有差异的,有氧健身的强度也应有所不同。为此,首先要通过耐力测验的结果来衡量健身者的体力情况,据此定出个人的有氧健身方案。库珀根据自己研究的测验方法所得出的结果,把健身者的体力分成5级,各自提出了不同的负荷标准,这种方法值得我们借鉴。此外,在健身的时间安排上,也要因人而异。

(4)要做好准备活动和整理活动。心血管和呼吸系统从相对安静状态转入功能较高的运动状态,要有一个准备过程。否则,关节、肌肉就容易受伤,对于40岁以上的人来说更是如此。跑的准备活动应使全脚掌着地,以利伸展下肢和关节,准备活动的节奏也要由慢到快,逐步达到基本练习的要求。

许多人往往不太注意整理活动,运动结束后马上坐下休息,这就难免发生眩晕或昏迷。因此,在有氧健身后进行5分钟左右的走步或慢跑是合适的。

(二)理想的有氧运动健身方法

当今世界最常用的有氧运动锻炼项目是长跑、游泳、骑自行车,还有步行、甩手、爬楼梯、有氧健身操及球类运动,有条件的还可以进行滑雪运动等。下面仅就上述部分健身技法进行简要介绍。

1. 步行健身方法

步行,就是轻松地散步,是最简便、最安全、最受人喜爱的健身方法。它不受年龄、性别、身体健康状况、场地器材设备等条件的限制,不论男女老幼,谁都可通过步行达到健身的目的。步行时,四肢动作自然而协调,全身关节筋骨都可得到适度运动,可使人气血流通,经络畅达,壮筋骨、益五脏,能防治神经衰弱、冠心病、肥胖病、糖尿病、消化不良等多种疾病。特别是年老体弱和脑力工作者,尤其适合在空气清新、鸟语花香的环境中散步。散步是非常有效的精神调节剂和健身法。

散步虽不拘形式,但也要讲究要领。散步时,应放松全身,调匀呼吸,悠闲自得,百事不思,心空脑静。步行要做到:身体端正,挺胸收腹,两肩放松,目视前方,不低头,不驼背,步履轻松自如,犹如闲庭信步。其呼吸方法一般是两步一吸,四至六步一呼。

散步时间,可安排在清晨、饭后或睡前。清晨,如在空气清新的花前树下,从容踱步,乃是人生一大享受。饭后散步可健脾消食，但应稍事休息一下后再去散步，若行走中以手摩腹，效果尤佳。睡前散步，可使人心平气静，解乏安神，有益睡眠。

步行健身方法可归纳为五种。

(1)缓步健身法：以每分钟 60～70 步的慢速和每分钟 80～90 步的中速，每天步行锻炼 1～2 次。(隔天一次也可)，每次 30～60 分钟。此法最适合于年老体弱者和一般人饭后活动。

(2)快步健身法：指步履速度稍快的行走，每分钟约 120 步左右，每次锻炼约 30～60 分钟。此法适用于中老年人增强心力和减轻体重。步行时最高心跳应控制在每分钟 120 次以下。

(3)逍遥步健身法：指散步时且走且停，且快且慢。步行一段距离后稍事休息，接着再走，或快步走一程，再换缓步走一段。走走停停，快慢相间，量力而行，自由随便。此法适用于病后康复或体弱者锻炼。

(4)摆臂散步法：步行时两臂用力向前后摆动，可增进肩带和胸部活动，此法适用于肺结核、慢性支气管炎等呼吸系统病人锻炼。

(5)摩腹散步法：指一边散步，一边自我按摩腹部。此法适用于消化系统疾患者锻炼。

另外，患病者进行步行锻炼，还应根据病情选择好环境。如肝气郁滞、心情不畅的人最好到花香鸟语的公园；心情烦躁、心火较重者宜去湖边和密林深处；水肿病人和风湿性关节炎患者，应选择沙地干燥处；口干舌燥者宜去梅林水果园；畏寒者宜选阳光充足处。

步行的运动量要自我掌握。最佳标志是：呼吸平稳，不气喘。四肢发热，身体稍有汗，感觉轻快，稍有疲劳感，心率比平静时增加 10～20 次，经 5～10 分钟后可恢复正常。

2. 慢跑健身方法

健身慢跑是一项轻松的具有中等强度的健身运动，特别适合中老年人进行需氧运动锻炼。实践证明，健身慢跑能增强心肺功能，减少体脂贮存，促进新陈代谢，增强消化能力、免疫能力及肌力，调节神经系统功能，预防高血脂症、冠心病、肺气肿、肌肉萎缩、便秘及消化不良等疾病。平时，如果能坚持慢跑，一定能使精神状况得到明显改善，推迟人的衰老。

当然，进行慢跑锻炼，要掌握正确的方法才能取得良好效果。跑步时，上体正直稍前倾，头和上体应成直线，两臂屈肘前后自然摆动，前摆时稍向内，后摆时稍向外，全脚掌落地，然后到脚外侧，最后再用前脚掌蹬离地面。身体各部肌肉、关节尽量放松，配合协调。呼吸要有节奏，可采用二步一吸、二步一呼，或三步一吸、三步一呼；尽量做到吸气要深，呼气要充分，最好采用口鼻兼用，以鼻为主的呼吸方法，呼吸时应半张开口，轻咬牙，舌头上卷，轻抵上颚，让空气从牙缝中进入。跑步强度要适当，跑速一般每分钟 120～130 米为宜，开始时，每次可跑 5～10 分钟，逐步增加到 15～20 分钟或 20 分钟以上。跑时心率每分钟最低不少于 120 次，最高不超过 180 次，最佳心率应是 180 减去本人年龄。

初跑时可采用走跑交替的方式，先走后跑，或先跑后走、走走跑跑交替进行，如走 200 米，跑 300～500 米，再走 200 米，接着再跑……熟练掌握后，再视身体情况选择匀速跑、变速跑、重复跑、间歇跑、定时跑等方法进行练习。研究证明，3 000 米持续慢跑(或走)，几乎是 100％的有氧系统供能。

跑后应做些放松和自我按摩下肢的活动。如放松按摩后仍有酸痛感，可进行局部热敷或洗热水澡，这样更易消除疲劳。为了保证安全，跑前到医院检查一下身体很有必要。患病者一定要经医生同意再确定可否参加健身慢跑。

3. 甩手健身方法

甩手运动是我国民间的一种健身法，它对全身经络可起到有节奏的按摩作用。甩手时，由于两臂前后摆动，胸部活动增加，呼吸加深加快，有助于治疗呼吸系统疾病。甩手时，由于膈肌上下活动，可有节奏地按摩腹腔的内脏器官，促进胃肠蠕动，减轻肝脏淤血，改善消化吸收功能，有助于治疗消化系统疾病。甩手时，全身肌肉放松，排除杂念，心静脑空，把意识集中到手上，可改善大脑的功能，有助于治疗神经系统疾病。

甩手运动最好在早晨起床后和晚上临睡前进行。饥饿或过饱时，都不宜做甩手运动。地点宜在空气清新、环境安静的庭院或公园，也可在室内或凉台。

甩手时，须摒除杂念，全身放松，两脚自然开立，双臂下垂，掌心向内，在腰腿带动下，双臂前后来回摆动，前摆时与身体垂直角度为 40°～60°，后摆时不超过 30°。摆动速度每分钟 50 次，每次可摆动 500～1 000 下。如用此法得当，坚持一段就感到精神振奋，食欲旺盛，睡眠良好，体质增强；如健身中出现头晕、胸痛、臂酸沉、疲乏无力，说明运动量过大，应减少甩手次数或暂停此项运动。

4. 登楼梯健身方法

近些年来，登楼梯已成为人们喜爱的健身方法。的确，利用楼梯进行健身锻炼非常简便，既不需什么设备器材，又不受时间和气候的影响，况且，登楼梯所消耗的能量又很大。据有关专家测定，快速上楼梯所消耗的能量是静坐的 10 倍，散步的 5 倍，游泳的 2 倍，快速跑的 1.8 倍。经常上下楼梯可改善心肺功能，增强下肢肌肉的力量，改善髋、膝、踝等关节与韧带的柔软性、灵活性，促进胃肠的蠕动和胃液的分泌，对增强消化系统功能和肥胖者减肥都是很有益的。

登楼梯也应讲究方法。初练时，运动量不可过大，例如：登一层用 30 秒、3 分钟登上六层楼。下楼用两分钟，休息几分钟再登。重复次数先是 2～3 组，逐步增至 5～6 组，甚至 10 组，如此循序渐进，坚持不懈。

登楼梯所选台阶不要太光滑，要有坚固的栏杆，光线要明亮。在登攀过程中如感到心慌气短，头晕腿软，不要惊慌，可手扶栏杆休息一会儿，平静一下，如无其他不适，可继续攀登。登楼梯时最好穿平底布鞋或胶鞋，忌穿高跟皮鞋，精力要集中，步态要从容。最好选在行人较少的时间进行锻炼，每天至少 1～2 次，每次一般为 15～20 分钟。

另外，利用楼梯还可进行塑造优美体型的锻炼，健身方法如下。

(1)俯卧撑。膝盖跪在第一台阶上，手撑在高几级台阶处，先屈肘，后撑起，如能将腿伸直更好。

(2)反坐撑。坐在第二台阶，脚放地上，手置于第三台阶，直臂撑起。

(3)腹腿练习。一脚站地，一脚上抬置于第 2 或 3 台阶上，挺身、臀部向抬起脚的方向反复移动。换脚重复以上动作。

(4)仰卧起坐。面对楼梯躺于地上，脚跟置于第 2 或第 3 台阶上，双臂交叉置于胸前，起身向上，反复做。

(5)足跟起落。重心脚站于第一台阶，脚掌踩于台阶边缘，另一脚踏于第二台阶，重心脚抬高直至脚趾撑地，暂停片刻，再把脚跟降至平面以下。换脚重复上述动作。

(6)压腿前屈。面对楼梯站立，一腿放于第 4 或第 5 台阶上，支撑腿上体前屈，两手握台阶上的足踝处。换脚重复做。

(7)胸腿运动。面对楼梯站立，脚尖距楼梯 10 厘米，双手撑于与腰同高的台阶上，伸直双腿，尽力下压胸部和肩部，臀部向后移动。反复数次。

5. 游泳健身方法

游泳与骑自行车、慢跑及滑雪是当今世界首推的最佳健身、健美和减肥运动项目。

首先，游泳可使形体变得健美。因为，人的脊椎状态是决定人们体态的关键因素，而游泳锻炼的重点正好在强健脊椎上。因为无论何种游泳方式，都是平卧在水中进行的。蛙泳，不仅要俯卧，而且还要略呈背弓，使身体在水中尽可能呈流线型，最大限度地减少水的迎面阻力。海豚泳，则要求躯干做波浪动作，背部肌肉须保持紧张。蛙泳时，虽然腿不能蹬出水面，但在抬头吸气时，臀部和下肢仍要保持较高的位置，也要求背肌有一定的紧张度。各种游泳姿势都要求脊柱充分伸展，以便加长划水路线，使游泳动作更符合力学原理。而脊柱伸展对矫正和防止驼背及其他职业性脊柱侧弯是有益的。

游泳时，腿臂并用，全身肌肉都对称地参与运动。长期从事游泳不仅可以使四肢肌肉匀称发达，而且还可以使身体的一些小肌肉群得到锻炼。此外，因为水的密度比空气的密度大 320 倍，游泳时胸廓所承受的压力为 12～15 公斤，因此，游泳对人的呼吸肌提出了更高的要求，喜欢游泳的人，一般都胸部肌肉丰满，肩部宽阔。

由于游泳多在露天进行，因而能经常接受阳光中紫外线的照射。这对皮肤中的胆固醇转化为骨骼发育所需的维生素 D 具有强化作用，有助于骨质钙化和佝偻病的防治，长期坚持能使青少年大幅度增高。

游泳还是一种有效的减肥运动。科学试验证明，水的导热性比空气高 28 倍，其阻力远远超出空气。当在水温为 12℃的水中活动 4 分钟时，它所消耗的热量几乎等同于在同温度空气中活动 1 小时释放出的能量。因此，通过游泳锻炼，可使人体变得苗条而富有曲线感。

与此同时，有些人还把游泳视为高效的“血管体操”。这是因为：其一，水对身体各部分有按摩作用，有助于血液循环和促进表皮细胞的新陈代谢，使人的肌肤更加光滑细腻，富于弹性和美感；其二，人体在水中运动时，节奏一般都比较缓慢，这对心脏的工作很有好处；其三，当进入水中时，人体皮肤和皮肤血管会急剧收缩，大量血液被驱入内脏和深部组织，使内脏器官增大。接着，皮肤血管也随之扩张，血液开始回流。这种来回往复有利于增强血管弹性，提高心脏机能，从而也促进形体健美。

游泳的姿势不限，距离可视体力等情况而定。研究表明，仅 400 米游泳而言，有氧系统供能就接近 70%，如果采用持续游的方法游较长的距离则效果更佳。对体力较差者可采用间歇练习法练习。间歇时间的长短，可用心率来控制，在下一次练习前，心率一般为 120 次/分钟左右为宜，因为此时心脏处于良好的功能状态。普通健身者，完全可以采用嬉水、重复性慢游、间歇性慢游、定额慢(快)游等方式来练习。

然而，游泳健身也需认真注意。游泳前一定要做好准备活动，使全身肌肉和关节都活动开，以免抽筋，发生危险。不要空腹下水游泳，以免体内出现入不敷出，使大脑血糖供应不足，直至引发头昏眼花、四肢无力、面色苍白乃至晕厥等症状。同时，刚吃过饭也不宜游泳，容易造成体表血管扩张，胃肠血液相对减少而影响消化功能。鉴于此，游泳最好安排在饭后一小时进行，每次不要超过 3 小时，而且每隔半小时应休息 10 分钟。若遇雷雨天气，不要游泳。游泳时，还应保护好眼、耳、鼻等器官，以免造成疾患。

6. 骑自行车健身方法

中国是一个“自行车王国”，过去乃至现在，自行车仍是我国城乡广大人民的代步工具。骑自行车亦因为对下肢关节负荷较小，参加运动的肌肉较多（达 100 多块），锻炼效果全面，运动量适中而受到人们的钟爱。人们或上班时权作交通工具，或郊游时以健身健心，或减肥时以车代步。更有人研究证明，自行车运动员的快缩肌（白肌）因运动反而变细变小，因此又是减肥者首推的运动项目之一。

骑车的时间可长可短，几十分钟至数小时均可。只须注意姿势和方法即可。

骑车的姿势主要取决于自行车的结构。骑车者首先要选用适合自己体型的车型。如女子最好选用坤车，不但上下车方便，符合妇女生理特点，而且也符合女子上体较长，下肢较短的形体。腿长的男子要选用横梁较长的男车，肩宽的要选用车把较宽的型号。其次，要对自己的用车进行适当的调整。自行车可调整的部位主要是车座和车把。车座的高度应调整到能使腿伸直或基本伸直为度，这样既可保证骑车时腿有伸直的休息阶段，也给人舒展的感觉。车把是调整上体姿势的主要部件。男子骑车时上体应保持略微前倾，女子应保持基本正直，双臂伸直或稍有弯曲。

骑行时头部保持正直，双眼看前下方 15～20 米处，下颌不要前探，身子不要摇晃，亦不要用脚心和脚跟蹬车。蹬踏方法最好是用前脚掌踏在脚蹬子上，脚蹬转向前方时，脚、小腿、大腿能呈一线。髋关节和膝关节依次用力。踝关节也可以协助用力，以减少动作的幅度。呼吸与车速配合，用腹式呼吸方法，尽量用鼻腔呼吸。骑车健身的方式不限，可慢骑行、定时骑行、定距骑行、重复骑行、变速骑行、间歇骑行等。

另外，上下车时还要注意动作协调敏捷，不宜过猛，以免显得十分局促。上车时在车充分滑行后，内侧腿再舒展地摆过车座；下车时应在车速减慢时再下，不宜在高速行驶或完全静止时下车。此外，更要注意马路上的交通安全。

二、无氧运动健身方法

（一）无氧运动锻炼的供能特点

无氧运动是以无氧供能占优势的运动。运动中，如果 ATP－CP 系统的最大供能速率或输出功率为 56J/(kg · s)，供能持续时间仅为 7.5 秒左右。其供能特点是供能总量少，持续时间短，功率输出最快，不需要 O_2，不产生乳酸物质。随后体内的葡萄糖或糖原在无氧情况下分解产生乳酸的过程中，再合成 ATP 的能量系统，并释放能量，称无氧酵解。如果最大供能速率或输出功率为 29.3J/(kg · s)，供能持续时间为 33 秒左右。专门的无氧训练可有效提高乳酸能系统的供能能力。

从健身健美的角度看，无氧运动主要是发展人的速度、力量和爆发力，培养神经、肌肉的“强度”，提高人体的某些极限体能等。国际健身健美专家认为，对中老年人来说，应主要采用有氧负荷强度或混合强度练习，不宜强调无氧锻炼，他们认为，只有以有氧锻炼为主，对中老年身体好处才更大。故此，这里介绍的无氧运动健身技法一般只适宜健身健美运动员的体能性训练和供体质较好的健身锻炼者参考。

（二）无氧运动健身的分类

根据不同练习的不同特征，以人体的运动能力结合技术动作结构，可将无氧运动练习分为周期性练习、非周期性练习、混合性多元练习、固定组合练习及变异组合练习等。根据体能周期性练习中无氧供能的能量输出功率又可以分为以下三种强度的无氧练习。

1. 根据体能性周期性练习中能量输出功率分类

(1)极量强度的无氧练习。在这类练习中,无氧供能占总能需量的 90%～100%,其中主要是磷酸原系统供能,能量输出功率可达 480kJ/min,最长运动时间仅几秒。此类练习包括 100m 跑、短距离赛场自行车、50m 游泳和 50m 潜泳等。

(2)近极量强度的无氧练习(混合的无氧强度练习)。在这类练习中,无氧供能占总能需量的 75%～80%,其中一部分靠磷酸原系统供能,大部分靠乳酸能系统供能。能量输出功率为 200～400kJ/min,最长运动时间为 20～30s。属于这类练习的项目有 200m 和 400m 跑、100m 游泳和 500m 速滑等。

(3)亚极量强度的无氧练习(无氧有氧强度练习)。在这类练习中无氧供能占总能需量的 60%～70%,主要靠乳酸能系统供能。能量输出功率为 160kJ/min,最长运动时间为 1～2min,运动后血乳酸高达 20～25mmol/L。氧运输系统功能一些指标可以接近或达到最大值。属于这类练习的项目有 800m 跑、200m 游泳、1 000m 和 1 500m 速滑以及 1km 赛场自行车赛等。

2. 根据体能性非周期性无氧练习的形式分类

(1)爆发性的练习。特点是快速完成一个或几个非周期性的、短时间的、大强度的、用力的动作。完成这类练习的时间从几秒到十几秒,有的项目还包括周期性动作。跳跃、投掷和举重项目均属此类练习。

(2)有定规变化的练习。是由一些不同形式的单个动作按严格规定组合在一起的联合动作。竞技体操、技巧、武术、花样滑冰和跳水等均属此类练习。

(3)无定规变化的练习。是由无定规的、急剧变换的、不同性质的、不同强度的动作组成的练习。其中既有爆发性用力,又有较小强度的负荷;既有紧张的活动期,又有一定的间歇休息。突出特点是随机应变。所有的球类项目、摔跤、拳击、山地滑雪等均属此类练习。

3. 根据人体运动能力和技术动作结构分类

(1)周期性单一练习方法。周期性单一练习手段是指周期性重复进行单一结构动作的身体练习。由于该类练习动作相对简单,动作环节相对较少,因此,较易使练习者学习、掌握并强化主要环节的训练。由于该类练习的动作方式较易设计,因此,可以作为体能主导类速度性、耐力性运动项群的主要练习手段和其他项群的基本练习手段。

①全身周期性练习

a. 各种快跑练习:不同距离或时间的跑的练习。步法可为向前跑、垫步跑、交叉步跑、后蹬步跑及并步跑等。要求:在动作正确的情况下,强调步法动作的规范性,提高速度素质和动作的节奏。

b. 跳推杠铃练习:立姿,两脚自然站立,与肩同宽。两手翻握轻重量杠铃放置胸前。全身用力时,两脚交叉步或并步跳起,同时,两手上推杠铃到头顶至两臂伸直。连续练习若干次,练习若干组。要求:在动作正确的情况下,重点发展无氧供能条件下的力量耐力和协调性素质。

c. 拉测功仪练习:坐在测功仪上,按划船动作,做全身性拉桨练习,练习时上下肢配合,全力做 6～10 分钟,做若干组。要求:在动作正确的情况下,重点发展无氧与有氧混合供能条件下的速度耐力和力量耐力。

②局部周期性练习

a. 快速挥臂练习:原地站立,头上方悬吊重沙袋,做扣排球动作,连续挥臂拍击沙袋若干次，练习若干组。要求：在动作正确的情况下，强调挥臂和鞭打速度。

b. 卧推杠铃练习：仰卧卧推凳上，两手与肩同宽握杠，由胸前上推杠铃至两臂伸直，连续向上推若干次，练习若干组。要求：在动作正确的情况下，强调提高胸、臂部位肌群的最大力量与速度力量，及发达相应部位的肌肉。

c. 拉橡皮带练习：立式上身前俯或俯卧式，两手由前方向后体侧拉橡皮带，反复多次做3～10分钟，练习若干组。要求：在动作正确的情况下，提高胸、臂部位的力量耐力。

(2)混合性多元练习方法。混合性多元练习手段是指将几种单一结构的动作混合进行的身体练习。由于该类练习的动作相对复杂、动作环节相对较多，因此，有利于形成复杂动作的神经联系、提高技能的储备量，有利于学习、掌握较为复杂的技术动作。由于该类练习的技术动作以非周期的方式表现于练习的整个过程，因此，有利于提高动作的协调性素质和时空感知能力，进而有利于提高运动员的整个运动能力。由于该类练习动作的环节较多，因此较易掌握不同环节的动作方法。由于该类练习动作特点与体能主导类力量性、技能主导类对抗性项群技术特点类似，因此，该类练习手段可以作为这些项群的主要练习手段。

①全身混合性练习

a. 跑动跨跳练习：中速跑，每跑3步跨步跳1次，连续跨跳10次。如固定距离可计时进行。每组练习3～5次，练习2～3组。要求：摆动腿尽量向前摆出，速度始终如一。跨步的幅度要大，以提高爆发力素质。

b. 助跑掷枪练习法：按完整掷标枪动作练习。要求：助跑快速，变步清晰，制动有力，挥臂快速，出手利索。

c. 助跑扣球练习：按排球助跑扣球完整动作的方法进行实际扣球练习。每组练习5～8次，练习3～5组。要求：助跑节奏清晰，起跳快速有力，跃起滞空时间较长，扣球挥臂迅速，落地缓冲轻松。

②局部混合性练习

a. 助跑起跳练习：助跑10米起跳跳远练习；5、7、9步助跑单、双脚起跳手摸高练习；持竿助跑30米接插穴起跳练习等。要求：助跑与起跳环节衔接连贯，转换速度快。

b. 助跑掷球练习：手持轻实心球，加速跑6～10米后侧交叉步跑3～5步，按掷标枪动作将球掷出。要求：助跑过程节奏清晰，出手速度快。

c. 摆浪收腹练习：撑竿跳高动作的辅助练习之一。助跑起跳后，双手握在吊绳上，身体悬垂并随吊绳摆动之势屈腿或直腿收腹起。要求：摆浪收腹动作协调。

(3)固定组合练习方法。固定组合练习手段是将多种练习手段依固定形式组合的身体练习。运用该练习较易学习、掌握、巩固和应用成套的固定组合的练习动作，使练习动作娴熟化；较易获得与技术动作相匹配的运动机能和运动节奏，进而有利于提高运动能力；较易形成复杂动作的暂时性神经联系，提高技能的储备量，学习、掌握较为复杂的技术动作；较易获得运动的协调性素质和时空感知能力。由于该类练习动作特点与技能主导类表现性项群技术动作的特点类似，因此，该类练习手段是上述项群的主要练习手段。

①各种自选拳练习

根据武术规则，将各种拳法、腿法及身法动作编排为成套的自选拳组合动作进行练习。要求：在动作正确的情况下，按规定时间和技法完成练习，并达到提高无氧代谢能力的目的。

②各种协调性练习

将各种脚步动作、跳跃动作和滚翻动作有机地编排成为各种成套的组合动作进行练习。要求：注意提高各个基本动作之间的衔接能力和动作的协调性。

(4)变异组合练习方法。变异组合练习手段是指在多元动作结构下，将多种练习手段依变异形式组合进行的身体练习。通过各种变异组合的练习，可以有效地提高运动过程的应变能力；可以提高对复杂状态的预见能力；可以提高各种运动战术的应用能力；可以提高与运动技术、运动战术相匹配的运动机能能力；可以提高对信号刺激的复杂反应能力，提高技能的储备量和掌握较为复杂的技术动作；可以有效提高运动的灵敏性素质和时空感知能力。由于该类练习动作特点与技能主导类对抗性项群技、战术动作的特点类似，因此，该类练习手段是上述项群的主要练习手段。

①完整变异组合练习

a. 各种格斗性对抗练习：摔跤、散手、拳击等格斗性项目的半场或全场实战练习。要求：攻防格斗动作快、脚步移动变换快、个人战术变换快。

b. 各种同场性对抗练习：篮球、足球、手球等同场性项目的半场或全场实战练习。要求：攻防配合形式多、基本技术动作好、集体战术选择正确、个人战术应变快。

c. 各种隔网性对抗练习：排球、网球、羽毛球等隔网性项目的半场或全场实战练习。要求：攻防配合密切、基本技术扎实、战术选择正确、战术应变迅速。

②局部变异组合练习

a. 进攻战术配合练习：在设置防守对手的情况下，专门进行少人或多人的某几种进攻战术配合应用的练习。要求：在恰当的进攻时机，选择适宜的进攻战术形式，并能合理地形成战术配合。

b. 防守战术配合练习：在设置进攻对手的情况下，专门进行少人或多人的某几种防守战术配合应用的练习。要求：在对手进攻方式的变换下，能及时选择适宜的防守形式并能合理地形成防守战术配合。

第三节 休闲健身方法

休闲健身是人们为了丰富生活、调节情绪、谋求身体满足、善度余暇而进行的自由自在的体育健身娱乐活动。休闲健身方法有别于其他的体育健身活动，参加者可根据自己的体质、娱乐和余暇等特点，自由选择健身、娱乐活动的内容、时间、地点、场所、组织形式、方法和负荷等，以利于表现个人特点，发展和彰显个性。这种健身方法更强调健身活动的时间、人们在活动时的心态，以及活动所采取的方式。休闲健身方法的活动强度也不宜过大，这样才可起到愉悦身心、消除疲劳和善度闲暇等作用。

休闲时代的主要标志："一是有闲、二是有钱、三是有心情。"休闲健身的特点是闲暇性、娱乐性、消遣性、放松性、健身性、自发性和自由性。其根本目的主要在于消遣、娱乐、放松、善度余暇，其次才是健身，因为一切有益的消遣娱乐活动本身就带有健身的含义。人们通过各种形式的游戏、竞技、健美、舞蹈、球类活动和郊游、钓鱼、艺术欣赏、走进大自然及科学活动等，获得积极性休息，陶冶情感，以健康、高尚、文明、科学的生活方式善度余暇。所采用的健身手段也大多具有较强的娱乐性。此外，在余暇时间里所参加的健身娱乐活动，有时也可以没有任何目的和特定的形式以及功利色彩。

休闲健身是随着现代社会的发展，特别是随着休闲时代的来临而逐渐兴盛起来的，发展到今天，它早已超越了过去那种强身健体、减轻人们病痛和娱乐身心的范畴，它是人们精神文化生活的重要内容，并成为人们健康、科学的生活方式不可缺少的一个重要组成部分。同时，它也是衡量人的自我意识觉醒度的一把标尺，它在本质上代表着现代人类的生活方式和整个社会的文明趋向。休闲更是一个国家生产力水平高低的标志，是人类物质文明和精神文明的结晶，是一种崭新的生活方式、生命状态，是与每个人的生存质量息息相关的领域。在知识经济时代，由于空间压缩(缩短了人们之间的距离)、时间膨胀、信息爆炸、沟通加强、知识升值(知识改变了人们的生产方式和分配方式)，以及世界都市化、国家城镇化发展步伐的加快等，导致了人们身体运动方式在整体上突然脱离了生产劳动领域，而且出现了违反生物节律和其他自然规律的异化状况；在生产方式快速升级、体力劳动大幅减少的背景下，人类整体上出现了“肌肉饥饿”现象；特别是进入 21 世纪以来，由于“生活节奏快，社会发展快，思想变化快，信息传递快，观念转变快”以及激烈的社会竞争和复杂的人际关系等，又给一部分人造成了心理上的失衡，即“精神饥饿”现象。为了抵消“快节奏”和“肌肉”与“精神饥饿”所造成的不利影响，现代社会一方面大大增加了余暇时间，有着丰富的余暇活动，从而对社会成员起到了巨大的调节和缓冲作用。另一方面，人们在满足了基本的生活需要以后，享受的需要、发展的需要也随之出现，并成为影响生活方式和行为方式的强大动力。人们需要利用各种方式，也包括休闲娱乐方式来不断地充实自己、完善自己，努力提高个人的物质生活和精神文化生活质量。休闲消遣与娱乐健身也就成了现代人十分重要的活动领域。

目前休闲的种类很多，有滨海休闲、沙漠休闲……而健身是休闲的一部分，休闲作为人权已被世界公认。在举国开展“全民健身运动”的今天，不少专家提出了“全民休闲健身运动”的设想，主张以“健康休闲”、“快乐休闲”、“游戏休闲”、“竞技休闲”的休闲健身方式来应对具有后现代(即后信息时代)特征的即将到来的休闲时代。

人们在余暇时间里的健身消遣运动和方式很多，如手工工艺、收藏、观看戏剧电影、欣赏音乐、健身运动等。从休闲健身的角度分析，可分为三类：一类是非运动性休闲健身活动，如通过观赏各种体育比赛或表演，获得心理满足；另一类是运动性休闲健身活动，如散步、旅行、踏青、登高、狩猎、垂钓、泛舟等；还有一类是智力性休闲健身活动，如下棋、打牌等，对人们的娱乐消遣，善度余暇，也有一定的作用。

一、非运动性休闲健身活动

体育比赛的频繁和体育场馆的巨型化，以及电视体育节目的丰富多彩，为体育欣赏提供了硕大的空间，观看体育比赛和表演已经进入绝大多数人的业余生活。在体育比赛和表演中，运动员熟练、优美、准确、惊险的技术动作，能使观赏者油然产生心灵的快感和健康美的精神享受。在体育比赛中运动员勇敢拼搏的精神，积极进取、落落大方的比赛风格，能使观赏者受到教益，陶冶情操，激起民族自尊心和自豪感，增加民族的凝聚力等。体育欣赏还可以调节人的心理平衡和加强自我修养等。

对体育比赛和表演中的欣赏内容是多方面的，其中心目标是运动员的表演，比如，运动员的健美体型、体态、气质，优良的身心素质，高超的技战术水平和比赛作风等，都是观赏者欣赏的对象。此外，裁判员公正严肃的作风、体育建筑的壮观华美、赛场热烈和睦的比赛氛围，也对体育欣赏起着良好的烘托和铺垫作用。

要使体育欣赏成为人们善度余暇和陶冶精神情操的有力手段，一方面需要充实和丰富体育欣赏对象，组织优质健康的体育比赛和表演。另一方面，欣赏者本身也有必要提高自身的知识修养和道德情操。体育比赛是宣传文明、弘扬真理，营造团结祥和气氛的重要场所。观赏者既要以放松随意的心情欣赏体育比赛和表演，又负有一定的社会道义和职责，维护比赛热烈正常的气氛，这不仅有利于比赛的顺利进行，也有利于观赏者的心理健康。与此同时，观赏者还需要加强体育运动的知识修养，充分了解各种体育比赛与表演的特点，各项比赛的规则要求，各项目的技术和战术特点等，这对于提高观赏水平和兴趣也是十分必要的。

此外，音乐与艺术欣赏、观看戏剧电影等，也是善度余暇、消遣与娱乐的好方式。

二、运动性休闲健身活动

运动性休闲健身活动的内容十分广泛，如开展篮球、排球、足球、羽毛球、网球、乒乓球、保龄球、高尔夫球等球类运动；进行游戏、跑步、旅游、骑自行车、登山、武术、气功、健(身)美操、健美舞等，这些活动，既可以达到健身健美，又可以消遣娱乐，陶冶性情。一般来说，体力性健身消遣活动与日常体育锻炼活动相比较，在内容选择上应当更为随意，运动负荷安排应当更小一些，在活动环境上应当尽可能优雅舒适，使机体和情绪更为松弛。

例如，垂钓就是一项有益身心健康的娱乐健身活动。我国早在周代就有“姜太公钓鱼——愿者上钩”的美谈，明代的一幅“仕女垂钓图”更是从一个侧面生动地反映出垂钓范围的广泛普及性。钓鱼的健身机理主要有四方面：一是体力上的锻炼。无论步行或骑车前往垂钓地，均能使机体获得运动的机会，可以提高心血管系统和呼吸系统机能，改善血液的携氧能力。二是开阔胸襟。置身于大自然的怀抱会令人心旷神怡，尤其是垂钓地的优美景致——水波粼粼，柳枝荡漾，空气清新，沁人肺腑，使得平日紧张的神经得以放松。三是调神爽身。垂钓者临风把竿，虔诚专一，一边恭候静守鱼标，一边享受钓上鱼后的欢乐，一静一动，动静结合，既能提高视力，又能愉悦神志，对高血压和神经衰弱均有良好的康复作用。四是磨炼意志。垂钓需要耐心和信心，而漫不经心、三心二意或心绪烦躁是钓鱼之大忌。所以，通过钓鱼的锻炼，还可使人变得稳健、成熟。故此，我们认为垂钓既属于体力性娱乐健身活动，又属于智力性健身消遣活动，还属于非智力性(心理)休闲健身活动。

此外，养花与放风筝等也能起到陶冶情操、充实生活、锻炼肌力和增进身心健康的作用。

三、智力性休闲健身活动

智力性休闲健身活动主要包括下棋、打牌、吟诗、作画、音乐、摄影、集邮等，以下棋打牌最为典型。“琴棋书画”为我国古代四大消遣艺术。在现代社会里，由于其所具的消遣娱乐价值，下棋、打牌均被列入体育运动项目之中。

下棋是人们十分喜爱的一项文化娱乐活动，不仅能丰富业余生活，调节精神，而且还能锻炼人的思维，增强智力，延缓衰老。古人云：“善弈者长寿。”一般人下棋的目的在于娱乐，愉悦身心，不可把胜负看得太重，不必为一子一盘之得失而大动肝火。下棋的时间也不要过长，以免影响休息和睡眠。下棋一般取坐姿，时间长了，肌肉活动减弱，致使消化功能减弱，食欲下降，影响胃肠的蠕动和物质的消化吸收，结果导致便秘，诱发痔疮，故应加以注意。

牌的种类很多，如纸牌、麻将牌等，也具有一定的娱乐价值，运用得当，可以交流感情，陶冶情操，调节身心。但持续时间也都不宜过长，因为久坐不利于健康。只有把智力性消遣娱乐活动与非智力性消遣娱乐活动结合起来，特别是与体力性健身锻炼结合起来，才能有效地充实生活内容，提高生活质量，达到乐度余暇的目的，并获得强身健体和益寿延年的效果。

四、休闲健身活动的要求

娱乐和锻炼时，情绪应放松，注意力应专注于活动对象上，要暂时忘记和摆脱工作、生活的困扰。

活动内容选择要以兴趣爱好为前提，并符合个人意愿和休闲健身的特点。

运动负荷应视体质水平和运动能力而定，并以中、小强度为宜，以运动后产生惬意的疲劳感为好。

为增进情感交流，增添消遣情趣，防止伤害事故发生，最好能与亲友结伴而行，共同参与活动，其中又以互动性、游戏性等活动方式为最佳。

第四节　民族传统与自然力健身方法

一、民族传统健身方法

中国传统健身养生术源远流长，早在春秋战国以前，人们模仿禽兽的运动姿势，创编了不少健身体操，当时称为“导引”或“导引术”。春秋战国时期，导引已成为人们强身的活动了。到了秦汉，我国已出现有关导引方面的专著。1973 年在长沙马王堆三号汉墓出土的帛书《导引图》，就是先秦时流传下来的古代导引图谱。东汉名医华佗创编的“五禽戏”，唐代流传的“易筋经”，明代风行的“八段锦”、“太极拳”等，都是在古代导引的基础上发展起来的。

导引不同于一般的体操，它是具有鲜明民族特色的养生长寿术。其特点是不单纯练肌肉筋骨，尤强调练神。导引的功法是动中有静，静中有动，动静结合，身心俱练，并配合气功进行。所以它比现在的体操运动更有益于健康长寿。鉴于中国古代传统养生术经过不断发展，宋元时期已经出现众多流派，明清两代还有创新，流传的导引术不下三四十种。下面仅就有代表性的养生技法进行一些介绍，供爱好者选用。

(一)保健气功

气功在养生学里称为“导引”、“行气”、“静坐”、“吐纳”等，是我国传统的养生手段之一，是体育与医疗相结合的产物，在我国有悠久的历史。几千年来，气功理论和功法丰富多彩，变化多端，但始终不出宁神入静、调息运气的范畴。

我国的气功，来源于佛教、道教、儒教、医家和武术家各流派，也有来自民间的。通常分硬气功和气功两大类，后者又包括静功和动功两类。气功锻炼的流派很多，方法各异，但都要求发挥人的主观能动性，做到“三调”(调心、调息、调身)，以调整机体的机能，控制机体的活动，达到肌肉放松，精神安宁，思想入静。

气功健身对人体神经系统、心血管系统、消化系统、呼吸系统和内分泌系统等均有良好的作用。在气功锻炼中，意念入静，神经系统处于内抑制状态，能消除大脑皮层的紧张状态，对机体有很好的保护作用。练功时以腹式呼吸为主,能有节律地“按摩”腹腔器官,改善消化和吸收功能。此外,气功锻炼能使皮质激素、生长激素分泌量减少,从而使蛋白质更新率变慢、酶的活性改变,并使免疫功能强化。

(二)五禽戏

五禽戏是我国东汉名医华佗模仿虎、鹿、熊、猿、鸟(鹤)五种长寿动物的矫健活泼、沉稳优美的活动姿态和神态习性而创编的一套仿生健身运动方法。五禽戏的基本要领是:内外结合、动静相兼、刚柔并济、意气合一。内外结合,即内练精气,外练筋骨。动静相兼,指既重视精神的宁静,同时又注意肢体的运动。刚柔并济,即练刚劲时须刚中有柔,练柔劲时须柔中有刚。意气合一,是指在注意呼吸锻炼的同时,又不放松意念活动的锻炼,即以意领气,神不外逸,气贯丹田。

(三)易筋经

易筋经是我国古代的一项健身运动,传说为达摩老祖首创,唐代广为流传。易筋经的动作,刚劲有力,其运动的强度和动作的难度都比较大。因它有滑利关节,调和气血,强筋壮骨的作用,故把它作为骨、关节疾病及骨科创伤病人恢复功能和肌力锻炼的一种康复手段。在锻炼时强调情绪安定,精神贯注。以刚柔相济,动静结合,意到力到,自由呼吸为其基本要领。运动量因人而异,根据病情及身体健康情况酌情选练,一般以出微汗为度。

(四)八段锦

八段锦是一套由八节动作编排而成的导引强身术,在宋朝已经问世,明代开始风行,后来在民间广为传播,并形成了南北两派。北派托名岳飞所传,动作繁而难度较大,以刚为主,姿势多用马步势,又称武八段;南派托名梁世昌所传,动作难度小,以柔为主,姿势多用站立势,又称文八段。文八段锦与十二段锦术势基本相似,这里介绍的是武八段锦,是我国传统的医疗保健活动,集医疗、保健、养生于一体,具有全身性、综合性的医疗保健功效,长期坚持练习,对中老年人及慢性病患者具有较好的强身健体功效,正常人经常练习,同样会起到强身健体的功效。

(五)太极拳

太极拳最初是明末河南温县陈家沟拳师陈王廷编的。太极拳在我国源远流长,并在长期健身实践过程中不断地加以创新,产生了许多流派,如有杨式、陈式、吴式、武式、孙式等。解放以来,原国家体委专门组织力量对太极拳进行整理,新编了简化二十四式太极拳、四十八式太极拳等。太极拳是中国传统的医疗体育方法,是以轻松和缓、舒展大方的动作,配合呼吸意念活动来调节机体功能平衡的一种健身运动,具有有病治病,无病防病,强身健体等作用,坚持练习,能让人精神饱满,体力充沛,睡眠好转,身体健康。

(六)推拿与按摩

推拿又称按摩、按蹻、蹻摩。它是以中医基础理论,尤其是经络学说、脏象学说为指导,运用各种手法技巧直接作用于人体经穴和局部,通过经络由外达内,引起局部或全身的反应,达到治病保健目的的一种整体疗法。推拿属于中医的外治法。推拿的分类方法有几种。根据其应用目的可分为保健推拿、医疗推拿、康复推拿。根据其应用对象可分为成人推拿和小儿推拿。根据其施术者与医治对象关系可分为自我推拿和被动推拿。保健推拿又称自我推拿,它是和医疗推拿相对而言的。保健推拿多以自我操作为主,主要用于预防和强身,常用方法有摩面、栉头、搓鼻、弹耳、擦颈、拍胸、摩腹、捶腰背、击四肢、擦涌泉。医疗推拿多是由医生操作的被动推拿，由医生操作的被动推拿也可达到保健、康复目的。医疗推拿包括成人推拿和小儿推拿。

二、自然力健身锻炼方法

人与自然的关系，有一个内外环境的统一和平衡的问题。人不仅要在各种自然环境下求生存，而且要谋“发展”，以适应自然环境和人类自身的要求。这就应该充分利用大自然的因素进行健身，由此便衍生出一些自然力锻炼手段，如通过日光、空气和水沐浴的健身方法等。

（一）日光浴

日光浴俗称“晒太阳”。太阳光分为可见光、红外线和紫外线，阳光中的红外线可以提高皮肤调节体温的作用，增强机体的造血功能，改善血液循环，促进新陈代谢，提高肌肉和神经系统的活动能力。阳光中的紫外线还可杀死人体表面的细菌，将血液里的胆固醇转化为维生素 D，促进钙的吸收和骨骼的生长，维护人体健康，对佝偻病、骨结核等有一定的治疗作用。

进行“日光浴”是在海滩、河岸、旷野或庭院阳台等处，让皮肤直接接受阳光照射。只要天气不冷，最好只穿内衣短裤，使皮肤尽量裸露在阳光之下。进行日光浴时，可采用坐式或卧式，不断翻转身体，尽量使身体各部分都能照射到。也可局部照射，或从下肢逐渐扩展到躯干。

如果是春、秋、冬季节，最好选在上午 9～12 点、下午 4～5 点，夏季选在上午 10 点以前，下午 5 点以后，气温以摄氏 20 度为宜。一次日光浴的时间可由短到长，因人而异，从 5 分钟一直可增至 1 小时。

日光浴时，为了避免阳光直射头部，刺激脑膜而引起日射病，可用遮阳雨伞遮住头部或戴上草帽。为了保护眼睛，可戴茶色太阳镜。

日光浴时，如皮肤潮红，痒痛，有烧灼感，应停止日光浴。日光浴后如出现心跳过速、恶心、呕吐、头昏、头痛、失眠、精神不振、食欲下降等，也不宜继续进行日光浴。

夏天日光浴前，最好先在阴凉处做几分钟空气浴。日光浴后，应多饮开水或淡盐水。并进行淋浴，洗去身上的汗液，以防中暑或日射病。

饭前、饭后不宜马上进行日光浴。有慢性病者需在医生同意之后才可进行专门日光浴。患有顽固性皮肤病、关节炎、神经痛的人，可进行局部日光浴，非照射部位用布遮盖上，患有心脏病、严重高血压、严重贫血、严重失眠、过度疲劳、神经兴奋症、发烧、皮肤有炎症及各种急症病人均不宜进行专门的日光浴。三个月内的婴儿和妇女月经期以及分娩后一个月内不宜进行日光浴。

（二）空气浴

空气浴就是裸露身体或穿短衣裤而让空气“沐浴”身体。经常进行空气浴有益于保持体温的恒定，提高皮下血管活动的灵活性，增强身体对外界环境的适应能力，减少感冒，改善心血管系统、呼吸系统和神经系统的功能。

根据所浴空气温度的不同，可把空气浴分为冷空气浴（温度为 6℃～14℃）、凉空气浴（15℃～20℃）、中等温度空气浴（21℃～25℃）、暖空气浴（26℃～30℃）和热空气浴（31℃以上）。对于锻炼者来说，主要应采用冷空气浴和凉空气浴。

进行空气浴有两种方法。一是结合日常活动，随时随地都可有意识地进行。做空气浴时，尽量少穿衣服，充分利用气温和人体表面温度的差异来刺激皮肤，促进新陈代谢，增强人体健康。

二是在一定的时间和地点进行专门的空气浴锻炼。锻炼时间最好在春秋两季早晨，此时气温一般在摄氏 10℃～15℃，很适合进行空气浴。如果体弱多病或适应能力较差，最好选在上午 9～10 点或下午 3～5 点进行空气浴，这时阳光充足，气温较高，刺激不大，较易适应。

进行空气浴的地点最好选在空气新鲜，烟尘较少，绿化优美的地方，如田野、公园、湖畔、海边。

空气浴锻炼一般应从暖空气浴开始，逐渐过渡到冷空气浴。冷空气浴锻炼时间因人而异，可从 15 分钟至两小时，随着气温的下降，冷空气浴的时间应适当缩短，每次以不出现恶寒或寒颤为度。如遇大风，大雾和寒流，应暂停空气浴锻炼，饭前和饭后也不宜空气浴。同时，空气浴最好与体育健身锻炼相结合，则效果更好。

患有疾病者必须在医生指导下进行专门空气浴。

(三)水浴

水，特别冷水是锻炼身体效果十分显著的一种物质。水浴是水锻炼的一种，它是利用水的温度、机械作用和化学作用来锻炼身体的手段。

冷水浴是指在水温不超过 20℃的水中洗浴或擦浴。经常进行冷水浴可以提高身体对寒冷的适应能力，不易因着凉而引起感冒、支气管炎、扁桃体炎、肺炎等疾病，同时，又可促进血液循环系统，增强血管的弹性，减少胆固醇在血管壁上的沉积，有助于预防血管硬化、静脉曲张、脉管炎、血管破裂等疾病。另外，冷水浴还可以改善神经系统、消化系统功能，改善皮肤营养状况，促进皮脂分泌，使皮肤变得光滑、细嫩而富有弹性。

冷水浴应在夏季就开始锻炼。夏末秋初是进行冷水浴的最好时机，此时的冷水浴可以逐步提高肌体适应气温逐渐变冷的能力。开始锻炼时间为 1～2 分钟，逐渐增加到 10～15 分钟。水温是根据个人的耐受性而定，一般从温水开始，隔 3～5 天水温降低 1℃。总的说来，可以从 35℃逐步降至 12℃左右。

冷水浴宜在早晨进行，它使人精神振奋，尽快消除睡眠后的抑制状态。为避免冷水的突然刺激，起床后先做些其他运动，直至身体发热再进行冷水浴。冷水浴后应立即把身体擦干，直至皮肤微红，然后穿衣，再做些轻微活动，使皮肤温度尽快恢复正常。一般饭后和晚上均不宜进行冷水浴。

1. 冷水浴的具体方法

(1)冷水洗脸：先将面部皮肤搓热，再用冷水擦洗脸部，耳部和颈部，直至擦红皮肤。

(2)冷水洗脚：将脚浸入冷水中，用手擦搓，然后再用干毛巾将脚擦干变红。

(3)冷水擦身：一边用冷水擦身一边按摩。其顺序是：脸部——颈部——上肢——背部——胸腹——下肢。摩擦四肢时，沿向心方向进行，以助静脉回流，擦身要把皮肤擦干擦红。

(4)冷水淋浴：用冷水淋浴时，要用力作自我按摩，并用毛巾擦身。注意水温不宜过低，淋浴时间不宜太长。

(5)冷水浸浴：把身体浸没在冷水中。这是冷水浴反应最剧烈的一种，一定要严格根据个人的耐受性来调节水温和锻炼时间。目前大多采用冬泳的方式进行。冬泳前尤其要做好准备活动，使肌肉、关节都得到充分活动，使神经系统和各个器官都有充分准备。下水前先站在浅水里，用冷水浇四肢，拍打胸腹，前额和颈部，然后再下水。冬泳时间一般每天一次或隔日一次，每次 15 分钟或半小时。冬泳结束后，应立即用干毛巾把身体擦干擦红，穿上厚衣服，喝点热饮料，做些体操，使身体发热。

(6)冷热交替浴：从温水开始逐渐加热，使体表血管扩张，片刻后再做冷水浴，使血管收缩。通过血管的扩张和收缩来锻炼血管和身体对外界的快速反应，提高身体的御寒能力。

(7)冬泳：方法同(5)。这是一项对人的适应力锻炼效果极佳的冷水浴锻炼，它对锻炼者的体质和意志品质有极高的要求。冬泳时以群体活动为好，并应做好冬泳的一切前期准备和防护措施。

2. 冷水浴注意事项

做冷水浴不是一件容易的事，也不是什么人都可进行的，患有高血压、心脏病、关节炎、坐骨神经痛、病后初愈和各种急病患者，都不宜做冷水浴。在冷水浴过程中，也应定期检查身体，如自我感觉不良，体重持续下降，出现失眠或其他异常，应暂停锻炼，寻找原因。必要时，应请教医生。

第五节　运动处方与训练后的恢复健身方法

一、运动处方健身方法

处方，在医学上自古以来就是指医生给病人治病所开的药方，病人凭药方就医服药。运动处方则是在身体检查的基础上，根据锻炼者的需要，运用科学健身的原理，以开处方的形式向其提供量化的健身运动方案或凭证。因为方式同医生给病人诊断处方相仿，故得名。开处方前，必须询问病史或健康状况，进行体格检查和必要的实验室检查，特别是心功能检查，从而确定适宜的训练内容和运动负荷(强度、数量、次数、时间及要求等)，使机体在一定时期内获得适量的训练。经过一段时间的训练后，再根据机体功能提高或改善的状况，重新设计出新的运动处方，以达到强健身体、疗疾康复的目的。这就是国内外盛行运动处方的原因之所在。

(一)运动处方的特点和作用

1. 运动处方的特点

运动处方最大的特点是因人而异，针对性强，能对锻炼者提出具体的运动负荷量度和运动方式，从而保证了身体锻炼的科学性、安全性和有效性。

2. 运动处方锻炼的作用

(1)有助于保证锻炼的科学性和系统性，克服日常锻炼中经常存在的“一曝十寒”的弊端；同时便于对整个身体锻炼过程进行反馈调节。

(2)有助于增进身体健康，提高身体机能。一般来说，人们参加运动处方锻炼，是为改善自身身体状况，提高健康水平，预防疾病，特别是防止现代“文明病”的侵袭。另一方面，按照运动处方锻炼，又能有效地提高身体机能，比如提高机体的肌肉耐力、肌肉力量、爆发力，身体的灵敏性、平衡性和柔韧性等，这又能促进身体运动能力的提高。

(3)能治疗疾病和使机体康复。许多慢性病患者常常把运动处方作为治疗疾病和康复疗法的一种手段。严格地按照处方要求锻炼，就可大大提高运动中的安全性，尽可能减少意外事故的发生，有效地提高机体对疾病的抵抗力，达到治疗疾病的效果。

(二)运动处方的种类

1.按阻力形式分类

运动处方中常见的运动形式包括克服阻力性的肌肉运动(无氧运动、有氧运动)和调理内脏功能的心肺功能运动(无氧运动、有氧运动和混合式运动)两大类。因为我们日常生活中的所有活动都是克服阻力的过程。

2.按运动处方的功能分类

(1)锻炼性运动处方

主要用于提高身体机能,适合于青少年身体锻炼,要求有针对性地提高身体运动能力。这种处方往往带有全面锻炼的性质,并在某些方面有所侧重。

(2)预防性运动处方

主要用于中老年人健身防病。人过中年以后,身体就开始衰退,特别是心血管系统的衰退对人的影响更为明显。因此,中老年运动处方常常采用持续时间稍长的有氧耐力锻炼方案,以延缓和推迟机体的老化过程。

(3)治疗性运动处方

常用于某些疾病或外伤的治疗和康复,它使医疗体育更加定量化和更具针对性,比如减肥锻炼和心血管疾病的康复锻炼。这种处方常与其他治疗和康复措施结合起来进行。

3.按所锻炼的器官系统分类

(1)心脏体疗锻炼运动处方

它以提高心肺功能为主,用于冠心病、高血压、糖尿病、肥胖症等内脏器官疾病的防治和康复。

(2)运动器官体疗锻炼运动处方

以改善肢体功能为主,用于因各种原因引起的运动器官功能障碍,以及畸形的矫正等。

(三)运动处方的制定和实施程序

1.了解锻炼者的基础情况

包括姓名、性别、年龄、职业、疾病史,过去和现在的身体锻炼状况,以及锻炼者的食欲、睡眠和常用药品等。

2.健康诊断

这是对锻炼者健康程度的判断,是制定运动处方的重要依据之一。可采用直接的医学检查,也可索取锻炼者近期的身体检查证明。在进行健康检查时,要排除体育运动的禁忌症(见表 4 - 5)。

3.运动负荷实验

这是对锻炼者身体机能的运动承受能力的检测和评定。一般要进行安静状态和在定量负荷状态下的生理机能测试,主要测试指标包括安静时心率、血压,运动时最大吸氧量等。定量负荷有两种,最大负荷和次最大负荷。一般说来,前者更合乎要求,但危险性较大,特别是对中老年人和某些疾病患者更是如此,因此常采用后者。

4.体力测定

主要是对锻炼者的身体素质状况进行检查评定。内容包括:锻炼者身体各部分的力量、速度、耐力、灵敏、柔韧等。为了便于评价,常要将该群体的较大样本指标进行数理统计,建立起数学模型。然后将该受试者的指标与数学模型加以对照，以确定其各项指标的水平和优劣。

表 4-5　运动与运动负荷实验的禁忌症

(1)充血性心脏衰竭
(2)不稳定心绞痛
(3)严重的主动脉狭窄
(4)肺循环高血压
(5)过去一年中患有心肌炎、心包炎、细菌性心内膜炎、病毒性风湿热或心肌病
(6)未控制住的高血压
(7)严重心律不齐(二度和三度房室阻滞、未控制住房性纤颤、过多的或复杂的期前收缩、室性心动过速)
(8)明显的心动徐缓(除耐力训练有素者)
(9)固定频率的人工起搏器
(10)显著的心脏肥大
(11)瓣膜疾患(中度到重度)
(12)近期肺栓塞
(13)严重贫血
(14)未控制住的代谢疾病(糖尿病、甲状腺机能亢进、粘液性水肿)
(15)暂时性的疾病并伴有高烧
(16)某些畸形造成的功能丧失
(17)运动试验中出现不正常的血压反应
(18)过量服用心脏病药物，如洋地黄、奎尼丁、利多卡因、普鲁卡因酰胺、心得安和异搏停

5. 制定运动处方

根据上述调查与测定结果和身体锻炼的原则、方法，为锻炼者提供包括锻炼内容、强度、时间等在内的方案。

6. 实施健身方案

即按照运动处方方案的要求进行健身。锻炼一个时期以后，应该再进行身体健康检查，运动负荷和体力测定。一方面用以评价运动处方健身的效果。另一方面也可以用以提供反馈信息，修改和制定出新的运动处方方案，调节健身过程，从而保证整个健身过程与个体的身体状况相适应。

运动处方的制定和实施流程如图所示(见图 4-1)。

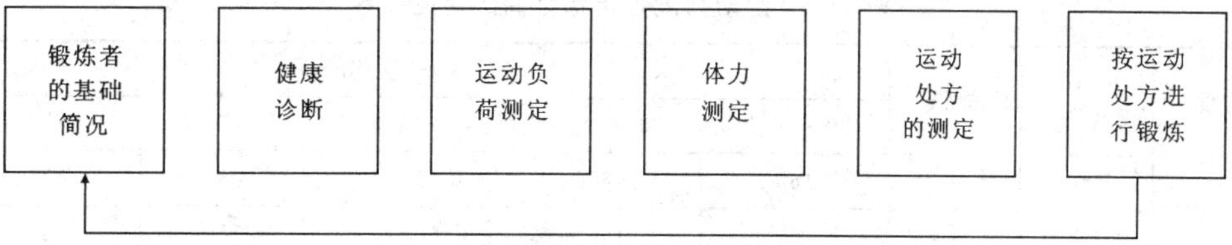

图 4-1　运动处方制定与实施流程图

(四)运动处方的要素

一个完整的运动处方方案，其基本要素有四个，即运动项目、运动强度、运动时间和运动频度。

1. 运动项目

适用于一般健康者和慢性病健身者的运动项目，可以分为五类。

(1)耐力性健身项目,如步行、长跑、骑自行车、长距离游泳、登山、远足等。在生理机制上看属于有氧代谢运动。

(2)力量性健身项目,如练拉力器、哑铃、杠铃、实心球,以及克服自身体重的练习(如引体向上)、多功能练习器等。这类练习在性质上往往与改善体型练习、健美运动练习相匹配。

(3)放松性健身项目,如散步、旅行、按摩、打太极拳等。

(4)一般健身性项目,如各种球类运动、游戏、广播体操、徒手或器械体操、八段锦等,属于非特异性锻炼项目。

(5)专门性体操健身项目,如为不同锻炼者或比赛参加者设计的医疗体操、矫正体操、健(身)美操等。

2. 运动强度

运动强度是运动处方的核心部分,反映机体运动时用力的大小和机体紧张度,它既影响到机体的承受能力,又直接关系到运动锻炼的效果。定出适合健身者特点的量化强度指标,是制定运动处方的精髓。

运动处方研究者提出了许多种表示运动处方运动强度的指标,如功率、能量代谢率、心率、摄氧量、代谢当量等,有的具有很强的理论意义,有的则具有运动价值,其中最为常用的有以下几种。

(1)用耗氧量控制强度。这是由于运动强度越大,则耗氧量也越大。通常是以运动时摄氧量占最大摄氧量的百分数来控制运动强度,用 VO_2max(%)表示。

(2)用能量消耗量控制强度。这是由于运动强度与机体能量消耗的多少成正比。能量消耗的具体派生指标有瓦(W)、能量消耗量(kJ/m)、能量代谢率(RMR),以及代谢当量等。代谢当量的使用单位是梅脱[Met,1 梅脱=3.5mL(O_2)/(kg·m)]。

(3)用心率控制运动强度。由于耗氧量和能量消耗情况的直接测定都比较复杂,在日常的运动处方锻炼中运用不太现实。在运动处方锻炼中常用心率指标控制运动强度。通常用计数10 秒钟脉搏数,乘以 6 得出运动时每分钟心率。学者们研究认为,心率与耗氧量和能量消耗量之间均存在着密切的相关关系,故用心率来控制运动强度是较为科学实用的方法,(如表 4-6)。

表 4-6 运动强度各指标之间的对应关系

强度	最大吸氧量(%)	梅脱	心率(次/分)				
			20~29 岁	30~39 岁	40~49 岁	50~59 岁	60 岁以上
较大	80	10	165	160	150	145	135
	70	7	150	145	140	135	125
中等	60	6.5	135	135	130	125	120
	50	5.5	125	120	115	110	110
较小	40	4.5↓	110	110	105	100	100

用运动心率表示运动强度可有许多计算方法,如年龄算法、净增心率计算法、运动量百分比分级法、靶心率法、最大心率储备计算法、心率百分比表示法等,并推导出各种各样的公式。

国内外科研成果表明,最适宜的健身强度在最大吸氧量的 65%~75%,即心率在 130~

150 次/分之间。日本池上教授认为，运动心率在 110 次/分以下时，机体的血压、血液、尿和心电图等指标均无明显变化，健身价值不大；心率为 140 次/分时，每搏输出量接近并达到最佳状态，健身效果明显；心率为 150 次/分时，心脏每搏输出量最大，健身效果最好；心率在 160～170 次/分之间时，虽无不良的异常反应，但也未出现更好的健身效果；心率达到 180 次/分时，体内免疫球蛋白减少，易感染疾病，易产生疲劳或运动伤病。

日本学者池上晴夫通过研究，提出了科学的运动健身的最佳心率范围，见表 4－7。

表 4－7　运动最佳心率范围表

性别/年龄(岁)		运动心率(次/分)
男 31～40	女 26～35	140～150
男 41～50	女 36～45	130～140
男 51～60	女 46～55	120～130
男 60 岁以上	女 55 岁以上	100～120

唐宏贵等还认为，单用年龄因素来确定运动时的强度也有失偏颇。这是因为，影响运动强度最根本的因素是健身者个体的体质水平，它决定着机体承担负荷的能力。同样年龄的健身者，由于体质状况的差异较大，其健身强度是不一样的。体质较好的健身者，可以并必须承担较大的运动强度，对机体才有健身价值，其运动时心率也应高一些；反之，体质稍差的健身者，需要并只能承担较小的负荷，其运动时的心率也应适当低一些。根据超量恢复原理，对后者来说，即使负荷安排较小，也能取得一定的健身效果。这就要求在制定运动处方时，要通过对某些年龄组健身者的体质指标作较大样本的数量统计和处理，分析该年龄组群体的体质总体水平和分布情况，从而评价出该个体带特异性的体质水平，据此确定运动健身的强度指标。

3. 运动时间

运动时间指每次运动所持续的时间，即达到处方强度后必须保持的时间。运动时间的长短，要根据个人资料、医学检查情况来确定。

研究认为，运动时间阈值应不少于 3 分钟，最大持续时间一般不超过 60 分钟，有的研究认为，每次进行 20～60 分钟的耐力性运动是比较适宜的，从运动生理学的角度来说，5 分钟是全身耐力运动所需的最短时间，60 分钟是机体坚持正常工作的最大限度时间。库珀认为，心率达到 150 次/分以上时，持续 5 分钟即可收到效果，如果心率在 150 次/分以下时，就需要 5 分钟以上才有效果。

与运动时间相关的因素有：运动项目、运动强度、运动频度和运动方式、年龄体质因素等。

(1)运动项目。从事力量、速度项目锻炼，其运动持续时间应短，耐力性项目其持续时间应稍长。因为要使呼吸、循环系统充分动员起来，大约需要 5 分钟左右，在达到恒常运动以后还要继续运动一段时间才有效果。

(2)运动强度。运动时间与运动强度成反比，运动强度越大，则持续时间越短；运动强度越小，则持续时间越长，见表 4－8。

(3)运动频度。当运动强度固定不变时，运动时间与运动频率呈反比关系。由此可见，运动频度越大，则每次运动时间越短。反之，则运动时间越长。

表 4－8　运动时间与运动强度(% VO_2max)的配合

运动时间(分钟)		5	10	15	30	60
运动强度	小强度	70	65	60	50	40
	中强度	80	75	70	60	50
	大强度	90	85	80	70	60

(4)年龄和体质因素。当运动强度不变时,年龄越年轻,体质越好,则运动持续时间越长。然而,在锻炼实践中,由于年龄体质因素对运动强度的影响更大,因而,随着年龄的增大而对运动处方方案加以调整时,往往是通过调整运动强度以维持一定的运动时间。特别是到了老年期,由于退休或离休所带来的时间充裕,保证了运动时间的恒定或略有延长,这时就要求大幅度降低运动强度,尽可能维持一定的运动时间来保证锻炼效果,而不至使机体过于疲劳。

4.运动频度(每周锻炼次数)

究竟每周应活动多少次,唐宏贵教授等认为从理论上讲,只有不造成疲劳积累并能形成超量恢复效果的那种运动频度才是最理想的,然而,在实际锻炼中如何控制却是较为复杂的。

有人观察认为,当每周锻炼多于 3 次时,最大吸氧量的增加逐渐趋于平坦;当锻炼次数增加到 5 次以上时,VO_2max 的提高幅度很小,而每周锻炼少于 2 次时,通常不引起 VO_2max 的改变。日本学者池上晴夫研究认为,一周运动 1 次时,运动效果不蓄积,肌肉痛和疲劳每次都发生,运动后 1～3 天身体不适,且易发生伤害事故。一周运动 2 次,疼痛和疲劳减轻,效果有蓄积,但不显著;一周运动 3 次,不仅效果可以充分蓄积,也不产生疲劳。如果增加到 4～5 次,效果也相应提高。美国的科学家们也证实,肌肉一旦停止锻炼,其退化速度之快是惊人的。一个人 3 天不运动,其肌肉最大力量会丧失 1/5。如果锻炼 2～3 天后肌肉不能再次"取得"合乎需要的物理效果,锻炼就会前功尽弃。

综上所述,可以认为,每周健身次数以 3～5 次较合适,基本上以隔日运动为宜;运动间隔时间一般不宜超过 3 天。如果每周运动在 2 次以下,则运动累积效果不明显。如果采用小的运动负荷或从事不残留疲劳的运动,则每日运动是可取的。

(五)处方要素在不同训练阶段的运用

在健身健美过程中,由于每个健身者的身体健康状态、运动水平、训练目的和训练阶段的不同,对其周次数、强度、时间、负荷、重复组数等要素的应用也就不尽相同。不同阶段的具体要求如下。

1.健康阶段

在健康阶段的训练包括心肺功能训练和骨骼肌的训练等。

(1)心肺功能训练。在通常情况下,要达到心肺功能的训练效果,从周训练次数方面,每周只有达 2～3 次的训练后才会开始进步,若要保持状态每周则需 1 次,时间不超过 12 天。从强度方面需达 40%～85%的最大重复次数,或最大心率的 60%～90%或 5～9 次重复次数。从时间方面需达 12～20 分钟。在负荷方面要求连续不断或循环不断地训练。每次训练课,对某动作的重复组数来说可重复 4～6 组,然后进入身体的适应阶段。

(2)骨骼肌的训练。要使骨骼肌的训练达到更好的效果,每周需训练 2～3 天;其强度要达 10～12 次的最大重复次数;每组的组间休息时间一般需 30～90 秒;每个动作做 1～2 组,每个身体部分做1～2个动作；其训练负荷可利用杠铃、哑铃等器械和身体自身重量；每个练习的重复周数为4～6周。第三周开始每组10次，做2组，直至完成此阶段，先训练大肌肉群，后训练小肌肉群。

2. 身体适应阶段

身体适应阶段的心肺功能训练和骨骼肌的训练是不同的。

(1)心肺功能训练。周次数需达3～5次；强度需达60%～80%的最大重复次数，或最大心率的60%～90%或6～9次重复次数；时间需20～45分钟；对负荷来说持续性训练、循环训练、速度游戏或间歇训练可单独或综合使用；每个动作可重复12～20组。在周期性训练中采用积极性休息方式。

(2)骨骼肌的训练。周次数需达3～4天；每组强度需达8～12次最大重复次数；每组间隔时间需30～60秒；重量负荷可采用杠铃、哑铃等器械和身体自身重量等；每个动作可重复12～20组，如开始时使用2组，每组8次，渐增至2组×12次，然后增重，再由2组×8次开始重复进行。

3. 人体能量代谢对处方训练的影响

由于能量代谢与训练的目的不同，处方中很多内容是有区别的。比如：

(1)瞬时能量代谢系统ATP—CP(三磷酸腺苷—磷酸肌酸)。由于只能维持3～5秒的最大强度工作或15～20秒的次最大强度工作，故对心肺功能的训练每周至少3次；其强度需达最大心率的85%～100%或8～10次重复次数；每组循环时间为12分钟，总体训练时间为前一阶段的1.5倍；负荷可采用间歇训练的方式，训练与休息之比为1∶3；休息采用静态或走路及身体轻量摆动等形式。

对骨骼肌的训练，包括爆发力与力量运动项目。它们的周期性训练可参见以下范例，见表4-9。

表4-9　骨骼肌周期性训练安排范例

	非比赛季节		赛前季节	比赛季节
组　数	3～10	3～5	3～5	1～3
每组次数	8～12	4～6	2～3	1～3
每周天数	3～4	3～5	3～5	1～5
每日次数	1～3	1～3	1～2	1
不同阶段	肌肉增大	基本力量	爆发力量	状态高峰或保持水准

(2)短时间能量代谢系统。它能产生乳酸，此系统主要是运动后的第1～3分钟开始提供能量，故对心肺功能训练来说，要想取得更好的进步，每周需达3～5次，若保持状态则需每周1～2次(此时期最长为12周)；强度需达最大心率的60%～90%或60%～85%最大重复次数，或6～9次重复次数；每组循环时间为12分钟，总体训练持续时间为以前阶段训练的1.5倍；负荷时可采用间歇训练法，训练与休息之比为1∶2，休息时采用动态形式(如慢跑等以便将乳酸清除)；一般经过12周的健康或身体适应阶段后，进行此阶段约6～8周，然后再进行周期性训练。

对于骨骼肌的训练(周期性训练模式：健美训练与肌肉块增大)一般每周6天；强度以8～

12 次最大重复为次数，做 1～6 组，每组 12～15 次；休息时间为 30～60 秒，每个身体部位做 2～4 个动作，每个动作做 2～4 组；负荷可采用杠铃、哑铃等器械和身体自身重量等；通常以 10～12 周为一循环，然后进行积极性休息或改变身体部位的训练顺序，以减少休息时间。

(3)长时间能量代谢系统（有氧运动）。它主要为持续长时间次最大强度的工作提供能量。故对心肺功能的训练一般每周达 3～5 次才能取得进步，若保持状态则需每周 1～2 次（此时期最长为 12 周）；强度需达最大心率的 60%～90%，或 60%～85%最大重复次数，或 6～9 次重复次数；训练时间为 20～60 分钟（在特定运动的需要下可将时间延长）；负荷可采用持续训练或间歇训练（训练与休息比＝ 1∶1～1∶2，一周中辅加静态休息）。一般由健康或身体适应阶段至此长时间训练阶段约 2～20 周，随后以 1～2 周用作维持水平或积极性休息，完成后进入新的训练阶段或参加新的训练课程。

对骨骼肌的训练，可采用周期性训练模式（如耐力性运动项目：长距离跑、有氧操、球类等项目）；每周训练需达 2～3 天；每个动作采用 12～20 次最大重复次数的强度；休息时间为 20～45 秒，每个身体部位做 1～2 个动作，每个动作做 2～3 组；负荷可采用杠铃、哑铃等器械和身体自身重量等。当比赛季节接近时，应将训练量减低，并增加训练强度，减少休息时间。

(4)为体形美而进行的训练。很多人参加心肺功能训练或有氧运动，以求达到减肥瘦身或维持理想体重的目的。运动持续时间一般适宜在 45～60 分钟内。时间过长只会降低运动所带来的益处，并容易造成劳损或受伤，而且运动以外的时间应严格控制热量的摄入，还要加强自我管理（主要包括生活制度、饮食调节、心态调控和个人嗜好等方面）。

(六)健身运动处方范例

有一个好的健身计划，就等于有了一位好的老师。健身者选择课时锻炼计划（锻炼课程表），就像医生给病人开的处方一样，药量过大将危及病人的生命，药量过小则对病情无济于事。医生只有针对病人的病情、体质状况、年龄与性别特点及治疗过程和反应情况来考虑处方，合理配药，这样才能做到对症下药，药到病除。下面根据健身的要求与特点以及实践效果和生理规律，列举健身、健美、减肥的锻炼课程范例各一例，仅供参考。但应注意的是，下面各例仅指一周健身课，并非指整个阶段的课程，绝不可效仿此表一年或多年不变，而必须定期更换锻炼课程表，这样才能保证健身锻炼获得全面成功。

1. 中老年健身课程（健身运动处方）范例

(1)健身时间：每天锻炼时间总计为 1～1.5 小时。

(2)健身任务：①增强体质，加强对疾病的抵抗力和对外界环境的适应能力；②维持良好的心肺功能，预防心血管系统疾病；③活跃新陈代谢，预防代谢疾病；④保持关节肌肉的灵活性，保持正常良好的身体姿势，预防“肌肉饥饿”症和骨关节疾患。

(3)健身强度：从小强度逐渐过渡到中等强度，锻炼时最高心率控制在每分钟 110～130 次。

健身项目及运动量和时间分配见图 4-2、图 4-3。

2. 男女健美锻炼课程（健美运动处方）范例

(1)健身时间：每次锻炼课时间为 1～1.5 小时。

(2)健身次数：每周锻炼 4 次。

(3)健身任务：①发展全身主要肌肉群，使肌肉丰满，强壮有力；

②使体型丰腴健美，使体态挺拔优美；

③提高身体素质，增强体质；

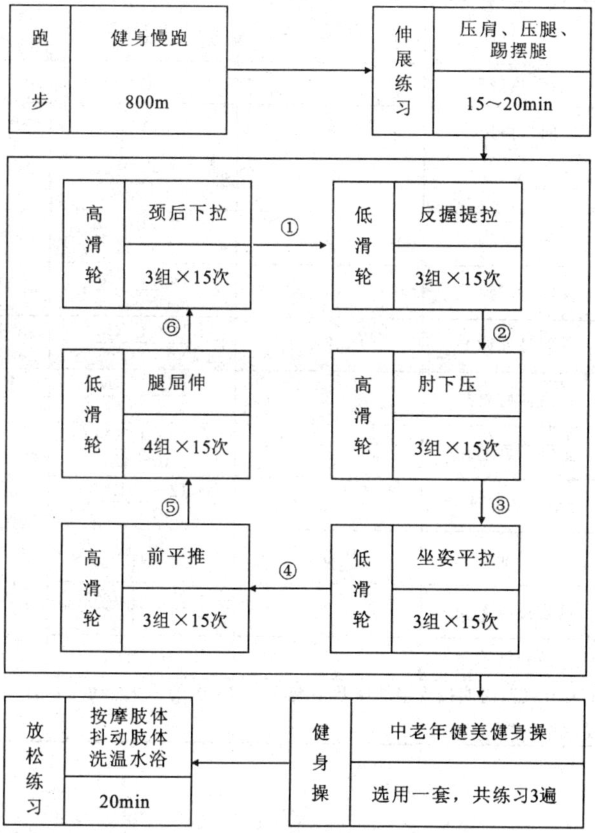

图 4－2　中老年健身运动处方(甲)

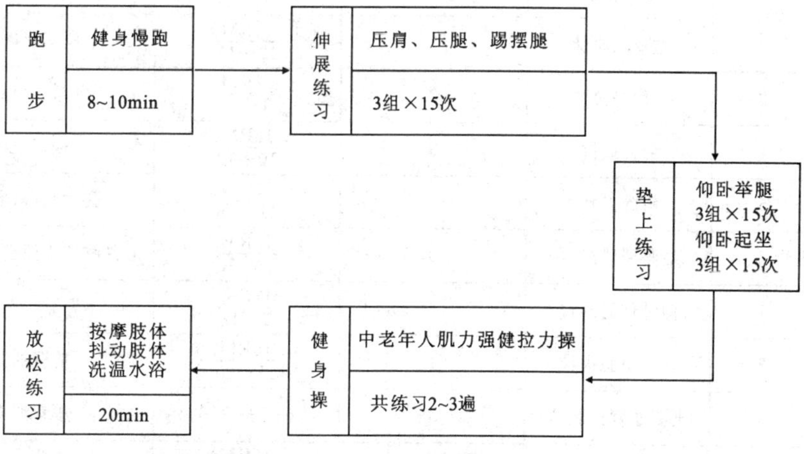

图 4－3　中老年健身运动处方(乙)

④增强自身魅力和自信心。

健身项目及运动量分配见表 4－10、表 4－11、表 4－12、表 4－13。

表 4-10 男女健美锻炼课程表(第 1 次)

时间	顺序	动作名称	组数	重量/次数	主要健美部位
星期一	1	徒手热身操	1	5～10min	活动全身肌肉关节
	2	躬身提拉	3	12～15RM / 8～12	背阔肌群
	3	前平拉	3	12～15RM / 8～12	肩部三角肌群
	4	平卧夹胸	3	12～15RM / 10～12	胸大肌群(乳房)
	5	反握屈肘提拉	3	12～15RM / 10～12	上臂肱二头肌群
	6	躬身展体	2	12～15RM / 12～15	腰背肌群
	7	颈后伸肘提拉	2	12～15RM / 8～12	上臂肱三头肌群
	8	坐姿颈后下拉	2	12～15RM / 10～12	肩部三角肌群
	9	坐姿腿屈伸	3	12～15RM / 10～15	大腿肌群
	10	仰卧起坐	3	20RM / 25	上腹肌群
	11	站姿提踵上拉	2	12～15RM / 25	小腿三头肌群
	12	放松慢跑	1	3～5min	放松全身肌肉
备注	“12～15RM”指在疲劳前能按规定的次数举起 12～15 次的最大重量(下同),重量单位为 kg;“8～12”表示完成动作次数(下同)。				

表 4-11 男女健美锻炼课程表(第 2 次)

时间	顺序	动作名称	组数	重量/次数	主要健美部位
星期二	1	原地跳绳	2	150～200 次	活动全身肌肉关节
	2	站姿颈屈伸	3	15RM / 10～15	颈部肌肉群
	3	侧平拉	3	12RM / 8～12	肩部三角肌群
	4	躬身提拉	3	15RM / 10～12	背阔肌群
	5	斜卧夹胸	3	12RM / 12～15	胸大肌群(乳房)
	6	站姿屈肘提拉	3	12RM / 12～15	上臂肱二头肌群和肱肌群
	7	仰卧伸肘推拉	3	12RM / 8～12	上臂肱三头肌群
	8	坐姿垫腕提拉	4	15RM / 15～20	前臂肌群
	9	坐姿屈臂拉展体	4	12～15RM / 10～15	腰背肌群
	10	站姿负重半蹲起	4	15RM / 15～20	大腿肌群
	11	仰卧直腿上举	4	20RM / 15～20	下腹肌群
	12	放松慢跑	1	3～5 分钟	放松全身肌肉

表 4－12　男女健美锻炼课程表(第 3 次)

时间	顺序	动作名称	组数、重量/次数	主要健美部位
星期四	1	跳绳、徒手操	100 次，5～8min	活动全身 肌肉关节
	2	躬身提拉	$\frac{15\text{RM}}{10\sim15}$、$\frac{12\text{RM}}{8\sim10}$、$\frac{8\text{RM}}{8}$	背阔肌群
	3	躬身侧平拉	$3\times\frac{15\text{RM}}{8\sim12}$	肩部三角肌群
	4	平卧夹胸	$\frac{15\text{RM}}{10\sim12}$、$\frac{12\text{RM}}{8\sim10}$、$\frac{8\text{RM}}{8}$	胸大肌群(乳房)
	5	站姿夹胸	$3\times\frac{12\text{RM}\sim15\text{RM}}{10\sim12}$	胸大肌群(乳房)
	6	仰卧臂屈伸	$3\times\frac{12\text{RM}}{12\sim15}$	上臂肱三头肌群
	7	站姿伸肘下拉压	$2\times\frac{12\text{RM}}{10\sim12}$、$\frac{8\text{RM}}{8\sim10}$	上臂肱三头肌群
	8	坐姿伸膝提拉	$\frac{15\text{RM}}{10\sim12}$、$\frac{12\text{RM}}{10\sim12}$、$\frac{8\text{RM}}{8\sim10}$	大腿股四头肌群
	9	坐姿垫腕提拉	$4\times\frac{15\text{RM}}{15\sim20}$	前臂肌群
	10	站姿提踵上拉	$\frac{20\text{RM}}{15\sim20}$、$\frac{15\text{RM}}{20}$、$\frac{12\text{RM}}{15}$	小腿三头肌群
	11	仰卧起坐	$4\times\frac{15\text{RM}}{15\sim20}$	上腹肌群
	12	放松慢跑	5～8min	放松全身肌肉群

表 4－13　男女健美锻炼课程表(第 4 次)

时间	顺序	动作名称	组数、重量/次数	主要健美部位
星期五	1	跳绳、徒手操	100 次，5～8min	活动全身肌肉关节
	2	站姿颈屈伸拉	$3\times\frac{15\text{RM}}{10\sim15}$	颈部肌群
	3	坐姿颈后推举	$3\times\frac{12\text{RM}}{8\sim12}$	肱三头肌和三角肌群
	4	平卧夹胸	$\frac{15\text{RM}}{10\sim12}$、$\frac{12\text{RM}}{8\sim10}$、$\frac{10\text{RM}}{8}$	胸大肌群(乳房)
	5	站姿双臂夹胸	$3\times\frac{12\sim15\text{RM}}{8\sim12}$	胸大肌群(乳房)
	6	站姿反握提拉	$\frac{12\text{RM}}{12\sim15}$、$2\times\frac{8\text{RM}}{8\sim10}$	上臂肱二头肌群
	7	站姿提肘上拉	$2\times\frac{15\text{RM}}{10\sim10}$、$\frac{12\text{RM}}{8\sim10}$	肩、臂肌群
	8	站姿直臂上拉展体	$\frac{15\text{RM}}{10\sim15}$、$\frac{12\text{RM}}{10\sim12}$、$\frac{8\text{RM}}{8\sim10}$	腰背、臀部肌群
	9	站姿正握弯举	$3\times\frac{12\text{RM}}{15\sim20}$	前臂肌群
	10	仰卧蹬伸	$\frac{15\text{RM}}{10\sim12}$、$\frac{12\text{RM}}{8\sim10}$、$3\times\frac{8\text{RM}}{8}$	臀、腿肌群
	11	仰卧举腿	$3\times\frac{20\text{RM}}{10\sim15}$	下腹肌群
	12	自我按摩	5～8min	放松全身肌肉

3. 男女减肥健身课程（减肥运动处方）范例

（1）健身时间：1～1.5 小时。

（2）健身次数：每周锻炼 6 次（即课程表甲和课程表乙隔日交替循环使用，如星期一、三、五选用课程表甲；星期二、四、六选用课程表乙）。

（3）健身任务：①发展全身主要肌肉群，减少体内多余脂肪，提高心血管系统的机能；

②提高身体素质，增强体质；

③去脂减肥降体重，增强自身魅力和自信心。

健身项目及运动量分配见表 4－14、表 4－15。

表 4－14　男女减肥锻炼课程表（甲）

顺序	项目	内容安排
1	健身操	徒手或器械健身操，任选一套，共做两遍
2	循环练习	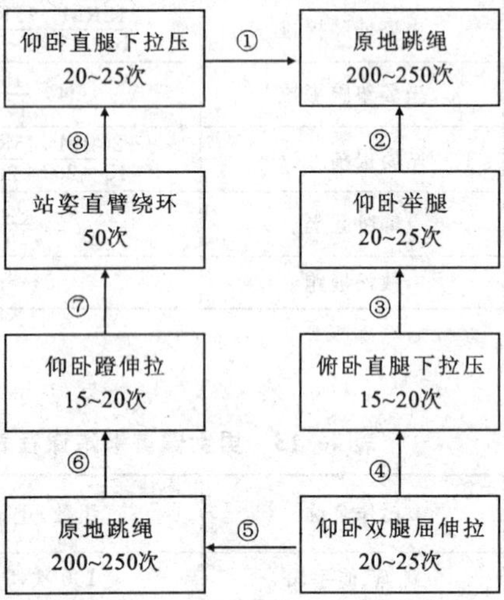 共循环3次
3	柔韧练习	站姿前踢腿　2 组×50 次 站姿后踢腿　2 组×50 次 站姿侧摆腿　3 组×50 次
4	放松练习	按摩、抖动肢体　15～20min 蒸气浴与桑拿浴

表 4－15　男女减肥锻炼课程表（乙）

锻炼时间	动作顺序	动作名称	运动量				主要健美部位
			重量（%）	组数	次数	循环数	
星期一、三、五	1	颈后下拉	50	3	15	3	肩背部
	2	站姿屈臂提拉	35	3	12	3	上臂前部
	3	站姿大腿内收	40	3	20	3	大腿内侧部
	4	站姿大腿外展	40	3	20	3	大腿外侧部
	5	坐姿直臂夹胸	50	3	15	3	胸部、肩部
	6	坐姿伸膝	60	3	20	3	大腿前部
	7	悬垂举腿提拉	20	4	25	3	腰腹臀腿部
	8	仰卧起坐	20	4	25	3	上腹部

续表 4-15

星期二、四、六	1	站姿肘下压	30	3	15	3	上臂后部
	2	坐姿平拉	60	3	15	3	腰背部
	3	站姿提肘拉	25	3	20	3	肩臂部
	4	深蹲屈臂拉起	60	3	20	3	大腿和臀部
	5	站姿前平拉	25	3	15	3	肩臂部
	6	仰卧屈膝提拉	40	3	20	3	大腿后部
	7	垫肘反握提拉	35	3	15	3	上臂前部
	8	站姿提踵提拉	50	3	25	3	小腿后部
备注	"20%"是指锻炼时负荷重量为本人体重的 20%；每个动作间只允许休息 15s，用于调换器械或调整重量。						

(七)运用运动处方的注意事项

运动处方为健身的科学化开辟了广阔的前景，但在我国并不十分普及，推行和运用运动处方，是我国社会体育工作者的重要责任。运用运动处方时应注意如下几个方面。

1.认真做好处方健身的身体检查、体力测定和预备性锻炼

要通过身体检查和体力测定，把握健身者的身体状况和对运动负荷的承受能力，同时也要保证健身锻炼的安全性。处方锻炼前的预备性锻炼也是十分必要的，切不可心急求快，造成事倍功半。

2.科学确定处方的负荷量度

一方面要注意运用运动生理学、运动医学的有关知识，确定出适合健身者需要而可行的健身方案，另一方面要对健身者的工作、生活和体力活动情况加以综合判断，保证负荷量度的科学合理性。

3.要指出处方健身的某些特定要求，并督促健身者遵照执行

一是指出禁忌的运动项目和某些容易发生危险的动作；二是指出在处方健身中对负荷进行自我观察监督的指标和当指标异常时停止运动的标准；三是关于健身生理卫生的有关常识指导。

4.要督促健身者定期进行身体状况复查和体力测定

一般来说，每健身 3～4 个月后，要进行一次健康检查和体力测定，以评价身体健康水平，保证健身的安全性，同时可及时评价身体锻炼的效果，提供健身反馈信息，为制定新的运动处方提供依据。

此外，运动处方常以表格的形式提供给锻炼者。其格式并不一定强求一致，但在内容上需要包括以下几方面：第一，健身者的基础情况；第二，健身目的(任务)和要求；第三，运动处方的基本指标和适宜的运动项目；第四，处方健身注意事项，见表 4-16。

二、健身训练后的恢复方法

人类对运动性疲劳产生的机制及其恢复技法的研究已经进行了 123 年，并取得了可喜的研究成果。最具代表性的理论有：①衰竭学说——认为疲劳产生的原因是能量物质的耗竭。②堵塞学说——认为疲劳的产生是由于某些代谢产物在肌组织中的堆积。③内环境稳定失调学说——认为疲劳是由于 pH 下降，水盐代谢紊乱和血浆渗透压改变等因素引起的。④保护

性抑制学说——认为运动性疲劳是由于大脑皮质产生了保护抑制。⑤突变学说——认为疲劳是运动能力衰退,肌肉疲劳控制链断裂突变等因素引起的。此外,还有自由基学说、神经—激素学说等。

表 4-16　运动处方表格举例

姓名	性别	年龄	职业	病史
身高(厘米)	体重(公斤)	胸围(厘米)	身高体重指数	
安静时心率	次/分钟	最大负荷时心率	次/分钟	最大摄氧量
锻炼的目的(任务)和要求				
运动项目或练习				
运动强度:心率应控制在　　次/分钟或达到最大摄氧量的　　%				
每周锻炼　　次　　每次锻炼　　分钟				
监测指标				
注意事项				

1982 年,第五届国际运动生物化学会议给疲劳下的定义是:“机体生理过程不能继续机能在特定水平上进行和/或不能维持预定的运动强度。”

运动性疲劳是运动本身引起的机体工作能力暂时降低,经过适当时间休息和调整可以恢复的生理现象,是一个极其复杂的身体变化综合反应过程。

疲劳一般分为心理疲劳和身体疲劳。心理疲劳是由于心理活动造成的一种疲劳状态,其主观症状有:注意力不集中,记忆力障碍,理解、推理困难,脑力活动迟钝、不准确。行为改变表现为:动作迟缓,不灵敏,动作的协调能力下降,失眠、烦躁与不安等。

身体疲劳是由身体活动或肌肉活动引起的，主要表现为运动能力的下降。身体疲劳分为全身的、局部的、中枢的、外周的等类型。身体疲劳常因活动的种类不同而产生不同的症状。

在健身健美或竞赛中，身体疲劳和心理疲劳是密切联系的，故运动性疲劳是身心的疲劳。

疲劳的表现形式多种多样，引起疲劳或损伤的原因和部位也不尽相同，必须采用多种科学手段和技法才能加速机体功能的恢复。下面介绍几种常用的恢复技法，以供健身锻炼者参考。

(一)活动性恢复技法

1. 变换活动部位和调整运动强度

用转换活动的方式，如采用不同的肢体或部位轮流锻炼来消除疲劳，也称积极性休息。研究证明，与安静休息相比较，活动性休息可使乳酸的消除快1倍。此外，用调整运动强度的方法也可收到一定的恢复效果。

2. 整理活动

整理活动是指在正式练习后所做的一些加速机体功能恢复的较轻松的身体练习。通过整理活动，可减少肌肉的延迟性酸疼，有助于消除疲劳；使肌肉血流量增加，加速乳酸利用；预防激烈活动骤然停止可能引起的机体功能失调。例如，跑到终点后站立不动，血液大量集中在下肢扩张的血管内，使静脉回心血量减少，因而心脏血液输出量下降，血压降低，造成暂时性贫血，产生不适感，甚至出现“重力性休克”。此外，通过整理活动有利于再从事其他的练习。

(二)营养恢复技法

运动能力恢复的关键在于恢复机体的能量贮备，包括肌肉及肝脏的糖原储备，关键酶的活性(维生素B复合体及微量元素等)以及体液、元素(如铁)平衡，细胞膜的完整性等。无疑，补充营养是恢复体力的物质基础。

1. 能源物质的合理调配

如果把运动中需补充的热量按照蛋白质、脂肪、糖三者的比例划分为按需要均衡进补的方式，大多数项目运动员的膳食中，三种能量的补充比例为1.2∶0.8∶4.5；耐力性运动项目因其训练负荷的特点，要求膳食中糖的含量较高，故三种能量的搭配比例为1.2∶1∶7.5；而运动负荷量比较小的项目，则比普通人的能量补充稍高一些，三种能量的搭配比例为1∶0.6∶3.5。三种营养物质摄取总量应以能满足机体代谢需要为依据。

2. 营养物质的补充方法

(1)糖。糖是体内重要的能源物质，如果体内缺糖就会产生中枢疲劳，肌肉力量迅速减弱，运动速度减慢，甚至眼睛发黑、眩晕，产生强烈的饥饿感等。因此运动中糖的适量补充，无疑是提高运动能力的一个促进因素。长时间运动(1小时以上)，尤其激烈比赛时，应注意运动前、后和运动中补充糖。研究表明，运动前补糖宜安排在赛前数日内和赛前的1.5～2.0h，健美运动前即刻(半小时)补充适量的糖，可提高训练质量。运动中补糖可安排在每隔15～30min或每隔30～60min，这样可延缓疲劳发生。运动后的补糖时间愈早愈好，因为运动后是糖原恢复的最佳时间，也是肌肉吸收其他营养素的关键时期，故最好不超过运动后的6h。关于糖的补充量，一般认为，应限制于每小时50g或每千克体重1g。

一般健身锻炼者是否需要补糖应视情况而定；而减肥锻炼者一般不宜另外补糖，如运动前补糖，将减弱脂肪的分解。此外，运动员除运动前、中、后根据实际需要补糖外，其他时间也不必补充和食用加工过的糖。

(2)蛋白质。研究表明,运动员蛋白质的需要量高于一般人。日本及东欧一些国家提出运动员补充蛋白质为每千克体重 2g 或 2g 以上,而西欧一些报告提出每千克体重 1.4g 即可满足运动员的需要。我国普通人每千克体重约 0.8 克,减肥运动约 1.2 克或以上,增肌运动约 1.6 克或以上。国内根据估测氮平衡的实验结果,提出运动员蛋白质的供给量应为总热能的 12%～15%,约为每千克体重 1.2～2.0g,健美运动员在特殊阶段每日蛋白质的补充量甚至达到每千克体重 3g 以上。

(3)脂肪。健身健美运动没有必要专门补充脂肪,膳食中适宜的脂肪量为总热量的 20%～25%即可。游泳及冬季运动项目(如滑雪、滑冰等)因机体散热量较大,食物中脂肪可比其他项目高些,但也不宜超过总热量的 35%。

(4)维生素。维生素参与机体的各种代谢,缺乏或不足时即可对运动能力产生不利的影响,表现为做功量降低、疲劳加重、肌肉无力等。补充缺乏的维生素可以提高运动能力,同时提倡多吃含维生素丰富的食物。

(5)矿物质。参加健身健美运动使身体负荷加大,由于大量的排汗使身体对钾、钠、钙、磷、镁、铁的需要量增加,特别是对钾和钠的需要量明显增加,因而必须从食物中补充。

目前专门为运动员研制的各种强力营养食品和运动饮料对恢复体力和提高运动能力也有助益。

(三)中医药和睡眠恢复技法

应用中医药调理的目的在于提高机体抗病能力,增强免疫力,改善代谢调节,提高训练效果。通过中药补剂提高免疫能力,对加速疲劳消除有良好作用。另外,通过外源性的抗氧化剂的补充可以减少大强度运动时氧自由基对机体的损害,常用的抗氧化剂中草药有人参、当归、生地、酸枣仁、阿魏酸、五味子等。

睡眠对功能的恢复是非常重要的,通过睡眠使精神和体力得到恢复。

药剂的配制应由专门的运动保健医师负责进行,睡眠(包括午睡)的时间应视运动项目或个人需要而定。

(四)物理恢复技法

在大运动负荷训练之后,常采用按摩、理疗、吸氧、针炙、气功等医学物理手段加速机体恢复。这样往往能获得意想不到的效果。这里介绍几个伤痛的自我按摩和消除疲劳的方法,供大家试用。

1.踝关节扭伤的自我按摩法

踝关节扭伤多因路面不平,行走不慎造成踝关节内翻、外侧韧带受损所致。一般表现为局部肿胀、疼痛、皮下淤血、不能行走。在损伤部位 48 小时后或处于恢复期时,采用按摩疗法可尽快恢复踝关节的正常功能。

动作要领:手掌搓热、推摩踝部 30 次。点按腿上阳陵泉、昆仑、三阴交、足三里、绝骨穴。活动踝关节,由小范围至大范围 30 次。温热水泡足踝。1 小时后重复按揉一次。

2.腓肠肌痉挛的自我按摩法

腓肠肌痉挛是因下肢过度劳累、外伤、遭受寒冷刺激而引起,或因孕妇、老年人缺钙而引起的小腿腓肠肌突发抽搐疼痛的病症。

动作要领:端坐,以掌在腓肠肌疼痛处上端,轻按 1 分钟。以中指或拇指按压承筋穴、承山穴、由轻到重 1 分钟。再用掌根按揉 2 分钟。以两手掌置小腿肌群两侧，用力击打共 30 次。两手握小腿后肌群对称用力反复搓揉 30 遍。将手放小腿肚后从上向下平推 30 次。早晚各 1 次。

3. 腰肌劳损的自我按摩法

腰肌劳损是一种慢性损伤性腰痛。多因经常弯腰负重，或习惯性姿势不良引起腰部软组织急性损伤后迁移造成。

动作要领：仰卧，以掌揉按腹部 3 分钟，点按神阙、关元各 1 分钟。侧卧，以拇指尖在腰痛点按揉 3 分钟。坐位，两手摩擦发热后放在肾俞穴，反复熨贴 30 次。揉按腰眼 50 次。以两拳轮流捶击腰骶处 50 次。再以两手掌根按揉臀部环跳穴 2 分钟。中指或食指弹拨腘窝委中穴数次。以上按摩每日睡前和晨起各做一次。

4. 压迫耳穴消除疲劳法

此法不仅能调节情绪，增加食欲，同时还可以使肌肉疲劳得到解除，并可降低高血压，使之处于正常值。

穴位选择：皮质下、肾、脾三个基本穴位。

方法：可选直径 2 毫米左右的菜籽或中药种子，如草决明，用胶布将籽粒贴在选定的耳穴位，自己用手按压穴位，使其发热即可。每日早、中、晚各一次，根据需要可选择其中穴位。

5. 减轻疲劳法

如果你的情绪过于激动，可设法做 10 次呼吸，并注意吸气要短，呼气要长，1 次吸入，3～4 次呼出。

如果双腿麻木，可以把腿使劲伸直，然后坐正，松动腿部。

如果是由于长期干重活而两手酸痛，可以将两手掌相合，来回快速搓动 10～12 秒钟，使掌心产生强热感，最后摇动双手 8～10 次。

如果是由于紧张而两眼发胀、发酸，可以把双眼闭上 5 秒钟，然后睁开，目视鼻梁，如此 3～5 次。

如果头部发胀、疲劳，此时宜坐直，头部用力后仰，拉动颈肌，使头在这种状态下停留 8～10 秒钟，然后把头低垂在胸前静坐 10～15 秒钟，如此重复几次。

6. 调整平衡消除疲劳法

迅速消除疲劳的方法，是要调整生活节奏，搞好以下平衡。

坐位劳动者应在工作或休息之余充分活动下半身，以调整上下平衡；右手频繁劳动，应不时活动左手，以调节左右平衡；口、鼻、眼、耳均面向前方，劳动也多为向前活动，因此下班后或休息时间，应该退着走一段路，以调整前后平衡；劳动过程肌肉多处于紧张状态，特别是有强迫体位的劳动，要时时注意松弛肌肉，以调整屈与伸展之间的不平衡；劳动易引起交感神经紧张，可通过室外呼吸（每次连续 20～30 次），以调整交感神经和副交感神经平衡；疲劳产生于觉醒阶段，每天应有足够的睡眠与觉醒之间的平衡。如果是体力疲劳，应以精神活动（如绘画、写字、听音乐、看电视）等调整，以达到精神和体力之间的平衡；要保持消耗与供给之间的平衡，就要尽量合理地补充营养，并充分利用不同食物之间营养成分的互补作用，而且不要偏食，偏食极易产生疲劳。

第六节 不同年龄阶段人群健身方法

一、婴幼儿健身

婴幼儿处于人生的最初阶段，尚无自主意识，他们的锻炼全靠父母加以实施，其主要途径有两条：一是充分利用大自然赐予的空气、阳光和水；二是开展适合于婴幼儿生理发育水平的简单运动。

1. 空气浴

使小儿全身裸露，以接受大气的抚摸。在寒冷的早春和冬季宜在室温18～20℃的房间里进行；夏秋季节气温较高，可选户外避风处实施。做空气浴的时间宜先短后长，每次可由7～8分钟渐渐增加到15～20分钟。不足9个月的婴儿每天以一次为宜，9个月后可增加到一天2次。空气浴有利于提高身体素质，改善皮肤营养状态，促进新陈代谢和血液循环。

为配合空气浴，应常将婴幼儿抱到户外去呼吸清新空气。当室外气温在10℃以上时，足月儿在出生后一星期，未成熟儿在出生后一个月就可抱到户外溜达，每次约10～20分钟。当室外气温不低于5℃时，健康的足月儿也可在室外呆上10～20分钟。随着婴幼儿的成长，对室外气温可要求逐步降低，在外时间也可适当延长。

2. 类日光浴

婴幼儿的日光浴概念不同于成年人，务必选择在阴处进行，或者让柔和的阳光穿透玻璃后再进行日光浴。出生3～6个月的婴儿应选择20～30℃的气温环境，每次以2～10分钟为限，完毕后用30～35℃的温水冲洗全身。时间最好安排在上午9～11时或下午2～4时。出身6～12个月的婴儿则应选择12～20℃的气温环境，每次以6～12分钟为限，完毕后用32～36℃的温水冲洗全身。这样既可避免阳光中紫外线的有害影响，又可增进血红蛋白数量，有利于皮肤中的固醇类物质转化为机体成长所需的维生素D。

3. 温水浴

利用水的物理、化学性质使婴幼儿获得体质上的锻炼。由于婴幼儿出生前一直生活在羊水中，因此，只要水温适宜，他们都愿意水浴。对周岁内的小儿，水浴时水温应以36℃为宜，方式以盆浴为主，辅以轻柔的擦浴，即孩子浸泡在水中，使水温水压作用于机体，然后仔细洗净皮肤。因浴后毛孔扩张，应及时用浴巾把婴儿包裹起来，并擦干身体，穿上衣服，防止着凉。

4. 赤足行走

人的脚部皮肤分布着大量血管和神经末梢，经常搀扶婴幼儿赤足行走，能使足底肌肉群受到很好的按摩，有利于防治足癣、鸡眼和软组织炎症，同时也可减少足底出汗，提高机体对外界环境变化的适应能力和增强皮肤的温度调节功能。相反，让娇嫩的双脚成天裹在汗气潮湿的鞋子里，只会有损健康。另据日本学者证实，赤足行走不仅能锻炼踝关节的柔韧性，而且能有效防治扁平足。正因为如此，日本国内已有相当多的教育机构正在大力推行“赤足运动”，并且取得了显著成效。所以，在生活水平日益改善的今天，家长们更有必要从婴幼儿的成长特点出发，有意识地鼓励孩子赤足在床铺或草坪、沙滩等处行走嬉戏，以促进身体健康。

对婴幼儿健身锻炼指导应注意以下几个方面。

(1)婴幼儿缺乏独立锻炼的能力,健身锻炼要在成人的引导下进行。

(2)婴幼儿的身体各器官系统远未发育成熟,在身体锻炼时不宜进行持续时间过长的激烈运动。

(3)婴幼儿时期竞争意识发展较快,可安排某些游戏性竞赛活动。

(4)婴幼儿自我控制能力差,锻炼时要特别注意安全监护。

上述各项锻炼应遵照循序渐进的原则,做到因人而异,持之以恒。在此基础上,也可增加一些必要的为婴幼儿所能接受的启蒙游戏和简单运动(如幼儿体操)。

二、儿童健身方法

儿童期又称学龄初期,一般指从六七岁至十一二岁这个年龄阶段,即小学阶段。儿童期是生长发育的两个快速增长的中间阶段,因而其形态机能发育处于稳定增长的阶段。从整体上看,身高的发育快于体重的发育,孩子多呈现细长型。由于男女孩进入青春发育期的年龄不同,一般女孩要早于男孩二年左右,因此男女孩的形态发育方面存在着两次交叉的现象。这样,在十一二岁时,女孩的各项形态发育指标平均水平多超过男孩,出现第一次交叉。神经系统在这一时期已基本发育成熟,从事各种复杂运动的身体能力已基本具备,且具有较高的智力水平。

从儿童的健身锻炼环境来分,儿童期的健身锻炼可以分成两个部分,即学校教育中的健身和生活中的健身。

1. 学校教育中的健身

在我国,体育课从小学到大学都作为必修课被列入各类教育计划,是教育计划的一个重要组成部分。在我国的学校里,有专门的体育教师,有体育场地和器材作为保证。我国小学体育的任务,是促进学生身体的全面发展,掌握一定的动作技术和技能,培养道德和意志品质。在一些条件较好的学校里,基本上能做到每个学生每天有一小时的体育活动时间,在一般的小学,基本上也能做到每周两节体育课,坚持做广播操,开展有益于学生身心的课外体育活动。特别是"小学生体育合格标准"的贯彻实施,对促进小学生的身心发展起到了极为重要的作用。

2. 生活中的健身

应当说,单靠学校的体育活动,对促进小学生的身体发展是明显不足的。国外研究认为,小学生的体力活动要占其全部活动的一半以上。因此,应当重视日常生活中的健身锻炼,这主要包括:家庭健身锻炼、儿童在校外自发进行的健身游戏、节假日健身锻炼、时令性健身锻炼等。对儿童来说,日常生活中的健身活动是必不可少的。它不仅是学校体育活动的继续,而且是儿童全面教育不可缺少的部分,对培养儿童锻炼身体的习惯和促进个性发展也是十分必要的。日常生活中的健身活动多是儿童自发组织的,他们对此兴趣高,自觉性强,通过日常健身锻炼,能有效地增强体质,促进运动能力的全面提高。

儿童健身应着重注意以下几个方面:

(1)要加强对小学生体育兴趣的培养。

(2)要把体育课、课外体育健身、家庭体育健身活动有机地结合起来。

(3)要科学组织小学生的各项健身锻炼活动。

三、青少年健身方法

青少年处于人体发育最旺盛的阶段，各器官系统已基本发育成熟，大脑皮层形态结构和思维过程日臻完善，心血管机能和骨骼肌肉也得到迅速发展，因此，有针对性地加强健身锻炼，不仅能使身体素质达到较高水平，而且也易于获得良好效果，对提高一生的健康水平和劳动能力大有好处。

运动医学认为，青少年健身锻炼必须考虑到自身发育特点。青少年前期即 11～12 岁时，正值心肺发展期，运动应以增强心肺功能为主，13～20 岁是肌肉发展期，则应参加发展肌肉的锻炼项目。按照运动专家的意见，青少年各年龄段的健身锻炼可作如下安排。

1. 11～12 岁

青春期的开始阶段，可进行一些兼备速度和灵敏度的运动，如跳绳、短跑、游泳、武术、体操和各种运动性游戏。同时适当做些力量练习，如仰卧起坐、提举或抛接有一定重量的物体。

2. 13～14 岁

随着体重的迅速增加，神经系统对运动器官的调节有所降低，内脏器官的发育也跟不上机体生长的需要，一般可进行中等速度、耐力和力量的练习，如跑步、骑自行车及各项球类活动等。

3. 15～16 岁

身体各部分基本发育成熟，可做些旨在提高力量和耐力的练习，如单双杠、举重、哑铃、实心球等，器械重量要轻些，运动量要小些。同时，也可从事跳跃、投掷、跑步和球类活动，但时间不宜过长。

4. 17～18 岁

身体发育已接近成年人，几乎可以参加各种体育项目的健身锻炼，但运动量要低于成年人。

青少年健身锻炼中还应注意以下几点。

(1)青少年前期力量锻炼最好选择伸展肢体和限于支撑自身体重的运动项目，不宜过多做超负荷训练，可做中小重量的力量练习。因为青少年的骨骼发育尚未最后定型，身体负担过重不仅会造成骨骼畸形，而且也会影响身体长高。

(2)在进行耐力训练时，不宜做长时间的激烈活动，因为青少年的心肺功能还比较弱，无氧代谢能力不强，应循序渐进，逐步提高运动量，如有不适，应及时进行调整。

(3)由于男女在性别和生理上的不同，运动项目的选择也要有所区别。女性发育一般较男性早一二年，且脊椎弹性好、骨盆大、重心低，宜于做韵律活动和平衡练习，如体操、滑冰、游泳、高低杠和平衡木等。但不宜进行举重、摔跤、撑杆跳等活动。此外，女性肌肉力量也较男性小，心肺功能也不如男性强，因而运动量掌握上应做相应变动。

四、青壮年健身方法

青壮年期包括青年和壮年两个时期，一般是指 18～35 岁这个年龄阶段。

在我国，进入 18 岁，已经是成人的标志。此时，身体的正常生长发育已基本完成，身高等的发育一般已达到一生的最高水平，性的发育已完全成熟。青壮年期是人的一生中体力最为旺盛的时期，身体素质的发展达到了一生最高水平，具备了参加各种体育项目的健身锻炼特别是竞技运动的身体条件。在青壮年时期，身体的横径仍有一定的发展，体重一般随年龄的增长而增长，身体力量和一般耐力呈提高的趋势，速度、灵敏等素质能在较长时间内保持在较高水平上。

青壮年期是由学校体育走向社会体育的重要时期，是人形成终身体育的重要环节。它要将学校里所学各种体育知识和技能在个人的体育健身生涯中得到运用。在活动方式上，要由有组织的集体体育活动转变为分散的、以个体需要为前提的、注重锻炼实效的健身锻炼上。在活动场地条件上，会显现明显的个体差异。青壮年期的健身锻炼在内容上有如下特点。

1. 青壮年期的健身内容具有多样性和多层次性

青年人的兴趣广泛，爱好多样，因此，在安排健身锻炼内容时，要考虑这一特点。由于前二三十年的人生道路不同，所受的教育及体育素养存在着巨大的差异，他们在运动技术水平和身体素质上均有很大的不同。在考虑青壮年健身锻炼时，要十分注意其个体差异，选择适合自己的锻炼内容、手段和方法，开展多种类型的健身锻炼，为每个人提供身体锻炼的机会。

2. 青壮年期的运动负荷具有较大的变异性

青壮年的身体肌肉、骨胳系统和内脏器官的机能均已发育到人生中的最高水平阶段，身体远端环节的控制能力和感觉运动的竞技能力均有十分明显的发展，这就为系统地从事竞技运动和大强度的健身运动创造了良好的条件。因此，这一时期，可从健身、健美、娱乐、竞技的多样需要出发，进行较大强度和较大量的锻炼、训练和比赛活动，以扩大身体的机能潜力。当然，所谓大强度和量是一个相对的概念，是因人而异的。不要片面追求大的强度而使身体受到伤害。

五、中年人健身方法

一般将36～60岁年龄阶段称为中年期。中年是人生旅途的一个重要里程碑，它一方面表现出精力充沛、极富魄力和创造力的特点；另一方面从最大呼吸量、肺活量、肾脏血流、肾小球清除率、基础代谢、传导速度、心脏指数、细胞含水量八大生理指标看，均开始走向衰退，许多疾病或病理变化也相继出现。

为了挽回这种趋势，最明智的选择就是加强健身锻炼。俗语说："生命在于运动"，运动确实是减缓衰老进程、增强身体素质的最好方法。

鉴于中年人的血管和运动器官的发病率较高，他们的健身锻炼方法应当有自己的特点。一般说来，宜多进行全身性的轻缓项目，尽量不要参加短跑、踢足球等竞争激烈的活动，否则会使血管系统承受的压力过大，造成心动过速、血压过高，以致引起全身不适，甚至危及生命。根据一些运动专家的意见，中年人的健身锻炼应从以下几方面入手。

1. 改善心脏功能，预防血管过早老化

适宜的运动项目有慢跑、快走、骑自行车、游泳等。行进距离可逐步增加，时间宜在半小时至1小时左右。这些有氧代谢活动可增强呼吸、促进血液循环、降低血脂在血管壁的沉积，对推迟机体衰老有积极意义。

2. 注意形体锻炼，防止肌肉过早萎缩

适宜的运动项目有匀速跑、徒手体操、俯卧撑、哑铃和拉力器练习等，强度可随运动的深入而加大。在此要特别强调腿部的锻炼，俗语说："人老腿先老"，只有通过深蹲、拉韧带等有利腿部四头肌、小腿和足部肌肉的力量练习，才能增强肌体的弹性、延伸性和灵活性，以保持矫健的青春步态。

3. 依照自身特点，加强锻炼的针对性

患有高血压、神经衰弱或各种慢性病的中年人，可进行太极拳、气功、迪斯科舞的练习，有颈、肩、腰、腿痛的患者可进行“练功十八法”锻炼，长期坚持，均对病体有缓解和康复功效。

4. 调节紧张情绪，增强锻炼的娱乐性

中年人由于负有事业和家庭的双重担子，平日很少有机会进行适当的娱乐和休息。因此，应尽量利用节假日安排自娱性较强的活动项目，如旅游、垂钓、周末舞会等等，对于调节情绪、强身健体有独特效果。

5. 科学安排，讲究锻炼的实效性

中年人进行锻炼的时间、次数和强度要适当，运动量太小，起不到健身的作用；运动量过大，超过机体所能承受的生理限度，则易造成各种损伤，于健康反而不利。一般应以运动后精力充沛、食欲增加、睡眠改善、全身舒适，或虽有疲劳，但经一夜休息后症状消失为适宜。

六、老年人健身方法

进入老年阶段，人的身体结构和各项生理指标也随之进入衰老状态，其中一个重要原因就是缺少运动。因此，加强健身锻炼一直被视为老年保健的必由之路。

老年人的身体健康状况千差万别，且生理年龄和实际年龄相差悬殊，如有些人年事虽高，但生理功能还相当强；有些人年纪虽较轻，却已不能从事某些活动，因此，不可能规定统一的健身锻炼标准。

健身项目一般可选择散步、慢跑、爬山、游泳、骑自行车等有氧运动项目进行耐力锻炼，同时进行适量的肌力锻炼和柔韧锻炼。对不大喜欢运动的人来说，可选择太极拳、太极剑、保健按摩、医疗体操及日光浴、空气浴、冷水浴等项目。此外，也可进行自娱性较强的老年迪斯科、健身操、钓鱼、球类和棋类等活动。对运动量大、对抗性强、速度快、可能出现摔跌或憋气的活动不宜参加，以免引起心肌缺血、脑血管破裂、骨折或其他伤害事故。老年肥胖者可用每小时5公里左右的速度进行减肥锻炼，因为每小时4.8公里速度减肥效果最快。

清晨是老年人健身的最好时机，有利于促进肾上激素的正常分泌，对人体健康十分有效。上午9～12时、下午15～21时之间，人体的生物节奏处于机能的高峰期，可依据自己的日常习惯安排适宜的运动项目。但不要在空腹（空腹锻炼易得胆结石，且早晨是心肌梗死、心脑血管发病最高的时候，最起码要喝一杯温开水）、疲惫、有病时硬性参加锻炼活动。

健身强度要注意使运动量不要超过心脏负荷。体弱和高龄者在运动后每分钟增加的心率应控制在20次以内，体质较强者可控制在40次左右。如，平时心跳频在60次以下的，那么每分钟增加的心率可掌握在原来的50％～75％，否则就会造成不良后果（运动强度的监控可参照体重的控制一章中的靶心率范围法）。

注意健身环境的选择，多到户外活动，尤其是冬季。户外空气清新，有利肌体吐故纳新。有资料表明，冷空气（14℃以下）或清凉空气（14℃～20℃）可使皮肤表面血管产生舒张压，对增加肺活量，加强造血器官的能力，提高红细胞和血红素含量颇有好处，也有助于年老体弱者恢复和治疗疾病。此外，活动地点应平坦宽敞，较少有车辆和行人，以防发生危险。

要注意运动卫生，养成良好习惯，运动前应做好准备活动，使关节、肌肉和内脏器官能够满足运动中的需要；运动后要做好调整活动，以消除体育健身锻炼时出现的疲劳和缺氧状态，同时还应做到循序渐进、持之以恒。

为了保证安全和增强运动效果，老年人在参加运动前后或运动期间均应配备医学监督，依照医生的检查结果，合理而有针对性地安排锻炼计划和确定锻炼项目，并改进锻炼方法。有较好锻炼基础的老年人参加球类、长跑等大运动量和对抗性强的项目时，更须注意这个问题，以确保运动中的安全。

思考题

1. 婴幼儿、儿童、青少年、青壮年、中年和老年人健身锻炼可采取哪些内容与手段？
2. 简述有氧、无氧、休闲健身和自然力健身锻炼的基本方法。
3. 简述健身运动处方的特点、作用、种类与运动项目、强度、时间、频度的安排方法以及在不同训练阶段的运用等。
4. 健身中常用的练习方法有哪些，运用时有什么要求？
5. 试制定健身运动处方一份。

第五章 体育健身效果评价

体育健身锻炼效果的测量与评价，是指对健身锻炼者的身体形态、结构、机能、素质和健康状况等一系列属性或其特征的一种定性和定量化的检查与评价方法，它由测量和评价两部分组成。测量是收集资料的过程；评价则是使用所获得资料对照相对稳定的标准，而后作出科学的判断的过程。

第一节 体育健身效果评价的种类和原则

一、体育健身锻炼效果测量与评价的意义

科学的健身锻炼，有赖于对其效果的测量与评价。体育健身的终极目标，是使身体发生由弱趋强、由病转康的变化，从而达到愉悦身心、健美形体、益寿延年之效。但它是由每个锻炼单元（若干个锻炼日）逐渐积累而成的，只有各个锻炼单元中都能取得良好的锻炼效果，则锻炼的积累效果才有保证。因此，健身效果的测量和评价有助于克服健身的盲目性，对获得最佳身体锻炼效果，克服伤病等不良反应等均具有重要的意义。具体说来，其意义表现在以下几方面。

(1)在系统身体锻炼之前进行的身体检查，可以预先了解身体是否患病，明确身体锻炼的禁忌症，从而有针对性地采取必要的医疗保健措施，克服盲目锻炼所带来的不良后果。

(2)在各个锻炼阶段（如三个月、半年或一年）前进行的身体状况的测量和评价，可以明确锻炼者在身体各机能、各种身体素质和运动能力及形态方面的基础条件，以便科学地确定锻炼的内容、方法和负荷量度，并为阶段身体锻炼结束后评价健身效果提供基础指标。

(3)健身过程中或结束后进行的测量和评价，有利于分析锻炼时身体受到刺激的程度和"一时性"锻炼效果，为锻炼过程的负荷控制积累资料。

(4)健身效果测量与评价中的良性结果，有助于调动锻炼者的积极性和兴趣，其不良结果为改进锻炼手段、方法敲起了警钟。因此，它为促使健身运动的科学化、提高锻炼效果提供了保证。

二、体育健身锻炼效果测量与评价的种类

健身效果的测评有多种方法，可根据不同的需要加以选用。

(一)自我测评与他人测评

自我测评多采用主观感觉、观察进行定性检查和评价，也可采用较为简易的定量测评方法。这是健身锻炼最常用的方法，其特点是方法简便、及时，便于操作，但主观成分较大。他人测评是根据特定要求进行的，它需要一定的设备和仪器，客观性较好，比较规范，但需要有一定

的组织工作。

(二)主观测评和客观测评

主观测评即评价人根据观察、感觉和个人经验等来评价健身锻炼效果,既可由锻炼者个人进行,也可由他人进行。该法不需要仪器设备,简便易行,缺点是客观性较差。客观测评是借助于测试仪器设备,用规范的方法获得精确的数据,用一定的标准去评价锻炼效果。

(三)单一指标测评与多指标综合测评

单一指标测评,是只选择一个指标对身体锻炼的某一方面效果进行测评。如健美锻炼中对某个部位采用围度测评法,长跑锻炼中采用时间测评法,减肥锻炼中采用体重测评法等。这种测评方式较为简便,针对性强,能较灵敏地反映身体锻炼后某一方面机能和能力以及形态的改善情况。要使单一指标测评更为有效,重要的是选择合理有效的测评指标和进行科学的测定。

多指标综合测评是从锻炼者体质和身体锻炼的特定需要出发,精选若干个测定指标,组成一个测定体系,对锻炼对象进行测定,再利用一定的权重关系对锻炼者身体锻炼情况作出综合评判,如我国的"国家体育锻炼标准"、"中国成人体质测定标准"等。多指标综合测评的具体方法很多,可以有定性评价,但以定量评价为主。在定量测评的若干因素中,可以采用单项评分累加法、平均法、标准化加权法、相关法、指数法等。选用各类指标时要尽可能全面反映身体锻炼不同方面的效果,避免同类指标的重复。

(四)对个体的测评与对群体的测评

对个体的测评是以某个人作为测定评价对象,运用有关手段、方法进行测定评价的方法。对群体的测评是在对个体进行测评的基础上,对某一特定群体的身体状况和健身效果进行测评,如对某个学校学生或社区健身锻炼者进行的整体评价。有了对不同群体的身体状况和健身锻炼的测评结果,然后可以进行不同群体之间的比较分析,而个体也可以用群体指标作为参照系,评价自身的身体状况,并对体育健身过程加以综合分析。

(五)对健身结果的测评与对健身过程的测评

对健身结果的测评侧重于对锻炼结果(即某一锻炼单元结束后所取得锻炼效果)的测评,是由果推因的评价。这种评价结果往往对提高锻炼者的积极性有直接的推动作用,但运用的周期较长。

对健身过程的测评则是对锻炼过程状态的检查,是一种由因推果的方法。如根据运动处方的要求组织的测评,可使锻炼者达到所规定的运动强度、运动时间和频度。由于它侧重于行为本身的评价,方法简单,标准明确,能直接推动人们参加健身锻炼。

(六)静态测评与动态测评

静态测评是在锻炼者处于静态或相对安静时所进行的测评,如测评锻炼者的基础脉搏、血压、锻炼前的脉搏等。动态测评则是对锻炼过程进行的测评与控制,如根据遥测心率计测定和控制锻炼者的心率变化。静态测评主要是了解锻炼者的长期适应情况,以评价身体锻炼的效果,而动态测评则有助于了解身体在运动时的反应以及身体的运动指标等。

(七)瞬时测评与延时测评

瞬时测评主要在健身健美锻炼过程中运用,常用于对身体锻炼负荷量度的控制,如测定运动中的各种生理生化指标、身体练习的刺激大小和身体对负荷的适应情况。延时测评主要是测评身体锻炼的积累效果，通过分析人体处于常态时的身体状况，以评价其效果。

三、体育健身效果测量评价的原则

(一)要根据锻炼者的需要选择测评手段

健身锻炼效果的测评手段是多种多样的，每一种手段都有专门的功能和作用，对测评器材、仪器和测试者本身均有一定的要求。因此，要根据锻炼者的需要，有针对性的选用。

(二)测评手段要可靠、有效、客观、安全、及时、经济

测评的指标和方法要有代表性和多层次性，采用同类指标时可运用不同的测量手段，选择时要达到可靠、有效、客观、安全、及时和经济“六性”一致。

(三)评价标准要具备可比性

所采用的评价标准必须具有可比性，选择时要考虑不同年龄、性别和锻炼者的身心特点。

(四)特别要注意提高测评的精确度

有关测量最重要的问题是有效性，有效性的首要条件是一致性，而一致性包括了测量本身的可信度和测量者的客观性。因此，要注意测量环境、设备、受试者的正常变化和测试人员等各个不同环节，充分做好组织、准备和测评工作。

第二节　体育健身效果评价方法

一、定性评价

(一)视觉观察评价

1. *身体健康评价*

车尔尼雪夫斯基说：“生命是美丽的，对人来说，美丽不可能与人体的健康分开。”人是美的，因为人体符合美的规律，而其中最本质的规律就是健康。有人把“健”与“美”比喻为“形”和“影”，丢掉了形便消失了影，没有健康，便没有人体的美。健康是内在的本质，以健康作为外形美的基础，人体美才能得到充分的发展。

为此，世界卫生组织公布了衡量健康的十大准则。

(1)有足够充沛的精力，能从容不迫地应付日常生活和工作的压力而不感到过分的紧张与疲劳。

(2)处事乐观，态度积极，乐于承担责任，事无巨细不挑剔。

(3)善于休息，睡眠良好。

(4)应变能力强，能适应外界环境的各种变化。

(5)能够抵抗一般性感冒和传染病。

(6)体重得当，身材匀称，站立时头、肩、臂、臀等位置协调。

(7)眼睛明亮，反应敏锐、眼睑不发炎。

(8)牙龈颜色正常(牙齿清洁),无出血现象。

(9)头发有光泽,无头屑。

(10)肌肉、皮肤富有弹性,走路感觉轻松。

2.心理健康评价

(1)对现实有正确评价。

(2)具有自发而不流俗的思想。

(3)能悦纳本身,悦纳他人,接受自然。

(4)在其环境中能保持独立,能欣赏宁静。

(5)注意基本的哲学和道德的理论。

(6)对于平常的事物,如朝露夕阳,甚至对每天的例行工作能经常保持兴趣;能分辨工作的过程与结果,对两者都能欣赏。

(7)能和少数人建立浓厚的友情,并乐于助人。

(8)具有真正的民主态度、创造性的观念和幽默感。

(9)能承受欢乐与忧伤的考验。

3.体态健美评价

(1)骨骼发育正常,身体各部位比例适当和匀称。

(2)五官端正,自然分布于面部。女性应眼大眸明,牙洁整齐,鼻子挺直,脖颈修长;男性应面孔轮廓清晰分明,五官和谐。

(3)双肩对称,男性应结实,挺拔,宽厚;女性应丰满圆润,微呈下削,无耸肩或垂肩之感。

(4)男性胸廓宽阔厚实,胸肌隆鼓,背视腰部以上躯干呈"V"字形(胸宽腰窄),给人以健壮和魁伟感;女性乳房丰满有弹性而不下坠,侧视有女性特有的曲线美感。两者都无含胸驼背之态。

(5)男子上肢粗壮,双腿矫健;女子下肢修长,线条柔和。小腿肌肉结实稍隆起。足弓高,两腿并拢时正视和侧视均无屈曲感。

(6)背视脊柱呈垂直状态,侧视有正常的生理曲线,肩胛骨无翼状隆起和上翘之感。

(7)女子臀部圆满,不下塌。男子臀部鼓实,稍上翘。

(8)腰细而有力,微呈圆柱形,腹部扁平,无明显脂肪堆积,具有合适的腰围。男子在放松状态时也有腹肌垒块隐现。

(9)男性肌肉匀称发达,四肢肌肉收缩时,其肌肉轮廓清晰;女性体态丰满而不显肥胖臃肿。

(10)整体看无粗笨、虚胖、瘦弱、歪斜、畸形、比例失调等形态异常现象。

4.姿态健美评价

(1)站立。正确健美的站立姿势应该是:头、颈、躯干和脚的纵轴在一条垂钱上,挺胸、收腹、立颈、收颏、沉肩、紧臀、两腿上拔、两臂自然下垂,形成一种优美挺拔的形态。这样人体固有的脊柱形态的曲线也就表现出来了。

(2)行走。正确健美的行走姿势应该是:躯体移动正直、平稳,又不僵硬呆板;两臂自然下垂,摆动协调;两膝盖正对前方,脚尖略微外撇,落地时先脚跟着地,再逐渐过渡到落前脚掌,两腿交替前移的弯曲程度不要太大,步伐稳健而均匀。

(3)跑。正确健美的跑步姿势应该是:手臂微微弯曲,上体稍有前倾,稍有转动,膝、踝关节应该有弹性,重心轻微上下波动,下肢自然放松,注意调节呼吸。跑起来既显得热情奔放,又轻松自如。

(4)坐。正确健美的坐姿应该是:入座要轻,手托椅把扶手并支撑屈膝,上体前倾,缓缓入座,臀部坐于座椅前 1/3 或 1/2 处。上体保持挺胸、直腰、收腹、腰髋收合,腿脚稍分,手稍撑于大腿。两腿不要摆得太宽、太大,更不要跷起“二郎腿”或倚东靠西。

5.影视评价

健身健美在采用各种健身锻炼方法的前后,分别拍摄自己全身体型照片数张进行对比。拍照时,要求男子赤膊、穿短裤;要求女子穿比基尼泳装,这样就便于看清全身肌肉、脂肪的分布和体型情况。同时,照片要有正面、侧面和背面的。以后每隔 3 个月或半年再拍摄数张全身体型照片,然后定期将前后拍摄的照片进行对照。通过对照,可以直观形象地评价出全身肌肉、脂肪的分布情况及体型的变化情况。

6.照镜评价

即健身健美者在采用各种健身锻炼方法的过程中,要配上一面能照到全身的大镜子。通过照镜子认识自己的体型体态,随时观察自己体型的丰腴健美情况。

(二)主观经验评价

1.体育健身锻炼负荷的主观检查和评价

(1)主观感觉。如果运动负荷安排适宜,则锻炼者的主观感觉应该是精神饱满,体力充沛,倍感舒服,渴望运动。每次锻炼后稍有疲劳和肌肉酸痛感,也是正常的,通过休息能较快地消除。如果运动后感到精神不振,锻炼兴趣降低乃至厌烦,且有无力、困倦、头晕、容易激动等不良症状,以及出现局部关节肌肉酸疼疲软、麻木、胸部憋闷、气短、腹胀、恶心、呕吐等,都说明锻炼负荷过大或内容安排不合理。这时应停止锻炼,迅速查明原因,请医生治疗。如有必要,可暂停运动一段时间,直到症状消失。

(2)排汗量。人体皮肤会不断地排出汗液。据测定,人体一昼夜共排出约 700 毫升的汗液,散发约 400 千卡的热量。运动时由于新陈代谢加快,产热增加,汗的分泌就成为人体主要的散热形式。人体在轻微运动时,出汗较少或基本不显汗。这种负荷对人体的锻炼价值不大。当运动负荷适宜时,人体可有微汗或中等程度的出汗。如果负荷过大,机体过于疲劳,则锻炼者会满头大汗,浑身湿透,颊部出现盐迹,甚至夜间盗汗。观察在运动中的排汗量,是一种监测运动中负荷是否适宜的有效方法。

用排汗量监测负荷时需注意:①出汗是随运动负荷增加所出现的一种伴随现象,是锻炼身体所必要的,因怕出汗会弄脏衣服而不愿增加负荷的顾虑是不可取的;②运动中出汗较多对于减肥锻炼是必要的。但是,急于求成而增加锻炼时间造成大量出汗,会使机体一时失水过多,对机体的代谢不利;③出汗量受年龄、性别和锻炼水平的影响,并有明显的个人特点,要根据个人承担负荷的能力来确定排汗量的程度;④排汗量的多少直接受气温气压的影响,也与饮水的多少有关。夏天气温高,饮水较多,汗液分泌较多。冬天天气寒冷,汗液分泌较少或不显汗。这时,只要机体的其他指标适宜,运动负荷仍可能是适宜的。

(3)情绪。情绪是人对客观事物是否符合人的需要而产生的体验,是身体健康状态的“晴雨表”,同时也是衡量人体承担负荷情况的一种主观指标。一般来说,人体具有运动的需要,对这种需要得到满足时,人就会产生愉快的情绪体验。在运动锻炼后,人的精神饱满,情绪乐观,说明运动负荷比较合适,健康状况良好。反之,当运动负荷过大,或身体状况不佳,则会情绪低落,精神不振,焦躁不安,不愿说话等。当这种情绪发展得较为严重时,则应引起重视,及时调整运动负荷和改进锻炼方法,特别要降低运动的强度。

(4)食欲。人体在从事健身锻炼过程中,其能量消耗是很大的。一般来说,如果运动后生理反应正常,健康状况良好,人的食欲是很旺盛的,食量也会增加。相反,如果运动负荷安排过大,生理反应异常,健康状况不佳时,就会出现食欲不振。若不及时调整,就会影响身体健康。因此,食欲是一种重要的运动负荷监测指标。

(5)睡眠状况。睡眠是反映人体健康状况和身体运动负荷大小的重要指标。睡眠状态不佳本身就是疾病的表征。人体从事适宜的体育运动后,大脑皮层和全身各器官会产生一定的疲劳,睡眠是大脑皮层保护性反应和消除疲劳的必然过程。如果身体锻炼负荷适宜,一般应睡眠良好,睡得深沉,较少做梦,觉醒后感到精力充沛,处于良好的工作和应激状态。如果身体锻炼的负荷过大或不太适应,或者由于病变的影响,则可能导致失眠、多梦或嗜睡等不良现象,觉醒后仍感到精力不支。

对于中老年锻炼者来说,要经常检查平时的睡眠情况,如果不适,需要及时控制和调整运动量。如果疲劳长时间得不到消除,经常失眠多梦,如此恶性循环,容易产生疾病,有害身体。

(6)工作效率和生活能力。如果健身锻炼负荷适宜,锻炼效果明显,则会对工作效率和生活能力起促进作用。在工作和生活中就会精力旺盛,思想集中,思维敏捷,记忆清晰,求知欲旺盛,适应能力强,有信心,生活能力强。如果运动负荷安排不当,疲劳加深,工作和生活中就会心浮气躁,记忆力衰退,注意力不集中,主动性不强,生活能力降低。中老年人可据此对锻炼负荷加以调整。

(7)RPE 法。RPE(rat of perceived exertion)法,是依靠锻炼者的主观感觉,掌握运动中的身体负担,以确定运动中应有的强度。这种方法要运动实践者在运动过程中靠主观感觉去判断运动强度。根据人们的生活经验,对于个人的运动强度和疲劳程度往往可以作出大致的判断,特别是年龄稍大的锻炼者更是如此。在运用时,对这种方法还不习惯时,有时难以掌握相应的强度,但经过反复练习就可以在很小的误差范围内确定练习强度(表 5-1)。

表 5-1　主观运动强度(RPE)测定表

RPE	主观运动感觉	相对强度(%)	相应心率(次数/分钟)
6	安静	0.0	70
7	非常轻松	7.1	
8		14.3	
9	很轻松	21.4	90
10		28.6	
11	轻松	35.7	110
12		42.9	
13	稍费力	50.0	130
14		57.2	
15	费力	64.3	150
16		71.5	
17	很费力	78.6	170
18		85.8	
19	非常费力	90.0	200
20		100.0	

由表 5-1 可见,在 RPE 栏内,6～20 的 15 个点上每一单数各有不同的运动感觉特征,这

9 个运动感觉特征都具有相应的分值，如果各点乘 10 倍以后，常与该点的心率大体一致。有的学者还计算出相应的运动强度。由于二者之间有较好的相关性，因此近年来得到广泛的应用。运动者的运动感觉得分在 12～15 分之间，说明运动强度是合理的。中老年人也应达到 11～13 分之间为宜。

2. 运动行为的整体评价

运动行为的整体评价，也称外部检查，主要用以评价运动动作的外部表现。我们知道，掌握规范正确的运动方法，对于养成锻炼习惯，体会运动快乐，达到和提高健身效果都是十分必要的。不同的身体运动项目，对运动动作的要求是各不相同的。比如，跑步动作对动作幅度、速度并无较高的要求，但动作的协调、节奏、下肢着地方法则是极为重要的；打太极拳要求形神一致，身随心动；球类运动练习和比赛则要求充分调整心理状态，如此等等。然而，在观察健身健美运动的外部动作时，也有一些共性的方面，必须引起注意。

(1)动作的准确性。身体锻炼的动作尽管不像竞技比赛那样准确规范，但其准确性仍然是不可缺少的。只有准确的动作才能有针对性地使相应部位得到活动。对动作准确性可从以下两方面衡量：①从动作的目的性衡量其准确性，如投篮是否命中、保龄球击中目标的个数等；②从动作形式上看是否符合动作的技术要求，如健美、健身操等动作是否准确地按技术规范去做。

(2)动作的协调性。协调即运动练习相关方面的和谐。协调的动作给人以美观、轻捷的感觉。健身健美动作的协调包括身体各部分的协调、各个动作要素之间的协调，身体动作与内部器官活动的协调等。许多健身项目对身体动作与内脏器官活动的协调是十分重视的，如气功、太极拳等。只有协调的动作才具有经济性(即省力)特点。

(3)动作的实用性。即动作练习尽可能与职业特点相一致，与身体疾病的康复相吻合，与生活劳动的动作互补。

(4)动作的安全性。在选择和运用健身活动项目时均要注意其安全性，特别要注意运动的弹性和缓冲性。动作的弹性和缓冲性可以减缓器材或地面的作用力，防止受伤。同时，动作的弹性可加强动作的美感，使运动更加轻盈优美，如健身操中的弹簧步。

(三)自我感觉评价

1. 日常穿戴感觉

健身者身上的一些穿戴之物，如皮带、裤子、裙子、内衣、内裤及手表带等都可提供有关健身锻炼情况的依据。在采取健身锻炼措施后，如果原来穿戴的衣物尺寸明显变得宽大起来，即说明体型更趋苗条或消瘦了；如果新穿的衣裤或皮带、手表带更趋绷紧了，即说明体型更趋丰腴健美了。

2. 健身锻炼后感觉

就是指健身者在参加锻炼后，尤其是参加健身器械锻炼后，自己应感觉到所练部位的肌肉群有酸、胀、饱满、发热和外形明显扩长的反应。这种反应和感觉越强烈，就说明器械锻炼负荷对身体局部肌肉群的刺激越深，而身体局部的肌肉群通过锻炼后达到“饱和度”状态，就表明器械健身锻炼取得了佳效。对“饱和度”的反应目前还没有更为科学的定量方法来测定，故只有通过自我感觉的方法去体会。

二、定量评价

(一)体格与生理机能的测量评价

1.体重的测量

体重是身体发育状况的基本指标。测量时，被测量者需穿背心和短裤。平稳地站在体重计上。测量误差不得超过0.5千克，因肌肉的比重较脂肪大，故肌肉丰腴健美者可能会超过正常体重标准。但有些脂肪过多的人，也往往会超过正常的体重标准，所以要参考脂肪厚度。

2.身高的测量

身高是骨骼发育情况的主要指标。测量时被测者不得穿鞋，足跟、骶部和两肩胛骨中间部位与身长计的立柱紧贴；两臂自然下垂，眼睛平视。测量误差不得超过0.5厘米。人的身高一般在清晨较高、傍晚较低。这是因为经过一天的活动和身体重力的作用，足弓变浅；脊柱椎体间隙变小，椎间盘变薄；脊柱也会弯曲一些。而经过一夜的休息，清晨时身高又复原了。所以身高测量应在相同时间、相同条件下，用统一方法进行测量，以减少误差。

3.坐高的测量

使用身高坐高计，检查坐板是否水平，高度(成人40厘米，儿童25厘米)、前后宽度是否合适。受测者坐在身高坐高计的坐板上，骶骨、两胛间及头部位置、姿势与测身高同。将水平压板轻轻下压。记录以厘米为单位，精确到0.5厘米。

4.皮皱厚度的测量

测量时，被测者直立，两臂自然下垂，测量者将其肩胛骨下角5厘米处皮肤和皮下脂肪与脊柱成45°角捏起，用卡尺在距手指约1厘米处量得的数值即为脂肪厚度。一般正常人的脂肪厚度为0.5～0.8厘米，超过这个数值说明脂肪过多；反之，说明脂肪过少。对同样体重的人通过检测脂肪厚度，可确定体型是肌肉型、肥胖型或消瘦型。当您采取健身健美锻炼措施后，若测得脂肪厚度逐渐趋于或低于正常水平，则说明健身锻炼的效果良好。一般测定的部位有：上臂部——肩峰与尺骨鹰嘴突连线中点处；肩胛下部——肩胛骨下方脐水平线与腋中线交界处；腹部——脐旁1厘米处；髋部——髂脊上脐水平线与腋中线交界处；大腿部——腹股沟中点与髂骨上缘中点连线的中点。

某些身体形态学指标还可派生出一些复合指标，更能有效地评价身体生长发育情况，如采用如下公式计算。

(1)身高体重指数。可表示每厘米身高的体重值。其计算公式为：

体重(公斤)/身高(厘米)×100%

但该指标受身高的影响较大，身体越高，评价的准确性相对也较低。

(2)身高胸围指数。表示胸围与身高的百分比，计算公式为：

胸围(厘米)/身高(厘米)×100%

(3)身高、体重、胸围指数。计算公式为：

[体重(公斤)+胸围(厘米)]/身高(厘米)×100%

该指数包含了身体的长、围、宽和密度，能较好地反映出体格情况。

(4)身高坐高指数。计算公式为：

坐高(厘米)/身高(厘米)×100%

指数越大，说明躯干越长。

在“中国成年人体质测定标准”中,采用“身高标准体重”指标。该指标是在标定身高这一指标的前提下,通过测定体重的变异情况,分析人体体型的优劣,并在调查数据的基础上制定了 5 级评分表。

5. 颈围的测量

颈的围度可反映颈部肌肉的发育情况。测量时,被测者身体直立、眼睛平视、两臂自然下垂,口微开以减少颈部肌肉的紧张,测量者将皮尺水平置于颈后第七颈椎上缘,前面置于喉结下方,即颈部最细的部位,这样所测量的围度即为颈围。

6. 肩围的测量

肩的围度可反映肩部骨骼和肌肉的发育情况。测量时,被测者直立,两臂自然下垂;测量者将皮尺放在两腋前线顶点,水平围肩一周所测量的围度即为肩围。

7. 胸围的测量

胸的围度,反映着胸廓的大小和胸部肌肉与乳房的发育情况,是身体发育状况的重要指标。测量时,被测者身体直立、两臂自然下垂。皮尺前面放在乳头上缘(女子放在乳房上),皮尺后面置于肩胛骨下角处。先测量安静时的胸围度,再测深吸气时的胸围度,最后测深呼气时的胸围度。深吸气时与深呼气时的胸围之差称为呼吸差,可反映呼吸器官的功能。一般成人呼吸差为 6～8 厘米,经常参加锻炼者的呼吸差则可达 10 厘米以上。测量未成年女性时,测量者应将皮尺水平放在肩胛骨下角,前方放在乳峰上,测出胸廓一周的围度。同时,在测量胸围时应注意提醒被测者不要耸肩,呼气时不要弯腰。

8. 臂围的测量

臂的围度可反映上肢肌肉的发育情况。

上臂围的测量:应先测量上臂肌肉紧张时的围度,再测量肌肉放松时的围度。被测者单臂侧平举,掌心向上,用力握拳屈肘;测量者将皮尺放在肱二头肌最突出部位测量;然后上臂放松,自然下垂,在同一部位测量肌肉放松时的上臂围。二者之差称为臂围差。上臂肌肉越发达,收缩与放松时的围度差就越大。若将测量出的左右两上臂围值相比较,就可看出其左右两臂肌肉的发育是否均匀。

前臂围的测量:被测者两臂自然下垂,测量者应将皮尺放在前臂最粗部位测量出其围度。把测量出的左右两前臂臂围值相比较,也可看出其左右两臂肌肉的发育是否均匀。

9. 腰围的测量

腰的围度可反映出腰腹部肌肉的发育情况。测量时,被测量者应直立,两臂自然下垂,呼吸保持平稳,不要收腹;测量者将皮尺水平放在腰的最细部位。这样测出的围度即为腰围。

10. 臀围的测量

臀的围度可反映出髋部骨骼和肌肉的发育情况。测量时,被测者应两腿并拢直立,两臂自然下垂,测量者将皮尺水平放在髋部左右大转子骨的尖端最宽大部位,围臀一周所测得的围度即为臀围。

11. 腿围的测量

腿的围度可反映下肢肌肉的发育情况。

大腿围的测量:被测者两腿分开与肩同宽,两腿平均负担体重。测量者将皮尺放在后面臀下横纹处大腿最粗部位,水平测量大腿一周的围度即为大腿围。将测出的左右两大腿围度值相比较,可看出其左右大腿肌肉的发育是否均匀。

小腿围的测量:被测者两腿分开与肩同宽,两腿平均负担体重。测量者将皮尺放在小腿最粗的部位。测量一周的围度即为小腿围。将测量出的左右两小腿围度值相比较,可看出其左右两腿肌肉的发育是否均匀。

12. 脉搏的测量

脉搏是指动脉的搏动。脉搏频率,简称心率。测心率是评价心血管功能的一项重要指标。测量时,被测者坐着或平躺着,测量者以食指、中指和无名指的指端按住被测者腕部的桡动脉,以 10 秒钟为单位,连续测三个 10 秒钟,当其中两个 10 秒钟脉搏搏动次数相同,并与另一个 10 秒钟的搏动次数相差不超过一次时,以 10 秒钟搏动次数乘以 6 的所得数,即可认定为安静时每分钟脉搏次数。

在正常情况下,成年人安静时每分钟脉搏为 70 次左右。长期参加健身运动锻炼的健身者,安静时心跳缓慢,强而有力,脉搏次数也少,大致每分钟在 50 次左右,这是心脏机能加强和提高的表现。

13. 血压的测量

血压是指流动着的血液对血管壁的侧压。我们平时所讲的血压是指动脉血压。动脉血压分为收缩压(高压)和舒张压(低压)两种。测量前要先静坐 10 分钟,一般正常高压为 100～130 毫米水银柱,低压为 60～90 毫米水银柱。

14. 肺活量的测量

人体尽全力吸气后,再尽全力呼出的气体总量,称为肺活量。肺活量可以用肺活量计测试。测量前先做 1～2 次深呼吸,然后尽量吸气再尽量呼气。在呼气时不能做任何附加动作,要一次呼出。测三次,取其中值最大的一次。成年人的肺活量一般为 3 500 毫升。如经常坚持参加健身运动中的有氧锻炼项目,肺活量可达 5 000～6 000 毫升。

15. 屏息试验(闭气试验)

它是一种测定和评价机体耐受低氧能力的简易方法,屏息时间越长,说明呼吸系统耐受能力越强。可分三种情况。

(1)平静屏息。受试者静坐休息后自然呼吸,听到屏息口令后立即开始屏息,直至不能坚持为止。记录屏息时间。

(2)探吸气后屏息。受试者听到屏息口令后,先做一次深吸气,然后屏息。记录屏息时间。

(3)深呼气后屏息。受试者听到屏息口令后,先做一次深呼气,然后屏息。记录屏息时间。

三种情况的屏息,以深吸气后屏息的时间最长。但是,实验证明,如果过分深吸气,反而易使屏息过早中断。一般人吸气后屏息时间,男子为 58. 8±3. 33 秒,女子为 42. 4 士 3. 26 秒。屏息时间的长短与肺活量的大小有关,故能反映呼吸系统的机能状况。

16. 一次运动负荷实验

可采用以下两种方法。

(1)30 秒钟 20 次蹲起。受试者静坐片刻后,测定安静时脉搏和血压,然后起立,在 30 秒钟内匀速蹲起 20 次。要深蹲,足跟不离地,两臂前平举。起时恢复站立姿势. 蹲起结束后,立即测 10 秒钟脉搏,其后 50 秒内测血压。如此测脉搏和血压连续 3 分钟。

负荷结束后脉搏上升不多,血压中等升高,3 分钟内基本能恢复者机能良好。负荷脉搏明显上升(增加率超过 70%),血压上升不明显或明显,3 分钟内均未恢复者,为机能较差。

(2)15 秒原地快速跑。先测安静时脉搏和血压,然后锻炼者以 100 米赛跑的强度进行原地跑 15 秒钟。跑完立即测 10 秒钟的脉搏，随后 50 秒钟内测完血压，如此连续测 4 分钟。根据受试者心率、收缩压和舒张压在该时间内的变化曲线相应地作出评价。

17. 台阶实验

它是以一定的频率、上下一定高度的平台，持续一定的时间，根据登台结束后恢复期的脉搏变化评定心脏功能。最早的台阶实验是由美国哈佛大学研究设计的，称为哈佛式台阶实验。以后又有不少的改良和发展。

(1)哈佛式台阶实验。哈佛式台阶采用的台阶高度，男子为 50.8 厘米，女子为 42.6 厘米。受试者以每分钟 30 次的频率登台阶(一上一下为一次)，持续 5 分钟。要求严格按照动作规范和既定节奏频率完成试验。上时，双脚应站在台中央；下时，全脚掌着地。身体和膝应充分伸直，不要跳跃和故意用力蹬踩。如果中途连续 20 秒钟不能跟上节奏，即停止，并记下持续时间(秒)。负荷结束后，受试者坐在附近的椅子上，测恢复期第 2、3、4 分钟的每分钟前 30 秒脉搏。然后按下列公式计算出评定指数。指数越大，表示机能越好。

台阶指数＝登台持续时间(秒)/2×3 次脉搏频率之和×100％

(2)改良式台阶实验。为使台阶实验能够更广泛地适用于不同年龄、性别的人群，长期以来对哈佛式台阶实验的平台高度、登台频率和持续时间等进行过不少改良。在《中国成年人体质侧定标准》中，所有年龄组均设有台阶实验这一测定项目，但在调查研究的基础上作了若干改良。规定男子的台高为 30 厘米，女子台高为 25 厘米。以每分钟 30 次的频率上下台阶，持续 3 分钟。

负荷结束后，受试者立刻坐在椅子上，测量运动后第 2、3、4 分钟前 30 秒的脉搏数，然后仍用以上公式计算出台阶指数。如果运动中坚持不下去或上下慢了 3 次，要立即停止运动，并以秒为单位记下此刻的运动时间，同样测定 3 次脉搏数，按上式计算出台阶指数。

通过台阶试验计算出受试者的台阶指数后，再按《国民体质测定标准》提供的 5 级评分表，即可评价受测者心脏功能的优劣。

18. PWC170 试验

PWC170 是指运动中心率达到每分钟 170 次时的稳定状态下单位时间内身体所做的功(公斤·米/分钟)。PWC170 试验是根据锻炼者所做功率(公斤·米/分钟)的大小来评定身体机能能力。

PWC170 的直接测定较复杂，一般用间接测定法。间接测定法的原理是，运动过程中心率和功率在一定范围内(相当于心率于 120～180 次/分钟)呈直线相关。根据这种关系，让受试者完成两次不同功率的负荷，要求第一次负荷使心率超过 110 次/分钟，第二次负荷使心率尽可能接近 170 次/分钟。通过已知负荷及两次负荷后的心率，就可推算出心率为 170 次/分钟时身体所做的功率了。

PWC170 试验可采用两种负荷方式：一种是利用自行车功率计。进行两次功率不同的蹬自行车运动，每次 5 分钟，其间休息 3 分钟。测出每次蹬车运动最后 1 分钟的心率；另一种是用台阶负荷。根据不同对象，选择两个高度的台阶，先用低的，后用高的，各进行 5 分钟的登台阶运动。登台阶频率为每分钟 20～30 次，两次之间休息 3 分钟。登台阶结束后立即测 10 秒钟心率，然后按相应公式计算出两次登台阶运动的功率。

把以上两种负荷方式测出的前后两次负荷功率和心率数据按相应的公式计算，即可推算出心率为 170 次/分钟时身体做功的能力。PWC170 的值越高，表示身体机能能力越强。

19.最大吸氧量的测定

最大吸氧量是反映人体心肺功能的重要指标，也是有氧工作能力的重要指标。要分析锻炼者的心肺功能水平，也有必要测定这一指标。最大吸氧量的测定有两种方法：直接测定法和间接测定法。一般锻炼宜采用间接测定法，即通过台阶试验和PWC170加以间接推算。关于测定、计算和评价方法，在有关体育院校《运动医学》通用教材中作了专门介绍，此处不再赘述。

以上各种机能检查和测定方法，都必须在专门人员的指导和参与下进行，并需要专门的测试器材和条件。

(二)形态与生理机能的计算评价

根据测量所得到的数据，结合现代健身健美运动对人体形态和机能等发展的要求，通过下列计算方法来评价健身锻炼的效果。

1.标准体重的计算方法

男子标准体重(千克)=50+[身高(厘米)-150]×0.75+(年龄-21)÷5

女子标准体重(千克)=50+[身高(厘米)-150]×0.32+(年龄-21)÷5

2.身高与体重关系指数的计算方法

指数=身高(厘米)-〔100+体重(千克)〕

评定标准为：男子标准指数为5～8，女子标准指数为3～5。若指数大于15，则身体过于细长，肌肉无力；若指数小于1，则身体过于肥胖。

3.体格指数的计算方法

它是体重与身高之比和胸围与身高之比的总和，充分反映了人体纵轴、横轴和组织密度，与心肺和呼吸机能息息相关，是一个很好的评价体质、体格状况的指数。计算公式如下：

$$指数=\frac{体重(千克)+胸围(厘米)}{身高(厘米)}\times 100$$

评定标准为：男子指数在85以上为体格发育良好，指数在84～84.9为体格发育一般，指数在84以下为体格发育较差；女子指数在82.5以上为体格发育良好，指数在81.5～82.4为体格发育一般，指数在81.5以下为体格发育较差。

4.标准体型的计算方法

(1)女子。

胸围长约等于臀围长。

腰围长比胸围长或臀围长约小25厘米。

大腿围比腰围长约小25厘米。

小腿围比大腿围长约小15厘米。

上臂围长约两倍于手腕围长。

(2)男子。

胸围长约等于臀围长。

腰围长比胸围长或臀围长约小13～18厘米。

大腿围比腰围长约小20～25厘米。

踝围长比小腿围长约小15～18厘米。

上臂围长约两倍于手腕围长。

5. 健美体型的计算方法

(1)女子。

胸围长＝身高(厘米)×0.515

胸底围长＝身高(厘米)×0.432

腰围长＝身高(厘米)×0.340

腹围长＝身高(厘米)×0.457

臀围长＝身高(厘米)×0.542

(2)男子。

身长(厘米)：胸围长(厘米)＝1.60～1.65：1

胸围长(厘米)：上臂围长(厘米)＝2.80～3.00：1

胸围长(厘米)：大腿围长(厘米)＝1.80～2.00：1

胸围长(厘米)：腰围长(厘米)＝1.50～1.55：1

颈围长(厘米)：上臂围长(厘米)＝小腿围长(厘米)

6. 全身肌肉群发达程度的计算方法

A＝〔(两上臂围＋两大腿围＋两小腿围＋胸围)÷2〕÷〔(两腕围＋两膝围＋两踝围)÷2〕

经计算，A 值越大，说明全身各部位肌肉越发达，体态越丰腴健美。

7. 全身肌肉群均衡发展的计算方法

通过对两上臂围差、两大腿围差和两小腿围差的计算，得出的差值越小越好。因为围度差值越小，就说明身体的各部位比例越趋于协调、匀称，肌肉的发展也越趋于均衡、饱满、健美。

8. 营养指数的计算方法

人体的营养状况，常通过测定腹部和肩胛下皮下脂肪厚度的方法来评定。脂肪和身高、体重存在一定的相互关系，因此，人们往往用由体重、身高等形态发育指标派生出的营养指标来间接地反映人体的充实度、营养状况和体型特点。计算公式如下：

$$[\sqrt[3]{10\times 体重(千克)}^{\frac{1}{2}}/身高(厘米)]\times 100$$

评定标准为：指数在 100 以上为营养状况优，指数在 95～99 为营养状况良，指数在 90～94 为营养状况差。

9. 合理运动负荷心率的计算方法

通过实验发现，能强身健体的合理运动负荷是本人最大运动心率值的 65％～85％之间，也称为靶心率或叫做目标心率(是指能获得锻炼效果确保安全的心率)。计算方法为：

最大运动心率＝220－年龄

合理运动负荷心率的上限＝最大运动心率×85％

合理运动负荷心率的下限＝最大运动心率×65％

比如，年龄为 40 岁的人，他的最大运动心率为 220－40＝180(次/分钟)。那么，合理运动负荷心率：上限应为 180×85％＝153(次/分钟)；下限应为 180×65％＝117(次/分钟)。这就是说，他锻炼时的心率在 153～117 次/分钟之间，表明运动负荷是合理的。高于或低于此范围，就要适当减小或增大运动负荷，把运动心率调整到这个范围。

10. 心脏功能的计算方法

(1)40 岁以下青年人心脏功能的计算方法。

测评前先测安静时脉搏数的稳定值，接着在30秒钟内做20次原地下蹲起立动作(要求下蹲起立必须深蹲，臀部靠近脚跟，两手不得摆动)，以脉搏上升的百分比作为评价心脏功能的指标。计算公式如下：

$$上升值(\%)=\frac{蹲起后脉博次数-安静时脉搏次数}{安静时脉搏次数}$$

评定标准为：上升值达到25%以下为优；上升值达到26%～50%为良；上升值达到75%为及格；上升值达到75%以上为差。

(2)40岁以上中年人心脏功能的计算方法。

测评前先测安静时脉搏数的稳定值，接着在60秒钟时间内上四层楼，立即测脉搏次数。

评定标准为：心率在100次/分钟以下为好；心率在101～120次/分钟为较好；心率在121～140次/分钟为一般；心率在141次/分钟以上为差。

(3)60岁以上老年人心脏功能的计算方法。

先静卧10分钟，测量仰卧1分钟的脉搏次数，然后慢慢起立，再测量起立后的脉搏次数。计算公式如下：

差数＝起立后脉搏数－仰卧时脉搏数

评定标准为：差数在10以内为好；差数在11～16以内为较好；差数在17～20以内为一般；差数在21以上为差。

(三)锻炼效果与运动能力的测量评价

体能是身体素质和运动能力的通称。体能的测定与评价属于人体运动学测定，它是通过完成某些规范化的运动项目，借助测定工具获得专门数据，依据某些标准来评价身体能力的发展状况和水平。通过对锻炼者的体能测定，可准确地了解锻炼者自身体能的发展情况和锻炼效果，相应地采取有效措施，克服薄弱环节，保持身体能力的协调发展。

1.力量的测定和评价

常用的力量测定手段有测握力、背力、俯卧撑和仰卧起坐等。

(1)握力。

握力测定可用以评价上肢和手指屈肌力量。测定时使用弹簧式或电子式握力计。受测者两脚自然分开约一脚距离，身体直立，手心向内持握力计，握力计指针朝外。先将指针调整至零位，然后转动握距调节钮，使食指第二关节屈指成直角，用最大力量紧握上下两个把柄。用力手测两次，取最大值。将测定结果与《中国成年人体质测定标准》对照，确定得分。

(2)背力。

背力测定可用以评价背肌力量。使用背力计，受试者站在背力计底盘上，两脚尖分开约15厘米，膝关节伸直不动，上体前倾约30°。两手正握背力计的把柄，伸直背上体抬起，由缓慢用力至全力拉。测两次，取最好成绩。

(3)俯卧撑。

用以锻炼和评价上肢肌与肩带肌力量。使用普通平坦场地，要求受试者手掌与脚尖在同一平面上。受试者双手按地，手指向前，两手距离与肩同宽，两腿向后伸直，身体挺直，然后屈臂使身体平直下降，至肩与肘成平面，此时两肘和头的投影线成正三角形，躯干、臀部和下肢要挺直，然后再撑起。两臂伸直为一次。

(4)仰卧起坐。

用以锻炼和评价腹肌力量。将体操垫(或代用物)铺放平坦,受测者仰卧于垫上,两腿伸直,两手置于体侧或相交紧贴脑后,下肢不动,然后上体前屈坐起为1次。如此反复进行。

(5)一分钟仰卧起坐。

用以锻炼和评价腹肌力量。受测者仰卧于垫上,两腿稍分开,屈膝成90°,两手交叉置于脑后,一人压住受测者两脚关节,起坐时以两肘触及或超过两膝为完成一次,仰卧时,两肩胛必须触垫。检测员发出开始口令的同时开表计时,记录1分钟内完成的次数。

(6)立定跳远。

用以锻炼和评价下肢力量和全身爆发力。使用跳远沙坑。起跳地面要平展,不得有坑窝。受试者两脚自然分开,脚尖不得踏线,两脚同时蹬地起跳,起跳时不得垫步,两手臂顺势前移。丈量起跳线前沿至最近着地点的垂直距离。跳3次,记录最好一次成绩。

(7)纵跳。

采用纵跳计。受测者站在纵跳计底板上,系好绳带,使绳带与地面垂直,并刚好绷直,纵跳计的指针仍在零位。屈腿后利用蹬腿和摆臂尽量向上双脚起跳,指针所指示的长度为纵跳高度。测两次,取最好成绩。记录以厘米为单位,精确到小数点后一位。

2.速度的测定与评价

(1)反应时。

用以评价中枢神经系统的反应能力和神经肌肉的协调能力。使用反应尺,受测者坐在桌旁,受测臂放松平放在桌子上,手指伸出桌边约10厘米,拇指与食指上缘呈同一水平,做好准备。检测人员抓住反应尺的上端,置反应尺的下端于受测者拇指与食指之间(不要碰到手指),反应尺的零点线与拇指上缘呈同一水平。受测者两眼凝视反应尺的下端,听到"预备"口令后,反应尺下落时急速将反应尺捏住,记录拇指上缘处反应尺的刻度。测5次,去掉最高值和最低值各1次,计算中间3次的平均数。记录以秒为单位,精确到小数点后2位。

(2)短距离跑。

用以锻炼和评价身体位移速度。常采用50米跑。受试者听到"预备"的口令后取站立式起跑姿势,听到"跑"的口令或鸣枪声后,迅速沿跑道线跑出,记录下通过终点线的时间。记录以秒为单位,精确到小数点后1位。

(3)往返跑。

用以评价身体位移的灵敏性和协调性。"中国成年人体质测定标准"采用10米×4往返跑。设10米长的直线跑道若干条,在跑道的两端线(S1和S2)外30厘米处各画一条线。每个受测者需木块(5厘米×5厘米×10厘米)4块,其中一块放在S1线外的横线上,两块放在S2线外的横线上。受测者手持一木块以站立式预备起跑,听到开始的口令后从S1线外起跑,跑到S1线前时,将手中木块放在S2线外的横线上,然后拿起横线上的木块,迅速跑回S1线前交换木块,再跑回S2线前交换另一木块,最后持木块冲出S1线,记录跑完全程的时间。记录以秒为单位,精确到小数点后1位。

3.耐力的测定与评价

(1)定时跑(12分钟跑)。

采用时间较长的定时跑,可以有效地锻炼和测定锻炼者的耐力水平。最常用的有美国学者库珀的12分钟跑。12分钟跑可在室内或室外的跑道上进行。受试者需先做好准备活动,特别要使下肢关节活动充分。测试开始后,受试者要在规定的12分钟时间内,尽最大力量跑

(或走到交替)到终点。记录所能达到的最大距离(米)。注意跑时尽全力,最好用匀速跑完全程。如跑中感到呼吸困难,可稍放慢速度,使呼吸恢复正常。再根据相应的评分表评价身体耐力状况。

(2)定距离跑。

此法与12分钟跑相类似,但测试更加灵活方便。最典型的定距离跑是库珀的2 400米跑。在我国的学生体质测验中,常采用1 500米(男子)和800米(女子)跑。测验可在室内或室外的跑道上进行。受试者做好准备活动后,要尽最大力量快跑,力争在尽可能短的时间内跑完预定的距离。根据时间评价受试者的耐力水平。

4. 柔韧性的测定与评价

(1)站立体前屈。

设一平面方凳。在凳子侧面安装一把刻度尺,台面处刻度“0”,往上25厘米,往下40厘米。受试者双脚靠拢站立于方凳上,两腿伸直,上体前屈,两手臂尽量下伸,两手指尖(要齐)伸向标尺,努力使指尖触到最下端的刻度。如指尖达不到“0”点,则其成绩前加负号。记录其最好成绩,精确到小数点后1位。注意动作不要过猛,头要置于两臂中间,两手要并直。

(2)坐位体前屈。

使用坐位体前屈测量计。受测者坐在平坦垫物上,两腿伸直,脚跟并拢,脚尖分开约10～15厘米,踩在测量计平板上,然后两手并拢,两臂和手伸直,渐渐使上体前屈,用两手指尖轻轻推动标尺上的游标前滑,直到不能继续前伸。测两次,取最好成绩,记录以厘米为单位,精确到小数点后1位。

此外,还可采用转体、劈叉等方法,来测定锻炼者躯干和髋关节的柔韧性。

(四)体质与健康水平的综合评价

体质综合测定与评价,是从有关理论出发,选取受测者身体形态、机能、素质和运动能力的若干指标,按规范要求进行测定,然后根据相应的数学模型,对其体质状况加以综合定量评价。体质测定与评价体系中,最为关键的有三条:一是所选择的体质指标必须合理有效;二是各项指标的权重必须合适;三是通过对大量样本的测试,建立起相应年龄、性别的体质评价的数学模型。只有以上三个方面符合要求,科学合理,体质测定与评价的结果才真实可信。

体质的测定与评价最早出现在19世纪末期的美国,最初在学校中实施。1880—1900年间,特·萨特金制定的体力测验法在美国已相当活跃。20世纪上半期,美国频繁地修改体力测验标准。1975年,美国健康体育文娱协会所修改的体力测验标准,在测验内容上,包括引体向上(女生用屈臂悬垂)、屈腿仰卧起坐、立定跳远和50米跑等5项身体素质,并在年龄分组、评分标准上作了较大的调整。

日本多年来系统积累青少年身体形态、机能和素质的材料,并作为发展社会体育和衡量学校体育工作成绩的依据。1977年,日本筑波大学公布该国80年来的国民体质调研材料,可以看出日本民族的体质状况呈逐渐增强的趋势。在前苏联和东欧国家,也有相应的体质锻炼和测验标准,其中最为有名的就是《劳卫制》。

各国的体质测定标准,尽管在内容和形式、对象和适用范围上存在较大差异,但在指标的选取上,大都注意反映体质概念的内涵,采用身体形态、机能、素质等几方面多种因素指标加以综合。各指标之间,既注意反映体质的一般特征,又注意把身体素质和运动能力作为重点。在调查研究的基础上,运用大样本建立数学模型,制定了科学的评分系统。对体质测定和评价的时间、地点、对象、实施机构、数据处理、保障措施等具体工作环节,大都作了标准化的规定。所有这些,有力地保证了体质测定和评价体系的科学、可行、可靠,收到了积极的社会效果。

1.《学生体质健康标准》

对学生体质健康的评价,是体质综合测评的重要组成部分,历来是体育测评学者所关注的重点,它对促进青少年体育健身锻炼,提高体质健康水平具有十分重要的意义。1949 直到 1990 年以前,我国学生的体质评价,主要是通过贯彻从前苏联移植来的《劳卫制》(后改称"国家体育锻炼标准")进行的,内容侧重于身体素质和运动能力,对身体形态机能未给予应有的注意。2002 年 7 月,教育部、国家体育总局在原有基础上并结合全国大规模学生体质健康调研的结果,共同印发了《学生体质健康标准(试行方案)》,从 2004 年开始在全国广泛实施。《学生体质健康标准》是《国家体育锻炼标准》的组成部分,是《国家体育锻炼标准》在学校的具体实施。"标准"的贯彻,对于促进学生体质健康发展、激励学生积极进行身体锻炼起着重大的作用。

从总体上说,"标准"作为锻炼标准在性质上略显不足,但却是一个较为完整规范的测评标准。它从身体形态、身体机能、身体素质等多方面综合评定学生的体质和健康状况,对学生体质健康的评价采用百分制。

"标准"根据学生的生长发育规律,将测试对象划分为以下组别:小学一、二年级为一组,小学三、四年级为一组,小学五、六年级为一组;初中及以上年级每年级为一组,大学为一组。其测试项目为:小学一、二年级测试项目为身高、体重、坐位体前屈三项。小学三、四年级测试项目为身高、体重、50 米跑、立定跳远四项。小学五、六年级测试项目为六项,其中身高、体重、肺活量为必测项目。选测项目为三项:从台阶试验、50 米×8 往返跑中选测一项;从 50 米跑、立定跳远中选测一项;男生从坐位体前屈、握力中选测一项;女生从坐位体前屈、握力、仰卧起坐中选测一项。初中及以上各年级(含大学)测试项目为六项,其中身高、体重、肺活量为必测项目,选测项目为三项:从 50 米跑、立定跳远中选测一项;男生从台阶实验、1 000 米跑中选测一项,女生从台阶实验、800 米跑中选测一项;男生从坐位体前屈、握力中选测一项,女生从坐位体前屈、仰卧起坐和握力中选测一项(表 5 - 2)。

"标准"中的选测项目由各地(市)级教育行政部门在测试前随机确定。考虑到城乡的不同情况,"标准"中的台阶试验项目农村学校可选测相应项目,城市学校则统一进行台阶试验的测试。

"标准"的各项评分标准是根据历次学生体质调研材料,经过综合分析整理后确定的。各个测试项目的得分之和为"标准"的最后得分。根据最后得分评定等级:86 分以上为优秀,76～85 分为良好,60～75 分为及格,59 分及以下为不及格。要求每学年评定一次成绩,并记入《学生体质健康标准登记卡片》,小学按照组别两年评定一次,其他年级每学年评定一次。学生毕业年级的等级评定,按毕业当年的成绩和其他学年平均成绩(各占 50%)之和评定。从近几年的实施情况来看,"标准"较好地反映了学生的体质与健康的综合水平,具有良好的社会效益。

2. 国民体质测定标准

国民的体质综合测定,有助于了解国民的整体体质和健康状况,可为国家经济建设和全民健身运动提供科学的依据。为了加强国民的体质测定工作,促进国民积极参加体育健身活动,提高劳动者素质,原国家体委于 1996 年 7 月 2 日正式发布了《中国成年人体质测定标准施行办法(试行)》,使国民体质测定工作逐步在全国城乡开展起来。在此基础上,从 2001 年起,国家体育总局又组织有关专家,进行幼儿、儿童和老年人群的体质测定标准的研制。2002 年,国家体育总局有关部门利用我国国民体质状况数据,制定完成了《国民体质测定标准》。2003 年 7 月 4 日,由国家体育总局、教育部、国家民委等 10 个部门共同会签颁布的《国民体质测定标准》正式施行(表 5-3、表 5-4、表 5-5),标志着我国的国民体质测定制度得到了初步完善和广泛实施。

表 5-2 《学生体质健康标准(试行方案)》的评价指标和得分

年级	评价指标	得分
小学一、二年级	身高标准体重	60
	坐位体前屈	40
小学三、四年级	身高标准体重	40
	50 米跑	30
	立定跳远	30
小学五、六年级	身高标准体重	15
	台阶试验、50 米×8 往返跑	20
	肺活量体重指数	15
	50 米跑、立定跳远	30
	坐位体前屈、仰卧起坐(女)、握力体重指数	20
初中、高中、大学	身高标准体重	15
	台阶试验、1 000 米跑(男)、800 米跑(女)	20
	肺活量体重指数	15
	50 米跑、立定跳远	30
	坐位体前屈、仰卧起坐(女)、握力体重指数	20

“标准”根据我国国民的年龄与性别特点,将 3～69 周岁国民,按年龄分为幼儿、青少年、成年人和老年人 4 个部分,其中青少年标准为《学生体质健康标准》。

表 5-3　幼儿体质测定标准的评价指标

类别	测度指标	
形态	身高	体重
素质	10 米折返跑 立定跳远 网球掷远 双脚连续跳 坐位体前屈 走平衡木	

表 5-4　成年人体质测定标准的评价指标

<table>
<tr><td rowspan="2">类别</td><td colspan="4">测试指示</td></tr>
<tr><td colspan="2">20～39 岁</td><td colspan="2">40～59 岁</td></tr>
<tr><td>形态</td><td>身高</td><td>体高</td><td>身高</td><td>体高</td></tr>
<tr><td>机能</td><td>肺活量</td><td>台阶试验</td><td>肺活量</td><td>台阶试验</td></tr>
<tr><td>素质</td><td colspan="2">握力
俯卧撑(男)
1 分钟仰卧起坐(女)
纵跳
坐位体前屈
选择反应时
闭眼单脚站立</td><td colspan="2">握力
坐位体前屈
选择反应时
闭眼单脚站立</td></tr>
</table>

表 5-5　老年人体质测定标准的评价指标

类别	测试指标
形态	身高、体重
机能	肺活量
素质	握力 坐位体前屈 选择反应时 闭眼单脚站立

“标准”对体质的评定分为单项指标评分和综合评定两方面，均采用百分制，综合评定采用各单项指标得分等权相加的方式制定。测试项目包括测试身高、体重、肺活量、反应时、纵跳、俯卧撑、握力、坐位体前屈、台阶试验等项目。

“标准”中的各个单项测定采用 5 分制评分法，同一年龄阶段评分标准相同。根据受测者全部项目测定的总分进行评定，标准分为一级(优秀)、二级(良好)、三级(合格)等三级。只有所测项目获得一定的分数，才能达到相应的标准。“标准”还对各项目制定了详细的测定规则和要求。从近年来“标准”实施的情况看，作为贯彻《全民健身计划纲要》的重要一翼，对于有效地评价和提升我国民众的体质和健康水平，提高体育健身活动的科学性正在起着重要的作用，但从实施工作的全局而言，贯彻“标准”的软件和硬件条件尚需进一步改善。

三、健身与健美运动水平的目标评价

(一)锻炼目标设定

锻炼前的健康检测与评估是为了因人而异建立适当的健身目标。然后通过运动实践帮助会员达到适当的目标。因此，统一的健康标准对特殊的个体来说不适当或不合理是非常有可能的。

健身教练或健身指导员还可以对个体状况很差的受试者制定亚目标。所以建立目标和亚目标来帮助人们开始和继续健身行为是很重要的。

在目标设定上，本节采用健身与健美运动层级水平的划分方法，并以各级别的基本标准衡量达成目标的情况。

(二)目标达成评价

1. 级别目标

(1)初级水平：健身运动或健美运动爱好者，以前从未接受过健身、健美教育和参加过任何健身、健美运动的专门学习或训练。

(2)中级水平：健身运动或健美运动参与者，过去曾断断续续地接受过健身与健美教育和参加过专门的健身与健美训练，或一直坚持参加每周至少3～4次的定期业余健身运动与健美运动训练。

(3)高级及高级后水平：业余健身(健身先生或健身小姐)或健美运动员(健美先生或健美小姐)，接受过正规的健身与健美教育和参加过系统的竞技健身与健美训练或每年参加一次省级以上健身或健美竞赛，并且是以健身运动与健美运动作为自己生活方式的人。

2. 体能目标

健身专家们通常选用50米、1 000米、立定跳远、推铅球、单杠引体向上等指标分别制定出男子(女子)初级、中级、高级健身健美锻炼者的体能分段标准，并采用百分制计分方法，而后逐步达到并实现体能训练的目标。

健身指导员还可根据健身健美锻炼者的不同水平和目的制定出肌力增长目标、形态增长目标、减肥瘦身目标等。

此外，如果条件允许还可采用身体密度(水下称重法)测量法、瘦体重测量法(生物电阻抗法等)、局部脂肪的直接测量法(超声法、双光子X线扫描、核磁共振、CT断层扫描)等先进方法进行测量和评价。

总之，测量是基础，对比是手段、方法，评价是目的、结果，而改进则是健身健美者努力的方向。所以，健身者参加正规的健身运动锻炼后，可采用上述方法随时检查，定期复测，以便科学地评价健身锻炼的效果和身心健康与体型、体态健美的程度，这样才能从根本上保证锻炼获得圆满成功。

思考题

1. 简述常用的体格测量指标及其测量评价方法。
2. 简述常用的体格测量指数及其计算方法。
3. 简述心脏功能和营养指数的计算方法与评价标准。
4. 简述全身肌肉群发达程度的计算方法和合理运动负荷心率的计算方法。
5. 请参照书中的测量评价方法，对自己或他人进行定性或定量评价。

第六章　科学营养与健身

第一节　健康营养与营养素

营养是谋求(营)养生(身)的意识。营养素是指维持人体正常生长发育和生存的物质，包括碳水化合物(糖)、脂肪、蛋白质、无机盐、维生素、水及膳食纤维。每种成分在食物中都起着重要的作用，人们的健康取决于每种成分的合理摄入量及各种成分的合理搭配。

我们说毅力加科学锻炼加合理的营养，是健身锻炼的成功之路。如果把健身锻炼比作一条船，毅力是它的双桨，那么饮食营养则是载舟之水。换句话说，只有科学的饮食营养，才能获取健身锻炼的最佳效果。毫无疑问，营养是运动锻炼的基础。尽管热量的摄取是当前减肥健美热中一个重要话题，但健美教练和健身指导员帮助健身者解决的问题不仅仅只是会计算热卡，一个人所摄取的食物类型对其总体的健康状况起着极其重要的作用。在本书中，每一章节都反复强调了健身的法宝是运动锻炼。在此我们想告诉大家的是：饮食营养＋运动锻炼＝健身健美。即饮食营养是运动锻炼的基础，运动锻炼又是通向健身健美的必由之路。

一、营养目标与健康营养要求

(一)营养目标

1993 年 6 月，国务院颁布了《二十世纪九十年代中国食物结构改革与发展纲要》。《纲要》强调了我国 20 世纪 90 年代食品工作的重点。指出为保障人民日益增长的食物需求，要大力发展食品生产，还要大力改善和调整食品结构，尽快建立起适合我国国情、科学合理的人民膳食结构。要按照“营养、卫生、科学、合理”的饮食原则，继承中华民族饮食习惯中的优良传统，吸收国外先进经验，改革我国食物结构和人民消费习惯。要求 20 世纪末人均每日营养素供给量达到世界平均水平。城乡居民人均每日的主要营养素供给水平要分别达到：热量 2 520 千卡和 2 630 千卡(1 卡＝4.184J)，蛋白质 74 克和 71 克，脂肪 81 克和 68 克。

2007 年，中国营养学会在最新出版的《中国居民膳食指南(2007)》中又提出了新的营养目标参数。如今，我国由于人们物质生活和饮食习惯的改变某些人已出现了亚健康状态，这足以让我们警醒，必须尽快改变饮食结构和生活习惯，否则后患无穷。这里推荐的 WHO 的饮食结构(饮食计划)是一种平衡饮食结构，值得遵从。WHO 推荐的膳食构成是：来自碳水化合物(糖类)的能量为 55%～65%，来自脂肪的能量为 20%～30%(饱和脂肪宜少于 10%)，来自蛋白质的能量为 11%～15%。

总的来说应注意做到以下几点。

(1)增加糖类(碳水化合物)的摄取(应由原来占食物总量的 46%～58%提高到 55%～

65%)，而同时要不断减少单糖的摄入量。

(2)减少总脂肪量(约 42%～30%)和饱和脂肪(16%～10%)的摄入量，摄入量应向下限看齐。

(3)限制每天食物中胆固醇的摄入量，不超过 300 毫克/每天。

(4)降低盐的摄入量，减少 50%～85%，只到每天仅仅摄入 3 克～5 克，重体力活动者除外。

(二)健康营养的基本要求

合理营养是健康的物资基础，而平衡膳食又是合理营养的根本途径。根据《中国居民膳食指南(2007)》的条目并参照膳食宝塔的内容说明来安排日常饮食和身体活动是通往健康的光明之路。

那么，什么是健康的饮食营养呢？按照“中国居民平衡膳食宝塔”的要求，对成人而言，就是每天 1 杯牛奶(每天饮相当于鲜奶 300g 的奶制品和相当于干豆 30～50g 的大豆制品)，两匙油(25～30g)，300g 左右的水果(200～400g，最好 3～5 种水果)，四份高蛋白(鱼、禽、蛋、肉等动物性食物总共 125～225g。例如鱼虾类 50～100g，畜、禽肉类 50～75g，蛋类 25～50g)，500 克蔬菜(300～500g)，6 克盐(2006 年，世界卫生组织将盐的上限改为 5 克)，7 两左右粮食(即 250～400g，其中最好包括 50～100g 粗粮)，8 杯左右水(在温和气候条件下生活的轻体力活动者每日至少饮水 1 200mL 以上，即最少应达 6 杯水)，九成饱，十千步(每天进行累计相当于步行 6 000～10 000 步的活动量，如果身体条件允许，最好进行 30 分钟中等强度的运动)。但病人、少年儿童、减肥者、60 岁以上老人和孕妇等，普通饮食满足不了，或肠胃功能障碍吸收困难，或负担加重，就需调整膳食结构和食物量，必要时补充维生素和矿物质甚至全营养素。(膳食宝塔中所标示的各类食物的建议量下限为能量水平 7 550kJ〈1 800kcal〉的建议量，上限为能量水平 10 900kJ〈2 600kcal〉的建议量)。

二、营养素

(一)碳水化合物(糖)

1. 碳水化合物的组成、来源和分类

碳水化合物是由碳、氢、氧元素所组成的。碳水化合物的食物来源主要是小麦及淀粉类，包括面包及谷类、水果及蔬菜等。碳水化合物按其分子结构的不同，可分为单糖，包括葡萄糖、果糖及半乳糖(容易导致肥胖和脂肪积聚)；双糖(二糖)，包括麦芽糖、蔗糖(食糖)及乳糖；多糖，它由三个以上单糖分子组成，有淀粉、原糖、食用纤维素及葡萄糖分子键等。所有种类的碳水化合物经消化后均会被转化成单糖，然后被吸收。

2. 碳水化合物的功能和供能特点

碳水化合物对人体的总体效应主要是稳定血糖水平，以增进调节食欲和体力的功能，促进脂肪代谢与糖原贮存。而且增加碳水化合物贮存量可避免蛋白质的过量分解和增加脂肪的代谢。一般低糖原贮存量会导致缺水、代谢及体力下降、脂肪的代谢消耗减少、低血糖症及饥饿感等。

(1)碳水化合物对人体的主要功能是：①制造三磷酸腺苷(ATP)的主要来源，可被人体直接使用；②有氧运动及无氧运动的主要能量来源；③中枢神经系统活动的能源；④丰满肌肉；⑤

调节脂肪代谢；⑥节约蛋白质。

(2)碳水化合物的供能特点是：①产生能量快；②比蛋白质、脂肪耗氧低；③缺氧时，通过无氧酵解供能；④代谢产物 CO_2、H_2O；⑤提高肌酸利用率。

3.糖原贮存形式及膳食分配

糖原贮备主要适用于耐力性运动项目，它并非为爆发性或速度性项目而设。如耐力性项目的训练者(马拉松训练者等)。碳水化合物在人体中作为糖原形式进行贮存，主要分为三种形式。

(1)肝糖。它以糖原形式贮存于肝脏(75～100g)，需要时用以调节血糖浓度。

(2)血糖。它主要释放葡萄糖以供身体组织使用，血糖水平受胰岛素控制，而肌肉亦受此控制其糖原的贮存量(约 5g)。

(3)肌糖。它以糖原形式贮存于肌肉(360～400g)，亦用于新陈代谢，超过机体需要的过多的碳水化合物会转为脂肪，并储存于脂肪组织中。

碳水化合物是食物中最主要的也是最基本的供能物质，每克碳水化合物大约含热量 4 千卡。在人们目前一般饮食结构中碳水化合物占总供能的 46%，甚至更少，2002 年我国城乡居民谷类食物比 1982 年和 1992 年分别下降 21%和 10%，而肥胖者和糖尿病发病最高的大城市居民谷类食物摄入量最少，提供能量只占总能量的 41%。然而我国的营养目标是要达到碳水化合物供能占总供能量的 58%，碳水化合物中包括那些可用于供能的可消化类型(如淀粉和糖)以及膳食纤维等不能消化的食物类型。如果酱、软饮料，牛奶中有糖，而杂粮、面包、蔬菜中有淀粉。

通常，碳水化合物在膳食中的分配主要是：膳食中的热量摄入，占总热量摄入的 55%～65%，其中 10%单糖类及 50%复合糖类，训练者的热量摄入占总热量摄入的 65%～70%。一般成年人每天摄入谷类、薯类及杂粮 250～400g 为宜，摄入量最少也不应少于 200～250 克，以防组织蛋白质的过量分解。以谷类为主是平衡膳食的基本保证，谷类食物中碳水化合物一般占重量的 75%～80%，蛋白质含量是 8%～10%，脂肪含量 1%左右，还含有矿物质、B 族维生素和膳食纤维。谷类食物是最好的基础食物，也是最便宜的能源。只有膳食中谷类食物提供的能量的比例达到总能量的 50%～60%，再加上其他食物中的碳水化合物，才能达到世界卫生组织(WHO)推荐的适宜比例。为保证机体的正常工作，一般建议普通人每天需摄入的量为 500～600g 碳水化合物。也有专家提出，减肥者碳水化合物应限制在占总热量的 50%～60%，甚至 45%，以利于减肥。健美运动员在赛前减脂期，碳水化合物的摄入量甚至限制在占总热量的 40%，那是为了拉肌肉线条，而减肥者完全没必要像健美运动员在赛前减脂期那样实施低碳水化合物限量，长期这样会产生一系列的副作用。研究证实，选用“食物血糖生成指数”(GI)低且富含碳水化合物的食物，作为肥胖者和代谢综合征患者尤其对糖尿病患者的膳食管理以及健康人群的营养参考依据是有非常积极意义的。然而简单地将糖尿病和肥胖患者增多归因于粮食吃得太多是不正确的。相反，希望增肌和长壮的人则应选择“食物血糖生成指数”(GI)高的食物，以利于增加肌糖原的合成和肌纤维的饱满度。

建议需要量：成年人每天为 4～6g/kg(体重)，力量项目运动员每天为 5～8g/kg(体重)，耐力项目运动员每天为 9 ～11g/kg(体重)，减肥者每天向下限量[4g/kg(体重)]靠近。

关于补糖的几点建议：充分利用训练后补糖的最佳时间，除了运动前、中、后，尽量减少在其他时间食用加工过的糖，而选用富含膳食纤维的食物如全麦食物，最后一次碳水化合物的摄入不要离晚上睡前太近。

提示：豆类、乳类、燕麦、蔬菜等纤维含量高，都是低 GI 值食物，魔芋粉的血糖生成指数只有 17，在几乎所有食物中是最低的。而馒头、米饭、蛋糕、饼干、甜点等淀粉含量较高，则属于高 GI 食物，谷类、薯类、水果常因品种和加工方式不同特别是其中的膳食纤维含量发生变化，而引起 GI 的变化。例如，100g 土豆食物中淀粉的含量占 17%，脂肪仅含 0.2g，而油炸土豆的脂肪含量将增加几十倍。此外，选择较粗糙的食物（没有经过太多烹调手续和较少调味、添加物），少吃过于精致的食物，也是一种挑选低 GI 食物的方法。

4. 低碳水化合物饮食对身体和运动的影响

人体能量的 55%～65% 靠碳水化合物供能。低碳水化合物饮食在各种不同的情况下，会对身体产生各种不同的影响。比如：肝糖耗尽时，会引起低血糖症，并且由于肌肉糖原耗尽，患者会出现体弱及疲倦现象，同时蛋白质也将被分解，以转化为糖类提供能量。当血糖过低后采用单糖份量高的膳食，会导致血糖过高症。一般正常血糖水平应是每 100mL 血液中含 80～100mg，当低于 45mg 时就属血糖过低症。假若运用低强度运动，就能增加脂肪消耗，避免糖原过量使用；但运动强度过高时，肌肉糖原会减少，而血糖则成为主要能量来源（75%～90%）。以植物性食物为主的膳食还可以避免欧美等发达国家高能量、高脂肪和低碳水化合物膳食模式的缺陷，对预防心脑血管疾病、糖尿病和癌症有益。研究证实，在主食摄入量一定的前提下，每天食用 85g 全谷食品（小米、高粱、玉米、荞麦、燕麦、薏米、红小豆、绿豆、芸豆等），能有效地减少若干慢性疾病的发生风险，还可以帮助控制体重。

运动员糖摄入不足的后果主要有：

(1)运动后糖原的耗竭不能很快恢复。

(2)运动中不能保持血糖水平，疲劳提早发生，运动能力下降。

(3)摄糖不足会造成肌肉蛋白分解，围度减小，体重减少。

(4)摄入过少时，会导致脂肪代谢减慢。

(5)缺乏会导致水分丢失，新陈代谢减慢，增加食欲。

5. 注意事项

为了达到减少加工精制糖类而增加复合碳水化合物和纤维这一理想饮食目标，建议在饮食中作以下调整：

(1)减少像软饮料、蛋糕、小甜饼和类似的其他含糖食物的摄入量。

(2)增加全谷面包、粗粮、水果、蔬菜的摄入量。

(3)增加了复合碳水化合物热量的摄入，相应地脂肪的摄入量就减少了。

(4)比赛前的数天，进行高碳水化合物膳食及减低训练强度，此方法可增加糖原贮备量。

(5)训练后，首先须补充水分（用以调节体温及正常生理功能），然后补充碳水化合物。

(二)脂肪

1. 脂肪的组成和种类

脂肪是由碳、氢和氧三种元素组成。其中游离脂肪为脂肪的最简单形式，最常见的包括棕榈脂、油酸脂及硬酯，有的还含有氮和磷。它是由一分子甘油和三分子脂肪酸脱水缩合而成的脂（也称甘油三酯，占 95%）。在人体和动植物组织成分中，含有油脂（即脂肪）和类脂两大类化合物，总称为脂类。类脂主要包括磷脂、糖脂、固醇类等（占 5%）。脂肪按其分子结构的不同，可分为饱和脂肪和不饱和脂肪两大类。饱和脂肪多来自动物，在室温条件下呈固态（在碳键中含所有可能的氢原子并在两个碳原子中间没有双键），动物油脂如猪油、牛油、鱼肝油和奶油等。不饱和脂肪多来自植物，在室温条件下呈液态（在两个碳原子中间含双键，碳键中含较少氢原子），植物的油脂如豆油、花生油、菜油和芝麻油等，它们是由脂肪酸与醇类所生成的脂，可分为单不饱和脂肪酸（可多吸取 2 个氢原子）和多不饱和脂肪酸（可多吸取 4 个或更多氢原子）。另外，脂肪还有其他一些特点。

(1)脂肪酸。属多不饱和脂肪。来自鱼油中，可减低血中胆固醇及甘油三酯的水平，有效降低患冠心病的机会。

(2)胆固醇。肝脏将游离脂肪酸合成为胆固醇，以供身体应用。而肝脏亦使用胆固醇制造胆盐以帮助消化脂肪。其主要来源为动物及蛋、猪油成分的食品。

(3)脂蛋白。与胆固醇有极大关系，主要有蛋白质、胆固醇、磷脂及甘油三酯。具体可分为：①高密度脂蛋白（HDL）。高分量蛋白质，中量胆固醇及磷脂，少量甘油三酯。从动脉壁去除低密度脂蛋白，将其运输到肝脏。这种脂蛋白被称为“好胆固醇”；②低密度脂蛋白（LDL）。高分量胆固醇及磷脂，少量甘油三酯及蛋白质。此脂蛋白会附于动脉上，引致动脉粥样硬化。这种脂蛋白被称为“坏胆固醇”；③极低密度脂蛋白（VLDL）。高分量甘油三酯，少量蛋白质。这种脂蛋白为低密度脂蛋白的先驱；④磷脂。细胞膜的构造成分；⑤亚油酸。是唯一的必需脂肪酸，为多不饱和脂肪酸，也是脂溶性维生素的载体。

2. 脂肪的主要功能

脂肪在体内的贮存形式包括以甘油三酯的形式贮存在皮下及器官组织周围的脂肪细胞内；以游离脂肪酸贮存于血浆内；以甘油三酯的形式贮藏于肌肉内等。其主要功能包括：

(1)维持体温。

(2)保护脏器等重要器官和组织。

(3)能量贮存，提供必需脂肪酸。

(4)生产激素的原料。

(5)参与细胞的构建，构成血浆脂蛋白。

(6)影响脂溶性维生素的吸收。

(7)维持生物膜结构和功能，胆固醇可转变成类固醇激素、维生素、胆汁酸等。

3. 脂肪的需要量

脂肪是能量的另一种重要来源，每克脂肪所含的热量要多出碳水化合物的两倍。WHO 推荐的脂肪能量为 20%～30%，为了保持较低脂肪，食物脂肪不超过总热量的 20%～25% 较适宜，每天约 40～50 克（包括植物油）脂肪即能满足必需脂肪酸（亚油酸、亚麻酸、花生四烯酸）的需求并保证脂溶性维生素的吸收，饱和脂肪酸（SFA）、单不饱和脂肪酸（MUFA）和多不饱和脂肪酸（PUFA）之间的比例约为 S∶M∶P＝1∶1∶1。

健美锻炼者饱和脂肪可占 5%，不超过 10%，单不饱和脂肪酸占 8%，多不饱和脂肪酸占 7%。

同时另一种类型的脂类——胆固醇的摄入量也设定每天不超过 300 毫克。为了达到这些目的，请注意保证做到以下几点。

(1)多吃瘦肉、鱼类、禽类、干豆、豌豆，以作为蛋白质的来源。

(2)食用去脂牛奶、低脂牛奶和奶制品。

(3)限制鸡蛋（尤其蛋黄）和动物内脏器官类肉的摄取量。

(4)限制油脂，特别是那些富含饱和脂肪的种类，如黄油、猪油、奶油及一些含棕榈油和花生油的食物。

(5)烤、烧、煮而不应油炸，去除肉中的脂肪组织。

(6)少饮酒，因为大部分酒精将转化为脂肪。

4. 脂肪摄入过多或不足对身体和运动的影响

脂肪摄入过多的危害是：

(1)造成肥胖、高脂血症及相关疾病，影响心血管的健康。

(2)代谢产物蓄积，耐力下降，引起疲劳。

(3)蛋白质、铁和其他营养素的吸收下降等。

脂肪摄入过低的危害是必须脂肪酸和维生素 E 缺乏，并影响脂溶性维生素的吸收以及肌肉细胞膜的修复。

提示：在碳水化合物、蛋白质和脂肪这三类产能营养中，脂肪比碳水化合物更容易造成能量过剩。1 克碳水化合物或蛋白质在体内可产在约 17kJ(4kcal)的能量，而 1g 脂肪则能产 38kJ(9kcal)的能量，也就是说同等重量的脂肪是碳水化合物提供能量的 2.2 倍。另外相对于碳水化合物和蛋白质，富含脂肪的食物口感好，刺激人的食欲，使人容易摄入更多的能量。动物实验表明，低脂膳食摄入很难造出肥胖的动物模型。从不限制进食的人群研究也发现，当提供高脂肪食物时，受试者需要摄入较多的能量才能满足他们食欲的要求；而提供高碳水化合物低脂肪食物时，则摄入较少能量就能使食欲满足。因此进食富含碳水化合物的食物，如米面制品，不容易造成能量过剩使人发胖。造成肥胖的真正原因是能量过剩，而脂肪摄入过多又是肥胖的主要因素之一。

(三)蛋白质

1. 蛋白质的组成和种类

蛋白质是人体最重要的生命物质，由碳、氢、氧、氮四种主要元素组成。氨基酸是组成蛋白质的基本单位。组成蛋白质的元素先按一定的结构组成氨基酸，再以肽键相连组成蛋白质。大部分蛋白质均由 300 个以上的氨基酸组成。通常，人体需要 20 种氨基酸，以组合成不同种类的蛋白质，供身体正常的生长和使用。蛋白质主要来源于食物中的肉类、奶类、豆类等。氨基酸的种类划分主要以是否能在人体内合成为前提的。比如必需氨基酸(8 种)，它不能在人体内合成，所以必须从膳食中供给，而非必需氨基酸(12 种)，它可以在人体内合成。其中食物中含各种氨基酸的数量是不同的。比如完全蛋白质(来自动物)食物，它含足够量的必需氨基酸，以维持健康及促进发育；而不完全蛋白质(来自植物)食物，它缺少一种或多种必需氨基酸。

2. 蛋白质的功能

蛋白质是构成人体的主要成分，人体的 16%～19% 由蛋白质组成。在人体细胞中，蛋白质约占 1/3，蛋白质具有促进新陈代谢(每天有 3‰的蛋白质要更换，即新细胞代替老细胞)、修补旧组织、供应部分能量和调节生理功能。比如：胰岛素、血红蛋白、线粒体内的氧化激素(活性物质)、体液和酸碱平衡及凝血机制，以及保护机体的抗体和氨基酸及血脂蛋白的载体等。另外，色氨酸及酪氨酸是生成人体大脑中一种重要神经传递物质。进行高强度运动时，肌肉中的亮氨酸会被分解以供给能量。进行健身健美训练时，蛋白质的主要功能是可以使肌肉发达，力量增长。此外，还可保证体内各内分泌物的平衡。

当足够的氨基酸满足机体需要后，剩余的是不能贮存起来的。而多余的氨基酸则会通过脱氨基的作用，将含丰富氮元素的氨基释放出来，然后通过尿液及汗水排出体外。氮是一种有毒物质，会加重肝及肾的负担，引致脱水现象，同时还会使患通风的人感到关节疼痛的程度增加。

肌糖原贮备充足时，蛋白质供能仅占总热量的5%，肌糖原耗竭时，蛋白质作为能量来源可高至总热量的15%左右，减肥者在减体重过程中蛋白质可占总热量的20%～25%。因为脱氧核糖核酸(DNA)有增加蛋白合成的功能，而所合成蛋白质的种类则视所参与的运动项目而定。如有氧运动会增加粒线体及氧化激素，而无氧运动则会增加收缩肌的蛋白。

3.蛋白质供应不足的后果

(1)减脂速度缓慢。

(2)女性皮肤粗糙无光泽，易疲劳。

(3)机体抵抗力减低，生命脆弱而易病。

(4)健美爱好者肌肉增长缓慢。

4.建议摄入量

每克蛋白质提供与糖相等的热量，也是4千卡/克，但却不是主要的供能物质。

(1)建议摄入量。青少年为2克/公斤(体重)/天，成人为0.8～1.2克/公斤(体重)/天，非从事锻炼群体为0.6～1.4克/公斤(体重)/天，少年运动员为2～3.4克/公斤(体重)/天。增肌者为1.6～2克/公斤(体重)/天(具体建议是，一般强度的锻炼需1～1.5克/公斤(体重)/天，大强度锻炼需1.5～2克/公斤(体重)/天，休息日需1克/公斤(体重)/天)，有的增肌者甚至达到3.4克/公斤(体重)/天。减脂者为1.2克/公斤(体重)/天，有的减肥者有时达2克/公斤(体重)/天。

一般地，成年人每天每公斤体重摄入量约为0.8克蛋白质，因此一个70公斤的人每天只需要56克的蛋白质，快速生长的婴儿每天每公斤体重需要2.2克蛋白质。健康膳食应包括鱼肉、禽类肉和低脂制品，而不是更多的红肉和常规的奶制品。

健美运动员进入比赛体格状况时，每天每公斤体重摄入2.5克左右蛋白质，最高时达3克以上，故此，成年人每天每公斤体重一般在1.0～3.0克，此标准同时也适用于健美训练者和从事耐力或爆发力的训练者。

(2)注意事项。计算体重时，应将体脂一并考虑(新陈代谢直接与肌肉量有关)。

(3)所占比例。成人摄入机体的蛋白质一般应占总热能的11%～15%，增肌人群为15%～20%，减脂人群可达20%～25%。

5.摄取蛋白质的忌点

科学研究显示，鱼类蛋白质含量平均为18%左右。其蛋白质的氨基酸与人体需要接近，利用率高，脂肪含量平均约5%左右，还含有非常全面的维生素和矿物质，故是人体优质的蛋白质来源。其他水产品如乌贼鱼等，蛋白质含量多为15%左右。禽类蛋白质含量约为16%～20%。蛋类(全蛋)的蛋白质含量平均为12%左右。畜类蛋白质含量一般为10%～20%。上述食物氨基酸的组成均与人体需要接近，营养价值极高，但也不是多多益善，如果过食会对身体造成伤害，应注意营养膳食的平衡。

(1)高蛋白质的食物往往是高脂肪。在摄入大量蛋白质的同时会带进大量的脂肪。个别健身健美者只摄取蛋白质，而忽略了其他能量物质对身体的影响。以猪肉为例，肥瘦肉的脂肪含量在1/3以上，纯瘦肉的脂肪含量也在6%以上，这样就会导致身体肥胖。过多的蛋白质同样会造成热能过剩，增加体重（主要是体脂）。

（2）高蛋白质的食物往往也是高胆固醇食物，见表 6－1。

（3）高蛋白质的食物使机体丢失更多的钙。

（4）过多的代谢产物（废物）增加了肾脏的负担。蛋白质代谢生成的氨，需经过肝脏转化和肾脏排泄，过量食用蛋白质会造成机体酸性代谢产物过多而导致机体酸化，故过多地摄入蛋白质会加重肝脏和肾脏的负担。

（5）高蛋白质食物会造成脱水和活动能力下降。人体的最佳内环境（主要是组织液和血浆）是中性偏碱性的，过量蛋白质会造成体液酸化和脱水，使疲劳提早出现，降低人的活动能力。

（6）高蛋白质食物有可能会诱发中老年人患心脑血管疾病的危险。

表 6－1 每 100 克食物中胆固醇含量

食物名称	胆固醇含量	食物名称	胆固醇含量
鹌鹑蛋	3 640	鳝鱼	264
鸡蛋黄	1 163	海参	0
乌贼鱼	275	豆制品	0
鱿鱼	215.6	蛋白	0

提示：每 100 克食物中含胆固醇 200 毫克以上者，医学上称为高胆固醇食物（每人每日胆固醇摄入量以不超过 300 毫克为宜），而海参、蛋白和豆制品中胆固醇含量为零。可见，豆制品、蛋白、海参及牛奶等很适宜中老年人食用。

特别提醒那些正处在 40～55 岁（更年期）年龄段的人。在这个年龄阶段易发生多种疾病，如高血压、冠心病、动脉硬化、高血糖、高血脂等。因此，40 岁以上的人以不吃或少吃鹌鹑蛋、鸡蛋黄和无鳞鱼为好。尤其是老年胖人，更应当慎食。如果经常食用含胆固醇较高的食品，胆固醇便会渐渐沉积在动脉血管内壁上，久而久之，即形成动脉硬化症。

（四）维生素

1. 维生素的种类、功能及来源

维生素是维持人体生命和正常机能不可缺少的一种营养素。维生素在体内不能合成。维生素在人体内的主要作用为辅酶的功能。人体共有 13 种必需维生素，也是食物中含量特别少的一种特殊的营养物质，但它对机体的正常功能却必不可少。根据其溶于水和脂的能力，将其分为水溶性和脂溶性两类。脂溶性维生素包括 A、D、E 和 K，由于它们的溶解性能，它们可储存于人体内，并非每天都需要从外界摄取。脂溶性维生素对人体的一个潜在的危险是，如果你长期摄入过多的脂溶性维生素，会造成维生素中毒症——一种可致神经紊乱、胃肠疾病和对肝脏造成损伤的高维生素症。

水溶性维生素包括维生素 B、C、叶酸、泛酸和生物素，由于任何多余的水溶性维生素都可以通过尿液排出体外，所以很少可能造成维生素中毒症。但是摄入过多的水溶性维生素对人体也有毒害作用，因此也应避免。由于这些维生素的排泄，每天都必须摄入一定量的水溶性维生素，以便补充。对各种维生素，它们的功能及食物来源总见表 6－2。

表 6-2　维生素的功能与来源

维生素	功　能	来　源
B_1	作为一种辅酶的组成，辅助能量的供应	全谷、坚果、瘦猪肉
B_2	作为一种辅酶的组成，与能量代谢有关	牛奶、酸奶、奶酪、肉类、内脏、蛋类、谷类、蔬菜、水果
PP	促进细胞内的能量产生	瘦肉、鱼类、禽类、谷物
B_6	氨基酸代谢，辅助细胞的生成	瘦肉、蔬菜、全谷、豆类、肝脏
泛酸	辅助糖、脂肪、蛋白质的代谢	全谷、杂粮、面包、黑色或绿色蔬菜
叶酸	作为核糖和蛋白质合成的辅酶	绿色蔬菜、豆类、全麦食物
B_{12}	与核酸的合成，红细胞的形成有关	只存在于动物性食物中，而不存在于植物性食物中
生物素	脂肪酸和糖元合成的辅酶	蛋黄、黑色和绿色蔬菜
C	骨、牙齿、毛细血管间的营养	柑橘等水果、青辣椒、西红柿
A	与视力有关；形成和保持皮肤及粘膜；抗氧化剂，可延缓衰老	胡萝卜、甜薯、人造奶油、黄油、肝脏、蛋黄、有色蔬菜
D	辅助骨和牙齿的生长和形成；促进钙的吸收	蛋黄、海鱼、肝脏、精炼牛乳、鱼干油
E	保持不饱和脂肪酸；保护细胞膜使其免受损伤	植物油、全谷、谷类、面包、绿叶蔬菜、豆类、蛋黄
K	对凝血起重要作用	绿叶蔬菜、豌豆、马铃薯

维生素与健康关系非常密切。如番茄红素、Vc、Ve、β—胡萝卜素等可防止自由基对机体的伤害，B_1、B_2、PP 等 B 族维生素在能量代谢中必不可少。蕃茄红素是近年来国际最新流行的一种营养素，有研究资料显示，它的抗氧化能力比 Ve 强 100 倍，番茄红素的功能主要是，增强免疫力，抗衰老，保护心血管，降低癌症的发生。

提示：一个人完全可以通过摄取平衡饮食而满足每天对维生素的需求，因此额外补充维生素是毫无必要的。从另一方面说，健身者应注意平衡饮食，从长远的观点出发，保证机体对营养物质的需要，而不是靠额外的补充。请记住，平衡饮食不仅仅是提供足量的维生素，同时也能满足人们对蛋白质和无机盐的需求。

2. 需要补充维生素的人群

前面说过，脂溶性维生素可储存于体内，并不需要每日补充（病人及缺乏者除外）；而任何多余的水溶性维生素都可以通过尿液排出体外，故每天都必须摄入一定量的维生素进行补充，特别是处于亚健康状态的人或患有某些疾病的人。下列人群应该寻求补充多种维生素：①严格的素食者；②长期患病而使食欲下降或营养素吸收障碍的人；③使用影响食欲或消化功能药物的人；④体育健康锻炼者，或进行严格训练的运动员；⑤孕妇和哺乳期妇女；⑥长期食用低能量膳食的人；⑦老年人。

(1)维生素不足与缺乏常见症状：①常感疲劳、常易感冒、咳嗽、抵抗力下降，而无工作过度劳累，环境急剧改变或其他器质性疾病等客观原因；②消瘦、贫血；③牙龈出血、牙龈发炎，口腔黏膜发炎及溃疡；④口角炎、口角裂、唇炎、杨梅样舌、舌水肿、地图舌；⑤皮肤粗糙、毛囊角化、皮炎、脂溢性皮炎，皮肤淤点、淤斑；⑥眼睑炎、眼角膜干燥、角膜软化，暗适应能力下降，夜盲；⑦多发性神经炎、中枢神经系统功能失调、下肢肿胀、脚气病；⑧儿童生长发育迟缓或不良、易出汗、毛发稀少，出现帽圈状脱发；⑨鸡胸、患珠胸、O 型腿、X 型腿，软骨病；⑩中老年人腰背、关节疼痛，容易骨折，骨矿物质量下降。

（2）需要补充维生素 A 的人群：①视力下降和夜盲症患者；②上皮组织萎缩，皮肤老化、干燥、脱屑、毛囊角化及黏膜组织发生异常现象者；③人体感觉疲劳，皮肤灼热、发炎，眼球疼痛，眼分泌物增加及角膜炎患者。

但过量服用，可引起中毒现象，如出现脱发、胃痛、呕吐、腹泻、疲劳、头痛、肝脏肿大、视力模糊等。

（3）哪些人需要补充维生素 B：①精神不振、有疲劳感、记忆力差、头痛、心跳异常、食欲不振、浑身及腰膝酸软无力者需补充维生素 B_1；②精力不济、易疲劳、头晕、嘴唇干裂、脱皮、口腔溃疡、舌头发红或紫红，皮肤发痛、发育迟缓者需补充维生素 B_2；③脱发、贫血、口臭、皮肤损伤、易发炎、虚弱、走路不稳、协调性差者需补充维生素 B_6；④贫血、皮肤粗糙、面色发黄、苍白、抵抗力差者需补充叶酸。但不可过量，因为过量摄取叶酸，可能影响医生对恶性贫血的诊断。

（4）哪些人最应补充维生素 C：①从事剧烈运动和高强度劳动的人；②抽烟的人。多吃含维生素 C 的食物，有助于提高细胞的免疫力，消除体内的尼古丁；③容易疲倦的人。维生素 C 是一种抗氧化物质；④脸上有色素斑的人。补充维生素 C 可抑制色素斑的生成并促进其消退；⑤长期服药的人。如安眠药、抗癌药、四环素、阿司匹林、降压药、钙制品等都会使人体维生素 C 减少，从而引起不良反应；⑥白内障患者。维生素 C 的摄入量不足是导致白内障的因素之一，应多补充维生素 C；⑦坏血病患者。饮食中缺乏维生素 C，从而影响结缔组织的形成，是毛细管管壁脆性增加所致；⑧在污染环境工作的人。补充维生素 C 则可减少有毒气体对机体的危害。

此外，B 族维生素中任何一种服用过量，都会导致其他 B 族维生素的损失，故一定要掌握好补充的量。

（五）矿物质（无机盐）

1. 矿物质的种类、作用及来源

矿物质是构成人体组织的各种元素，如骨骼、牙齿及肌肉。它也是人体中酶及激素的成分（调节新陈代谢）。无机离子和电解质在人体中主要的生理调节作用是肌肉收缩、神经脉冲传导、血中酸碱平衡、血凝固、正常心率等。它主要来源于植物、动物及水。缺乏时会出现贫血、血压高、癌症、蛀牙及骨质疏松症等疾病。通常身体吸收的比率，即是日推荐量为真正需要量的 10 倍（被吸收的只占 10%）。此外，矿物质有相互干扰（一种矿物质过多时会影响其他矿物质的吸收）的特性。如锌与铜、钙与镁等，故应特别注意。

矿物质和维生素一样重要，机体只需要少量就可维持正常机能。无机盐又可分为两类：大量无机盐和微量无机盐。常量元素（每天需 100 毫克以上）如钾、钠、钙、镁、磷；微量元素（每天需 100 毫克以下），如铁、碘、铜、锌、锰、铬、钒等。大量无机盐包括对骨起重要作用的钙、对神经肌肉起重要作用的钾和钠以及对人体内许多酶起重要作用的镁等；微量无机盐包括血液中氧运输所必需的血红蛋白中的铁、调节正常代谢率所必需的腺垂体中的碘、许多与酶正常功能有关的锌、硒、铜等。人可通过摄入全面平衡的饮食获取他们每天所必需的这些矿物质元素。但是妇女常常会缺乏铁和钙，所以有必要考虑给妇女适当补充这些矿物质元素。无机盐的主要作用如下。

（1）维持细胞内外液的容量和渗透压（维持机体内环境稳定）。

（2）维持体液的酸碱平衡。

(3)维持神经肌肉的兴奋性(如血钙低就会抽筋)。

(4)影响体温调节。

(5)构成体质(尤其钙等)。

2.矿物质缺乏和大量消耗对运动的影响

(1)疲劳提早发生。

(2)运动能力下降。

(3)影响运动后疲劳恢复。

(4)降低减脂效果。

3.哪些人需要补钙

钙是人体内含量最丰富的矿物质,约99%的钙存在于牙齿和骨骼里,主要是以与磷相结合的形式存在,其余1%则存在于体液和软组织中,大多呈离子状态,与骨骼维持着动态交换与平衡。有证据表明,钙还有助于防止结肠癌。

11～24岁的男女每天的钙摄入膳食推荐量为1 200毫克,在此年龄阶段补充充足的钙对以后年龄段防止骨质疏松至关重要。据调查,60岁以上的妇女有四分之一的人患有骨质疏松。24岁以上的成年人钙的膳食推荐量为800毫克,这个推荐量是为保持强壮骨骼和防止骨折所必要的。一些研究表明,易发生骨质疏松的妇女每天钙的摄入量应该为1 000～1 500毫克。

(1)钙的功能。①钙对于骨骼及牙齿的形成,正常心跳的维持,神经活动的传导,血液酸碱的平衡等起重要作用;②钙能帮助肌肉收缩、血液凝结,并维护细胞膜;③钙可以在与磷、维生素D的共同作用下防治小儿佝偻症;钙可以预防和治疗更年期骨质疏松症;细胞内游离钙浓度的平衡有助于维持血压稳定;钙还有助于预防结肠癌。

(2)缺钙的原因。缺钙的原因除了遗传因素外,主要是后天造成的。在日常生活中,钙的摄入量远远满足不了人体所需的标准量,这是缺钙的主要原因。据调查,1992年上海地区居民平均每天钙的摄入量只及所需标准量的58.33%。人体钙的来源,主要是通过膳食。然而,人体对钙的吸收又非常苛刻,钙盐只有在酸性环境中呈离子状态,溶解于水的钙,才能被吸收,而钙的吸收又依赖于机体对钙的需要、食物的种类和钙的摄入量而定,并且受到很多因素干扰。

当今随着饮食的欧美化和加工食品、速食品、肉食品的摄入量增加,钙的摄入不足将会越来越严重。同时奶与奶制品、豆与豆制品等含钙确实丰富,可是由于受到饮食习惯和食品供应等限制,很难通过膳食满足人体对钙的需求。此外,随着社会的老龄化,缺钙导致对人体健康的危害将会越来越突出的显露出来。

(3)缺钙的症状:虚汗、盗汗、出牙慢、换牙晚,牙齿不坚固;关节酸痛、腰酸背痛、小腿抽筋;骨质疏松;长不高,长得慢;易疲劳。

(4)缺钙的危害:①由于钙有助于神经刺激的传导,缺乏钙,导致神经无法松弛下来,因而疲劳无法缓解,并且引起经常失眠;②缺钙会引起程度不同的骨质疏松症;③缺钙可引起的疾病有高血压、冠心病、尿路结石、结(直)肠癌、手足抽搐症等。

(5)哪些人要警惕骨质疏松:①长期饮酒者;②缺硼,缺镁者;③自身免疫状况较差者;④长期缺乏锻炼者;⑤缺乏雌激素者;⑥月经不正常者。

4.预防骨质疏松及补钙的方法

(1)食物弥补:低脂牛奶及奶制品、豆类及豆制品、海藻类(海带)、虾类、鱼类、绿色蔬菜(如萝卜、花椰菜和绿芥末)、花生、柑橘、山楂、橄榄、杏仁、番茄、蛋类、瓜子类等,以及含维生素C丰富的食物,以促进钙的吸收。通过饮食调节,增加含钙的食品摄入量,这是最重要的。

(2)加强体育活动,尤其是经常进行户外体育活动是预防控制骨质疏松症发生与流行的一项不可忽视的措施。

(3)控制影响骨质形成的药品和食品的摄入:①吸烟可促使骨质丢失,饮酒会减少钙的摄入,增多尿钙的排泄,因此不吸烟、少饮酒是很重要的;②含铝的制酸药,如可的松、苯妥英纳、肝素和咖啡因等药品,均会影响骨质的形成,应加以控制使用;③积极治疗引起骨质疏松症的内分泌疾病,如库欣综合征、肢端肥大症、甲状腺功能亢进、糖尿病等。

(4)选用含钙的保健品。选用原则如下:①钙含量高;②吸收利用率好;③安全无污染,刺激性小;④口感好,服用方便;⑤含量价格比经济。

(5)药物治疗:各种药物钙剂。

5.哪些人需要补铁

铁是人体必需的重要微量元素,是维持生命的重要物质,是血液中含量最高的矿物质。

(1)铁的功能:①铁是合成血红蛋白的重要物质,在组织呼吸和生物氧化中起着重要作用,可以防治缺铁性贫血症,促进发育,增强抗病力,改善儿童的精神状态;②由于铁在血液中的重要作用,可以增强人体活力,防止疲劳,使皮肤恢复良好的血色。

(2)缺铁的原因:①食物中铁的摄入不足;②妇女因月经过多导致缺铁;③疾病影响,如溃疡病等导致失血;④胃肠功能紊乱以及胃肠疾病影响铁的吸收。

(3)缺铁的症状:注意力不集中,精神委靡;贫血,面色发黄,苍白;心跳加快,胸闷;厌食,偏食;腰膝酸软,手脚冰凉。

(4)缺铁的危害:①人体缺铁时不能合成足够的血红蛋白,就会发生缺铁性贫血;②缺铁导致细胞免疫功能受损,同时还会影响中性粒细胞杀菌能力,铁的缺乏直接影响了机体的免疫功能;③缺铁会引起儿童智力下降;④缺铁可影响人的肌肉运动能力,导致人的肌力减弱,耐力差,表现为易疲倦和软弱无力等。

(5)预防缺铁及补铁的方法。

①食物弥补:动物肝、莲子、黑木耳、海藻、菠菜、黄花菜、鸡鸭肉、猪肉、牛肉、羊肉、香蕉、橄榄、蘑菇、油菜、芝麻、酵母、枣、大豆制品、芹菜、海蜇、鱼、蛋、番茄、虾皮、香瓜、谷类、胡萝卜、牛奶、葱,以及含维生素C丰富的食物,以增加铁的吸收。

缺铁的治疗首选饮食疗法,要选择既富含铁又容易吸收的食物,其中动物性食物不论含铁量和吸收率一般都要优于植物性食物,炒菜最好用铁锅,可以增加铁的来源。

②病因治疗:治疗胃肠疾病,改善肠胃功能,保证铁的吸收,及时治疗妇女月经过多以及其他失血量多的疾病,减少铁的损失。

③铁剂治疗:应尽量采用口服铁剂,以硫酸亚铁、富马酸亚铁、葡萄糖酸亚铁为佳,剂量应按元素铁剂量,每日千克体重4.5～6.0mg元素铁为最佳剂量,其中硫酸亚铁含元素铁约20%,富马酸亚铁约33%,葡萄糖酸亚铁约11.5%,饭后服用为宜。

6.维生素与矿物质的一般常识

(1)维生素和矿物质的重要性。维生素是维持人体生命活动不可缺少的一大类有机物质。

而矿物质是构成机体组织和维持正常生理功能所必需的无机物质。

(2)维生素易失效和流失。水洗、加热都会使维生素流失或失去效力。

(3)维生素与矿物质能清除体内氧自由基。氧自由基是引发癌症和衰老的主要诱因之一，抗氧化维生素 A、C、E 及 β—胡萝卜素和微量元素硒能帮助清除体内氧自由基。

(4)维生素和矿物质能帮助改善体质，增强抵抗力。

(5)维生素和矿物质需从外界摄取。

(6)生活中仅靠日常饮食常常无法摄取足够的维生素和矿物质。

(7)体内维生素与矿物质由于外界因素会过度消耗。紧张的生活节奏、加班、熬夜、烟酒过度、饮食没有规律，都会造成体内维生素和矿物质过度消耗，进而引起疲劳、体质差、抵抗力弱等一系列后果。

(8)补充矿物质并非品种和数量越多越好。科学实验证实：某些矿物质(如汞)极少剂量就会对人体产生毒性作用。而另一些微量元素如锂、钒等究竟进入人体有何作用至今尚未有科学定论，专家建议，对人体作用不明的微量元素要谨慎服用，谨防毒副作用。

(六)水

1. 水的来源及功能

(1)水的来源。水被称为生命之源。它约占健康成年人体重的 60%～70%。人体内的水含量因年龄、性别不同而有所差异。以 19～50 岁年龄段的人为例，男性体内的水平均占体重的 59%，女性体内的水占体重的 50%；过胖人士体内的水占体重的 40%；训练者体内的水可达体重的 70%。其中，水在骨骼内占 1/4。在肌肉和脑内占 3/4。在缺水的情况下，人体约可维持七天生命。而人体对水的日需要量为 2kg 左右。一般体内的水分会从下列各方面散失，即排汗、呼吸及大小便(饮用含酒精及咖啡碱的饮品会增加排尿量)。然而，人体中的水分主要是从各式饮品及食物(水果占 10%～90%、主食占 36%)获得。人体内水分的贮存，有 55%在细胞内，45%在细胞外。水与蛋白质、碳水化合物及电解质在体内紧紧融合在一起。运动时，350g 经代谢后的葡萄糖会释放出 1L 水，以供机体运动的需要。人体内水分降低时，血浓度会随之上升，水则会从细胞渗出而进入血液，引致脑垂体释放出抗利尿素，驱使肾脏再保留水分。相反，体内水分过多时，更多的水分则会被排出，正常人体每日水的出入平衡如表 6-3。

表 6-3　正常人体每日水的出入平衡

来源	摄入量(mL)	排出途径	排入量(mL)
饮水或饮料	1 200	肾脏(尿)	1 500
食物	1 000	皮肤(蒸发)	500
内生水	300	肺	350
		大肠(粪便)	150
合计	2 500		2 500

提示：值得注意的是，处于高温环境下的劳动者或运动的人，其饮水量是完全不同的，有时甚至存在着惊人的差别。根据个人的体力(运动)负荷和热应激状态水平的不同，他们每日的水需要量可从 2L 到 16L 不等。因为，即便不考虑任何影响因素，成人每消耗 4.184kJ 能量，

就需 1mL 水，考虑到活动、出汗及溶质负荷的变化，一般成人的水需要量也可增至 1.5mL/4.184kJ。饮水应少量多次，切莫感到口渴时再喝水。如果活动量大，出汗多，应考虑同时需要补充淡盐水及矿物质。

(2)水的主要功能：①细胞原生质的构造物质；②保护身体组织(脑部及脊柱)；③维持体液平衡；④成为氧气和各种养分及激素的载体，运送各种物质往返于细胞；⑤传递各种感觉；⑥调节体温；⑦补水不仅对保持运动能力至关重要，而且有助于减脂和增肌。

2. 水与运动的关系

(1)体液丢失大于体重的 2%时，运动能力下降 10%～15%。

(2)体液丢失达到体重的 4%时，运动能力下降 20%～30%。

(3)体液丢失达到体重的 5%时，难以集中精力，头痛，烦躁，困乏。

(4)体液丢失达到体重的 7%时，热天锻炼可能发生晕厥。

此外，体内碳水化合物的储存也需要水，如肝脏和肌肉储存 1kg 的碳水化合物需 2.7kg 的水。如果一个人摄入低糖饮食，一两天后体内的碳水化合物的储量会急剧下降，同时储存在碳水化合物中的水也随之丧失。这就解释了为什么人们常常在低糖饮食后会经历一个体重迅速下降的过程(但不是脂肪的减少)。请记住，要减少 0.45kg 的体脂需要消耗 3 500 千卡的热量，但很少有人能一天内的达到这一目标。这种能使体重迅速降低的饮食方案只是使体内的水分减少了，但这种减少终究会被补充。同时请不要忘记只有热量的消耗才能对体重的减轻有意义，并非摄入食物的类型。就上面所提到的理想饮食模式而言，碳水化合物在减体重的过程中应是最后的一个减少的成分。

3. 运动中如何补水

很多人口渴时才饮水，这是一种错误的做法，其时，此时缺水已达 2%～3%。不少人运动中单纯补水，也是可以的，但最好的补水方法是补水与补糖和电解质相结合(减肥者可不补糖)。补水方法如下：

(1)运动前 2 小时可补水 250～500mL。

(2)运动前即刻补水 150～250mL。

(3)运动中强度大时每隔 15～20 分钟补水 120～240mL。

(七)膳食纤维

膳食纤维又叫粗纤维，是一类不能被人体消化吸收的多糖，它一般在小肠不被消化吸收，在大肠发酵。它可分为两类：一类是可溶性膳食纤维，如果胶、树胶；另一类是不可溶性膳食纤维，如纤维素和半纤维素等。

1. 膳食纤维的功能

(1)润肠通便。由于没有酶可分解它，不提供能量，因此“怎样进来，就怎样出去”，故被誉为肠道的“清洁工”和排毒能手。

(2)减肥作用。纤维遇水会膨胀，从而增加饱胀的感觉，降低食欲，加之没有热量，故可减脂控体重。此外，消化、吸收富含纤维的食物会消耗更多的热量。

(3)防止心脑血管疾病。在食物四周形成一层保护膜，延缓、降低胆固醇、甘油三酯和单糖等营养物质的吸收。

(4)预防糖尿病。膳食纤维可减少胰岛素的变化幅度等。

2. 食物来源

谷类、薯类、豆类、蔬菜、水果及植物性食物等。

3. 推荐摄入量

建议普通成年人每人每天摄入 30g 左右。

第二节　健身营养膳食指导

一、健身运动的饮食原则与膳食指南

(一)健身运动的饮食原则

人体所需要的一切营养素与热能都是来自食物。因此,饮食营养是构建身体的基础,同时也是能量的源泉。假如我们将人体比喻为一座建筑物,那么构建这个"建筑物"的建筑材料就是食物中的碳水化合物、蛋白质、脂类、维生素、无机盐与水等营养素成分。

健身锻炼是人体的一个良性刺激,而合理的膳食营养则是人体对于运动刺激作出积极反应的策应。在促进人体健康,提高人体对环境适应能力的过程中,科学的锻炼与合理的膳食营养是唇齿相依、相辅相成的。如何搭配膳食才能在保证健康的基础上,提高健身健美锻炼的效率以及获得良好的锻炼结果,应该注意以下原则。

(1)要将过去以生存为目的的餐食动机,转变到讲究营养,确保工作、学习和健身健美锻炼的餐食目的上来。

(2)要保证营养素摄取平衡,力求做到能量平衡、均衡,及酸、碱平衡等。

(3)要优选物美价廉、热量较低、营养含量较高的食物作为健身健美食品。

(4)要以少量的食物摄取更多的营养,从较多的营养中获得健美的优势。

(5)要坚持以粗、素、淡、果和蔬菜为主的杂食方式。不要过分迷信和追求珍馐、药物等补品,也不可过度限制脂肪。

(6)要大忌偏食,避免暴饮贪食或盲目节食,消除影响健康的隐患。

(7)要改变有害于健身健美锻炼的餐食习惯,日餐多次,并补充足够的水。少吃经过腌、熏、晒、烤的肉和经过加工处理的香肠等肉类食品,少吃热量高的食物。

(8)要纠正不科学的烹饪方法,把营养损失减少到最小程度。科学使用营养补剂。

(9)要尽量做到膳不过咸、嗜不过甜、酒不过量、烟不沾嘴、食不忌讳、吃不求精、烩不求细、少食多餐、食不过饱、物不单一、定时不缺。

(10)要切忌快食、蹲食、走食、卧食、吞食、暴食、笑食、愁食、泡食、烫食和挑食。

(二)中国居民的膳食指南

《中国居民膳食指南》是根据营养学原则、结合国情制定的,以教育人民群众采用平衡膳食、摄取合理营养促进健康的指导性意见。其具体内容包括如下。

(1)食物多样,谷类为主、粗细搭配。

(2)多吃蔬菜、水果和薯类。

(3)每天吃奶类、豆类或其制品。

(4)常吃适量鱼、禽、蛋和瘦肉(少吃肥肉和荤油)。

(5)减少烹调油用量,吃清淡少盐的膳食。

(6)食不过量(和体力活动要平衡),天天运动,保持健康体重。

(7)三餐分配要合理,零食要适当。

(8)每天足量饮水,合理选择饮料

(9)饮酒应适量。

(10)吃清洁新鲜卫生、不变质的食物。

二、健康食品的选择与食物的搭配

自然界,人类可以吃的食物种类大约有万种之多。我国通常将食物分为谷类、豆类及其制品、蔬菜和水果、水产和肉类、蛋类与奶类及奶制品六大类。USDA(美国农业部)将食物分为:粮谷类、蔬菜、水果、肉类、奶类及其制品与单纯能量类六大类。

人们决定吃什么、什么时候去吃以及是否以极端个人的方式去吃,通常基于某些行为或社会动机,而不完全是基于有关营养对身体健康的重要性。幸运的是,很多不同的食物选择是有助于身体健康的,但是营养知识将帮助你作出更合理的选择。

(一)健康食品的选用

1. 谷类、薯类及杂豆

谷类包括小麦面粉、大米、玉米、高粱等及其制品,薯类包括红薯、马铃薯等,杂豆包括大豆以外的其他干豆类,如红小豆、绿豆、芸豆等。这类食物主要供给淀粉,其次供给蛋白质、无机盐和维生素,同时也是膳食纤维的主要来源。这类食物的摄取量应以健身锻炼者身体消耗热能的需要为度。一般人每天摄入量约为 250～400g,其中最好包括 50～100g 粗粮,因为每 100g 玉米糁和全麦粉所含的膳食纤维比精面粉分别多 10g 和 6g。

2. 肉、鱼、禽、蛋、大豆及坚果类

这类食物主要供给优质蛋白质和脂肪,也供给一部分无机盐和维生素。它们之间最大的区别是所含脂肪的质和量不同。一般说来,植物脂肪含不饱和脂肪酸较高,动物脂肪含饱和脂肪酸较高(鱼的含脂量较少)。这类食物能够提供优质蛋白质,并以脂肪形式补充必要的能量,故为健身锻炼者每日膳食中不可缺少的食物,其用量以 125～225g 为宜,其中动物性食品与大豆类或豆制品最好各占 50%。如果按照中国居民平衡膳食宝塔建议的食物量来具体分配,建议一般人每天摄入肉类(猪、牛、羊、禽肉)50～75g,水产品(包括鱼类、甲壳类和软体类动物性食物)50～100g,蛋 25～50g,大豆类(黄豆、黑豆、青豆等及其制品)30～50g,坚果类(花生、瓜子、核桃、杏仁、榛子等)5～10g。

3. 蔬菜、水果类

这类食物主要可供给维生素、无机盐和膳食纤维。它们是维生素 C 的主要来源,也是提供无机盐和膳食纤维的主要食品。它们能增加膳食的体积,促进肠蠕动,以有利于消化、吸收和排泄。它们能降低胆固醇的吸收,促进胆固醇的分解代谢与排泄(对减轻高胆固醇血症,预防动脉硬化非常有益)。蔬菜类食物应以叶菜为主,锻炼者每日摄入量以 500g 左右为宜(一般人 300～500g 即可满足日常需要)。新鲜水果 200～400g,锻炼者根据需要可多吃一些。

4. 乳类及乳制品

这类食物主要可供给优质蛋白、脂肪、脂溶性维生素、维生素 B_2 和钙。建议一般人日食量相当于液态奶 300g、酸奶 360g、奶粉 45g。有条件者或锻炼者可多吃一些。

5. 烹调油及食盐

烹调油包括各种动、植物油，这类食物主要可供给热能，不饱和脂肪酸和部分脂溶性维生素。虽然动物脂肪完全可以由第二类食物替代，但植物油则必不可少，因为它是不饱和脂肪酸的主要来源，又是烹调的必备辅料。建议一般人每天摄入量 25～30g。此外，健康成年人一天食盐以不超过 6g 为宜。一般 20mL 酱油中就含 3g 食盐，10g 黄酱中含 1.5g 食盐，如果菜肴中需要用酱油和黄酱类，应按比例减少食盐用量。

6. 健身锻炼者营养与膳食安排参照

人们选择食物的原因是多方面的，但是不管出于什么原因，食物的选择将影响健康。长时间的平衡食物的选择将会对健康起到重要作用。由于这个原因，将营养学知识与自己的食物选择密切地结合起来是一个明智的做法。表 6－4、表 6－5、表 6－6、表 6－7 所提供的数据可视为健身健美锻炼参与者的营养建议与膳食安排参照。

表 6－4 营养素功能、供给量及来源表

营养素	功能	需要量(每公斤体重)		食物来源
		正常值	健美运动员需要量	
碳水化合物	供给热量，构成体质，营养物质交换中心	4.9～6.0g	7.5～8.0g	谷类、豆类、面包、点心、巧克力、面食
脂肪	供给热量、维生素吸收，是线粒体、酶的组成成分，能量载体	1.3～1.5g	2.4～2.6g	黄油、猪油、猪肝、鱼油、香肠、向日葵油
蛋白质	肌肉、骨骼肌、肌腱以及酶的组成成分，调节生理功能，参与肌肉收缩	1.2～1.3g	3.0～3.2g	鸡、肉、鱼、蛋、豆类、奶制品、谷类、麦芽
维生素 B_1	参与交换碳水化合物	2～3mg	8～10mg	肝、土豆、猪肉、黑面包、粗粮、豆类
维生素 B_2	参与氧化物交换	2～3mg	6～8mg	鸡蛋、肉、牛奶、肝、蔬菜
维生素 B_6	参与蛋白质交换	2～3mg	6～12mg	麦芽、肝、香蕉、花生、蛋、肉
维生素 C	参与蛋白质氧化、结缔组织交换，预防传染病	50～100mg	150～200mg	新鲜水果、酸枣、土豆、蔬菜
维生素 E	糖代谢、抗氧化剂、维持骨骼肌功能	10～30mg	30～50mg	肝、蛋、粗粮、黄油、豆油
钙	兴奋神经、肌肉系统，参与肌肉收缩、物质交换	1.0～1.2g	2～3g	牛奶、奶制品、虾米皮、豆类、萝卜
磷	形成 ATP、骨物质交换	1.4～1.6g	3～6g	在所有食物中
钾	兴奋神经肌肉系统，碳水化合物交换，组成酶与激素	2～3g	4～6g	蔬菜、水果
钠	兴奋神经肌肉系统，组成酶与激素	3～10g	20～25g	食盐
铁	氧化物质交换、氧气运输	20～25mg	40～50mg	肝、蛋、菠菜、芝麻、黑木耳、内脏、花生、瓜子、大豆、猪血
锌	激活剂，与生长发育、机体免疫有关，组成酶的必需成分	15mg	20mg	海产品、鲜肉
镁	肌肉收缩必需元素、ADP→ATP 的催化剂	5～8mg	7～15mg	干果、海产品、豆类、水果

表 6－5 常用食物营养成分和热量表

食物名称	100g 食物的含量			100g 食物的热量(kcal)
	蛋白质(g)	糖(g)	脂肪(g)	
大米	8.3	74.2	2.5	362
标准面粉	9.9	74.6	1.8	363
豆腐干	19.0	5.9	7.4	171
蔬菜	0.6～3.0	2.0～4.0	0.1～0.6	12～34
苹果	0.4	13.0	0.5	60
鸭梨	0.1	9.0	0.1	38
瘦猪肉	16.7	1.0	28.8	340
瘦牛肉	20.3	1.7	6.2	148
鸡	21.5	0.7	2.5	114
鸡蛋	14.7	1.6	11.6	175
牛奶	3.3	5.0	4.0	71
带鱼	18.1	—	7.4	143
蛋糕	7.9	65.0	4.7	343
巧克力	5.5	65.9	27.4	548
食油	—	—	100	930

注：表里面没有的食物可参照同类食物计算，1cal＝4.184J，后同。

表 6－6 常吃食物的热量表(A)

食物名称	单位	热量(kcal)	食物名称	单位	热量(kcal)
稀饭	碗	140	干饭	碗	270
荷包蛋	个	120	豆腐(生)	块	70
肉松	2 平汤勺	70	油炒青菜	小碟	45
水煮青菜	小碟	不计热量	豆浆(甜)	碗	110
烧饼、油条	2 根	300	水煎包	2 个	250
蛋饼	份	250	红烧肉	2 汤匙	160
炸鸡腿(大)	支	320	红烧豆腐	2 汤匙	80
煎鱼	手掌大	180	炒蛋	个	90
猪排	块	250	排骨饭	碗	500
阳春面	碗	250	蛋炒饭	盘	500
牛肉汉堡(大)	个	540	水饺	10 个	350
速食面	碗	350	白面条	碗	140
炒肉丝	2 汤匙	80	糖醋排骨	8 小块	30
红烧鱼	手掌大	180	牛排	8 两	580
酱瓜肉	2 汤匙	160	猪脚	1 块(拳头大)	250
香肠	根	170	鸡肘	个	90
蒸蛋	个	70	煮小排骨	8 小块	14

表 6-7 常吃食物的热量表(B)

食物名称	单位	热量(kcal)	食物名称	单位	热量(kcal)
鲜奶	盒	170	果汁奶	盒	200
巧克力牛奶	盒	200	脱脂牛奶	杯(240mL)	80
菠萝面包	个	480	奶酥面包	个	450
奶酪面包	个	430	清蛋糕	片	150
布丁	杯	140	土司	片	70
火腿蛋三明治	份	420	薯条	小包	220
炸肉丸	个	500	肉包	个	220
馒头	个	270	可口奶滋	5片	190
苏打饼干	3片	70	肉粽	个	350
花生米	15粒	45	瓜子	1汤匙	45
爆米花	杯	70	啤酒(易拉罐)	罐	90
番石榴	2个(大)	200	柑橘	1个	40
木瓜	1个	160	杨桃	1个	40
草莓	1个	5	哈密瓜	1个	120
苹果	1个(中)	80	葡萄	1粒	5
荔枝	1粒	8	香瓜	1个	60
龙眼	1粒	3	枇杷	1粒	6
葡萄柚	1个	80	香蕉	1根	80

(二)健康食物的搭配

食物配膳的科学性很强。配膳合理,能提高食物的营养贡献价值,若配膳不当不仅丧失营养价值,而且会引发疾病。对于健身锻炼者来说,配比合理的食物即是健康食品。

1. 荤素原料搭配

荤素原料搭配烹调,是中国烹调一大特点。它不仅具备色、香、味、型,而且荤菜含有谷胱甘肽的硫氢基,能保护蔬菜里的某些营养素少受或免遭损失,有利于人体充分吸收,并能减少胆固醇的沉积。蔬菜中维生素A、D、E、K均属脂溶性维生素,含这类维生素的蔬菜,只有搭配含丰富脂肪的食物才能提高维生素的利用率与吸收率。例如胡萝卜要与肉搭配,这样胡萝卜里的维生素A通过溶于肉或卤汁被人体充分吸收和利用,极大地发挥其营养功能。

2. 混杂式原料搭配

无论是主食还是副食,将粗与细或动物性与植物性食物等混合搭配烹制能够保证营养全面、均衡、热量适宜而提高食物的生理与健身价值。

3. 补偿性原料搭配

根据人体某种营养所缺,选择具有补偿价值的食物进行搭配。例如,有些女性身上长痤疹、发落变黄,可长期食用富含锌的酵母发面和对毛发的生长和乌须有明显改善作用的葵花籽油煎烙成的黑芝麻饼,以使痤疹消迹,黑发生辉。这是因为锌是体内多种酶的重要组成部分和激合剂,对促进新陈代谢和维持上皮粘膜组织的正常功能具有重要作用。

4. 同性酶原料搭配

人类的食物可分为酸性食物和碱性食物。判断食物的酸碱性，并非根据人们的味觉，也不是根据食物溶于水中的化学性，而是根据食物进入人体后所生成的最终代谢物的酸碱性而定。酸性食物通常含有丰富的蛋白质、脂肪和糖类，含有成酸元素较多，在体内代谢后形成酸性物质，可降低血液、体液内的 pH 值。蔬菜、水果等含有 K、Na、Ca、Mg 等元素，在体内代谢后生成碱性物质，能阻止血液向酸性方面变化，所以，酸味的水果一般都为碱性食物而不是酸性食物，鸡、鱼、肉、蛋、糖等味虽不酸但却是酸性食物。在配餐中，不要把需要碱性酶消化的食物和需要酸性酶消化的食物搭配在一起，否则会引起酸碱中和作用，导致人体消化道受阻，使其丧失营养价值。例如“淀粉拖黄鱼”这道菜即是降低营养价值的配膳方法，因为淀粉质食物须由碱性酶消化，而黄鱼含蛋白质较多，需要酸性酶消化，故淀粉不要“拖”黄鱼为好。

5.“相克”食物禁忌搭配

所谓食物相克即是讲两种食物之间的各种营养或化学成分相互制约的关系，它们之间的配膳不当，会影响人体对食物营养的吸收，严重的还会造成食物中毒症状。例如，蛋黄、大豆和动物肝脏含有较多的铁元素，当它们与含纤维素较多的萝卜、甘薯、芹菜和含草酸多的苋菜、雍菜配膳或同吃，就会阻碍人体对铁质的吸收；在我国的日常膳食中，大约有 120 对相克的食物，如配膳不合理或数量比例搭配不当，均会引起人体对某种食物营养素吸收的拮抗现象，甚至出现中毒反应。

三、健身人群膳食营养计划的制定方法与步骤

为了满足机体的营养需求，促进健康，预防疾病，应该参照中国居民平衡膳食宝塔和中国居民膳食指南，并根据个人的实际情况制定膳食营养计划，做到平衡饮食（图 6－1）。健身人群膳食营养计划的制定应该是对中国居民平衡膳食宝塔科学合理的运用。

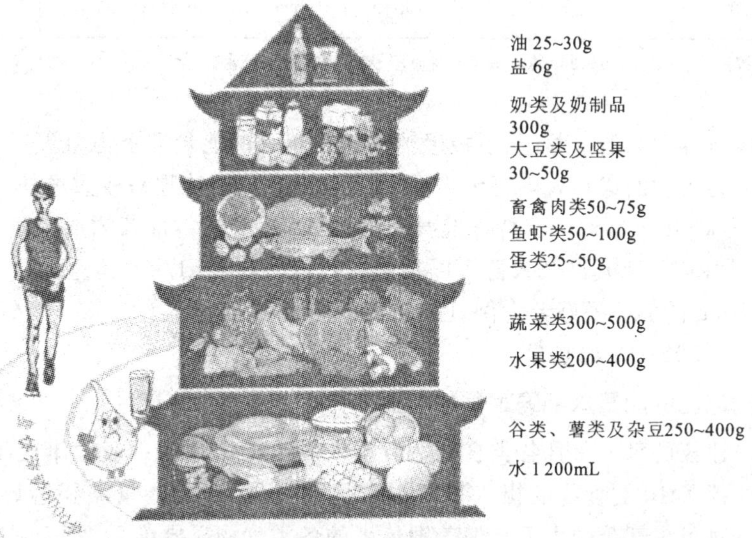

图 6－1　中国居民平衡膳食宝塔

(一)根据年龄、性别、体力强度、生理状态确定每天的能量需求

膳食宝塔中建议的每人每日各类食物适宜摄入量范围适用于一般健康成人,在实际应用时要根据个人年龄、性别、身高、体重、劳动强度、季节等情况作适当调整。年轻人、身体活动强度大的人需要的能量高,应适当多吃些主食;年老、活动少的人需要的能量少,可少吃些主食。能量是决定食物摄入量的首要因素,一般说人们的进食量可自动调节,当一个人的食欲得到满足时,对能量的需要也就会得到满足。但由于人们膳食中脂肪摄入量的增加和日常身体活动减少,许多人目前的能量摄入量超过了自身的实际需要。对于正常成人,体重是判定能量平衡的最好指标,每个人应根据自身的体重及变化适当调整食物的摄入量,主要应调整的是含能量较多的食物。

中国成年人平均能量摄入水平(表 6-8)是根据 2002 年中国居民营养与健康状况调查的结果进行适当修正形成的。它可以作为消费者选择能量摄入水平的参考。在实际应用时每个人要根据自己的生理状态、生活特点、身体活动程度及体重情况进行调整。

能量是人体维持基本生命活动并进行各种体力活动所必需的,每个健身者因为其年龄、性别、体力活动的强度、生理状态的不同,能量需求也不同。如果人体摄入的能量不足,机体会动用自身的能量储备甚至消耗自身的组织以满足生命活动能量的需要,相反,能量摄入过剩则在体内会不断储存。因此,能量平衡是膳食计划的首要问题。科学的膳食,不但要有足够的热量供应,以保证机体的需要,而且能量摄入又不能过量,防止体内能量蓄积造成肥胖。

表 6-8 中国成年人* 的平均能量摄入水平(修正值)

年龄组	城市 kJ(kcal)		农村 kJ(kcal)	
	男	女	男	女
18～59 岁	9 200(2 200)	7 550(1 800)	10 900(2 600)	9 200(2 200)
60 岁以上	8 350(2 000)	6 700(1 600)	10 050(2 400)	8 350(2 000)

* 年龄 18～79 岁,BMI:18.5～24.9kg/m², 无高血压、糖尿病、血脂异常。

根据中国营养学会的推荐,从事极轻劳动的成年人的能量需求为每天 37～40kcal/kg(体重);从事轻体力劳动的成年人则每天需要 41～43kcal/kg(体重);较重的体力劳动者,此值要增加到 50kcal/kg 以上。对于有特殊健身目的的人群,有资料推荐增肌人群的能量需求每天为 44～52kcal/kg(体重),减肥人群可以控制在约每天 30kcal/kg(体重)。

以一个 70kg 的健美爱好者为例,增肌阶段每天每公斤体重约需要 50kcal 的热量,则一天大约需要摄入 3 500kcal 的热量。

(二)根据自己的能量水平确定食物需要

膳食宝塔建议的每人每日各类食物适宜摄入量范围适用于一般健康成年人,按照 7 个能量水平分别建议了 10 类食物的摄入量,应用时要根据自身的能量需要进行选择(表 6-9)。建议量均为食物可食部分的生重。健美锻炼者的各类食物需要量又要高于一般健康成年人。

表 6-9　按照 7 个不同能量水平建议的食物摄入量(g/d)

能量水平	6 700kJ (1 600kcal)	7 550kJ (1 800kcal)	8 350kJ (2 000kcal)	9 200kJ (2 200kcal)	10 050kJ (2 400kcal)	10 500kJ (2 600kcal)	11 700kJ (2 800kcal)
谷类	225	250	300	300	350	400	450
大豆类	30	30	40	40	40	50	50
蔬菜	300	300	350	400	450	500	500
水果	200	200	300	300	400	400	500
肉类	50	50	50	75	75	75	75
乳类	300	300	300	300	300	300	300
蛋类	25	25	25	50	50	50	50
水产品	50	50	75	75	75	100	100
烹调油	20	25	25	25	30	30	30
食盐	6	6	6	6	6	6	6

膳食宝塔建议的各类食物摄入量是一个平均值。每日膳食中应尽量包含膳食宝塔中的各类食物，但无须每日都严格照着膳食宝塔建议的各类食物的量吃。例如烧鱼比较麻烦，就不一定每天都吃 50～100g 鱼，可以改成每周吃 2～3 次鱼、每次 150～200g 较为切实可行。实际上平日喜欢吃鱼的多吃些鱼，愿吃鸡的多吃些鸡都无妨碍，重要的是一定要经常遵循膳食宝塔各层中各类食物的大体比例。在一段时间内，比如一周，各类食物摄入量平均值应当符合膳食宝塔的建议量。

(三)根据糖、蛋白质、脂肪三大营养素的供能比例确定能量分配

糖、蛋白质、脂肪是提供人体所需能量的三大产热营养素，不同人群三大营养素的供能比例是不同的。按照 WHO 推荐的适宜膳食能量结构，一般人群糖、蛋白质、脂肪的供能比例为 55%～65%、11%～15%、20%～30%。健身健美人群糖、蛋白质、脂肪的供能比例为 60%～65%、15%～20%、20%。而且早、中、晚三餐的能量分配也要合理，三餐能量摄入大致要遵循 3∶4∶3 的比例，如果每天进餐 5～6 次，可根据时间将加餐分别归入早、中、晚餐计算。

例如，如果某位健美爱好者的能量来源分别以 60%、20%、20% 计算的话，则应有 2100kcal 热量来自糖、700kcal 来自蛋白质、700kcal 来自脂肪：

3 500kcal×60%＝2 100kcal

3 500kcal×20%＝700kcal

3 500kcal×20%＝700kcal

(四)根据供热营养素的产热系数确定三大营养素的量

每克糖、蛋白质、脂肪在体内氧化产生的能量值称为产热系数，食物中每克糖能提供 4 千卡的热量，每克蛋白质也提供 4kcal 热量，而每克脂肪提供 9kcal。所以上例中的能量分别需要 525g 碳水化合物、175g 蛋白质和 77g 脂肪：

2 100kcal÷4kcal/g＝525g

700kcal÷4kcal/g＝175 g

700kcal÷9kcal/g＝77g

(五)根据食物成分表确定提供三大营养素的食物种类

将上述的营养素分配到不同的食物中，保证食物的多样化，同时要摄入足够的蔬菜和水果，以保证维生素、矿物质和膳食纤维的摄入量(表 6-10)。

表 6-10 70kg 体重的健身健美爱好者的增肌膳食配餐范例

餐次	食物	摄入量
早餐	鸡蛋	1 个
	鸡蛋清	3 个
	油菜	150g
	瘦牛肉	100g
	面条	150g
	花生油	8g
早加餐	鲜牛奶	225mL
	面包	150g
	苹果	1 个
午餐	瘦猪肉	150g
	蒸米饭	250g
	芹菜	200g
	白萝卜	200g
	洋葱	60g
	花生油	15g
运动前 2 小时	鸡蛋清	3 个
	香蕉	2 根
	馒头	100g
运动后 30 分钟	蛋白粉	30g
	肌酸	5g
	10%低聚糖饮料	500mL
	谷氨酰胺	4g
晚餐	鱼	150g
	青菜	200g
	馒头	150g
	西红柿	1 个
	黄瓜	1 根
	花生油	10g

(六)注意同类食物的互换，调配丰富多彩的膳食

人们吃多种多样的食物不仅是为了获得均衡的营养，也是为了使饮食更加丰富多彩，以满

足人们的口味享受。假如人们每天都吃同样的 50g 肉、40g 豆，难免久食生厌，那么合理营养也就无从谈起了。膳食宝塔包含的每一类食物中都有许多品种，虽然每种食物都与另一种不完全相同，但同一类中各种食物所含营养成分往往大体上近似，在膳食中可以互相替换。

应用膳食宝塔可把营养与美味结合起来，按照同类互换、多种多样的原则调配一日三餐。同类互换就是以粮换粮、以豆换豆、以肉换肉。例如大米可与面粉或杂粮互换，馒头可与相应量的面条、烙饼、面包等互换；大豆可与相当量的豆制品互换；瘦猪肉可与等量的鸡、鸭、牛、羊、兔肉互换；鱼可与虾、蟹等水产品互换；牛奶可与羊奶、酸奶、奶粉或奶酪等互换。

多种多样就是选用品种、形态、颜色、口感多样的食物和变换烹调方法。例如每日吃 40g 豆类及豆制品，掌握了同类互换多种多样的原则就可以变换出多种吃法，可以全量互换，即全换成相当量的豆浆或豆干，今天喝豆浆、明天吃豆干；也可以分量互换，如 1/3 换豆浆、1/3 换腐竹、1/3 换豆腐。早餐喝豆浆，中餐吃凉拌腐竹，晚餐再喝碗酸辣豆腐汤。

（七）要因地制宜充分利用当地资源

我国幅员辽阔，各地的饮食习惯及物产不尽相同，只有因地制宜充分利用当地资源才能有效地应用膳食宝塔。例如牧区奶类资源丰富，可适当提高奶类摄入量；渔区可适当提高鱼及其他水产品摄入量；农村山区则可利用山羊奶以及花生、瓜子、核桃、榛子等资源。在某些情况下，由于地域、经济或物产所限无法采用同类互换时，也可以暂用豆类代替乳类、肉类；或用蛋类代替鱼、肉；不得已时也可用花生、瓜子、榛子、核桃等坚果代替大豆或肉、鱼、奶等动物性食物。

（八）要养成习惯，长期坚持

膳食对健康的影响是长期的结果。应用平衡膳食宝塔需要自幼养成习惯，并坚持不懈，才能充分体现其对健康的重大促进作用。

四、不同运动形式的营养补充（表 6－11）

表 6－11　不同运动形式的营养补充

运动形式	营养物质
力量练习	以肉类、牛奶等蛋白质为主
大强度、短时间运动	水果、蔬菜等碱性食物
小强度、长时间运动	以淀粉类食物为主
一般运动	淀粉、豆类、水果为基本营养

摘自：国家体育总局群体司组编. 社会体育指导员技术等级培训教材. 北京：高等教育出版社，2003

五、增加肌肉体积与减肥的特殊营养

目前在运动界有一些特殊营养品对于壮大肌肉、减缩脂肪、提高健身健美锻炼的效果及运动成绩等有一定的作用。我们除了注重基础膳食营养以外，还可以通过补充这一部分营养品来达到通过健身健美锻炼增加肌肉体积及减脂塑身的目的。

（一）营养添加剂

满足身体基础代谢和锻炼代谢的能量，以及构成体质的基质材料需求，是达到健身健美锻炼目的的重要条件。为此，在日常膳食的基础上，还可依据不同的生理特点和健身锻炼目标，进行特殊的营养安排和食谱组合。通过特殊的营养手段，即使用营养膳食补充品来干预疲劳、帮助恢复、提高运动能力近年来倍受重视。营养添加剂，或称膳食补充品（Dietary Supplement）是 1994 年 12 月美国从“健康补充品”（Health Food）改称而来的，在日本被称为“功能补充品”（Functional Food）。这类补充品是随着营养学（尤其是运动营养学）的发展而产生的。

在 20 世纪 60～70 年代以前，营养学的研究主要从发现和治疗营养缺乏病，制定每日营养素供给量标准或推荐每日膳食允许量（RDA）出发，来保证每日由膳食中取得足够的营养素来预防营养缺乏病，维持身体健康。近年来，营养学的研究已发展到如何运用营养素来促进健康、提高运动能力、防治疾病的阶段。研究发现，仅仅依赖天然食物难以达到健康目标，而在食物中添加某些特殊营养素，如微量元素锌、硒、碘、铁；维生素 A、C、E、B_2、B_6、B_5；特殊氨基酸牛磺酸、精氨酸、谷氨酰胺等；脂肪酸中的多不饱和脂肪酸 18 碳 3 烯酸（亚麻酸）、20 碳 5 烯酸（EPA）、22 碳 6 烯酸（DHA）等及其他活性物质如活菌（双歧杆菌、乳酸菌）、中草药、多糖等则有助于提高营养效能。这些添加剂可分别为维生素、矿物质、草药、植物性物质、氨基酸及其他可补充到膳食中的膳食物质或浓缩物、代谢产物、组成物、提取物或上述物质的混合物（不包括烟草）等。

目前，运动营养膳食补充品数量很多，根据其功能可将其分为基本营养膳食补充品、专项膳食补充品、营养膳食干预补充品等几种类型。

然而，对于普通的健身人群而言，在已获得平衡膳食的情况下，一般并不提倡再额外补充营养品，因为过多的营养对健身健康可能有害无利。比如食用过多的蛋白质会增加胆、肾的负担；过量地补充维生素 A，会引起中毒并使头发自然美受到破坏等。强调营养，意味着就该平衡地、合理地摄取人体所需要的各种营养素。

（二）运动营养补剂

营养补剂是浓缩的高纯度营养素，能够快速、高效地为机体提供营养。在营养已成为重要内容的现代健美训练体系中，运动营养补剂的作用已获得空前重视。目前，常用的健美运动营养补剂大致有以下几类。

1. 蛋白质类

蛋白质是生命存在的主要方式，是维持生命活动的基础，是构成生命体最主要的组成成分，健身健美运动员常用的蛋白质产品主要有乳清蛋白、大豆蛋白。

（1）乳清蛋白。乳清蛋白是从牛奶中提取的，富含各种氨基酸和易于吸收的蛋白质，其生物价为 100，是所有蛋白质中最高的，乳清蛋白脂肪含量很少，富含支链氨基酸、谷氨酰胺，同时还含有乳铁传递蛋白。乳清蛋白对运动能力的作用主要表现为：①提高机体免疫功能；②延缓中枢神经系统疲劳的发生；③促进机体蛋白质的合成；④提高机体的抗氧化能力。

乳清蛋白是健身健美运动员经常补充的重要蛋白质营养品。在大负荷健美运动训练期间，为了保证蛋白质的恢复和促进健身健美运动员身体机能水平的提高，乳清蛋白的摄入量可以提高到总蛋白摄入量的 50%以上，而在一般训练期，补充量维持在每天 20 克左右，就能够充分体现其对机体的有利作用。

最近的研究结果表明，乳清蛋白是健身健美运动员在控制体重期间最佳的蛋白质补充剂。由于在此期间要求严格限制饮食，避免大量摄入蛋白质而附带摄入过多脂肪和能量以引起体重的增加。因此，乳清蛋白的补充不但可以为控制体重运动员提高优质的蛋白质以维持机体正常蛋白质的合成，降低身体脂肪含量，而且对维持健身健美运动员的运动能力具有积极意义。

(2)大豆蛋白。目前流行的另一类蛋白粉是大豆蛋白。经过浓缩加工的大豆蛋白粉中的蛋白质含量较高，甚至可高达 80%以上。研究表明，大豆蛋白的补充对降低血浆甘油三酯和低密度脂蛋白水平、缓解机体钙的丢失及防治骨质疏松具有积极意义。

2.氨基酸

(1)L－精氨酸。研究表明，L－精氨酸具有促进人体内源性生长激素的分泌，并可以调节下丘脑—垂体—性腺轴的机能，从而有利于健身健美运动员身体机能的提高和训练后各种能源物质的恢复。但是由于精氨酸对胃肠道具有一定的刺激作用，故一般不提倡大剂量服用，目前推荐剂量为每天 10 克。

(2)鸟氨酸。鸟氨酸具有与精氨酸相类似的生物学功能，以前的研究通常将精氨酸与鸟氨酸同服来发挥其生物学功效。近年来的研究和实践表明，鸟氨酸与 OKG(a—酮戊二酸)同服同样具有促进胰岛素和生长激素分泌、提高免疫系统功能的功效，而且能降低对胃肠道的刺激，而单独服用则不具备这种协同作用。目前在市面上出售的鸟氨酸与 OKG 的合剂为鸟氨酸与 OKG 按 2∶1 混合配制而成，长期服用，每天 10～15 克，可以促进内源性胰岛素、生长激素的分泌，抑制体内蛋白的降解，对于提高健美运动员肌肉质量和促进能源物质恢复具有积极意义，而且没有发现明显的副作用。因此，OKG 是替代精氨酸促进健美运动员身体机能恢复、提高肌肉质量的良好营养补充品。

(3)支链氨基酸。支链氨基酸包括亮氨酸、异亮氨酸和颉氨酸，它们同为必需氨基酸，其中以亮氨酸的最为实用。支链氨基酸是健美运动员经常服用的氨基酸，其作用主要表现为：①可以改善中枢神经系统的兴奋性，对维持长时间健美运动训练具有积极作用；②可以促进肌肉力量的增长；③对提高机体的免疫能力具有一定的作用。

但是，大量服用支链氨基酸对身体具有一定的副作用，其主要表现为，引起血氨大幅度上升，对机体产生不利影响；为中和大量的氨，造成丙酮酸的消耗增加，从而影响有氧氧化能力；抑制糖原异生；刺激胃肠道，引起机体对水吸收能力下降。因此，在补充支链氨基酸时，一定要注意剂量。研究认为，支链氨基酸在健美运动前的 30 分钟以低剂量补充效果较好，长时间运动多采用 0.5 克/小时剂量补充。低剂量支链氨基酸不但口感好，能够预防血浆支链氨基酸水平的降低，而且可以防止血氨的大幅度升高，并且不会刺激胃肠道。

(4)谷氨酰胺。谷氨酰胺是人体肌肉、血液和氨基酸池中含量最丰富的氨基酸，是蛋白质、核酸、谷胱甘肽，以及其他重要生物大分子合成的必需营养素。谷氨酰胺的补充对健美运动能力的作用主要表现为：①谷氨酸是主要的中枢兴奋性递质，具有促进记忆的作用，有利于运动技能的形成；②补充谷氨酰胺可以维持和提高机体的免疫机能水平，有利于提高健美运动员抗感染能力，减少患疾病的几率；③补充谷氨酰胺可以促进机体抗氧化能力的提高；④谷氨酰胺的补充有利于机体胰岛素的分泌。

谷氨酰胺是运动员维持身体机能水平、促进恢复、提高机体免疫机能的重要营养补充剂。但是，大量补充谷氨酰胺也具有一定的副作用，主要表现为氨的升高，对运动能力产生消极影响。为克服谷氨酰胺的副作用，建议谷氨酰胺服用量为每天 5～10 克，在健美训练或比赛后服用。

(5)牛磺酸。牛磺酸是正常人体肌肉中含量十分丰富的氨基酸，最近才发现它是促进肌肉快速增长的健美运动营养补剂，其发挥生理作用的方式类似于胰岛素作用。研究显示，一日三餐中分别补充500毫克牛磺酸，发现血液中3-甲基组氨酸的浓度下降了20%，而3-甲基组胺酸是肌肉蛋白分解过程中的代谢产物，它反映肌肉蛋白质的分解速率。因此，3-甲基组氨酸的下降说明肌蛋白分解作用已受到牛磺酸的抑制。在许多复合型运动营养补剂中，牛磺酸都扮演着重要角色。在健美训练后1小时内、正餐前30～45分钟、晚上睡前食用OKG、牛磺酸和钙、镁、钾等多种矿物质和营养素的糖饮或果汁，可使肌肉变得更大、更强壮。

(6)磷脂酰丝氨酸。磷脂酰丝氨酸是一种豆浆提取物。研究发现，它能够影响皮质醇的分泌释放。皮质醇是一种与睾酮作用拮抗的起分解作用的激素，一般在大强度健美训练后，极度疲劳或过度训练时明显升高。此时体内分解代谢大于合成代谢作用，肌蛋白分解加速，体重下降，如能有效抑制健美运动员强化训练期间皮质醇的增长，为提高健美训练效益创造良好的激素环境。目前，已有一些关于磷脂酰丝氨酸增长肌肉和力量、以及提高人体训练应激水平的研究报道。在一项双盲对照实验中，一组受试者每天服800毫克磷脂酰丝氨酸，另一组服用同等剂量的安慰剂，10天后两组进行同样的大强度训练，然后测两组受试者血液的皮质醇浓度。结果发现，对照组的皮质醇水平比训练前显著升高，而服磷脂酰丝氨酸组的受试者皮质醇浓度被控制在较低的水平。研究人员推测磷脂酰丝氨酸的作用可能是参与了下丘脑——垂体——性腺轴(激素反馈系统)对应激的反应过程。最近有报道，磷脂酰丝氨酸还能促进人体内源性睾酮分泌。所以，磷脂酰丝氨酸是一种颇具潜力的营养强力物质。

3. 肌酸

从20世纪90年代起健美运动员开始大量使用肌酸，国内外学者对补充肌酸进行了大量的研究，发现补充肌酸可以提高肌肉内的磷酸肌酸含量，使健美运动后磷酸肌酸的再合成速度加快，同时使ATP的利用率增加，从而提高肌肉的最大收缩力。目前肌酸制剂已由原来的单纯肌酸发展为含有糖、磷酸盐、牛磺酸等能够促进肌酸吸收与利用的复合肌酸制剂。

(1)补充肌酸的强力作用。肌肉收缩时，需要ATP提供能量，而磷酸肌酸是高能磷酸基团储存库和线粒体内外的能量传递者，能满足最迅速合成ATP的要求。补充外源性肌酸，有利于体内肌酸和磷酸储量增多。

(2)肌酸的服用方法：①短时间冲击量。每天服用20克左右的肌酸，连续服用5～9天，可以使骨骼肌中肌酸贮量增加15%～30%[127～149毫摩尔/公斤(干肌)]，磷酸肌酸贮量增加10%～40%；②长时间小剂量。每天服用2～5克，连续服用一个月以上。采用这种方法可以在一定程度上提高机体的肌酸贮量，但更主要的是维持肌肉中高肌酸浓度；③复合法。这是冲击量与长时间小剂量相结合的一种方法。健美运动员每天服用20～25克的肌酸，连续服用5～9天，然后第10天服用2～5克，持续数十天以上，可以使机体肌酸贮量明显提高。

大量的研究结果表明，肌酸如果与含糖饮料同时服用，效果较单独服用肌酸更佳，可使肌肉中肌酸含量进一步增加。在健美运动实践中，肌酸的服用效果与体内的肌酸水平，对于那些原来机体内肌酸水平较高的健美运动员，采用长时间小剂量补充对维持高肌酸含量十分有利。对于机体内肌酸水平较低的健美运动员采用复合法，可以明显提高机体的肌酸贮量，并且保持的时间长。因此，实践中应对健美运动员血浆的肌酸水平进行测试以后再选择补充肌酸的方法，这样更为科学合理。

(3)口服肌酸的副作用。肌酸不属于国际奥委会颁布的违禁药物，因此已被广泛使用。但是，从目前使用的情况来看，口服肌酸也相应地存在一些副作用：①抑制内源性肌酸的合成；②

增加体重。对于需要控制体重或降体重的健美运动应慎重使用肌酸；③肌肉酸胀感。采用肌酸补充措施后，会出现肌肉酸胀的感觉。有研究认为，采用理疗、按摩、泡热水浴，以及在训练前做好充分的准备活动等措施，可以缓解这种不利现象。国外有学者证实增加饮水量可消除肌肉酸胀感。

4. 丙酮酸

丙酮酸是糖在细胞质中无氧代谢的中间产物，也是进入线粒体进行有氧代谢的起始物。丙酮酸可以通过生成乙酰辅酶A和三羧酸循环将糖、脂肪和蛋白质代谢联系起来，并实现糖、脂肪、蛋白质的相互转化。因此，丙酮酸在三大能源物质的代谢中起着极为重要的中心枢纽作用。

目前丙酮酸开始被广泛作为健美运动营养品使用。丙酮酸对机体的主要作用表现为以下方面。

(1)丙酮酸和二羟丙酮的服用可以改变机体的代谢速率和身体成分，促进脂肪酸的氧化速率，有利于改善机体的成分，对降低体脂十分有利。

(2)长期服用丙酮酸有利于代谢能力的提高。

(3)服用丙酮酸对改善心血管机能具有一定的作用。

健美运动员控制体重时期可以通过服用丙酮酸促进脂肪酸的代谢、降低体脂、改善机体的体成分、缓解瘦体重的下降。丙酮酸的适宜服用量为25克/天，二羟丙酮为75克/天，结合高糖膳食效果更好。

5. L一肉碱

L一肉碱是目前健美运动界常用的一种运动营养品。肉碱是转运脂肪酸的载体，是脂肪酸氧化供能必需的前提。对于健美运动员来说，L一肉碱在体内的作用主要体现在以下几个方面。

(1)L一肉碱是活化的长链脂肪酸穿过线粒体内膜的载体，可以促进长链脂肪酸进入线粒体基质内被高活性的β一氧化酶系统所氧化，有利于减少体脂，控制体重。

(2)加速丙酮的氧化作用，减少乳酸的堆积。

(3)促进支链氨基酸的氧化利用，维持运动时的能量平衡。

(4)促进乳酸和氨的消除，有利于疲劳的消除等。

L一肉碱富含于动物食物中。由于在健美运动训练过程中肉碱的消耗量增加，食物是否能够提供充足的L一肉碱，目前尚无定论。因此，补充一定量的L一肉碱具有重要意义。每日分两次服用L一肉碱2～6克，便可显著提高血浆和肌肉内肉碱的浓度。由于肉碱是肌肉的天然成分，小剂量的补充未发现任何副作用，但大剂量补充会引起腹泻等。补充肉碱应注意其构型，K一肉碱有毒，会影响L一肉碱的合成和利用，导致L一肉碱的缺乏。

6. 抗氧化剂

大量的研究证实，运动训练会使自由基生成激增，使机体发生脂质过氧化导致细胞和生物膜系统的损害。脂质过氧化反应程度增加是导致运动性疲劳的发生和发展，造成健美运动员身体机能水平下降的重要原因。因此，通过抗氧化剂的服用可以有效地降低由于大强度健美运动训练所导致的自由基的增加，使机体的脂质过氧化程度下降，维持健美运动员的身体机能水平，预防运动性贫血的发生和发展。

目前，健美运动界普遍应用的抗氧化剂有维生素E、维生素C、谷氨酰胺和谷氨酰胺肽、β－

胡萝卜素、辅酶Q、番茄红素(Lycopene)、螺旋藻系列产品、牛磺酸、N—乙酰半胱氨酸等。其中效果最好的抗氧化剂是维生素C、维生素E和番茄红素。这些抗氧化剂在蔬菜和水果中含量丰富。但是,由于我国烹调蔬菜大都经过高温油的爆炒,许多维生素在高温作用下失活,使得有活性的抗氧化剂真正被吸收进入人体的较少,因此应额外补充抗氧化剂,维生素C和β-胡萝卜素应以生吃的蔬菜和水果作为主要补充方式,同时还应以片剂形式摄入一定量的维生素C和β—胡萝卜素。番茄红素是近几年国际上最新发现的一种抗氧化效果最好的抗氧化剂,它同a-胡萝卜素、β-胡萝卜素及黄体素一样,属类胡萝卜素的一种。番茄红素存在于许多蔬菜和水果中,其中番茄中含量最多。目前的研究结果认为,每天服用一定量的番茄汁,或服用番茄红素胶囊(番茄红素每天的摄入量在10～20毫克)即可达到良好的抗氧化效果。

7.碱性盐

碱性盐有柠檬酸钾、碳酸氢钠和柠檬酸钠等。在健美训练前让运动员摄取碱性盐,可起到缓冲剧烈运动时大量产生的乳酸,并具有使血液和肌肉中的pH值升高的作用,有助于维持身体内环境的稳定,并促进运动后使肌肉收缩的有关酶的功能和细胞膜的电位恢复正常。

碱性盐类的补充剂量,少者每日1.5克,多者可达20克。另外,服用方法也不一样。有人在赛前1～2天饭后服用,在比赛当天的5小时内停服。但也有人认为,在赛前补充碱性盐对强度大、时间在30秒至2分钟的健美竞赛性表演效果较好。

8.磷酸盐

磷是食物中必需的一种营养物质。体内磷以磷酸盐的形式存在。磷与体内ATP—CP供能系统有关,它与有机化合物腺嘌呤和肌酸结合生成ATP和CP中的高能键。磷酸钾和磷酸钠可作为体内缓冲剂,维持正常的pH值。磷酸还可通过几种途径协助有氧供能系统。磷酸是一些B族维生素发挥正常功能的必需物质。磷酸也是红血球的部分成分,可帮助血红蛋白释放氧进入肌细胞。由于磷有多种功能,从理论上讲磷酸盐有助于提高运动能力。

实验表明,在赛前受试者服用磷酸盐确能提高运动能力。有人发现,受试者赛前连续三天服用4克磷酸钠,可增加2,3-二磷酸甘油的水平,最大摄氧量提高6%～12%,并且在参加亚极限强度水平运动如竞赛性健美表演等项目时,能减少乳酸产生。

9.激力皂甙

大强度的健美运动训练会造成下丘脑——垂体——性腺轴机能水平的下降,从而导致机体内源性睾酮分泌减少。睾酮是机体中促合成作用最有效的激素,睾酮水平的高低对健美运动员肌肉块的塑造和身体机能的恢复及反复承受负荷的能力具有十分重要的作用。近年来研究发现,从刺蒺藜中提取的主要活性成分——激力皂甙(植物固醇类物质)能够刺激人体垂体促黄体生成素的分泌,进而促进人体内原睾酮的分泌,提高血睾酮的水平,并对增加肌肉体积、围度和饱满度的大小、肌肉力量和促进骨骼肌的代谢具有重要的作用。研究还发现,激力皂甙还具有改善免设功能、增加血红细胞、提高心肌收缩力、抗氧化的作用等。目前的实验和临床研究表明,激力皂甙对机体无任何不良副作用,健美运动员服用量一般为300～700毫克/天。因此,激力皂甙是目前改善健美运动员下丘脑——垂体——性腺轴机能的较为理想且安全有效的天然运动营养品。

运动营养补剂必须审慎而合理地使用,专业的建议包括:使用前,应该明确自己所需,从而有的放矢地选择适合品类,进行针对性的补充;必须懂得辨别商品标签上的功效说明,以免使用假冒伪劣或误用含有违禁成分的运动补充品;应当教导健美运动员,特别是青少年健美运动员要寄希望于通过多年的刻苦训练和良好营养逐渐提高健美运动成绩；运动营养补剂不会"迅速解决"运动成绩问题。对于提高健美运动成绩，运动营养补充品不是灵丹妙药；健美运动员每天需要2.0～2.5克/公斤(体重)的蛋白质，这些蛋白可来自正常食物。大多数健美运动员的肌肉生长不需要蛋白补剂；健美运动员每天需要摄入8～10克/公斤(体重)的碳水化合物。碳水化合物应来自谷类、水果和蔬菜，如果你不能从正常食物中摄取足够的碳水化合物，可以添加高能高碳水化合物饮料或固体补剂；健美运动员每天需要0.45～0.9克/公斤(体重)的脂肪，大多数应来自不饱和脂肪(如橄榄油、花生油和亚麻油)，一定不要依赖运动营养补剂。不要掉入运动营养膳食补剂的陷阱，把大量的钱花费在形形色色的"肌肉组建"补充剂上，没有什么能取代充满活力的阻力训练和全面合理的营养，与科学训练和合理营养的作用相比，运动补剂对非优秀健美运动员的作用通常微不足道。此外，有些运动补剂可能引起严重的副作用；如果考虑用运动补剂，应向专家咨询，不要听信运动营养补剂和保健补充品营销员的介绍、杂志上的广告、网上的消息，或在健身房训练、工作的人的一家之言。平时进行高强度训练的健美运动员考虑使用运动营养补剂时，一定要向知识丰富的运动生理学家、精通运动营养膳食补剂的运动医学大夫，以及优秀的运动营养学家或健美运动膳食专家进行咨询。

10. CLA

CLA即为结合性亚油酸，可在很多种天然食物中得到，尤其是牛肉、猪肉、鸡蛋、火鸡和一些乳制品中。正因为如此，CLA不是药，而是食品补剂。CLA摄入可使体脂明显下降而使去脂体重增加，促进肌肉合成。CLA的有效剂量为每天2～6克，与餐同服。

11. 刺蒺藜

刺蒺藜是一种常年蔓生植物，生长于中国、印度、东欧、非洲等地。在我国，刺蒺藜的使用已有5千年的历史。我们的祖先早就发现刺蒺藜有壮阳作用，用其入药治疗阳痿。近几年来研究发现，刺蒺藜能够刺激人体垂体促黄体生成素的分泌，进而促进睾酮的分泌，提高血睾的水平。通过提高自身睾酮的分泌，刺蒺藜对增加肌肉的大小和力量具有明显的作用。使用方法：每天250～350毫克刺蒺藜提取物。

12. HMβ

HMβ是β－羟基－β－甲基丁酸盐的简称。HMβ是人体代谢的正常产物，除人体可通过摄食产生外，HMβ也可在植物和动物中找到，特别是紫苜蓿、新鲜的玉蜀黍、柚子和鲶鱼，HMβ在肌肉组织的生长过程中左右蛋白质代谢的平衡，同时具有抗分解效应，能减少肌肉蛋白分解，增加肌肉体积，增长力量，而且可以促进耐力增长。HMβ补充既可以使去脂体重增加，又可以使脂肪减少。HMβ已成为机体生长过程中必需的一种物质，因此它是一种安全的营养补充剂。HMβ的推荐服用量为3克/天，每次1克，分3次服用，同时补充肌酸、磷酸盐效果更佳。

六、保健营养补品与天然"食物补品"

(一)保健营养补品

近年来，"送礼送健康"已成为一种社会时尚。富裕起来的人们除给亲朋挚友馈赠高档保健品之外，已不再满足于一日三餐的膳食营养，开始流行补充氨基酸口服液、蛋白质粉、复合维生素、松花粉、深海鱼油、排毒养颜胶囊、人生燕窝等高档保健营养补剂(品)来。下面针对时下流行的营养保健补品作一些简单的介绍。

1. 蛋白质粉

(1)蛋白质粉的功能：蛋白质粉是如今比较时兴的保健(营养)补品。对于一般人群而言，它的主要作用在于改善蛋白质营养不良，恢复与改善人体免疫功能。

(2)蛋白质粉适宜人群：蛋白质粉适用于免疫力低下的亚健康人群，以及成长发育中的青少年、儿童、孕产妇、老年人、糖尿病患者和体力耗费巨大的人群(如运动员、增肌和减肥者、重体力劳动者)。

(3)蛋白质粉不宜人群：①慢性肾脏病患者由于肾脏结构受到损伤，肾脏排泄、人体代谢产物的功能下降，因此这类病患者不宜摄入过多的蛋白质，特别是植物蛋白质。过多的植物蛋白质会增加肾脏病的负担，加速慢性肾脏病患者的肾脏损失，加快慢性肾脏病的进展；②3 岁以下儿童不宜吃。

(4)蛋白质粉服用方法：①服用时，应注意按推荐摄入量服用；②不宜空腹服用；③不宜和酸性饮料一起服用；④有基础疾病的患者应事先征求医生意见后服用。

2. 复合维生素

(1)复合维生素适宜人群：孕妇、挑食偏食的少年儿童，工作疲劳、压力大的亚健康人群是复合维生素的主要适用人群。如果平时食用的蔬菜、水果量不够，可以适当补充维生素；而经常出差、旅游等饮食不平衡者，则可以按需补充复合维生素。

(2)复合维生素服用方法：参考医生意见和推荐摄入量服用。服用维生素并非多多益善，因为过量服用维生素也会产生依赖性甚至毒性。

“天然食品永远是摄入营养素的首选途径。”再昂贵、成分再复杂的膳食补充剂都比不上天然食物中所含的营养。依靠人工合成的各类维生素、矿物质，无论技术多高明，其作用始终难与天然食物媲美。

3. 降脂产品

(1)降脂产品的种类：主要有深海鱼油、银杏叶茶、卵磷脂等。

(2)降脂产品的主要功能：质量合格的深海鱼油、银杏叶茶、卵磷脂等产品确实有防止血液凝固，预防脑溢血，脑血栓和老年痴呆等疾病发生的功能。

(3)降脂产品的适宜人群：40 岁以上、体态偏胖、血压偏高或有高血脂、糖尿病史的人可以适当选用。

DHA 含量高的深海鱼油还适合婴幼儿服用，可以帮助婴幼儿视神经和脑细胞发育。

(4)服用降脂产品的注意事项：①由于鱼油易氧化，购买时要注意保质期，在服用期间需低温保存；②有降脂功效的保健品一般需要长期服用，且也只能起到一些预防作用，因此不能单纯依赖这些产品达到治病的目的。特别应注意对症补充不依赖。

(二)天然食物中的“保健品”

优质的深海鱼油、维生素 E、维生素 C、卵磷脂及钙等对缺乏人群的保健作用非常巨大，然而，它们也是从天然动植物或某些元素中提炼出来的，我们完全可以从天然食物中寻找到这些“保健”佳品。下面仅就深海鱼油、维生素 E、维生素 C、卵磷脂及钙等保健品的替代食物作一简要介绍。

1. 深海鱼油

(1)主要作用：调节血脂、降低甘油三酯、稀释血液等。

(2)替代食物：黄花鱼、三文鱼等海鱼。但由于部分海鱼受到重金属污染，故每周最多吃两次，而且尽量选择体积小的海鱼。

2. 维生素 E

(1)主要作用：维生素 E 在人体细胞内能消除对机体有损害作用的自由基而延缓细胞的衰老过程，有防止脂褐素形成作用。维生素 E 中的抗氧化物可以综合自由基，保护一氧化氮。

(2)替代食物：坚果、种子、豆类、谷类，尤其是赤小豆、黑芝麻、核桃、植物油。

3. 维生素 C

(1)主要作用：可以防治坏血病、感冒等疾病，有消除疲劳的功效。

(2)替代食物：绿色叶菜、绿色花菜、番茄等蔬菜，柑橘、柠檬、山楂、猕猴桃、枣等水果。

4. 卵磷脂

(1)主要作用：能够把人体内多余的胆固醇代谢排出体外，还具有降脂作用。

(2)替代食物：豆类、蛋黄，由于蛋黄中同时含有胆固醇，建议胆固醇超标的人最好多吃豆类。

5. 钙

(1)主要作用：构建骨骼必不可少的元素，在血液的凝结、肌肉的收缩以及神经反应等生命活动中起主要作用。

(2)替代食物：牛奶、连刺或连壳的小鱼和小虾等。

七、营养早餐及食物选择

(一)为什么要吃营养早餐

早餐距离前一晚餐的时间一般长达 12 小时，每当人们一觉醒来，体内储存的糖原已被消耗殆尽，这时急需补充能量与营养，以免血糖过低。血糖浓度低于正常值会出现肌饿感，大脑的兴奋性随之降低，反应迟钝，注意力不能集中，影响工作或学习效率。而科学合理的早餐则是最佳的能量与营养来源。早餐吃得太少或者不吃，或者选择了不当的食物，都会影响你一天之中的思维、行为和情绪，早餐还可以决定人一整天的精神状态并影响身体的健美。研究表明，儿童不吃早餐导致的能量和营养素摄入的不足很难从午餐和晚餐中得到充分补充，久而久之还可能引起胃痛和十二指肠溃疡及结石病等。因此，合理地搭配有价值的营养早餐，对人体健康的影响极其重要。

(二)早餐的最佳时间

对于较早就必须进入工作或学习者，早晨起床活动 20～30 分钟后，在人的食欲最旺盛时吃早餐是最合适的；一般情况下，早餐安排在 6:30－8:30 进行比较适宜，习惯于早自习或早锻炼的同学，其早餐时间亦不宜迟于 8:30。

(三)早餐的能量标准

成年人早餐的能量应为 2 930kJ(700kcal)左右，不同年龄、不同劳动强度、不同健身目的的个体所需能量有所不同(注：1kcal＝4.18 155kJ)。

(四)早餐能量及三大营养素的比例

1. 早餐能量比例

以一日三餐为例，早餐提供的能量应占全天能量的 25％～30％(午、晚餐可各占 30％～40％)。也可将正常一日三餐饮食热能量分配为 30％ ∶ 40％ ∶ 30％；而减肥者科学的三餐热量分配应为：28%：39%：33%。

2. 早餐中三大营养素的比例

研究证明，蛋白质、脂肪、碳水化合物的供能比例接近1：0.7：5的早餐，能更好地发挥餐后快速的升血糖作用，同时又利用了蛋白质和脂肪维持进餐后2小时后血糖水平的功能，两者互补，使整个上午的血糖维持在稳定的水平，来满足大脑对血糖供给的要求，对保证上午的工作或学习效率有重要意义。

（五）早餐的一般食物

（1）谷类100g左右，可以选择馒头、面包、麦片、面条、豆包、粥等。

（2）适量的含优质蛋白质的食物，如牛奶、鸡蛋或大豆制品。

（3）100g新鲜蔬菜和100g新鲜水果。

不同年龄、不同劳动强度、不同健身目的的个体所需的实物量可以有所不同。

（六）营养早餐的评价标准（供能比例及种类）

评价早餐的质量通常有两种方法：一种是根据早餐所提供的能量和营养素量来评价。我国居民膳食指南建议，来自早餐的能量应当是全天能量摄入的25%。早餐的食量应相当全天食物量的1/4～1/3，但对各种营养没有建议量。根据美国膳食指南的要求，早餐中能量、蛋白质、维生素及矿物质等营养素应达到推荐的每日膳食供给量的25%。另一种方法是根据早餐的食物种类的多少来评价。把食物分为5类，即谷类、豆类、肉类、奶类和蔬菜水果类。如果一顿早餐中有上述5类中的4类则为早餐充足；如果食用了3类则为早餐较好；如只选择了其中两类或两类以下则为早餐质量较差。调查表明，我国中小学生早餐组成的主要模式是“谷类＋蔬菜水果”和“谷类”，而食用豆类、奶类的比例较低，仅为6.7%和4.7%。乡村中、小学生早餐食用谷类和蔬菜水果类食物的比例明显高于城市学生，食用肉类、奶类的比例低于城市学生。城乡中、小学生每天早餐食用了4类及4类以上的食物者仅为0.9%；食用1～2类食物的比例高达87%，说明我国多数中小学生的早餐质量较差。故应保证学生营养早餐的质和量。

（七）塑身减肥者早餐食物的选择

（1）早餐是学生大脑的“开关”，其能量主要来源于碳水化合物，因此早餐一定要进食一些淀粉类食物，最好选择没有精加工的粗杂粮并且掺有一些坚果、干果。这样的食品释放能量比较迟缓，可以延长能量的补充时间，如馒头、花卷、包子、馄饨、豆沙包、坚果、面包、玉米粥等。

（2）维持人体充沛精力和灵敏反应力的蛋白质也不能少，因为含蛋白质的早餐能在数小时内持续地释放能量，使学生更“经饿”。可以选择鸡蛋、酱牛肉、鸡翅、素鸡豆制品等食物。

（3）好的早餐一定要有些蔬菜和水果，如凉拌小菜、鲜蔬菜、水果等。这不仅仅是为了补充水溶性维生素和纤维素，还因水果和蔬菜含钙、钾、镁等矿物质，属碱性食物，可以中和肉、蛋等食品在体内氧化后生成的酸根，以达到酸碱平衡。

（4）试图减脂的女学生应选择含脂肪少的谷类早餐食品。有人研究发现，涂有黄油、果酱和奶酪的小面包，另加一个鸡蛋的早餐所含的脂肪量比全脂牛奶、水果和谷类食物的早餐脂肪量高约7倍。近年来，以谷类为主的早餐尤其受到女性青睐，因为一顿好的早餐应包括谷类食品（如粗面粉面包、八宝粥、黑米面包、窝窝头、茴香菜包等）、水果和奶制品（最好喝含脂肪少的牛奶）这三样东西。谁吃这样的早餐，谁就能够同时获得丰富的碳水化合物、少量的脂肪、丰富的维生素和矿物质。

(5)注意摄取维生素、叶酸和铁。特别是维生素C和铁的需要量。当今,大多数女性都没有从食物中摄取足够的铁和叶酸。如有可能,可从午餐和晚餐予以补充。肉、内脏、小米、茴香可满足人每日所需的10～18毫克铁的需求量。维生素B则可从瘦肉、鱼、肝、全麦面包、土豆、花生等食物中摄取。

(6)早餐不宜吃太多油炸食物如油条、油饼、炸糕等。虽然食用后饱腹感会比较明显,但因摄入脂肪和胆固醇过多,消化时间太长,易使血液过久地积于消化系统,造成脑部血流量减少,可能会使人整个上午都觉得无法集中精神。

(八)科学的营养早餐形式

早餐搭配的基本形式:1个鸡蛋(或25～30克肉)+1杯牛奶(加一点麦片更好)+100克主食+1碟小菜(凉拌新鲜蔬菜)。

除此之外,还可以根据自己的身体需要和经济承受能力,尤其是体重和体形,制定出适合自己的健康早餐、营养早餐、素食早餐和绿色早餐等方案。

第三节　不同健身人群的营养方案

一、减肥塑身人群的饮食营养方案

饮食控制的主要原则是减少饮食热量的摄入,均衡合理配备三大营养素和增加高膳食纤维等。饮食控制的原理就在于节制饮食并限制膳食总热量,使机体消耗的热能大于摄入热能,使热能处于一种负平衡状态,从而使体重减轻。

控制热能摄入,最简单的办法就是饥饿疗法,如禁食、节食、减食等。然而,每一种方法都有一个不可回避的问题,即饥饿。由此,许多减肥瘦身计划往往被迫中断,并带来不少负作用。故减肥瘦身者应该是平衡膳食。

试图用长期禁食或控制饮食来"残酷"地限制卡路里摄取,是不科学的,也是危险的。长期的禁食或控制饮食将丢失大量的水分、电解质、无机盐、糖以及蛋白质来换取有限脂肪的减少。如果不坚持运动,仅靠节食,哪怕是长期的较为温和地控制饮食也会造成营养不良和肌肉的分解。

(一)减肥塑身者的饮食结构

适当减少食物中碳水化合物的摄入和提高蛋白质的摄取量,限制脂肪摄取量,补充丰富的维生素、矿物质、微量元素和食物纤维。调整饮食结构为的是在限制总热能的范围内合理分配蛋白质、脂肪和碳水化合物类热能的比值,达到营养平衡,即减重又要保证机体正常需要。合理的热能比值为,蛋白质∶脂肪∶碳水化合物=20%～25%∶15%～20%∶50%～60%。蛋白质以选用禽肉(如去皮鸡肉、清炖瘦牛肉等)、鱼肉(清蒸鱼等)、虾、鸡蛋白及豆制品、奶制品(如乳清蛋白、大豆蛋白、豆腐、豆浆、牛奶等)为佳,限制猪肉、鸡蛋黄(日摄入量不超过2个)的摄入,慎重选用火腿肠、肉肠、酱鸡翅、红烧肉、烤鸭、水煮鱼等。此外,蛋白质的摄入会使机体代谢率提高30%,远高于碳水化合物和脂肪,有利于减脂。适量减少碳水化合物的摄入,以便于运动时动用游离的脂肪酸,但不能少于总能量的45%～50%,一般可达55%～60%。在减少碳水化合物摄入的同时，应优先选用全麦面包、煮玉米、粗粮杂粮等，慎重选用牛角面包、肉松面包、热狗面包、油饼、油条、点心、蛋糕，忌吃蔗糖、蜜糖、饴糖和含糖量多的饮料及糕点等，可减少胰岛素的分泌，从而减少脂肪的合成和脂肪的贮存。脂肪摄入量可控制在15%～20%之间，但不可超过25%。摄入适量的脂肪能够抑制胰岛素和胰高血糖素的分泌，促进机体的脂肪利用，并产生饱腹感。此外，适当饮水也是减肥的关键。在饮食控制过程中，如果限制饮水量，减体重速度看似较快，但在所减体重中，脂肪仅占13%，水占84%。而不限制饮水时，虽然减体重速度会慢一些，但在所减体重中，脂肪将占25%，水占75%。一般每天应喝七八杯水(2 000～2 500毫升)，体重越大饮水量应越多，体重每超过理想体重13.5公斤，就要在此基础上每天增加饮水500毫升。减肥者在节食期间，可选择一些营养好、热量低的食物食用，例如同是肉类，水产品像鱼、海参、蟹、海蜇等水生动物肉的热量就低于其他肉类；同是禽类，飞禽肉就比家禽肉热量低；同是畜肉，瘦肉就比肥肉(如五花肉)热量低；同是奶制品，脱脂奶就比全脂奶热量低。减肥者对水果的选择也有讲究，应优先选用苹果、梨子、猕猴桃、西红柿、橙子、柚子等，适量食用香蕉、西瓜和葡萄等。

1. 最佳减肥食物

(1)冬瓜：冬瓜除含水分外，还具有较高的营养价值，其中维生素C的含量较高，而且含有丙醇二酸，对防止人体肥胖、增进形体健美有重要作用。因此，常吃冬瓜有明显的减肥轻身作用。

冬瓜自古为减肥妙品，在敦煌遗书《食疗本草》中说“将冬瓜煮熟吃，能使五脏得益”。能美容、明目、健体、养生。

(2)黄瓜：黄瓜用作“减肥美容的佳品”，长期以来一直受到人们青睐。现代药理学研究认为，鲜黄瓜中含有一种叫丙醇二酸的物质，它有抑制糖类转化为脂肪的作用。因此，多吃黄瓜有减肥作用。

(3)竹笋：竹笋的种类繁多，大致可分为冬笋、春笋、鞭笋三类。竹笋中所含的蛋白质比较丰富，并且有低脂肪、低糖、高纤维素的特点，食用竹笋，能促进肠道蠕动，帮助消化，促进排便，是理想的减肥蔬菜。

(4)罗汉果：罗汉果可鲜吃，但常烘干保存，是一种风味独特的干果。现代医学研究发现，罗汉果含丰富的糖甙，这种糖甙的甜度是蔗糖甜度的300倍，具有降糖作用，可以用来辅助治疗糖尿病；含丰富的维生素C，有抗衰老、抗癌及美肤养颜作用；有降血脂及减肥作用，可辅助治疗高脂血症，改善肥胖者体形。

(5)柚子：柚肉中含有非常丰富的维生素C以及类胰岛素等成分，故有降血糖、降血脂、减肥、美肤养颜等功效。经常食用，对肥胖者有健体养颜功能。

(6)菱角：菱角的营养价值可与其他坚果媲美，中医认为，食菱角可以轻身，减肥健美。

(7)山药：山药最大的特点是能够给人体大量的粘液蛋白，这是一种多糖蛋白质，对人体有特殊的保健作用，能预防心血管系统的脂肪沉积，保持血管弹性，防止动脉粥样硬化过早发生，减少皮下脂肪沉积，避免出现肥胖。所以，山药是一种非常理想的减肥健美食品。

(8)魔芋：魔芋是一种低热量、高纤维素的传统食品。近年来，魔芋食品以它奇特的保健和医疗功效而风靡全球，并被称为“魔力食品”。首先，魔芋有助于去脂减肥。魔芋是低糖食物，吸水性强，在胃中可吸水膨胀并产生饱腹感，既可抑制食欲，又能降低体重，但不可多食。其二，魔芋有助于控制血糖，调节血糖平衡，预防糖尿病。魔芋在胃肠道形成凝胶体并附着在肠壁上，形成一层保护膜，延缓、降低、阻止胆固醇、甘油三酯和单糖等营养物质的吸收。所以它是糖尿病病人和体胖减肥者的理想食品。

(9)爆玉米：含有大量纤维，热量却近于零。

(10)菊花：菊花含有糖、脂肪、氨基酸、维生素C、维生素B等成分，具有良好的瘦身效能。

(11)苹果：美国最新研究发现，午餐前吃苹果，可减少热量摄入并防止肥胖，每餐因此少摄入180卡热量。

美国宾夕法尼亚州立大学的研究人员将体重正常的受试者分成三组。在5周时间里，第一组人午餐前什么都不吃；第二组人午餐前每人吃一个苹果；第三组人午餐前饮苹果汁。15分钟后，三组人吃同样的午餐。餐后，研究人员对这些人体内的热量进行测量后发现，餐前吃一个苹果的人，摄入的热量要比另外两组人少187卡路里。

参加研究的弗勒德教授指出，餐前吃水果可帮助人们减少热量摄入，而且吃整个水果要比喝果汁更有效。在各种水果中，苹果的减肥功效比较理想，因而得出"苹果是最佳减肥水果"的结论。

2. 其他低热量食物

除上述减肥食品外，下列低热量食品可放心享用：芦笋、芹菜、西兰花、番茄、香菇、莴苣、芫荽、小红萝卜及白萝卜、菠菜、苦瓜、南瓜、白薯、红薯、土豆、大蒜、海藻、绿豆芽、白菜、韭菜、黑木耳、海带、山楂、酸奶、豆腐、海蛰、兔肉、燕麦、玉米、糙米、醋、葱头、茶等。

此外有报道说吃辣椒能消耗更多的能量，有减肥作用，且辣椒越辣营养越高，世界上有一种"断魂椒"其营养价值是辣椒中最高的，但不可吃太多。

3. 纤维素食物

纤维素有利减肥，热量低，咀嚼时间长，容易填饱肚子，又可降低体内脂肪。如某些蔬果、燕麦片、干蚕豆、大麦等以及玉米、小米、荞麦等纤维性食物可降低血液中胆固醇，但不可吃太多，以免消化不良。

4. 充饥食物

万一饥饿难耐，可以随身带上你喜欢吃的水果，不妨吃一个水果当点心，和其他食物比较起来，水果提供的热量最少，当然也不可吃太多。

另外，饮食的脂肪含量高低与体重变化密切相关。研究发现，肥胖动物的体脂含量与饮食的脂肪含量呈显著性正相关。高脂饮食比高碳水化合物饮食更易导致体脂含量增加，即高脂肪饮食造成的能量代谢正平衡对体重增加作用更显著。

(二)减肥塑身者的饮食方式

合理分配三餐，正常一日三餐饮食热能量分配应为3∶4∶3。减肥者科学的三餐热量分配大约为：早餐占全天总热量的28%，午餐占39%，晚餐占33%，也可根据实际需要作适当调整。人体胰腺分泌的各种消化酶夜间高于白天，即消化吸收功能夜间好于白天，如果晚餐丰富、过量，加之晚间消耗能量的活动少，会增加体内脂肪储存。故晚餐忌吃得过饱和过于丰富，而宜清淡。还可适当增加早餐热量摄入，减少晚餐热量摄入。另外，睡前不要加餐，纠正吃零食的习惯，进食避免过快，少饮酒与咖啡，适量饮茶，少食盐，每天不超过5克。改进烹饪方式，少煎、炒、烹炸、油焖、干烧，多拌、卤、煮、清蒸、滑溜，减少用油量等。

现在中国健身健美界还提倡一种饮食原则：能生吃的不要熟吃，能淡吃的不要盐吃，能素吃的不要油吃(肉要吃点)。

(三)减肥塑身者的食量控制

控制食量不等于禁食,如果摄入糖、脂肪过少,“脂库”中储存的脂肪转化为热量一时难以满足人体的正常活动需要,就会导致低血糖,出现头晕、心悸、乏力等症状。因此,控制饮食既不能禁食也不能减得太快,要逐渐递减。食量控制应以有饥饿感又能保持正常活动的精力、体力为宜,一般是逐步降低到正常需要热量的 60%～70%。

在任何一种情况下,每减少身体中 0.454kg 的脂肪,须消耗 3 500kcal 热能。如果一个人每天有 500kcal 能量的负平衡,那么每周可同样减少身体中 0.454kg 的脂肪。建议每周降体重的最大数量为 0.454～0.908kg(约 0.5～1.0kg),每天的能量负平衡不宜超过 1 000kcal。

对于肥胖的人,饮食调整的原则是控制总能量摄入基础上的平衡膳食。能量摄入一般每天建议减少 1 256～2 093kJ(300～500kcal),严格地控制油脂和精制糖,适量控制精白米面和肉类,保证蔬菜水果和牛奶的摄入。根据肥胖程度的不同,减少总摄入热量标准如下:

如果是轻度肥胖者,每天减少热量摄入 125～250kcal,每月可减脂 0.5～1.0kg;中度肥胖者每天减少热量摄入 500～1 000kcal,每月可减脂 0.5～1.0kg。但女性尽量勿使每天的膳食供能量低于 1 000kcal,男性勿低于 1 200kcal。

1. ZL6－3－1 正常人食量控制方法

目前,国际上推荐的正常人热能需要量(指非减肥者也应注意控制饮食):以 20～39 岁年龄段者的热能需要量作为基数,40～49 岁年龄段者减少供能 5%,50～59 岁年龄段者减少 10%,60～69 岁年龄段者减少 20%,70 岁以上年龄段者减少 30%。此法行之有效,可以延缓衰老过程。

2. ZL6－3－2 节食控制法的注意事项

(1)每天至少饮 2 000 毫升水。

(2)准确了解自己的需要,摄入足够量的蛋白质。

(3)每天最好摄入 200～250 克碳水化合物(每顿约 1.5～2 两主食)和 10 克脂肪。

(4)不饿也要按顿饮食,并且吃各种食物。

(5)体重减少控制在 0.5～1kg/周,直至达到目的。

(6)避免吃泻剂、刺激剂、利尿剂,保证维生素和无机盐的摄入。

(7)饮食与体育锻炼相结合,每周至少 3 次,每次最好 40～60 分钟。

(8)长年锻炼,贵在坚持。

(四)不同肥胖类型者的营养建议

1. 单纯肥胖者摄入膳食营养时应注意的事项

(1)每天营养素平衡的低热能膳食,根据肥胖者每天的热能消耗计算出其每天的热能摄取量(每天热能摄取量小于每天的消耗量),一般热能摄取量每天在 1 200～2 000 千卡,可根据每个个体的具体情况适当调整,但不能少于 1 000～1 200 千卡。

(2)蛋白质∶脂肪∶碳水化合物在膳食总热量的百分比分别为 20%～25%∶15%～20%∶50%～60%。蛋白质以选用禽肉、鱼肉及大豆为佳,限制猪肉、鸡蛋(黄)的摄入,忌吃蔗糖、蜜糖、饴糖和含糖量多的饮料及糕点。

需要说明的是,无论碳水化合物还是蛋白质和脂肪摄入过多,都会变成脂肪在体内储存。食物碳水化合物的能量在体内更易被利用,食物脂肪更易转变为脂肪储存。近年来我国肥胖和糖尿病发病率明显上升，最主要的原因是由多吃少动的生活方式造成的，并不是粮食吃得多，而是其他食物特别是动物性食物和油脂吃得太多了。近20年我国城乡居民的主食消费呈明显下降趋势，2002年城乡居民谷类食物比1982年和1992年分别下降21%和10%。而肥胖和糖尿病发病最高的大城市居民谷类食物摄入量最少，提供能量只占总能量的41%。因此简单地将我国糖尿病和肥胖患者增多归因于粮食吃得多了是不正确的。

(3)养成良好的饮食习惯，做到少吃多餐，晚餐少吃，一日可进餐4～6次，但总热能须在限度以内，这样可减少餐后胰岛素的分泌和体脂合成，且可使胃的容积逐渐减小，减少饥饿感；少吃或不吃零食，少喝含糖量高的饮料；戒除劝食、诱食、勉强进食、饮酒等不良习惯。

(4)减少膳食中的主食和脂肪摄入量，免食黄油、花生米、巧克力，少吃或不吃油炸食品。

(5)增加水果和蔬菜的摄入量，确保充足的维生素供应。水果包括橙子、香蕉、苹果、西瓜等，蔬菜包括洋葱、大蒜、木耳、大豆、黄花菜、香菇、青椒、胡萝卜等。

(6)保证足量的奶制品、豆制品的摄入，确保充足的无机盐和微量元素的供应，同时以满足饱腹感。

(7)应增加食物纤维的摄取量，因为食物纤维具有饱腹感而不提供热量，同时其还能减少热量的吸收。食物纤维含量高的食物有全麦制品、粗粮、蔬菜和水果等，因此在主食中应增加粗粮或粗加工的粮食比率。

(8)少吃刺激食欲的食物，如辣椒、味精等。饮食清淡，减少盐的摄入量，多饮水。

为了达到更好的减肥效果，肥胖者除应注意基础膳食营养的摄入以外，还可以考虑摄入一些特殊营养品，如CLA、丙酮酸盐、L－肉碱等，这些营养品可以促进脂肪酸进入骨骼肌细胞线粒体，增加机体对脂肪酸的氧化利用，从而达到良好的减肥效果。但是社会上有一些只为追求经济利益而出售的快速减肥药物，如能量消耗增强药、食欲抑制药、抑制消化吸收药(促进排泄药物)、影响脂类代谢药等，都有一定的副作用，影响机体正常功能和健康状态，有的还具有成瘾性，因此不应提倡服用这类药物。

2. 肥胖者伴有其他各种疾病时的营养要求

(1)肥胖伴有高血脂症患者的膳食营养特点：①由于中老年人对胆固醇的降解能力下降，应严格限制胆固醇的摄入。一般轻度高血脂症患者每天摄入量应低于300毫克，中度及以上者每天摄入量低于200毫克；②限制动物性脂肪的摄入，增加植物油的比例，使不饱和脂肪酸与饱和脂肪酸的比值达到2∶1左右(适当增加不饱和脂肪酸的比率)。

(2)肥胖伴有冠心病、动脉粥样硬化症患者的膳食营养特点：①严格限制胆固醇和脂肪的摄入量，胆固醇摄入量每日低于250毫克，蛋白质营养中增加大豆的比例；②适当增加对冠心病有益的矿物质，如吃含镁、铜、硒、锰、钙等较多的食物。

(3)肥胖伴有高血压、脑血栓症患者的膳食营养特点：①限制钠盐的摄入量，轻者每天的钠盐摄入应低于4克，而中度以上者应严格控制盐的摄入量，逐渐养成口味清淡的饮食习惯；②严格限制胆固醇和脂肪的摄入量，胆固醇摄入量每日低于250毫克，增加植物油的比例；③适当增加镁的摄入，多吃香菇、豆类、芥菜等食物；④适当增加锌、镉的比值，如坚果、豆类、茶叶、各种粗粮；⑤适当增加铬的摄入，铬在糖代谢中的作用是增强机体对葡萄糖的利用，具有降低血糖的作用，而铬、镁、锌等富含于麸皮、胚芽、豆类及各类坚果中；⑥常吃有降血压作用的食物，如菠菜、芥菜、山楂、香蕉、莲藕、蜂蜜、醋等；⑦适当补充钾盐，使钾∶钠比值在1.5∶1水平。

(4)肥胖伴有骨质疏松症患者的膳食营养特点:①增加每日钙的摄入量。每日的钙摄入量应在1 200～1 500毫克,补充钙的方法是摄入大量的奶制品、深绿色的蔬菜、大豆制品和各种硬果。蔬菜如芹菜、雪里红(鲜)、苋菜、青扁豆、油菜、圆白菜、菠菜等,其中以芹菜叶含量最高,在吃芹菜时应将芹菜叶一齐进行烹调;硬果以炒熟的西瓜子和南瓜子含量最多,其次为杏仁(炒熟)、核桃仁、花生仁(炒熟),可以作为中老年人的日常零食补充,还可以补充一些动物骨粉等;②通过食物和经常接触阳光获得充足的维生素D,多吃未精加工的粗粮;③适当控制膳食中的蛋白质摄入量,过多摄入蛋白质会抑制钙的吸收和利用。

(5)肥胖伴有糖尿病患者的膳食营养特点:①严格控制总热量的摄入:每天的总热量的摄入应根据活动量、病情的轻重,按标准体重来计算;②适当控制碳水化合物的摄入量:碳水化合物以占总热量55%左右为宜,对碳水化合物的摄取时间、总量、每次量以及组成均应保持适当的稳定。一般对于糖尿病患者可以采用增加餐数,减少每次量,碳水化合物的每天摄入量在200～300克左右。碳水化合物摄入不能过少,否则会引起体内脂肪代谢过度而造成酮症酸中毒;③蛋白质供应应占总热量的15%～20%,以摄入优质蛋白质为宜。这是因为糖尿病患者体内糖原储备低下,同时造成了蛋白质消耗量大,但对于肾功能障碍者应适当减少蛋白质摄入量;④适当控制脂肪和胆固醇的摄入量:脂肪应占总热量的20%～25%,其中适当增加植物油(不饱和脂肪酸)的比率;胆固醇的摄入量应低于250毫克;⑤注意无机盐和微量元素的补充:因为糖尿病患者接受利尿剂与胰岛素治疗时,可能出现钠、钾、氯等元素的缺乏。铬可激活胰岛素,改善糖耐量,促进糖进入组织储备;⑥适当增加食物纤维和维生素的摄入:食物纤维具有降低血糖的作用,以大豆、豌豆、豆角类等和水果为食物纤维的主要来源,效果较好。而维生素是人体正常代谢的必需物质,尤其是维生素B_1、维生素B_2及尼克酸在糖代谢中具有重要作用。因此,对于糖尿病患者还应注意维生素B_1、维生素B_2及尼克酸的补充。

(五)体重控制与减肥塑身新理念

1. 低GI食物减肥法

(1)何谓GI。GI是“食物血糖生成指数”的英文缩写。食物血糖生成指数是指50g碳水化合物的食物与相当量的葡萄糖在一定时间(一般为2小时)体内血糖反应水平的百分比值,反映食物与葡萄糖相比升高血糖的速度和能力。有时也称“升糖指数”。通常把葡萄糖的血糖指数定为100。一般而言,食物血糖生成指数大于70为高GI食物,小于55为低GI食物,55～70为中GI食物。专家们提出用“食物血糖生成指数”(GI)的概念来衡量某种食物或膳食组成对血糖浓度影响的程度。最初食物血糖生成指数(GI)适用于糖尿病患者选择富含碳水化合物类食物的参考依据,现在也广泛用于肥胖者和代谢综合征患者的膳食管理以及健康人群的营养教育中。

而GI值指的是,当我们将食物吃进体内后,(相对于吃进葡萄糖时)使血糖升高的比例。简单来说,越容易使血糖快速上升的食物,其GI值就越高,像糖类和淀粉类是属于高GI;反之,使血糖上升速度较慢的食物,其GI值就越低,像油脂类和蛋白质属于低GI。

如何藉由吃低GI食品来达到减肥的效果,和胰岛素的分泌有极大的关系。我们在吃下糖类、淀粉类等GI值高(升糖指数高)的食物后,血糖就会快速升高,促使胰脏分泌胰岛素来降低血糖浓度,将之转换成为生活中所需的能量,但是如果摄取了过多的糖类、淀粉类食物时,胰岛素会将多余的糖类转换成脂肪,储存在体内,就容易导致肥胖了。所以当我们吃进GI值低(升糖指数低)的食物,减缓血糖上升的速度,胰岛素的分泌量减少,也减少脂肪的形成和堆积，就是所谓的“低 GI 饮食法”，也称为“低胰岛素减肥法”。

(2)如何选择 GI 低的食物。豆类(如豌豆等)、乳类、燕麦(含麦芽糊精)、蔬菜(含烤土豆等)、水果(如苹果、桃)等纤维含量高，都是低 GI 值食物，魔芋粉的血糖生成指数只有 17，在几乎所有食物中是最低的。而葡萄糖、蔗糖、蜂蜜、葡萄干、白面包、馒头、香蕉、玉米片、米饭、蛋糕、饼干、冰淇淋、甜点等则属于高 GI 食物，通心粉、面条、麦片粥、桔子、黑葡萄、绿葡萄等属中 GI 食品。谷类、薯类、水果常因品种和加工方式不同，特别是其中的膳食纤维含量发生变化，而引起 GI 的变化。此外，选择未经过太多烹调手续和较少调味、添加物的较粗糙的食物，少吃过于精致的食物，也是一种挑选低 GI 食物的方法。

(3)过量食用 GI 低的食物也会长胖。很多人对低 GI 食物有误解，认为低 GI 的食品是吃不胖的，可以尽情享用，但事实上并非如此，如果吃了过量的低 GI 食物，其总热量还是很高，一样会造成发胖的结果。所以必须在固定的食物总热量范围内，重新组合食物的品质(GI 值)而非食物的量，才能有效发挥低 GI 的减重功效。因此，除必须选择低 GI 的饮食外，还必须控制食物的总热量。

还有人说“低胰岛素减肥法”是人性化的减肥方式，认为它不需要特别的运动，更不需要忍饥挨饿，就可以达到减肥的效果。其实，这种为糖尿病患者以饮食的方式来控制血糖而设计饮食疗法，并不一定适合当作塑身减肥的理想方式。减肥塑身还是要靠长期的运动才能维持良好的身材，并在全身性有氧运动＋肌肉负荷训练＋局部训练(体形修塑)＋伸展性训练的基础上结合饮食调控才能收到最佳效果(即获得健美的体形或理想的曲线)。而科学平衡的膳食只是减肥塑身和健美方法中最重要的因素之一。

当然“GI 减肥食谱”在某种程度上也有一些进步的意义，但更多是体现在提倡健康时尚的生活方式上。专家们认为仅仅靠吃低碳水化合物还不行，仍要配合低热量、低饱和脂肪酸的食物，多吃蔬菜水果，减少咖啡因的摄入，保证良好的睡眠，缓解压力，让人想吃东西才行。“GI 减肥食谱”还要求使用者：坚决不吃糖，不喝果汁而吃水果，永远不要吃果泥、蔬菜泥，而吃生的蔬菜，不吃奶酪，不摄入咖啡因，每三小时吃一次东西以避免低血糖等也有一定借鉴作用。

(4)低 GI 食物减肥法和节食减肥法的不足。长期的低 GI 食物减肥法和节食减肥的主要不足在于，单纯节食减去的体重中，肌肉组织占 35%～45%，虽然节食可能使身体各部围度缩小，但很难改变身体的曲线，只有力量练习再配以有氧运动才可以减少肌肉组织的丢失和修塑健美的形体和曲线。此外，如果长期采用低糖饮食，当葡萄糖耗尽，脂肪便以酮体形式提供能量，长此下去还会导致摄入过多的胆固醇和脂肪，久而久之更会导致心脏功能的衰竭。

2. 天天吃早餐更苗条，不吃早餐倒发胖

据美国《小儿科》杂志最新(2008 年)报道，美国明尼苏达大学公共卫生学院的一项新研究发现，与不吃早餐的孩子相比，有规律进食早餐的青少年体重更轻、锻炼更多、饮食更健康。研究人员对美国明尼苏达州明尼阿波利斯圣堡罗地区的 2 216 名青少年进行了研究，对他们的饮食模式、体重及其他生活方式展开了为期 5 年的跟踪调查。研究结果表明，吃早餐越有规律的孩子，其体质指数越低。总是不吃早餐的孩子比每天吃早餐者平均体重高出大约 2.3 公斤。

研究人员指出，美国大约有 25%的孩子经常不吃早餐，导致年轻人肥胖率日益升高。皮雷拉教授的理论解释是：早上吃饱肚子，孩子们在一天里可以更好地控制食欲，防止中餐及晚餐时暴饮暴食，有助于控制体重，保持身材。

3. 主食吃得太少不利于减肥

米饭和面食等重淀粉食物含碳水化合物较多，摄入后可变成葡萄糖进入血液循环并产生成能量。很多人为了减少高血糖带来的危害，往往想到去限制主食的摄入量。特别是在美国阿特金斯教授提出低碳水化合物可快速减肥之后，就流行起了一种不含碳水化合物的减肥膳食"理论"。另外，有一些女性为了追求身体苗条，也很少吃或几乎不吃主食。要知道，淀粉能保护人体不受病菌感染，能预防心脏病和癌症。因此我们的食谱上必须有面包和米饭，因为大米中含有近80%的淀粉，但脂肪含量极低。每100克熟米饭的热量降低到120 kcal左右，糖含量仅占25%，只相当于一个半苹果所含的热量。如果把大米做成稠粥，则一份米要加5～6倍水，所含热量更低，除非在米饭中加入含油脂的配料，如炒米饭等。有人将下列食物提供的热量(kcal/100g)作过比较，米饭116kcal、馒头221kcal、瘦肉143kcal、肥瘦肉395kcal、鸡蛋147kcal、豆腐81kcal、牛奶54kcal、花生米546kcal。看来，在主食中米饭所含热量并不高，在正常食量下，米饭也并非令人发胖的食品，米粥更是低能量食品。而且精米比粗米所含的热量更低。不少减肥者对米饭刻意回避，常常在午餐、晚餐时只吃菜不吃饭，这是一种极大的误区。菜里含有油脂，热量更高，长期这样反而会引起肥胖。况且，有的人用面包、饼干、蛋糕之类代替主食，殊不知它们才是真正的高热量食品。特别是中老年人每天的主食必不可少，也可以每天吃80克扁豆或土豆。

碳水化合物是人体不可缺少的营养物质，在体内释放能量快，是红细胞唯一可利用的能量，也是神经系统、心脏和肌肉活动的主要能源，对构成机体组织、维持神经系统和心脏的正常功能、增强耐力、提高工作效率都有重要意义。正常人合理膳食的碳水化合物提供能量比例应达到55%～65%。过去医生给糖尿病患者推荐的膳食中，碳水化合物提供的能量仅占总能量的20%，使患者处于半饥饿状态，这对病情控制不利。随着科学研究的深入，现在已改变了这种观点，对糖尿病者逐步放宽碳水化合物的摄入量。目前在碳水化合物含量相同的情况下，更强调GI低的食物。

前些年在美国流行阿特金斯低碳水化合物减肥膳食，在起初阶段就可快速减轻体重的原因是加快了体内水分的流失，其后这种膳食减少体内脂肪的作用与其他低能量膳食没有差别。这种减肥膳食有更明显的副作用，可导致口臭、容易腹泻、疲劳和肌肉痉挛，更重要的是增加了患心血管疾病的危险，使糖尿病患者更容易发生并发症。

许多人认为碳水化合物是血糖的唯一来源，不了解蛋白质、脂肪等非糖物质在体内经糖异生途径也可转变为血糖，所以他们严格限制主食，并大量食用高蛋白质及高脂肪的食物，盲目鼓励吃动物性食物。这种做法只注意到即时血糖效应，而忽略了总能量、脂肪摄入量增加的长期危害。因此，将这个极受争议的减肥膳食模式盲目用于正常人，是不正确的，会产生很大的负面作用。

无论碳水化合物还是蛋白质和脂肪摄入过多，都会变成脂肪在体内储存。食物碳水化合物的能量在体内更易被利用，食物脂肪更易转变为脂肪储存。近年来我国肥胖和糖尿病发病率明显上升，最主要的原因是由多吃少动的生活方式造成的，并不是粮食吃得多，而是其他食物特别是动物性食物和油脂吃得太多了。

4. 减肥者摄入蔬菜过量不利于健康

大家都知道蔬菜里含有丰富的维生素和食物纤维，适量食用可促进肠道蠕动，发挥抗氧化作用，但摄入过多会产生以下危害，故值得那些用吃蔬菜代替吃主食的减肥者们警惕。

(1)容易形成结石。某些蔬菜含较多的草酸,如菠菜、芹菜等,与其他食物中的钙结合,容易形成草酸钙结石,对于已患有磷酸钙结石的病人,吃大量蔬菜可使结石增多,且不易排出体外。

(2)不易消化。粗纤维含量高的蔬菜,如芹菜、春笋等,大量进食后很难消化,胃肠疾病患者不宜多食。粗纤维还容易使肝硬化患者造成胃出血或食管静脉曲张出血等,加重病情。

(3)影响吸收。怀孕的妇女和生长发育期的儿童、青少年,大量摄入蔬菜会阻碍体内钙、锌吸收,影响孩子智力发育和骨骼生长。

(4)易导致缺铁性贫血。肥胖者如果为了节食而大量食用蔬菜,不但影响机体摄取和吸收必须脂肪酸和优质蛋白质,更阻碍了从荤食中吸收丰富的钙、铁和锌等营养物质,导致缺铁性贫血和缺钙。

二、强身健体人群的饮食营养方案

(一)一般健身锻炼者的饮食方案

不论是增加肌肉体积还是减缩多余脂肪,都必须通过科学的健身健美锻炼才能实现,但是如果不注意科学合理的营养就达不到预期的效果。科学合理的健身健美锻炼与营养有机的结合是取得良好效果的基础。

健身界有句行话,叫"一半靠练,一半靠吃";健美界也有句行话,叫"三分练,七分吃"。这确是一条通俗的经验总结。当然,"练"是指科学地练,"吃"是指合理吃。那么如何吃才算合理呢?根据我们对健身健美训练者多年的跟踪调查和实践经验的总结,得出健身健美锻炼者的每日食谱配备公式,即:

每日食谱=适度的蛋白质食品+较低含量的脂肪食品+高含量的碳水化合物食品

在健身健美训练的过程中,不少锻炼者对每日进餐次数和时间产生兴趣,这种对健身健美饮食的新态度,无疑有利于建立符合自己健身健美训练目标的良好饮食习惯。那么参加健身健美训练的人每天吃几餐?什么时间吃好?我们认为,应根据人体一天消耗能量的需要和消化规律来确定。同时也要与进餐与健身健美训练相适应,让食物所释放的能量和营养素及时地去满足"身体建设"的需求,从而发挥维护和提高身体健与美的更大功效。根据我国的国情和大众健美训练的特点,实践证明,对健身健美锻炼者来说,采用"日食五餐法"较为合适。即每天吃五次,每次吃 6~7 成饱,每餐间隔 3 小时左右成为基本的建议模式,或五餐达到每日应摄取热量之和的进餐方式。采用"日食五餐法"是因为眼下市场上供应的食物质量已逐渐优质化,烹调技术趋于科学化,食物选择实现多样化,食物被消化吸收的进程相对缩短,打破了人体生物钟的规律。对于参加健身锻炼的一般人来说,控制热能平衡非常重要。理想的膳食结构比例是蛋白质应该占总量的 18%~25%,脂肪占总量的 20%~30%,碳水化合物占总量的 55%~60%。同时,一日五餐热量的摄入也必须保持适当比例。即早餐应占全天总量的 20%,午前餐占 10%,午餐占 30%,午后餐占 10%,晚餐占 30%等。这样,就从根本上解决了健身健美锻炼者在老式三餐模式的每餐之间,容易产生饥饿感(在这个时间内的工作、学习效率滑向低谷)的"两饿(锻炼前饿和锻炼后饿)"与"偏食(必须的营养成分不足而供能太多,或必要的营养成分过剩而供能缺乏)"的问题。健身健美训练与进餐的相隔时间,一般是小到中等运动量,休息半小时后即可进餐;如果大运动量,应至少休息一小时后再进餐。

(二)健美运动员训练膳食指导性建议

1. 主要营养比例

蛋白质：碳水化合物：脂肪＝30％～35％：55％～60％：10％～15％

2. 进餐次数

平均每天进餐6～7次

3. 食物种类

谷类食物以米饭、馒头为主；蔬菜以西红柿、小白菜、芹菜梗、油麦菜、黄瓜为主；此外，芦笋、冬瓜、莴苣、芫荽、小红萝卜、菠菜、苦瓜、南瓜、白薯、红薯、山药、土豆、大蒜、海藻、绿豆芽、韭菜、辣椒、魔芋也可有选择地食用。水果以香蕉、西瓜和苹果为主；肉蛋类以牛肉、蛋清、无皮鸡胸、鱼、豆腐为主。

4. 烹调特点

肉类食物以水煮或清蒸为主，蔬菜以生吃为主，限制烹调用油和盐及含盐量高的佐料如酱油等。

5. 赛前饮食期营养补品建议

为了降低体脂，保持瘦体重，要尽可能保存食物中的维生素，降低糖、盐、油的摄入量。每天还应补充以下种类和数量的营养补充品：超级乳清蛋白，早晨、上午及下午训练后，睡觉前各口服25克，也可服用正氮乳清蛋白。谷氨酰胺粉：上午、下午训练后、睡前各口服1勺(13.5克)；维他保：训练量最大时每天口服2粒；左旋肉碱：每次6粒，训练前用；电解质活力胶囊每天口服2粒；胺肌3 000：上午、下午训练前口服6粒；激励皂甙：每日3次，每次2粒，两餐之间服用；蛋白棒：上午、下午训练后补充。

充分利用训练后补糖的最佳时间，除了运动前、中、后，尽量减少在其他时间食用加工过的糖，而选用富含膳食纤维的食物如全麦食物，最后一次碳水化合物的摄入不要离晚上睡前太近。

总之，健身健美训练者应根据自己的年龄、体重、训练状况及经济条件等精心安排营养食谱，切勿照搬别人的。要明白只有丰富的营养物质，科学合理的膳食结构与调摄，才能使健身健美训练者在较短的时间内达到健身健美的目的。

三、康复人群的饮食营养方案

(一)高血压人群的饮食方案

高血压患者应适当控制饮食并减轻体重。建议体重指数(BMI，kg/㎡)应控制在24以下。研究资料显示，如人群中平均体重下降5公斤，高血压患者体重减少10％，则可使糖尿病、高脂血症和左心室肥厚得到改善。饮食上注意减少钠盐，每天不超过5～6g。减少膳食脂肪，有的流行病学研究资料显示，即使不减少膳食中的钠和不减重，如能将膳食脂肪控制在总热量的25％以下，多不饱和脂脂酸与饱和脂肪酸(P/S)比值维持在1，连续40天就可使男性收缩压和舒张压下降12％，女性下降5％。补充适量蛋白质，蛋白质占总热量15％左右，动物蛋白占总蛋白质的20％。注意补充钾和钙，如绿叶菜、鲜奶、豆制品等。多吃蔬菜和水果。

(二)高脂血症人群的饮食方案

合理膳食是预防和治疗高脂血症的基础和有效措施。对于高脂血症人群来说，膳食治疗是最重要的。研究表明，膳食治疗能降低血清总胆固醇(TC)5%～10%，而TC每减少1%，冠心病的发病率就可下降2%。

1. 控制总热量，防止超重和肥胖

超重和肥胖除遗传因素以外，主要原因是热量摄入过多，过剩的热量转化为脂肪在体内蓄积。因此高脂血症多见于肥胖者。为了减少血脂的来源及减轻体重必须控制总热量的摄入，尤其是防止饮食中糖和脂肪的过量，维持正常体重。体重减轻后常可使血清甘油三酯降至正常。

2. 控制胆固醇和饱和脂肪酸的摄入

(1)首先要控制的是胆固醇的摄入。高胆固醇来自于以下几类食物，我们在选择食物时要予以控制：①蛋类：蛋类的蛋黄，如鸡蛋黄、鸭蛋黄、咸蛋黄、皮蛋黄等；②肉类：肥肉、鸡皮、鸡翼、凤爪、香肠、腊肠、腊肉等；③动物内脏：脑、腰、肝、肠等；④海产类：墨鱼、鱿鱼、虾膏、蟹黄、鱼子、鱼头等；⑤油类：奶油、牛油、鸡油、猪油、椰子及其制品如椰油、椰浆等。

不同食物中胆固醇含量见表6-12。

表6-12　不同食物中胆固醇含量(mg/100g)

食物名称	胆固醇	食物名称	胆固醇
猪脑	2 571	猪肉(肥瘦)	80
羊脑	2 004	猪舌	158
羊肝	349	鸡蛋	585
猪肝	288	鸡蛋黄	2 850
猪肉	158	鸭蛋(咸)	1 570
鸡肝	356	鳝鱼	126
鸡腿	162	墨鱼	226
鸭肫	153	基围虾	181
炸鸡	198	河蟹	267
牛肉(瘦)	58	蟹黄(鲜)	466
牛肉(肥)	133	鹌鹑蛋	3 640

周韫珍. 公共卫生与预防医学，(2004)

(2)其二是减少饱和脂肪酸的摄入。血浆甘油三酯水平与膳食中脂肪的摄入量有直接的关系，因此要限制脂肪摄入。在脂肪的摄入上，除控制膳食的脂肪"量"以外，脂肪的"质"也同样重要。人们日常食用的油脂有动物油和植物油两大类。一般说来，多数动物油中饱和脂肪酸的含量较高，而植物油中则是不饱和脂肪酸的含量居多。植物油分为以下三类：①饱和油脂，如椰子油和棕榈子油。这些油中饱和脂肪酸(SFA)的含量高，经常食用可以使血液中胆固醇水平增高。饮食中应减少这类油脂；②单不饱和油脂是含一个不饱和键的脂肪酸，包括花生油、菜油和橄榄油等。膳食中单不饱和脂肪酸(MUFA)主要是油酸，食用油中橄榄油含油酸量可达84%，其次是花生油，含量为56%，玉米油含49%，芝麻油含45%，这些油中单不饱和脂肪酸含量较高，它们不会改变血液中胆固醇水平。地中海地区(希腊、意大利等)人群血清TC水平较低，可能与其膳食中富含橄榄油有关；③多不饱和油脂，如大豆油、玉米油、芝麻油、棉子油、红花油和葵花子油。这些油中多不饱和脂肪酸(PUFA)含量较高，它们可以降低血清中胆固醇水平。多不饱和脂肪酸(PUFA)是指含两个或两个以上不饱合键的脂肪酸。按所含双键数目与位置不同，多不饱和脂肪酸主要有ω-6脂肪酸和ω-3脂肪酸两种类型，大部分存在于植物油中。

ω－6 系亚油酸(亚油酸 LA,linoleicacid)和 α－亚油酸(ALA,alpha－linolenicacid)可转化为更长链的脂肪酸,如花生四烯酸(AA)和二十二碳六烯酸(DHA)等,它们促进人体内多余胆固醇变成胆汁酸盐,阻止胆固醇在动脉壁沉积,有降低血清中胆固醇含量,防治动脉粥样硬化的作用。不同食物中亚油酸含量见表 6－13。

表 6－13 食物中亚油酸含量(占总脂肪酸%)

食物名称	亚油酸	食物名称	亚油酸
葵花子油	63.2	葵花子仁	77.1
玉米油	56.4	西瓜子仁	76.9
豆油	51.7	核桃(干)	64.0
芝麻油	45.6	榛子(炒)	19.9
棉籽油	44.3	芝麻(黑)	46.9
大麻油	44.6	南瓜子(炒)	44.7
花生油	37.9	花生(炒)	37.7
菜籽油	16.3	松子(炒)	34.7

摘自:周祖珍,公共卫生与预防医学,2004。

ω－3 系 α－亚麻酸有降低血清中胆固醇作用,还能降低甘油三酯、降低血小板凝集率和降血压,预防和治疗动脉粥样硬化。

Ω－3 脂肪酸也是多不饱和脂肪酸,主要存在于一些海鱼中,故而海鱼和鱼油适合于高脂血症患者食用。有研究表明,改变饮食中多不饱和脂肪酸与饱和脂肪酸的比例,即增加多不饱和脂肪酸,如亚油酸、亚麻酸和花生四烯酸的含量,同时减少饱和脂肪酸,可以使血清胆固醇水平有中等程度的下降,并有降低血液凝固的趋势。但多不饱和脂肪酸(P)与饱和脂肪酸(S)之比,即 P/S 比值更为重要;当前推荐的 P/S 比值范围是从 1∶1～2∶1。当摄入饱和脂肪酸增高时,血液中胆固醇水平上升,而增加亚油酸可阻止胆固醇增高。吃鱼(富含 Ω－3 脂肪酸)较多的日本人和吃橄榄油(含多不饱和脂肪酸 72.3%)较多的地中海沿岸居民冠心病患病率并不高;丹麦居民每日摄入脂肪量 140 克,与英、美居民每日摄入脂肪 120 克相比,丹麦人冠心病患病率与死亡率反而较低,这主要是因为丹麦人膳食中动物脂肪较少,而英、美膳食中动物脂肪可达 100 克,说明脂肪的质比量更为重要。

3. 食物多样化及合理搭配

(1)保持热量均衡分配,饥饱不宜过度,不要偏食,切忌暴饮暴食,改变晚餐丰盛和吃夜宵的习惯。

(2)主食应以谷类为主,粗细搭配。粗粮中可适量增加玉米、筱面、燕麦等成分,保持碳水化合物供热量占总热量的 55%以上。

(3)增加豆类食品,如豆腐、豆浆、绿豆、芸豆等。以干豆计算,平均每日应摄入 30g 以上,或豆腐干 45g 或豆腐 75～150g。豆类食品除了能够提高蛋白质利用率以外,豆制品中含有的大豆蛋白又能显著降低血清总胆固醇、低密度脂蛋白和甘油三酯的水平。此外,豆制品中不含胆固醇,仅含有的植物固醇阻止肠道吸收食物中的胆固醇。豆制品中含有的卵磷脂能使胆固醇不致沉积在血管壁上形成动脉硬化斑块。因此，常吃豆制品对降低血脂很有益处。

(4)在动物性食物的结构中，增加含脂肪较低而蛋白质较高的动物性食物，如鱼、禽、瘦肉等，减少陆生动物脂肪，最终使动物性蛋白质的摄入量占每日蛋白质总摄入量的20%，每日总脂肪供热量不超过总热量的30%。膳食中胆固醇含量不宜超过300mg/日。

(5)食用油保持以植物油为主，每人每日用量以25～30g为宜。

(6)膳食成分中应减少饱和脂肪酸，增加不饱和脂肪酸(以人造奶油代替黄油，以脱脂奶代替全脂奶)，使饱和脂肪酸供热量不超过总热量的10%，单不饱和脂肪酸占总热量的10%～15%，多不饱和脂肪酸占总热量的7%～10%。

(7)提高多不饱和脂肪酸与饱和脂肪酸的比值。西方膳食推荐方案应达到的比值为0.5～0.7，我国传统膳食中因脂肪含量低，多不饱和脂肪酸与饱和脂肪酸的比值一般在1以上。

(8)多吃富含维生素、无机盐和纤维素的食物。保证每人每日摄入的新鲜水果及蔬菜达400g以上，并注意增加深色或绿色蔬菜比例。它们含维生素C、无机盐和纤维素较多，能够降低甘油三酯，促进胆固醇的排泄。

(9)减少精制米、面、糖果、甜糕点的摄入，以防摄入热量过多。

(10)适当减少食盐摄入量，每日食盐6克以下。

(11)少饮含糖多的饮料，多喝茶；咖啡可刺激胃液分泌并增进食欲，但也不宜多饮。

(12)要避免饮酒，酒能够抑制脂蛋白酶，可促进内源性胆固醇和甘油三酯的合成，导致血脂升高。

4. 根据上述饮食搭配原则，建议多选用以下食品

(1)豆制品，它的多种有益作用上面已经介绍。

(2)黑木耳、香菇。黑木耳有抗血小板凝集、降低血脂和阻止血胆固醇沉积的作用。香菇有调节人体新陈代谢、降血压、降血脂作用，并能降低肝脏中的脂肪和胆固醇的含量。近年来发现菇类中含有丰富的“香菇素”，每3～4朵的香菇中含香菇素100毫克，具有降脂和保健作用。

(3)降脂食物，如酸牛奶、大蒜、绿茶、山楂、绿豆、洋葱、香菇、蘑菇、花生、淡菜、平菇、金针菇、木耳、银耳、猴头菇等食物。

(4)荞麦、燕麦、大麦。荞麦、燕麦、大麦中含有丰富的可溶性纤维。可抑制小肠对胆固醇的吸收与代谢，降低血胆固醇水平。

(5)大蒜、洋葱。大蒜有舒张血管、抗血小板凝集和阻止胆固醇的生物合成作用。洋葱有降血脂和抗动脉硬化作用，对高血压病人还有降血压作用。

(6)鱼。有降血脂作用。尤其是海鱼，降脂作用更好。据称日本人患高血脂和冠心病的较少与他们喜食海鱼有关。生活在北极的爱斯基摩人因大量食用海鱼，竟无人患冠心病。

(7)其他，如玉米、土豆、绿茶、牛奶、南瓜、黄瓜、茄子、苹果等也都有一定的降血脂作用。

5. 不同类型高脂血症人群的膳食区别

高脂血症可分两种类型，即胆固醇偏高型和甘油三酯偏高型，在膳食治疗中也要区别对待。

(1)胆固醇偏高者饮食三原则：①应少食胆固醇含量高的食物，如动物内脏、脊椎、蛋黄、鱼子、贝类等。尤其要控制蛋黄的摄入量，每日不超过一只蛋黄；②少食饱和脂肪酸含量高的食物，如全脂奶及奶油制品、动物脂肪、棕榈油等；③多食不饱和脂肪酸高含量的食物，如选择橄

榄油、茶油等。

(2)甘油三酯偏高者饮食三原则:①限制总热量的摄入,并控制总热量中脂肪供能的比例(尤其是不吃肥肉),热量过高容易转变为脂肪;②少吃糖类和甜食,特别是精制点心等。防止甜点所含的碳水化合物在肝脏中转变成脂肪进一步升高血液甘油三酯,并造成脂肪肝;③饮料以茶为主,少喝或不喝加糖的饮料。

美国自20世纪60年代广泛开展旨在降低血清总胆固醇(TC)的公众健康教育,即美国国家胆固醇教育计划(NCEP),目前,国际上普遍采用1994年美国NCEP的高胆固醇血症诊断、评价和治疗专家组(ATP II)提出的标准。根据我国人群20世纪90年代膳食情况并参照美国ATP II的膳食治疗方案,也制定了高血清胆固醇膳食治疗目标和我国高脂血症膳食控制方案(表6-14,表6-15)。

表6-14 我国高血清胆固醇膳食治疗目标

营养素	建议
总脂肪	≤30%总热卡
饱和脂肪酸	≤8%总热卡
多不饱和脂肪酸	8%～10%总热卡
单不饱和脂肪酸	12%～14%总热卡
碳水化合物	≥55%总热卡
蛋白质	15%左右
胆固醇摄入量	<300mg/d
总热量	达到保持理想体重

王振杰等,中国慢性病预防与控制,2003。

表6-15 我国高脂血症膳食控制方案

食物类别	限制量(g/d)	选择品种	减少或避免品种
肉类	75	瘦猪、牛、羊肉、去皮家禽、鱼	肥肉、禽皮肉、鱼子、鱿鱼、加工肉制品(肉肠类) 动物内脏:肝、脑、肾、肺、胃、肠
蛋类	3～4个/周	鸡蛋、鸭蛋、蛋清	蛋黄
奶类	250	牛奶、酸奶	全脂奶粉、乳酪等奶制品
食用油	20(2平勺)	花生油、菜籽油、豆油、葵花籽油、色拉油、香油、调和油	棕榈油、猪油、牛羊油、奶油、鸡鸭油、黄油
糕点、甜食		最好不食用	油饼、油条、炸糕、奶油蛋糕、巧克力、冰淇淋、雪糕
糖类	10(1平勺)	白糖、红糖	
新鲜蔬菜	400～500	深绿叶菜、红黄色蔬菜	
新鲜水果	50	各种水果	加工果汁、加糖果味饮料
盐	6(半勺)		黄酱、豆瓣酱、咸菜
谷类	500(男) 400(女)	米、面、杂粮	
干豆	30(或豆腐150 豆腐干等45)	黄豆、豆腐、豆制品	油豆腐、豆腐泡、素什锦

摘自:王振杰等,中国慢性病预防与控制,2003。

(三)糖尿病人群的饮食方案

糖尿病人的饮食控制原则主要有两条:第一是控制血糖,纠正代谢紊乱,防止出现各种并发症;其二是保证足够的营养物质,以维持机体生理功能、提高体力和延长寿命。这两者看起来是互相矛盾的,然而任何一方面都不可以偏废。所以糖尿病人的饮食控制的关键在于要找到二者的平衡点,这样才能二者兼顾。在实施的过程中要注意以下 9 个方面。

1. 合理控制总热量

对于糖尿病人来说,体重的适度是很重要的。肥胖患者体内脂肪增多,对胰岛素敏感性降低,不利于血糖控制和其他代谢的平衡,应减轻体重。消瘦者对疾病抵抗力降低,影响健康,应增加体重。糖尿病人的总热量的摄入以能维持理想体重为宜。热量的需要应根据患者的体型和活动程度来决定(表 6-16)。

表 6-16 糖尿病人保持理想体重的热能需要[kJ(kcal)每天每公斤体重]

体型	较轻体力劳动	轻体力劳动	中体力劳动	重体力劳动
正常	84～105*(20～25)	126(30)	146(35)	167(40)
消瘦**	126(30)	146(35)	167(40)	188～209(45～50)
肥胖**	63～84(15～20)	84～105(20～25)	126(30)	146(35)

王志宏等,中华全科医师杂志,2003;王静任,保健医苑,2005。

理想体重:成年男子=身高(cm)-105;成年女子=[身高(cm)-100]×0.9

实际体重超过标准体重的 10%为超重,超过 20%为肥胖,实际体重低于标准体重的 10%为体重不足,低于 20%为消瘦(如果采用第一节减脂塑身人群的健身指导中标准体重的评价方法则更精确一些)。

2. 碳水化合物适量摄入

糖尿病的饮食治疗并非碳水化合物越低越好,而是要适当限制热能和脂肪,适当增加碳水化合物的比例。大量实验和临床观察表明,在控制热能的基础上提高碳水化合物摄入量,可增加周围组织对胰岛素的敏感性,增加糖耐量,降低胆固醇和甘油三酯,有利于降低心血管病的发生。机体因缺少糖而利用脂肪代谢供给热量,更易发生酸中毒,如尿酮症等。饮食中的碳水化合物应占总热量的 60%左右,使用胰岛素者可适当放宽。饮食控制后血糖的水平不理想者应适当减少。每日碳水化合物进食量可在 250～300 克(即 5～6 两),以谷类为主。

进食含等量碳水化合物的不同食物,人体血糖升高的幅度也会不同。因此专家提出了食物血糖指数(glycemicindex,GI)。GI 是指进食含 50 克有价值的碳水化合物与相当量的葡萄糖或面包,在一定时间内(一般是 2 小时),体内血糖应达水平的百分比值。研究证明,GI 是一个比糖类的化学分类更有用的营养学概念。

一般认为,GI 值<55%为低 GI,55%～75%为中等 GI,>75%为高 GI 食物。高 GI 食物进入胃肠后消化快,吸收率高,快速引起血糖反应峰值升高。低 GI 食物在消化道停留时间长,吸收率低,葡萄糖释放缓慢,引起的血糖反应峰值低,下降速度亦慢。在表 6-17、表 6-18、表 6-19 中分别总结了多篇文献中报道的常用主食,豆、奶制品和加糖食品的血糖指数(GI),不同水果、蔬菜、果汁和饮料的血糖指数(GI)和食物混合食用时的血糖指数(GI)。从表中可以看出，精制的谷类食物和土豆的 GI 较高，豆类和未加工的谷类 GI 中等，无淀粉的水果和蔬菜 GI 低。

表 6-21、表 6-22、表 6-23 均按照 GI 的高低，排序了同类食物中的不同 GI 的食物，可以供糖尿病人在安排食谱时选用。在选择食物时，应避免 GI 值大于 55%以上的精制食品，如细米面、发酵食品及少量含糖量高的水果等。另外还要注意的是，单吃一种主食，GI 就高，若米面主食和一定量的膳食纤维及蛋白质类食物搭配，GI 就降低，如含 50 克碳水化合物的纯大米饭，GI 为 71%，配上含有 22 克膳食纤维的蒜苗则 GI 下降为 57.9%。一些带馅的食品如包子、馄饨、水饺等，GI 更低，是糖尿病人的优选食品（表 6-17）。

表 6-17　常用主食，豆、奶制品和加糖食品的血糖指数（GI）

高 GI（>75%）		中等 GI（55%～75%）		低 GI（<55%）	
食物	GI	食物	GI	食物	GI
白面包	105	油条	74.9	荞麦方便面	53.2
葡萄搪	100	苏打饼干	72	山药	51
牛肉面	88.6	小米饭	71	玉米粥	50.9
白馒头	88.1	胡萝卜	71	巧克力	49
大米饭	88	土豆泥	70	蒸芋头	47.9
糯米饭	87	小麦饼干	70	意大利通心粉（空心）	45
白糖	83.3	大米粥	69.4	黑米粥	42.3
酸奶	83	全麦面包	69	意大利通心粉（实心）	35
面条（小麦）	81.6	小麦片	69	藕粉	32.6
胶质软糖	80	黄豆挂面	66.6	脱脂牛奶	32
烙饼	79.6	蔗糖	65	纯鲜豆腐	31.9
蚕豆	79	二合面窝头	64.9	粉丝汤（豌豆）	31.6
		小米粥	61.5	绿豆挂面	27.2
		冰激凌	61	绿豆	27.2
		油炸土豆片	60.3	四季豆	27
		荞麦面条	59.3	牛奶	27
		煮土豆	56	豆腐干	23.7
		甜玉米（煮）	55	冻豆腐	22.3
		燕麦片	55	大豆	18
		爆玉米花	55	魔芋	17
		燕麦粗饼干	55	花生	14
				土豆粉丝	13.6
				低脂奶粉	11.9

摘自：丛昊，丛磊，中国疗养医学，2005；小沼富男他，日本医学介绍，2000；张英锋等，化学世界，2004；杨月欣等：营养学报，2003。

表 6-18　不同水果、蔬菜、果汁和饮料的血糖指数(GI)

水果		果汁		蔬菜	
食物	GI/%	食物	GI/%	食物	GI/%
枣	103	橘汁	57	南瓜	75
西瓜	72	葡萄汁	48	胡萝卜	71
菠萝	66	苹果汁	41	山药	51
葡萄干	64	可乐	40	芋头(蒸)	47.7
橘子汁	57	水蜜桃汁	32.7	芦笋	<15
芒果	55			绿菜花	<15
熟香蕉	52			菜花	<15
猕猴桃	52			芹菜	<15
柑	43			黄瓜	<15
葡萄	43			茄子	<15
苹果、梨	36			鲜青豆	<15
杏干	31			莴笋	<15
生香蕉	30			生菜	<15
鲜桃	28			青椒	<15
柚子	25			西红柿	<15
李子	24			菠菜	<15
樱桃	22				

丛昊、丛磊:中国疗养医学,2005;李蕴瑜:保健食苑,2006。

表 6-19　食物混合食用时的血糖指数(GI)改变

混用的食物名称	GI/%	混用的食物名称	GI/%
牛肉面	88.6	馒头+芹菜炒鸡蛋	48.6
米饭+红烧猪肉	73.3	包子(芹菜猪肉)	39.1
馒头+黄油	68	硬质小麦粉肉馅馄饨	39
米饭+蒜苗炒鸡蛋	68	西红柿汤	38
米饭+炒蒜苗	57.9	米饭+鱼	37
米饭+芹菜炒猪肉	57.1	三鲜水饺	28
馒头+酱牛肉	49.4	猪肉炖粉条	16.7
饼+鸡蛋炒木耳	48.9		

李蕴瑜,保健食苑,2006。

还有一些食物能够产生控制血糖的有益作用。下面举几个典型的例子。

(1)空心菜。空心菜又名蕹菜,各种营养含量比西红柿高出许多倍,同时还含有胰岛素样成分,其丰富的纤维素和胰岛素样成分对糖尿病有益。

(2)柚子。柚子营养丰富,含有大量维生素及钙、铁、磷等营养素,其新鲜汁中含有胰岛素样成分。

(3)洋葱。洋葱能抑制高脂肪引起的血浆胆固醇升高，还含有与降糖药物甲磺丁脲相似的有机物，适于糖尿病合并动脉硬化者食用。

(4)苦瓜。苦瓜含有类似胰岛素的物质，有益糖尿病；还含有大量的纤维素，可以延缓人体小肠对糖的吸收。

(5)南瓜。南瓜所含微量元素钴，其含量为所有蔬菜之冠，钴是胰岛细胞维持功能所必需的微量元素，它能增加体内胰岛素释放，有降低血糖的疗效。南瓜还含有一种叫 CTY 的有效成分，可促进人体胰岛素的分泌。南瓜所含有的果胶纤维素，与淀粉类食物混合时，使胃排空和肠道蠕动的速度减慢，使饭后血糖不至于升高过快。果胶纤维素在肠道内形成一种凝胶物质，使消化酶和碳水化合物能均匀混合，延缓肠道对单糖物质的消化吸收，从而使血糖降低。但是，要注意南瓜的 GI 高达 75%，属于高血糖指数的食物，多吃不但不能降糖，还会升高血糖。因此不可以大量使用。脱去淀粉的南瓜粉是比较理想的食物，有研究认为，每天服用南瓜粉 2 克，有明显的降血糖作用。

(6)黄瓜。黄瓜所含成分可改善糖代谢、降低血糖，其所含的葡萄糖、木糖，不参与通常的糖代谢，对糖尿病有较好的疗效。

(7)胡萝卜。胡萝卜健脾化滞、养肾壮阳，含胡萝卜素、维生素等多种成分，人体摄入后，有利于控制血糖。

(8)芹菜。含有大量植物纤维。高纤维食物有延缓碳水化合物吸收，使血糖升高速度减缓及稳定血糖的作用。

(9)虾皮等海洋生物。含有丰富的活性多糖，其具有明显的降糖功效。甲壳质是存在于蟹壳、虾皮壳中的一类多糖，其主要组成成分是 N－乙酰－D－氨基葡萄糖，临床上用于降血脂症和糖尿病的治疗。其机理在于甲壳质能阻止脂肪消化吸收。最近有研究表明壳聚糖使细胞的胰岛素受体敏感性提高。

(10)鳝鱼。鳝鱼含有黄鳝素 A 和黄鳝素 B，两者均有调节血糖作用。

3. 减少脂肪的摄入

在糖尿病的早期就可以存在较明显的脂代谢紊乱，随着病程的进展，血脂紊乱愈加明显。II 型糖尿病患者的脂代谢紊乱更为明显。研究结果显示，有 40.5%～50.0%的 II 型糖尿病患者合并血脂异常。胰岛素抵抗(IR)和胰岛素缺乏是导致脂代谢紊乱的中心环节，其血脂异常往往不能单纯通过血糖控制而得到纠正，需采用药物治疗(降脂药)和非药物治疗。在非药物治疗中合理饮食又是控制血脂的主要手段。多数糖尿病患者都比较注意主食的控制，但却忽略了脂肪摄入的过量。饮食中脂肪所供热能应减到总热能的 25%，若按公斤体重计算，不宜超过 1 克/公斤(体重)。脂肪应以含多不饱和脂肪酸高的花生油、豆油为主，少食含饱和脂肪酸高的，容易导致低密度脂蛋白、胆固醇升高的动物油，胆固醇是人体正常代谢不可缺少的重要物质，也是促使动脉硬化的因素之一，摄入量每日应少于 300 毫克。为防止或延缓糖尿病患者血管并发症的发生、发展，减少食物中脂肪的摄入量非常重要。糖尿病人一定要通过药物和非药物治疗将血脂控制在表 6－20 所示的“良好”水平。

4. 优质蛋白质的供应要充足

糖尿病造成的代谢紊乱使体内蛋白质分解过速、丢失过多，容易出现负氮平衡。所以，膳食中应补充足够含蛋白质丰富的食物。摄入量与正常人相当或稍高，蛋白质应占总热能的

15%～20%。参与蛋白质生物合成的必需氨基酸主要来自动物食品。因此，每天摄入的蛋白质中最好有1/3来自肉类或蛋类。植物中豆类食品也富含必需氨基酸。对于伴有脂代谢异常的糖尿病人，有关专家认为蛋白质粉是最理想的蛋白质补充品，因为蛋白质粉只含很少量的脂肪。

表 6-20　糖尿病人的血脂控制目标

血脂指标	血脂控制目标(mmol/L)		
	良好	一般	不良
总胆固醇	<412	≥415	≥610
高密度脂蛋白胆固醇	>111	109～111	<109
甘油三酯	<115	<212	≥212
低密度脂蛋白胆固醇	<215	215～410	>410

王战建等，中国全科医学，2006。

5. 补充维生素

由于糖尿病饮食限制主食的摄入量，往往造成维生素 B_1 的来源不足，容易出现因缺乏维生素 B_1 而引起的神经系统疾患，如手脚麻木和多发性神经炎等。病情控制不好的患者，糖原异生旺盛、B族维生素消耗增多，故应补充B族维生素。

6. 补充无机盐和微量元素

治疗饮食中钠盐不宜过多，高钠易诱发高血压和动脉硬化。当病情控制不好时，容易出现各种感染和酮症酸中毒，要注意适当补充无机盐。酸中毒时补充钠、钾、镁可以纠正电解质紊乱。中老年人II型糖尿病患者补充镁可改善葡萄糖耐量，而且，适当补充镁也是防止视网膜病变的有效措施。铬是人体的必需微量元素之一，是胰岛素生物活性剂，轻度缺乏时会使机体对胰岛素敏感性降低，严重缺乏时临床可发现空腹血糖升高，尿糖阳性。锌能协调葡萄糖在细胞膜上的转运，每一个胰岛素分子中有两个锌原子，锌的供给不足可以使胰岛素分泌减少。

7. 注意膳食纤维的补充

膳食纤维分为可溶性(如葡甘聚糖、果胶、愈创胶等)和非可溶性(如纤维素、木质素等)两种，其化学成分虽然是糖，但不易被吸收，不产生热量，具有延缓食物吸收、降低餐后血糖高峰、减肥、降低血清胆固醇水平、防治便秘等多重作用。

对于糖尿病人来说，特别要强调的是膳食纤维的降低餐后血糖和防治便秘的作用。从表6-21可以看出，含膳食纤维越高的食物，其血糖指数越低，对餐后的血糖控制越有利。便秘在糖尿病中比较常见，尤其是老年患者更是如此。据统计糖尿病患者中便秘的发生率约为15%～52%。II型糖尿病患者若血糖长期失于控制，易引起周围神经病变，导致代谢紊乱，进而出现一系列神经功能失调的症状。失去神经指挥的消化道出现“胃瘫痪”和肠蠕动减慢或不规律，最后导致便秘。

糖尿病人应该使用低GI膳食，并保证每天膳食纤维摄入量在23克以上。饮食含纤维素丰富的食物有粗粮，如玉米、小米、豆类、荞麦、筱麦、燕麦等，蔬菜的茎叶，如萝卜、韭菜、芹菜、元白菜、油菜等及海藻类。但是膳食纤维摄入也不宜太多，否则会影响矿物质和微量元素的吸收。

表 6-21、食物膳食纤维含量与血糖指数的负相关关系

食物	膳食纤维含量(%)	血糖指数(IG,%)
土豆	0.7	80～90
稻米	1.4	70～80
白面包	3.6	60～70
全麦面包	5.8	50～60
燕麦	6.6	40～50
黑豆	10.2	30～40
扁豆	13.4	20～30
大豆	15.5	10～20

摘自:www. jianfeiba. com。

8. 合理安排餐次,科学配膳

为了减轻胰岛细胞的负担,糖尿病人每日至少进食 3 次,有条件的可增加餐次或加餐。每餐最好主副食搭配,做到餐餐有碳水化合物、蛋白质、脂肪,既有利于减缓葡萄糖的吸收、促进胰岛素分泌,又符合营养膳食的要求。一日三餐,主食可按早、中、晚各占 1/3,或早餐占 1/5,午餐、晚餐各占 2/5 的比例分配,并要求定时定量。

糖尿病人的菜肴应以清淡为宜,尽量少吃煎、炸、爆、炒的食物。食物加工应以氽、炖、熬、煮、烩、焖、凉拌为主,要减少多余脂肪的摄入。

在为糖尿病人进行配餐的时候,仅仅依据食物的血糖指数来选择和安排食谱是不够的,同时还要考虑各种营养素的需要和平衡。因此,目前国内外普遍采用《糖尿病食品交换法》来计算糖尿病人的食谱。《糖尿病食品交换法》将食物按照来源、性质分成四大组(谷薯组、菜果组、肉蛋组和油脂组)八类(谷薯类、蔬菜类、水果类、大豆类、奶制类、肉蛋类、坚果类和油脂类)。同类食物在一定重量内所含蛋白质、脂肪、碳水化合物和热量相似,不同类食物所含蛋白质、脂肪、碳水化合物是不同的,但是所提供的热量是相同的,即均为 376. 56kJ 即 90kcal。(表 6-22)在前面的糖尿病人保持理想体重的热能需要(表 6-20)可以查到不同个体的热能需要,将其热能需要量除以 376. 56kJ(90kcal),就是我们在设计食谱中所要安排的食物的份数。以一位 60kg 体重的正常体型的从事轻体力劳动的糖尿病人为例,每天,每公斤体重需要 126kJ(30kcal)热能,一日的总热能需要为:126kJ × 60 = 7 560kJ(1 814kcal)每份食物可以提供 376. 56kJ(90kcal),这位糖尿病人的食谱应该由 20 份不同组别和类别的食物组成。此时我们要根据各种营养素的需要和平衡来安排这 20 份食物,同时也要考虑尽量选择低血糖指数的食物,设计出一个完全合理的食谱。

近年来不少研究者采用不同的方法来改进糖尿病人食谱的制定方法。张俊采用了糖尿病患者的不同病程和并发症在碳水化合物、脂肪和蛋白质需求的比例不同,提出了不同饮食分型,即 A、B、C、D、E、F、G 等 7 个类型(表 6-23)以此来计算不同的饮食食物分配表。与原食物分配表比较,具有针对性强、准确性高、应用范围广、符合临床实际等特点,对糖尿病患者饮食治疗有较强的指导作用。

表 6－22　食物交换份表

组别	类别	每份重量(g)	热量(kJ)	蛋白质(g)	脂肪(g)	碳水化合物(g)
谷薯组	谷薯类	25	376.56	2.0		20.0
菜果组	蔬菜类	500	376.56	5.0		17.0
	水果类	200	376.56	1.0		21.0
肉蛋组	大豆类	25	376.56	9.0	4.0	4.0
	奶制类	20	376.56	5.0	5.0	6.0
	肉蛋类	50	376.56	9.0	6.0	
油脂组	硬果类	15	376.56	1.0	7.0	2.0
	油脂类	10	376.56		10.0	

张桂华，护士进修杂志，2005。

表 6－23　糖尿病患者不同饮食分型

分型	病情体现	碳水化合物(%)	蛋白质(%)	脂肪(%)
A	轻重糖尿病	60	16	24
B	血脂糖尿均高	55	18	27
C	合并高胆固醇	60	18	22
D	合并高甘油三酯	50	20	30
E	合并高功能不全	66	8	26
F	合并高血压	56	26	18
G	合并多种类并发症	58	24	18

张俊，卫生职业教育，2005。

9. *选用代糖甜味品*

我国市场出售的甜味剂，包括有甜味菊糖、甘草苷、蛋白多糖、木糖醇、麦芽糖醇等。这些甜味剂多是植物多糖或人工合成的多糖，在代谢的过程中不需要胰岛素，而且热能值低，甜度高，并可改善或调节食物口感，是糖尿病患者较为理想的甜味剂。

10. *关于糖尿病人是否可以饮酒和喝咖啡的误区*

人们常常一听说某人患有糖尿病，就不让他饮酒和喝咖啡，自认为这是为了他的健康。其实不然，适当的酒精和咖啡，不仅对糖尿病人无害，还有一定的辅助治疗作用。

(1)糖尿病与酒精。研究认为，少量和中等量饮酒可以降低其易患糖尿病的危险。不饮酒者及大量饮酒者糖尿病发病危险性高于轻度和中度饮酒者。另外，大量饮酒男性如果减少饮酒量可能降低其易患糖尿病的危险。

Koppes 等结合文献进一步分析了适度饮酒降低 II 型糖尿病发病风险的可能机制：①中等量的酒精摄入可升高高密度脂蛋白胆固醇水平，而更高量的酒精将导致体重增加，甘油三酯水平和血压升高；②可能与酒精的抗炎作用有关，因为目前认为 II 型糖尿病是一种慢性低度炎症性疾病；③胰岛素水平与酒精摄入量的关系呈“U”型曲线，提示中等量的酒精可增强胰岛素的敏感性。

喝多少酒合适呢？营养学家认为，每天喝酒的酒精含量不应超过 30 克。例如，北京啤酒的酒精含量是每 100 毫升 4.3 克，700 毫升的北京啤酒就含酒精 30 克，也就是说，每天喝的啤酒不要超过 1 瓶。如果喝二锅头，每 100 毫升二锅头含酒精 50.1 克，也就是一天只能喝 60 毫升(即 1.1 两)二锅头，见表 6-24。

表 6-24　100 毫升(2 两)酒的酒精含量和产热量

名称	酒精(g)	热量(kcal)
北京啤酒	4.3	32
五星啤酒	4.4	32
清爽型啤酒(6 度)	4.8	35
黄酒	8.6	66
白葡萄酒	9.4	66
红葡萄酒	10.5	74
曲酒(55 度)	47.2	330
二锅头(58 度)	50.1	351

荏苒：糖尿病新世界，2005。

最后要强调的一点是，糖尿病人要将饮食控制同药物使用放在同样重要的位置。不能有“我已经在吃药，饮食不需要控制”或“我多吃一片药，就可以随意进食”的错误想法。那些“只要吃了我的保健品就可以大口吃香蕉”的营销广告，更是一种误导，是不科学的，更是不道德的。

(2)糖尿病与咖啡。研究认为长期饮咖啡可降低 II 型糖尿病的发病危险。

芬兰咖啡豆年人均消费量约 11 千克，平均每人每天喝 9 杯咖啡，列世界第一。他们对 1.46万人的咖啡摄取量与糖尿病发病率之间的关系的调查显示，每天喝 3～4 杯咖啡的人，患糖尿病几率女性可降低 29%，男性可降低 27%。咖啡的摄取量越大，预防糖尿病的效果越好。每天喝 10 杯以上咖啡的人，患糖尿病几率女性可降低 80%。男性可降低 55%。一份荷兰的研究也同样表明，以每天饮咖啡≤2 杯者患 II 型糖尿病的相对危险度为 1，则每天饮咖啡 3～4 杯者相对危险度为 0.84，5～6 杯者相对危险度为 0.76，≥7 杯者相对危险度为 0.53。美国哈佛大学对 12.5 万人的调查也得到同样的结果。

咖啡的主要成分是咖啡因和氯原酸(chlorogenicacid)，并含有大量的镁。氯原酸在体外试验中可减少葡萄糖的吸收和氧化应激水平，抑制 6-磷酸葡萄糖(G-6-PD)的水解从而减少肝糖原的释放；镁的摄入有助于增强胰岛素的分泌及敏感性。但是过量摄取咖啡因可能增加患心脏病的危险，所以饮用咖啡还是要适量。

(四)心脑血管病人群的饮食方案

心脑血管病，无论是冠心病还是缺血型脑卒中，其病因都是动脉粥样硬化引起不同程度血管闭塞，一个是脑动脉闭塞所致的脑血栓形成、栓塞以及出血性疾病，另一个是心脏冠状动脉闭塞所致的冠心病。为此，它们在营养学上的调理有其共性。

随着人们生活水平的提高，动物性食品消费比例明显增高，其结果是带来引发心脑血管疾病的危险因素亦随之增加和心血管疾病的低龄化。我国居民的膳食结构原来基本上以植物性食物为主，动物性食物为辅。但是，自 20 世纪末有了明显变化，特别是在一些大城市和经济发达省份，动物性食物成倍增长，而主食粮食的消费量逐渐下降。这种食物结构的变化带来直接的后果是，由此导致血清胆固醇的水平上升。而中国人群动脉粥样硬化性疾病(包括冠心病和缺血型脑卒中)的发病约10%归因于血清总胆固醇的升高,其结果是近10年来冠心病的发病率和死亡率逐步上升。目前,全国范围内心绞痛、心肌梗塞、心律失常等心脏病的发病率在30～40岁的人群中开始升高,比以往发病年龄提前了10岁左右。这种发病低龄化的原因,除了运动的缺乏以外,膳食的不合理也占有同样重要的位置。

心脑血管病人的膳食要坚持“三限制”和“三增加”的原则,即限制脂肪、食盐和总热量,增加膳食纤维、维生素和钾、钙。

1. 限制脂肪摄入

一些含动物脂肪高的食物,如肥肉、动物内脏等胆固醇的含量高,容易引起血脂升高,从而进一步加速冠状动脉粥样斑块的发生与发展。已经患有冠心病的和那些易患冠心病的高危人群,如肥胖人群、中老年人群和有冠心病家族史的人群,应采取以下两个策略。

(1)尽量避免使用动物油炒菜。在烹调中应以花生油、菜籽油、香油等作为主要的油料来源,而且要限量使用,原则上每天的用量不要超过30g。

(2)控制红肉(即猪肉、牛肉和羊肉)的摄入量,每天应限制在80～100g以内,而且要多选用鱼、禽、蛋代替红肉,每周至少1次鱼肉、1次鸡肉、1～2次豆制品、1～2次海产品。

2. 限制食盐摄入

高盐饮食是冠心病等心血管疾病的重要危险因素之一。因此,世界卫生组织(WTO)提出每日食盐量不超过6克的摄盐标准。尽量减少烹调用盐,少吃咸盐、盐腌食品和煎烤食品。有冠心病、高血压家族史的人,每日摄盐量以不超过6克为宜。

3. 限制膳食总热量

成年人,尤其是趋于超重及已超重的人群,特别要注意控制膳食热量的摄入。中国营养学会提出每人每日总热量摄入下限为能量水平7 550kJ(1 800kcal)的建议量,上限为能量水平10 900kJ(2 600kcal)的建议量。超重、肥胖及有冠心病家族病史的人群应控制在8 000千焦耳(1 900千卡)左右。要做到这一点,除较重体力劳动者外,一般体力劳动者的主食摄入量应保持在每天400～450克左右。同时要避食油腻食物及甜食。

4. 增加膳食纤维

富含膳食纤维的食物包括豆类、新鲜蔬菜、水果、谷类等。膳食纤维具有多种好处,可以润肠通便,降低血脂和血糖,还有降低血清胆固醇以及抗癌防癌的作用。因此,专家建议每天摄入膳食纤维至少应在25～30克。具体地说,就是每天应摄入500克左右的新鲜蔬菜以及1～2个苹果、梨、橘子或香蕉等。

5. 增加维生素

多吃富含维生素B_1、B_6,维生素E和C的食物。维生素B_1、B_6,维生素E和C等可改善脂质代谢。维生素E和C是抗氧化的维生素。维生素C能保护血管内皮细胞的完整性,防止发生血栓,脑出血;维生素E可防止有害的物质对脑血管的破坏,保持血管弹性,防止中风发生。适当增加这些维生素的供给有利于保护冠状动脉,减少冠心病的发生。各种新鲜蔬菜、水果、适量坚果食品和植物油均富含B族维生素和维生素E、C,所以应该多吃。必要时可每天补充维生素E和C制剂,以增强免疫功能,减少中风的发生。每天500毫克维生素C可降血压。

6. 适量补充钾和钙

机体缺钾时血压易升高,而高血压又是冠心病的重要隐患因素。钾还具有维持人体细胞内渗透压与心肌收缩、舒张和能量代谢,因此适当多吃一些含钾高的食品如土豆、黄豆、黑豆、绿豆、香蕉等食品。镁对稳定血压,调解、维护脑细胞钙平衡,保护大脑,预防脑中风也有重要作用。含镁多的食物有玉米、西红柿、海鱼、海带、香蕉、各种坚果(杏仁、腰果、花生)、干豆中的黄豆、黑豆、黑麦、小米、大麦等。钙缺乏不仅易引起骨质疏松,还是冠心病和高血压的危险因素。因此,应常喝牛奶、吃豆制品、瘦肉、鱼虾、海带、紫菜等以补钙。

7. 适量补充蛋白质

近年来,不少人认为摄入脂肪和蛋白质太多,会导致血脂过高而引发冠心病,所以他们认为只要吃素就能避免血脂增高,从而预防冠心病的发生。从理论上讲,吃素的人血液粘度较低,血液在血管中能够畅通无阻,不会因血管阻塞而导致心肌缺血、缺氧,引发冠心病,确实对预防冠心病有一定的作用,但长期吃素的做法仍然是片面和不利于健康的。因为长期吃素也是导致冠心病的因素之一。这是因为,在素食中除了豆类食品含有丰富的蛋白质外,其他食物中蛋白质的含量均较少,而且蛋白质的生物学价值也较低,不易被人体消化、吸收和利用。长期吃素可造成人体蛋白质、脂肪摄入不足及脂溶性维生素 A、D、E、K 和微量元素的缺乏,导致营养失衡,使机体的抵抗力明显降低,从而使人易患传染病、骨质疏松、骨折等。最重要的是,长期吃素的人其体内还会缺乏维生素 B_{12},这样就会造成动脉血管内壁增厚,血管硬化,而血管硬化又是冠心病发生的基础。所以说,适当食素能预防冠心病,但长期食素则又有可能成为引发冠心病的危险因素。由此可见,长期素食是应该避免的。

8. 选择合适的保健药品

有一些预防动脉病变的药物制剂和保健品也可以选择性地使用,作为一种辅助手段。复方丹参片、血脂康、阿司匹林肠溶片、藻酸双脂钠片、绞股蓝片、络欣通、深海鱼油等,均有扩张心脑血管,疏通软化血管,降低血脂、血液粘度,清除血小板凝聚因子(PAF),清洁血液和动脉硬化斑块血栓,有效预防冠心病、高血压、高血脂的作用。

(五)骨质疏松症人群的饮食方案

骨质疏松症包括骨矿物质和骨基质的减少,矿物质主要由钙、磷和一些微量元素组成,骨基质主要由胶原蛋白组成。当人的饮食中缺少钙、磷、蛋白质和微量元素即可导致骨质疏松,所以营养与骨质疏松关系密切。其中适量补钙就是预防骨质疏松症的最重要环节。为了防治骨质疏松症,需要注意以下的营养补充。

1. 合理的膳食结构

我国居民的膳食基本上属于贫钙膳食。其原因是:①膳食结构主要以植物性食物为主,钙含量低;②乳及乳制品的摄入量低;③钙吸收的干扰因素较多,例如植酸影响钙的吸收。针对我国贫钙膳食的特点,应该依据我国膳食指南,增加乳及乳制品等钙含量丰富的食品。绝经后的妇女每天需要补钙 1 500 毫克。含钙高的食物有奶制品、鱼虾、河蚌等,尤其虾皮的含钙量相当丰富。此外,芝麻、豆制品、紫菜、海带含钙量也很丰富,新鲜蔬菜的含钙量也很高。老年妇女每天喝两杯牛奶再加至少一顿鱼虾、蔬菜或豆制品,补钙量就接近一天的正常所需。

饮食中的钙、磷、镁的摄入量及比例协调是极为关键的。其中钙是最重要的成分,它直接参与骨的形成,而磷和镁构成骨形成调节的重要成分。对钙、磷、镁的摄入,以膳食补给为佳。由于正常饮食中含磷极为丰富几乎不会缺乏,所以重要的是钙、镁的补充。应多吃含钙、镁含量丰富的食品。首选为牛奶,每 100 毫升牛奶中含钙 120 毫克,约 2/3 可被人体吸收。同时牛奶中含有丰富的磷和镁。

2. 适时适量补钙

维持体内钙平衡所需要的钙，首先是要从日常膳食的摄取中补足。如果人体从食物中摄取的钙不足以满足需要时，就要额外补充钙剂。目前我国钙的适宜摄入量的标准是 18～50 岁成年人每天 800 毫克；50 岁以上的中老年人每天 1 000 毫克。但最近的数据表明，对于中老年人来说，钙的最佳摄入量要高于目前的标准。缺乏雌激素的女性对钙的平均需要量为每天 1 500毫克。美国国家健康协会(NIH)1994 年提出建议，将中老年人钙摄入量的标准提高，65 岁以下每天 1 000 毫克，65 岁以上每天 1 500 毫克。钙补充剂的具体成分相对来说并不重要，重要的是要保证其吸收率在 20%以上，大多数钙补充剂都能满足这个要求。

目前，在与年龄相关的骨质疏松症的临床治疗中，常选用某些抗骨质吸收的药物(如雌激素、降钙素、维生素 D 及其衍生物和双磷酸盐等)与钙剂联合治疗。事实证明，补钙能使抗骨质疏松药物的疗效最佳化。从不同部位骨骼的骨量变来看，雌激素加钙剂的效果相当于只用雌激素效果的 25～52 倍。因此，通过膳食或钙剂进行钙的补充是与年龄相关的骨质疏松症的首选治疗方法之一。

3. 选用大豆植物雌激素

以往的研究表明，大豆中含有植物雌激素，可以减轻更年期的一些症状，而没有药用雌激素的副作用。日本科学家最近研究发现在绝经早期多吃豆制品，如豆腐、煮黄豆和豆奶，骨骼就明显强壮于少吃这类食物的妇女。同时，发生腰痛和关节痛的可能性也较少，他们认为多吃大豆制品与更年期妇女的骨密度增加有很大关系。豆制品是中国人喜爱的食物之一，也是更年期妇女的天然保健食品，对预防骨质疏松症，既经济又有效。

4. 注重维生素 D 的营养

在补钙的同时，也可以补充适量的维生素 D。除此以外，户外活动接受日光中的紫外线照射，有利于人体皮肤合成维生素 D，促进食物中钙质的吸收及钙质在骨骼中的沉积，从而达到预防骨质疏松的作用。

5. 减少糖和盐的摄入

减少糖和盐的摄入也有利于骨质疏松的预防。糖是酸性食物，酸性食物进入人体后要消耗大量的维生素 B 和钙元素。食盐过多影响钙质在人体骨骼中的沉积，因此，少吃糖和盐可减少骨质疏松症的发生。

四、特殊人群的饮食营养方案

(一)老年人的饮食建议

人体衰老是不可逆转的发展过程。随着年龄的增长，老年人各个系统的功能都会有不同程度的减退。尤其是与饮食息息相关的消化系统的消化和代谢功能的减退，直接影响人体的营养状况。进入老年后，牙齿开始松动、脱落。舌表面的味蕾逐步减少，味觉减退，食欲下降，消化液分泌减少，胃肠道蠕动缓慢，使机体对食物的消化能力和对营养成分吸收利用能力下降。所以老年人必须通过摄入适合于他们的消化机能的食物并选用独特的饮食方式，才能从膳食中获得足够的各种营养素。

老年人摄食的总原则是：食物多样、营养平衡、数量适度、清淡可口、卫生安全。

在老年人一日的食物摄入量上，我国最新的《中国居民膳食指南》(2007)建议：老年人每天最好能吃到 100 克以上的粗粮或全谷类食物，因为 85 克或以上全谷食物可以帮助控制体重，减少慢性病风险。鱼虾类及瘦肉 100 克，豆类及其制品 50 克，新鲜绿色蔬菜 300 克左右，新鲜水果 250 克左右，牛奶 250 克，烹调用油 30 克，食盐 5 克，食糖少于 20 克，少饮或不饮酒，供给足够的水分。

在老年人的摄食方式上，专家们主张十大原则。

1. 蛋白质保证

食用营养丰富、容易消化的优质蛋白，如鸡肉、鱼肉、兔肉、羊肉、牛肉、瘦猪肉以及豆类制品等，以补偿组织蛋白的消耗。

2. 食物多样化

各种食物都要吃一点，如有可能，每天的主副食应保持 10 种左右。海带、紫菜中钾、碘、铁的含量较多，对防治高血压、动脉硬化有益。经常选用贻贝、淡菜、海带、蘑菇、花生、核桃、芝麻等则可增加必需微量元素锌、硒、铜等的摄入量，也有助于防治高血压和动脉硬化。

3. 蔬菜多而新鲜

新鲜绿叶菜及红、黄色瓜果类（如胡萝卜、南瓜、杏子等），含维生素 A、维生素 C 和纤维素较丰富，应多选用。对保护心血管和防癌防便秘有重要作用。

4. 水果多样化

各种水果含有丰富的水溶性维生素和微量元素，有利于维持体液的酸碱度平衡，防止便秘。

5. 牛奶要保证

每天要保证 250 克牛奶，它是蛋白质、钙的最佳来源。对于不能耐受乳糖的老人，可以改用酸奶。

6. 少食多餐

每餐进食的数量要少，过分饱食会使消化系统负担过重，有害健康。每餐应以八九分饱为宜，尤其是晚餐。一天可三次主餐，两次加餐。即每天进餐 4～5 次。如从膳食中摄取营养素不足，特别是维生素和矿物质，可适当使用营养素补充剂。

7. 菜肴清淡

老年人因食欲低下而可能口重，但是过多摄入盐会给心脏、肾脏增加负担，易引起血压增高。老年人一般每天吃盐最好在 5 克以下。

8. 宜软不宜硬

老年人牙齿常有松动和脱落，咀嚼肌变弱，消化液和消化酶分泌量减少，胃肠消化功能降低。因此，饭菜要做得软一些，烂一些。

在适合老年人咀嚼功能前提下，要兼顾食物的色、香、味、形。要注意烹调的方法，以蒸、煮、炖、炒为主，避免油腻、腌制、煎、炸、烤的食物。

宜选用的食物有：柔软的米面及其制品，如面包、馒头、麦片、花卷、稠粥、面条、馄饨；细软的蔬菜、水果、豆制品、鸡蛋、牛奶等；适量的鱼虾、瘦肉、禽类。

9. 宜热不宜冷

老年人对寒冷的抵抗力差，如吃冷食可引起胃壁血管收缩、供血减少，并反射性引起其他内脏血液循环量减少，不利健康。因此，老年人的饮食应稍热一些。

10. 宜慢不宜快

细嚼慢咽，可以减轻胃肠负担，促进消化。另外，吃得慢些也容易产生饱腹感，防止进食过多，影响身体健康。

（二）孕期及哺乳期女子（健身锻炼）的营养补充

合理的营养和科学的健身锻炼是促进孕期和哺乳期女子及下一代健康的重要保证。孕妇和乳母均为需要加强营养的特殊人群，因为胎儿生长发育所需的各种营养素均来自母体，孕妇本身也需为分娩和分泌乳汁贮备一定的营养素；乳母则需分泌乳汁来供给幼儿的生长发育。从某种程度上，孕妇和乳母的营养状况决定着一个民族的身体素质和智力素质，因此，孕妇、乳母营养状况的优劣对于优生优育直至孩子成年后的健康将产生至关重要的影响。

1. 孕期女子的物质代谢特点及健身锻炼的营养要求

（1）孕期女子的代谢特点及营养要求。由于怀孕不同时期胚胎的发育速度不同，孕妇的生理状态、机体的代谢变化和对营养素的需求也不同。按妊娠的生理过程及营养需要特点，孕妇膳食指南分为孕前期（孕前 3～6 月）、孕早期（孕 1～12 周）和孕中期（孕 13～27 周）、孕末期（孕 28 周～分娩）四部分。

①孕期女子的营养生理特点。

怀孕期的妇女在营养、生理上发生了一系列的变化，具体概括为五个方面：

A. 母体基础代谢升高，妊娠后半期每天约增加 150kcal 的消耗。

B. 消化系统对营养素的吸收率增加。

C. 肾小球的滤过功能增强，只有钙在尿中的排出量减少。

D. 血容量及血液动力学变化。妊娠 10 周左右血容量即开始增加，妊娠中期增加最快，妊娠 32～34 周达高峰，血浆总容量约增加 50%，但红细胞只增加 20%。

E. 体重增加。孕期体重增长平均为 11kg，其中 7kg 水分，3kg 脂肪和 1kg 蛋白质。

②孕期女子能源物质的代谢特点及营养要求。

A. 能量：孕期的基础代谢率较孕前提高 15%～23%。

怀孕期平均每日约需增加 200kcal 的热量，具体怀孕早期和孕中、晚期有所区别。

怀孕早期，胚胎主要发生分化发育，体重生长不快，孕妇每日仅增加 418.4kJ（100kcal）的热量，或保证基本的均衡膳食即可。

孕中期和孕晚期，胎儿生长发育加快，母体生殖器官的生长发育以及母体用于产后泌乳的脂肪储备增加，基础代谢率增加，能量和蛋白质的需要量明显增加，每日需增加 1 255.2W（300kcal）的热量，总热量约为每千克体重 104.6～125.52kJ（25～30kcal）。这阶段应控制总热量摄入，防止过多摄入使胎儿生长过大，不利于生产。

B. 蛋白质：具有促进胎儿发育，构造胎儿各组织的功能，是生命的物质基础。由于孕期母体蛋白质需要量增加，其中包括胎儿发育迅速、母体需要维持氮平衡，使母体蛋白质的代谢增加。孕妇尿中氨基酸含量较孕前高。蛋氨酸、色氨酸及赖氨酸等必需氨基酸的排出都增加了。血浆氨基酸的水平较孕前稍低，因此应供给孕妇足够的优质蛋白质。怀孕第 4～6 个月时，孕妇蛋白质的每天供给量应在原有供给标准的基础上增加 15g，而在第 7～9 个月增加 25g。2007 年《中国居民膳食营养素参考摄入量》表建议孕早、中、晚期膳食蛋白质增加值分别为 5g/d、15g/d、20g/d。

C. 脂类：是人类膳食能量的重要来源。孕期需积累 3～4kg 的脂肪以备产后泌乳。膳食脂肪中的磷脂及长链多不饱和脂肪酸对生命早期脑和视网膜的发育有重要的作用。脑组织在全身含磷脂最多，大脑灰质的 22.1%和白质的 23.9%由磷脂构成。怀孕 20 周开始，胎儿脑细胞分裂加速，磷脂增加是脑细胞分裂加速的前提。而长链多不饱和脂肪酸如花生四烯酸、二十二碳六烯酸(DHA)为脑磷脂合成所必需。二十二碳六烯酸是细胞膜磷脂的主要结构脂肪酸，视网膜及中枢神经细胞膜居多。

2007年《中国居民膳食营养素参考摄入量》表推荐孕妇膳食脂肪供能占总能量的20%～30%。其中饱和脂肪、单不饱和脂肪、多不饱和脂肪酸分别为小于10%、等于10%和大于10%。

关于孕期二十二碳六烯酸的推荐值，目前尚未得到公认，美国有专家建议孕期二十二碳六烯酸摄入量为300mg/d，国内有关专家推荐二十二碳六烯酸摄入量为160mg/d，脂肪需要量为50g/d左右。二十二碳六烯酸主要存在于鱼类及贝类食品中。

D. 糖类：是孕妇均衡营养的重要组成部分，足量的糖类摄入保证血糖的平衡，是胎儿在母体内生长发育的重要能量来源。如果孕妇糖摄入不足或饥饿，母体利用脂肪供能增加，会产生血酮体增多，血酮体高的孕妇所生婴儿，易出现大脑发育不良及智商低的现象。孕妇膳食糖供给应以淀粉为主。

③孕期女子的非能源物质代谢特点及营养要求。

A. 维生素

a. 维生素C：能增强孕妇的抗病能力，也能促进胎儿皮肤、骨骼、牙齿和造血器官的生长，促进钙和铁的吸收，有利于防止孕妇钙、铁缺乏。如果孕初期严重缺乏维生素C，会导致流产，妊娠期间缺乏维生素C会出现皮下出血，牙龈肿胀、流血、溃烂等症状，孕妇易患病毒性感冒，增加胎儿致畸形的危险。胎儿从母体获得维生素C来维持骨骼的正常发育及造血系统的发育。

b. 维生素A：具有促进胎儿发育的作用。孕妇如果缺乏维生素A会引起流产，胎儿也发育不良，生长缓慢。严重不足或者过量摄入维生素A可导致胎儿畸形。供给标准为1 000μg视黄醇当量，亦即3 300IU。食物选择有动物肝脏、鱼肝油、鱼卵、牛奶及禽蛋等，胡萝卜素可以在体内转变为维生素A，胡萝卜素的良好来源是有色蔬菜，如胡萝卜、菠菜、苜蓿等。

c. 维生素E：与生殖能力关系非常密切。对孕妇来说，缺乏维生素E会影响胎盘及胎儿的发育。维生素E对细胞膜，尤其是对胎儿红细胞膜上长链多不饱和脂肪酸稳定性具有保护作用。临床研究发现，早产儿血浆维生素E水平低时，可见溶血性贫血和血小板血症。孕期维生素E补充足够，可对新生儿红细胞膜产生保护作用，从而减少新生儿溶血和溶血性贫血的发生。2007年《中国居民膳食营养素参考摄入量》表推荐孕期维生素E的参考摄入量14mg/d。维生素E广泛存在于各种食物，如谷、豆、果仁。

d. B族维生素：怀孕后机体代谢活跃，B族维生素需要满足母体与胎儿的需要，其需要量一般比怀孕前为高。维生素B_1的需要除应与糖的摄入相配合外，一般主张再增加0.1～0.2mg。孕妇有时会出现疲乏、肌肉痉挛和神经炎等，往往与维生素B_1的摄入不足有关。维生素B_2不足或缺乏，可引起或促发孕早期妊娠呕吐，孕中期口舌炎、舌炎、唇炎及早产儿发生率增加。维生素B_6不足或缺乏可引起妊娠期并发症，如手足水肿、小腿痛及指关节痛等。维生素B_{12}以辅酶的形式促进胎儿血红蛋白、核酸和蛋白质的合成，并与神经功能有关，孕妇缺乏时，会引起巨幼红细胞性贫血，而且胎儿畸形发生率也可能增加。

此外，妊娠的头4周是胎儿神经管分化和形成的重要时期，此期叶酸缺乏可增加胎儿发生神经管畸形及早产的危险。育龄妇女应从计划妊娠开始尽可能早地多摄取富含叶酸的动物肝脏、深绿色蔬菜及豆类。由于叶酸补充剂比食物中的叶酸能更好地被机体吸收利用,建议最迟应从孕前3个月开始每日补充叶酸400μg,并持续至整个孕期。叶酸除有助于预防胎儿神经管畸形外,也有利于降低妊娠高脂血症发生的危险。

B. 无机盐

a. 钙。对骨骼的更新,维持神经肌肉兴奋性以及心脏正常搏动有重要作用。孕期缺钙会引起孕妇腰腿疼痛和小腿抽筋。钙作为凝血因子的激活剂,参与凝血过程,若孕妇缺乏可使分娩时血液流失过多。孕期钙代谢发生适应性变化,以保障胎儿获得充足的钙。孕期雌激素水平升高可使钙的吸收率增加1倍以上。孕期低钙摄入(约500mg/d)虽然对胎儿无明显的不良影响,但对产后母体骨密度的影响较大,母体骨密度可下降至同龄非孕妇女的86%。

一个成熟胎儿体内钙的积累量约为30g。加上母体钙代谢平衡对钙的需要量约300mg/d,再考虑到食物中钙的吸收率约20%~30%。2007年《中国居民膳食营养素参考摄入量》对孕中期妇女钙的推荐值为1 000mg/d,孕晚期为1 200mg/d,钙摄入过多可能导致孕妇便秘,也可能影响其他营养素的吸收。

b. 铁。妇女在妊娠前,因月经贮铁并不充裕,妊娠后血容量增加;胎儿造血和贮存一部分铁,使孕妇需铁量增加。建议孕前期妇女适当多摄入含铁丰富的食物,如动物血、肝脏、瘦肉等动物性食物,以及黑木耳、红枣等植物性食物(见表6-25)。缺铁或贫血的育龄妇女可适量摄入铁强化食物或在医生指导下补充小剂量的铁剂(10~20mg/d),同时,注意多摄入富含维生素C的蔬菜、水果,或在补充铁剂的同时补充维生素C,以促进铁的吸收和利用,待缺铁或贫血得到纠正后,再计划怀孕。孕妇铁营养素的不足与早产、婴儿出生体重轻有关。缺铁孕妇所生的婴儿,其体内贮存铁量少,在出生后4~6个月即会发生缺铁性贫血,并可影响免疫力、体力和智力的发育。建议孕妇膳食铁的供给量由一般妇女的每日18mg提高到每日28mg。

表6-25 常见食物铁的含量[mg/100g(食物)]

食物	含量	食物	含量	食物	含量
鸭血(白鸭)	30.5	鸡血	25.0	猪血	8.7
鸭肝	23.1	猪肝	22.6	鸡肝	12.0
蛏	33.6	河蚌	26.6	蛤蜊(均值)	10.9
牛肉干	15.6	羊肉(瘦)	3.9	猪肉(瘦)	3.0
木耳(干)	97.4	紫菜(干)	54.9	蘑菇(干)	51.3
葡萄干	9.1	桂圆肉	3.9	枣(干)	2.3
黄花菜	8.1	油菜(黑)	5.9	豌豆尖	5.1
芥菜	5.4	菠菜	2.9	白菜苔	2.8

引自杨月欣主编《中国食物成分表》(2002)和《中国食物成分表》(2004)。

c. 锌。是体内几十种酶的组分,与生长发育、免疫功能、细胞分裂、细胞膜的结构与功能有关。母体锌摄入充足可促进胎儿生长发育和预防先天畸形。孕妇缺锌可造成新生儿缺陷(如先天性心脏病、主动脉狭窄、尿道下裂、隐睾等)及分娩异常(乏力性子宫出血、滞产等)。

d. 铜。受孕后妇女血清铜明显升高，第 18 周到最高水平，直至分娩。孕妇缺铜会降低胎膜的韧性、弹性及厚度，并影响胎儿的正常分化和发育，以及造成新生儿贫血。孕妇每日需铜 2～3mg。

e. 碘。妇女围孕期和孕早期碘缺乏均可增加新生儿将来发生克汀病的危险性。由于孕前和孕早期对碘的需要相对较多，除摄入碘盐外，还建议至少每周摄入一次富含碘的海产食品，如海带、紫菜、鱼、虾、贝类等。孕妇缺碘除可引起自身甲状腺疾病外，还会损害胎儿脑，以致影响出生后智力发育。建议孕期膳食中碘的摄入量由非孕妇女的每日 150μg 增至 175μg。

(2)孕期女子的妊娠反应及营养(孕早期女子的膳食指南)。怀孕初期由于激素与代谢发生变化，孕妇往往会出现恶心、食欲减退、食物消化等不良现象，称之为妊娠反应。在妊娠反应同时孕妇子宫增大，会影响肠的活动，往往容易引起便秘。妊娠反应不是所有孕妇都产生。

①怀孕早期为什么会出现妊娠反应(可用于链接)。

妊娠早期受孕酮分泌增加，影响消化系统功能发生一系列的变化：胃肠道平滑肌松弛、张力减弱、蠕动减慢，胃排空及食物肠道停留时间延长，孕妇易出现饱胀感以及便秘；孕期消化液和消化酶(如胃酸和胃蛋白酶)分泌减少，易出现消化不良；由于贲门括约肌松弛，胃内容物可逆流入食道下部，引起“烧心”或反胃。以上种种消化道功能的改变，可导致孕妇出现以消化道症状为主的早孕反应(妊娠反应)，如恶心、呕吐、食欲下降等。至孕 12 周后，妊娠反应逐渐减少乃至消失。妊娠反应的原因至今还不完全清楚，一般认为可能与妊娠引起的内分泌变化及植物神经功能失调有关。

②妊娠反应期的营养。

如发生妊娠反应，应不要拘泥于进食时间，只要想吃就吃，少吃多餐。如睡前和早起时吃饼干、面包等点心，可以减轻呕吐，增加进食量，并可补充维生素 B_6。孕妇完全不能进食时，体内脂肪分解，产生酮体供能，酮体对胎儿早期脑的发育会产生不良影响，因此应尽量吃些富含糖的食物。完全不能进食时应静脉补充至少 150g 葡萄糖以避免由于酮体生成增多产生的不良影响。孕早期(妊娠反应期)的膳食原则如下。

A. 膳食清淡、适口：清淡、适口的膳食能增进食欲，易于消化，并有利于降低怀孕早期的妊娠反应，使孕妇尽可能多地摄取食物，满足其对营养的需要。清淡、适口的食物包括各种新鲜蔬菜和水果、大豆制品、鱼、禽、蛋以及各种谷类制品，可根据孕妇当时的喜好适宜地进行安排。

B. 少食多餐：怀孕早期反应较重的孕妇，不必像常人那样强调饮食的规律性，更不可强制进食，进食的餐次、数量、种类及时间应根据孕妇的食欲和反应的轻重及时进行调整，采取少食多餐的办法，保证进食量。为降低妊娠反应，可口服少量 B 族维生素，以缓解症状。随着孕吐的减轻，应逐步过渡到平衡膳食。

C. 保证摄入足量富含碳水化合物的食物：怀孕早期应尽量多摄入富含碳水化合物的谷类或水果，保证每天至少摄入 150g 碳水化合物(约合谷类 200g)。因妊娠反应严重而完全不能进食的孕妇，应及时就医，以避免因脂肪分解产生酮体对胎儿早期脑发育造成不良影响。

D. 多摄入富含叶酸的食物并补充叶酸：怀孕早期叶酸缺乏可增加胎儿发生神经管畸形及早产的危险。妇女应从计划妊娠开始尽可能早地多摄取富含叶酸的动物肝脏、深绿色蔬菜及豆类。由于叶酸补充剂比食物中的叶酸能更好地被机体吸收利用，因此建议受孕后每日应继续补充叶酸 400μg，至整个孕期。叶酸除有助于预防胎儿神经管畸形外，也有利于降低妊娠高脂血症发生的危险。

叶酸的良好来源为动物肝肾、鸡蛋、豆类、绿叶蔬菜、水果及坚果等，见表 6－26。

表 6－26　常见食物中叶酸的含量（μg/100g）

食物	含量	食物	含量	食物	含量
猪肝	425.1	猪肾	9.2	鸡肝	1 172.2
鸡蛋	70.7	鸭蛋	125.4	菠菜	87.9
韭菜	61.2	茴香	120.9	油菜	46.2
小白菜	57.2	蒜苗	90.9	西红柿	5.6
辣椒	69.4	黄豆	181.1	腐竹	48.4
豆腐	39.8	豌豆	82.6	豇豆	66.0
扁豆	49.6	花生	107.6	核桃	102.6

引自：杨月欣主编.《中国食物成分表》(2002)和《中国食物成分表》(2004)。

(3)孕期健身锻炼的营养要求(孕中、末期女子的膳食指南)。孕期适当的健身锻炼可以促进机体代谢，避免营养素摄入过剩在体内积蓄，出现肥胖。适量运动可增强血液循环，增强对疾病的抵抗力。另一方面，健身锻炼可以增加食欲，促进营养物质的吸收，对均衡营养有利。要求如下。

①适当增加鱼、禽、蛋、瘦肉、海产品的摄入量：鱼、禽、蛋、瘦肉是优质蛋白质的良好来源，其中鱼类除了提供优质蛋白质外，还可提供 n－3 多不饱和脂肪酸(如二十二碳六烯酸)，这对孕 20 周后胎儿脑和视网膜功能发育极为重要。蛋类尤其是蛋黄，是卵磷脂、维生素 A 和维生素 B_2 的良好来源。建议从孕中、末期每日增加总计约 50～100g 的鱼、禽、蛋、瘦肉的摄入量，鱼类作为动物性食物的首选，每周最好能摄入 2～3 次，每天还应摄入 1 个鸡蛋。除食用加碘盐外，每周至少进食一次海产品，以满足孕期碘的需要。

②适当增加奶类的摄入：奶或奶制品富含蛋白质，对孕期蛋白质的补充具有重要意义，同时也是钙的良好来源。由于中国传统膳食不含或少有奶制品，每日膳食钙的摄入量仅 400mg 左右，远低于建议的钙适宜摄入量。从孕中期开始，每日至少摄入 250mL 的牛奶或相当量的奶制品及补充 300mg 的钙，或喝 400～500mL 的低脂牛奶，以满足钙的需要。

③常吃含铁丰富的食物：伴随着从孕中期开始的血容量和血红蛋白的增加，孕妇成为缺铁性贫血的高危人群。此外，基于胎儿铁储备的需要，宜从孕中期开始增加铁的摄入量，建议常摄入含铁丰富的食物，如动物血、肝脏、瘦肉等，必要时可在医生指导下补充小剂量的铁剂。同时，注意多摄入富含维生素 C 的蔬菜、水果，或在补充铁剂时补充维生素 C，以促进铁的吸收和利用。

值得说明的是，由于孕期对各种微量营养素需要的增加大于能量需要的增加，通过增加食物摄入量以满足微量营养素的需要极有可能引起体重过多增长，并因此会增加发生妊娠糖尿病和出生巨大儿的风险。因此，孕妇应适时监测自身的体重，并根据体重增长的速度适当调节食物摄入量。

2. 哺乳期女子的物质代谢特点及健身锻炼营养要求

哺乳期乳母主要表现为基础代谢率增高。其基础代谢比未哺乳妇女高 20%。哺乳期妇女(乳母)一方面要逐步补偿妊娠、分娩时所损耗的营养素储备，促进各器官、系统功能的恢复；另一方面还要分泌乳汁、哺育婴儿。如果营养不足，将影响母体健康，减少乳汁分泌量，降低乳汁质量，影响婴儿的生长发育。因此，应根据授乳期的生理特点及乳汁分泌的需要，合理安排膳食，保证充足的营养供给。

(1)哺乳期女子物质代谢及一般营养要求。

①哺乳期女子能源物质营养要求。

为了提供高质量的乳汁，乳母每天应增加500kcal的能量摄入和增加20g蛋白质的摄入。建议糖的摄入应占膳食总能量的55%～65%。

②哺乳期女子非能源物质的营养要求。

乳母需摄取水3 000～3 500mL/d，维生素A 1 200ug，维生素D 10ug，维生素E可通过摄入适量豆油、葵花子油和豆类满足需要。乳母的维生素B_1参考摄入量为每日1.8mg，B_2为1.7mg，B_6为1.9mg，B_{12}为2.8mg，维生素C130mg，烟酸18mg，这些一般可通过吃肝、奶、蛋及蘑菇，紫菜、蔬果等食物补充。

无机盐方面，乳母膳食钙摄入量为每日1 200mg，铁25mg，锌21.5mg，碘200ug。具体的可参考最新的《中国居民膳食指南》。

(2)哺乳期女子的膳食指导。根据《中国居民膳食指南(2007)》要求，在一般人群膳食指南十条基础上，哺乳期妇女膳食指南增加以下五条内容。

①增加鱼、禽、蛋、瘦肉及海产品摄入：动物性食品如鱼、禽、蛋、瘦肉等可提供丰富的优质蛋白质，乳母每天应增加总量100～150g的鱼、禽、蛋、瘦肉，其提供的蛋白质应占总蛋白质的1/3以上。如果增加动物性食品有困难时，可多食用大豆类食品以补充优质蛋白质。为预防或纠正缺铁性贫血，也应多摄入些动物肝脏、动物血、瘦肉等含铁丰富的食物。

此外，哺乳期妇女还应多吃些海产品，对婴儿的生长发育有益。

②适当增饮奶类，多喝汤水：奶类含钙量高，易于吸收利用，是钙的最好食物来源。哺乳期妇女每日若能饮用牛奶500mL，则可从中得到约600mg优质钙。对那些不能或没有条件饮奶的哺乳期妇女，建议适当多摄入可连骨带壳食用的小鱼、小虾、大豆及其制品，以及芝麻酱及深绿色蔬菜等含钙丰富的食物。必要时可在保健医生的指导下适当补充钙制剂。此外，鱼、禽、畜类等运动性食品宜采用煮或煨的烹调方法，促使哺乳期妇女多饮汤水，以便增加乳汁的分泌量。

③产褥期食物多样，不过量：产褥期的膳食同样应是多样化的平衡膳食，以满足营养需要为原则，无须特别禁忌。我国大部分地区都有将大量食物集中在产褥期消费的习惯；有的地区哺乳期妇女在产褥期膳食单调，大量进食鸡蛋等运动性食品，其他食品如蔬菜水果则很少选用。要注意纠正这种食物选择和分配不均衡的问题，保持产褥期食物多样充足而不过量，以利于哺乳期妇女健康，保证乳汁的质与量和持续地进行母乳喂养。

产妇自胎儿及其附属物娩出到生殖器官恢复到非妊娠状态一般需要6～8周，这段时间在医学上称为产褥期，民间俗称“坐月子”。产褥期是妇女一生中非常特殊的阶段，由于承受了妊娠和分娩的巨大应激反应，其生理和心理上都发生了很大变化，体力和机体储存的营养物质也有很大消耗，母亲不仅需要恢复自身的健康，还要分泌乳汁，喂养婴儿，因此产褥期需要充足的食物和营养。

A. 为什么提倡产褥期食物充足不过量

按我国传统，很重视“坐月子”时的食补，产妇要消耗大量的禽、蛋、鱼和肉类等动物性食物。过多的动物性食物摄入，使绝大多数产妇蛋白质、脂肪摄入过量，加重其消化系统和肾脏的负担；过多的动物性食物摄入也降低了产妇对其他食物的摄入，使维生素和矿物质的摄入减少，导致营养不均衡。因此，产褥期食物应均衡多样而充足，但不应过量。

B. 为什么产褥期要重视蔬菜水果的摄入

我国不少地方民间流传产后不能吃生冷食物的习俗，蔬菜、水果首当其冲。“坐月子”不吃蔬菜水果的习俗是不利于健康的。新鲜蔬菜水果含有多种维生素、矿物质、膳食纤维、果胶、有机酸等成分，可增进食欲，增加肠蠕动，防止便秘，促进乳汁分泌，是产妇不可缺少的食物。产妇在分娩过程中体力消耗大，腹部肌肉松弛，加上卧床时间长，运动量减少，致使肠蠕动变慢，比一般人更容易发生便秘。假如禁食蔬菜水果，不仅会增加便秘、痔疮等疾病的发病率，还会造成某些微量营养素的缺乏，影响乳汁中维生素和矿物质的含量，进而影响婴儿的生长发育。因此产褥期要重视蔬菜水果的摄入。

④忌烟酒，避免喝浓茶和咖啡：哺乳期妇女吸烟(包括间接吸烟)、饮酒对婴儿健康有害，喝浓茶、咖啡也可能通过乳汁影响婴儿的健康。因此，为了婴儿的健康，哺乳期妇女应忌烟酒，避免饮用浓茶和咖啡。

⑤科学活动和锻炼，保持健康体重：大多数妇女生育后，体重都会较孕前有不同程度的增加。有的妇女分娩后体重居高不下，导致生育性肥胖。研究表明，孕期体重过度增加及产后不能成功减重，是导致女性肥胖发生的重要原因。因此，哺乳期妇女除注意合理膳食外，还应适当运动及做产后健身操，这样可促使产妇机体复原，保持健康体重，同时减少产后并发症的发生。坚持母乳喂养有利于减轻体重，而哺乳期妇女进行一定强度的、规律性的身体活动和锻炼，也不会影响母乳喂养的效果。

(3)产后初期(月子)的饮食要求。

①增加进餐次数：产后胃肠功能减弱，产妇又需要较多的营养素，如果一次进食过多，不但不能吸收足够的营养素，反而会加重胃肠负担，进一步减弱胃肠功能。少吃多餐有利于胃肠功能的恢复，以每天 5～6 次为宜。

②选择易消化并具调理脾胃的食物，忌生冷食物：食用健脾开胃，促消化，增进食欲的食物，如山药、山楂糕、大枣等。除水果外，忌食生冷食物。生食不易消化吸收，并且冷食有促进血凝作用，产后体质多虚弱，食生冷食物则雪上加霜，对产妇不利，易出现产后腹痛、体痛等。

③食物应干、稀搭配：每餐食物都应做到干、稀搭配。这样既保证乳汁分泌所需的水分，也可提供足够的营养素，产后母体水分丢失较多，自身的康复也需要较多的水分。食物干、稀搭配可防止产后便秘的发生。稀食、汤汁等作为水的来源，比单纯喝白水好，因为食物汤汁既含有水分，又含较多的营养素，且具有开胃增进食欲的作用。此外，果汁、牛奶也是适宜补充水的来源。

④荤素搭配，全面营养，不偏食。人体的营养需要是多方面的，不可能由一种或一类食物提供全部的营养，偏食易导致营养缺乏。荤素搭配，保证营养均衡。此外，肉类食物多是酸性食物，素食(蔬菜)则多为碱性食物，荤素搭配对于体内酸碱平衡的维持也是有利的。过食肉类，有碍胃肠蠕动，不利消化，降低食欲，素食中多含纤维素，能促进胃肠蠕动，对产妇有利。

⑤清淡适宜，忌辛辣：产后如果有明显水肿，应注意淡食，如无明显水肿，加工烹调时应适当稍放食盐，食盐可增加食欲。少量葱、姜等调味料有利于行血，促进淤血排出体外。辛辣食物和调料应少用，即使是平时喜爱吃的辣椒，也不要多食。

(4)月子里的食物选择。

①鸡蛋：蛋白质及铁含量较高，并含其他许多营养素，且容易被吸收利用，无明显滞胃作

用,对于产妇身体康复和乳汁分泌有好处。食用方法宜用蒸、煮、炒或者与其他食物一起加工。

②各种营养汤:鸡汤、炖猪蹄汤、鲫鱼汤、排骨汤、牛肉汤等,对于促进食欲和乳汁分泌均有益,可轮换食用,促进产妇身体康复。

③红糖:红糖性温,有活血作用,适合产后血虚多淤的生理特点,另红糖含铁量比白糖高1～3倍,也可促进生血、排血及子宫的恢复。

④米粥、煮面条:稀饭、面条营养较全面,含有短纤维素,易消化,含较多水分,且方便,也宜食用。

⑤蔬菜、水果:宜多吃绿叶蔬菜和水果,保证维生素的供给。

(5)哺乳期女子健身锻炼的物质代谢特点及营养要求。

①哺乳期女子运动锻炼代谢的特点。

产后的哺乳女子适当的运动有利身体健康和体形的恢复。自然生产后四周内,剖腹产五周内,不宜做大负荷运动,这一阶段主要运动的特点是运动强度小,运动量也不大,主要目的是促进身体的恢复,以各种形式的产后体操为主。

自然生产四周后,剖腹产五周后可适当增加运动负荷,适当的室外活动,以轻缓、柔和运动,以及一些家务活为主。分娩3个月以后,产妇应加大运动负荷,增强体力,可以打乒乓球、游泳、慢跑等。

②哺乳期女子健身锻炼的营养要求。

A. 能源物质:保证能源物质摄入,如进行负荷较大运动锻炼后,需要额外通过膳食补充。小负荷运动后,可适当增加蛋白质和糖类食物的摄入,总体遵循中国营养学会对产妇的营养建议,保持糖、脂、蛋白质的均衡。

B. 非能源物:哺乳期女子运动后,尤其是比较大负荷的运动后不宜立即哺乳,因为相对较大负荷后,乳汁的口味会发生一定的变化,可能会影响到哺乳过程。运动后应增加水的摄入,一方面,促进代谢产物的排出。另一方面,也可以保持体内的水平衡,保证乳汁的分泌量(表6－27)。应适当摄入各种维生素和无机盐,特别是钙的摄入,乳汁分泌使乳母丢失较多的钙,运动可加强对骨的刺激,此时补钙有利于骨化过程。

表6－27 健康母亲乳汁分泌量

产后时间	每次哺乳量(mL)	每日平衡哺乳量(mL)
第1周	18～45	250
第2周	30～90	400
第4周	45～140	550
第6周	60～150	700
第3个月	75～160	750
第4个月	90～180	800
第6个月	120～220	1 000

一般说来哺乳期妇女不宜减重，因为减重会影响乳汁的质量，不过哺乳会增加热量的消耗，往往体重会自然下降。

提示（链接）：孕期增加多少体重较适宜

体重适宜增加的目标值因孕前体重而异：

(1)孕前体重超过标准体重 20%的女性，孕期体重增加以 7～8kg 为宜，孕中期开始每周体重增加不宜超过 300g。

(2)孕前体重正常，孕期体重增加的适宜值为 12kg，孕中期开始每周体重增加为 400g。

(3)孕前体重低于标准体重 10%的女性，孕期体重增加的目标值为 14～15kg，孕中期开始每周体重增加为 500g。

孕前标准体重可用下面公式粗略估计，孕前标准体重(kg)＝身高(cm)－105，孕前标准体重(kg)数值±10%都在正常范围。

(三)婴幼儿的饮食建议

1. 0～6 月龄婴儿喂养建议

出生后 6 个月内最理想的食品是母乳，只要能坚持母乳喂养，婴儿就能够正常生长发育。对于由于种种原因不能得到母乳喂养的婴儿，应首选婴儿配方(奶)粉喂养，不宜用非婴儿配方(奶)粉或液态奶直接喂养婴儿。

纯母乳喂养能满足 6 个月龄以内婴儿所需要的全部液体、能量和营养素。应按需喂奶，每天可以喂奶 6～8 次。最少坚持完全纯母乳喂养 6 个月，从 6 个月龄开始添加辅食的同时，应继续给予母乳喂养，最好能到 2 岁。在 4～6 个月龄以前，如果婴儿体重不能达到标准体重，需要增加母乳喂养次数。在母乳喂养中，可能例外的是使用少量的营养素补充剂，如维生素 D 和维生素 K。除母乳之外，仅给予水或其他非营养液体（不含能量和营养素）的喂养方式为基本纯母乳喂养。

科学的喂奶方法

提示：推荐坐着喂奶。两侧乳房轮流喂，吸尽一侧再吸另一侧。若一侧乳房奶量已能满足婴儿需要，应将另一侧乳汁用吸奶器吸出。喂好奶后，不要马上把婴儿平放，应将婴儿竖直抱起，头靠在妈妈肩上，轻拍背部，排出吞入胃里的空气，以防止溢奶。此外，应尽早抱婴儿到户外活动，适宜的阳光会促进皮肤维生素 D 的合成。

2. 6～12 月龄婴儿喂养建议

婴儿 6 月龄后，在母乳养喂养的基础上，应逐步地、小心地为婴儿添加辅助食品，以补充其营养需要，并且使婴儿逐步地适应母乳以外的食物，包括不同的食物性状、接受咀嚼和吞咽的训练等。在这个过程中，母乳仍然是主要的。

(1)奶类优先。继续母乳喂养

(2)及时合理地添加辅食。从 6 月龄开始，需要逐渐给婴儿补充一些非乳类食物，包括果汁、菜汁等液体食物，米粉、果泥、菜泥糊状食物以及软饭、烂面，切成小块的水果、蔬菜等固体食物，这一类食物被称为辅助食品，简称为“辅食”。添加辅食的顺序为：首先添加谷类食物（如婴儿营养米粉），其次添加蔬菜汁（蔬菜泥）和水果汁（水果泥）、动物性食物（如蛋羹、鱼、禽、畜肉泥/松等）。建议动物性食物添加的顺序为：蛋黄泥、鱼泥（剔净骨和刺）、全蛋（如蒸蛋羹）、肉末。

辅食添加的原则是：每次添加一种新食物，由少到多，由稀到稠循序渐进；逐渐增加辅食种类，由泥糊状食物逐渐过渡到固体食物。建议从 6 月龄时开始添加泥糊状食物（如米糊、菜泥、果泥、蛋黄泥、鱼泥等），7～9 月龄时可由泥糊状食物逐渐过渡到可咀嚼的软固体食物（如烂面、碎面、全蛋、肉末），10～12 月龄时，大多数婴儿可逐渐转为以进食固体食物为主的膳食。

如何添加辅助食品呢？因婴儿的生长发育以及对食物的适应性和爱好都存在一定的个体差异，辅食添加的时间、数量以及快慢等都要根据婴儿的实际情况灵活掌握，遵照循序渐进的原则。

①从一种到多种：开始添加的食物应遵循从一种到多种的原则，要一种一种地逐一添加，当婴儿适应一种食物后再开始添加另一种新食物。

②由少量到多量：添加辅食的量要根据婴儿的营养需要和消化道的成熟程度，开始添加的食品可先每天 1 次，以后逐渐增加次数和量，并逐步减去母乳喂哺 1～3 次，逐渐达到停止母乳喂养的目的。

③逐渐从稀到稠、从细到粗：给予的食物应逐渐从稀到稠，从流质开始，逐渐过渡到半流质，再到软固体食物，最后到固体食物，例如从米汤、烂粥、稀粥，最后到软饭。给予食物的性状应从细到粗，例如先从喂菜汤开始、逐渐试喂细菜泥、粗菜泥、碎菜和煮烂的蔬菜。

④注意观察婴幼儿的消化能力：添加一种新的食物，如有呕吐、腹泻等消化不良反应时，可暂缓添加，待症状消失后再从小量开始添加，但是不能认为是孩子不适应此种食物而不再添加辅食。如婴儿患病时，可根据当时情况暂停添加新的辅食。

⑤不要强迫进食：当婴儿不愿意吃某种新食品时，切勿强迫，若改变方式常常会收到良好的效果。例如，可在婴儿口渴时给予新的饮料，在婴儿饥饿时给予新的食物等。

⑥单独制作：婴儿的辅食要单独制作，应少用盐或不用盐。添加的食物应新鲜，制作过程要卫生，防止婴儿食入不干净的食物而导致疾病。喂给婴儿的食物最好现做，不要喂剩存的食物。

(3)尝试多种多样的食物，膳食要少糖、无盐、不加调味品。婴儿 6 月龄时，每餐的安排可逐渐开始尝试搭配谷类、蔬菜、动物性食物，每天应安排有水果。应让婴儿逐渐开始尝试和熟悉多种多样的食物，特别是蔬菜类，可逐渐过渡到除奶类外由其他食物组成的单独餐。随着月龄的增加，也应根据婴儿需要，增加食物品种和数量，调整进餐次数，可逐渐增加到每天三餐（不包括乳类进餐次数）。限制果汁的摄入量或避免提供低营养价值的饮料，以免影响进食量。制作辅食时应尽可能少糖、不放盐、不加调味品，但可添加少量食用油。

(4)逐渐让婴儿自己进食，培养良好的进食行为。建议用小勺给婴儿喂食物，对于 7～8 月龄的婴儿，应允许其自己用手抓食物吃，到 10～12 月龄时鼓励婴儿自己用勺进食，这样可以锻炼婴儿手眼协调功能，促进精细动作的发育。

(5)注意饮食卫生。膳食制作和进餐环境要卫生，餐具要彻底清洗消毒，食物应合理储存以防腐败变质，严把"病从口入"关，预防食物中毒。给婴儿的辅食应根据需要现制现食，剩下的食物不宜存放，要弃掉。

3. 1～3 岁幼儿喂养建议

1～3 岁的幼儿正处在快速生长发育的时期，对各种营养的需求相对较高，同时幼儿机体各项生理功能也在逐步发育完善，但是对外界不良刺激的防御性能力仍然较差，因此对于幼儿的膳食按排，不能完全与成人相同，需要特别关照。

(1)继续给予母乳喂养或其他乳制品，逐步过渡到食物多样。可继续给予母乳喂养直到 2

岁(24月龄),或每日给予不少于相当于350mL液体奶的幼儿配方奶粉,但是不宜直接喂普通液态奶、成人奶粉或大豆蛋白粉等。建议首选适当的幼儿配方奶粉,或者给予强化了铁、维生素A等多种微量营养素的食品。因条件所限,不能采用幼儿配方奶粉者,可将液态奶稀释,或与淀粉、蔗糖类食物调制,喂给婴儿。如果幼儿不能摄入适量的奶制品时,需要通过其他途径补充优质的蛋白质和钙质。可用100g左右鸡蛋(约2个)经适当加工来代替,如蒸蛋羹等。

当幼儿满2岁时,可逐渐停止母乳喂养,但是每日应继续提供幼儿配方奶粉或其他的乳制品。同时,应根据幼儿的牙齿发育情况,适时增加细、软、碎、烂的膳食,种类不断丰富,数量不断增加,逐渐向食物多样化过渡。

(2)选择营养丰富、易消化的食物。幼儿食物的选择应依据营养全面丰富、易消化的原则,应充分考虑满足能量需要。增加优质蛋白质的摄入,以保证幼儿生长发育的需要;增加铁质的供应,以避免铁缺乏和缺铁性贫血的发生。鱼类脂肪有利于儿童的神经系统发育,可适当多选用鱼虾类食物,尤其是海鱼类。对于1～3岁幼儿,应每月选用猪肝75g(一两半),或鸡肝50g(一两),或羊肝25g(半两),做成肝泥,分次食用,以增加维生素A的摄入量。不宜给幼儿直接食用坚硬的食物、易误吸入气管的硬壳果类(如花生)、腌制食品和油炸类食品。

①合理安排1～2岁幼儿除乳类以外的膳食:对于1～2岁幼儿,建议每日膳食安排中可选蛋类、鱼虾类、畜禽瘦肉等100g,米和面粉等粮谷类食物100～125g,用20g植物油烹制上述食物。选用新鲜绿色、红黄色蔬菜和水果各150g,以果菜泥、果菜汁或者果菜末的形式喂予幼儿。

②正确安排2～3岁幼儿除乳类以外的膳食:对于2岁～3岁幼儿,建议每日膳食安排中可选蛋类、鱼虾类、瘦蓄禽肉类等100g,米和面粉等谷类食物125～150g,用20～25g植物油烹制上述食物。选用新鲜绿色、红黄色蔬菜和水果各150～200g。

(3)采用适宜的烹调方式,单独加工制作膳食。幼儿膳食应专门单独加工、烹制,并选用适合的烹调方式和加工方法。应将食物切碎煮烂,易于幼儿咀嚼、吞咽和消化,特别注意要完全去除皮、骨、刺、核等;大豆、花生等硬果类食物,应先磨碎,制成泥糊浆等状态进食;烹调方式上,宜采用蒸、煮、炖、煨等烹调方式,不宜采用油炸、烤、烙等方式。口味以清淡为好,不应过咸,更不宜食辛辣刺激性食物,尽可能少用或不用含味精或鸡精、色素、糖精的调味品。要注重花样品种的交替更换,以利于幼儿保持对进食的兴趣。

(4)在良好环境下有规律地进餐,重视良好饮食习惯的培养。幼儿饮食要一日5～6餐,即一天进主餐三次,上下午两主餐之间各安排以奶类、水果和其他稀软面食为内容的加餐,晚饭后也可加餐或零食,但睡前应忌食甜食,以预防龋齿。

要重视幼儿饮食习惯的培养,饮食安排上逐渐做到定时、适量,有规律地进餐,不随意改变幼儿的进餐时间和进餐量;鼓励和安排较大的幼儿与全家人一同进餐,以利于幼儿日后能更好地接受家庭膳食;培养孩子集中精力进食,暂停其他活动;家长应以身作则,用良好的饮食习惯影响幼儿,使幼儿避免出现偏食、挑食的不良习惯。

要创造良好的进餐环境,进餐场所要安静愉悦,餐桌椅、餐具可适当儿童化,鼓励、引导和教育儿童使用匙、筷等自主进餐。

(5)鼓励幼儿多做户外游戏与活动,合理安排零食,避免幼儿过瘦与肥胖。由于奶类和普通食物中维生素D含量十分有限,幼儿单纯依靠普通膳食难以满足维生素D需要量。适宜的日光照射可促进儿童皮肤中维生素D的形成,对儿童钙质吸收和骨骼发育具有重要意义。每日安排幼儿 1～2 小时的户外游戏与活动，既可接受日光照射，促进皮肤中维生素 D 的形成和钙质吸收，又可以通过体力活动实现对幼儿体能、智能的锻炼培养和维持其能量平衡。

正确选择零食品种，合理安排零食时机，使之既可增加儿童对饮食的兴趣，并有利于能量补充，又可避免影响主餐食欲和进食量。应以水果、乳制品等营养丰富的食物为主，给予零食的数量和时机以不影响幼儿主餐食欲为宜。应控制纯能量类零食的食用量，如糖果、甜饮料等含糖高的食物。鼓励儿童参加适度的活动和游戏，有利于维持儿童能量平衡，使儿童保持合理体重增长，避免儿童瘦弱、超重和肥胖。

(6)每天足量饮水，少喝含糖高的饮料。水是人体必需的营养素，是人体结构、代谢和功能的必要条件。小儿新陈代谢相对高于成人，对能量和各种营养素的需要量也相对更多，对水的需要量也更高。1～3 岁幼儿每日每千克体重约需水 125mL，全日总需水量约为 1 250～2 000mL。幼儿需要的水除了来自营养素在体内代谢生成的水和膳食食物所含的水分(特别是奶类、汤汁类食物含水较多)外，大约有一半的水需要通过直接饮水来满足，约 600～1 000mL。幼儿的最好饮料是白开水。目前市场上许多含糖饮料和碳酸饮料含有葡萄糖、碳酸、磷酸等物质，过多地饮用这些饮料，不仅会影响孩子的食欲，使儿童容易发生龋齿，而且还会造成过多能量摄入，从而导致肥胖或营养不良等问题，不利于儿童的生长发育，应该严格控制摄入。

(7)确保饮食卫生，餐具严格消毒。

4. 学龄前儿童膳食建议

与婴幼儿时期相比，学龄前儿童在此期生长速度减慢，各器官持续发育逐渐成熟。供给其生长发育所需的足够营养，帮助其建立良好的饮食习惯，为其一生建立健康膳食模式奠定坚实的基础，是学龄前儿童膳食的关键。

(1)食物多样，谷类为主。

(2)多吃新鲜蔬菜和水果。

(3)经常吃适量的鱼、禽、蛋、瘦肉。

1)保证学龄前儿童获得充足的铁。铁缺乏引起缺铁性贫血是儿童期最常见的疾病。学龄前儿童铁缺乏有如下几方面的原因：①儿童生长发育快，需要的铁较多，每千克体重约需要 1mg 的铁；②儿童与成人不同，内源性可利用的铁较少，其需要的铁更多依赖食物铁的补充；③学龄前儿童的膳食中奶类食物仍占较大比重，其他富含铁的食物较少，也是易发生铁缺乏和缺铁性贫血的原因。

学龄前儿童铁的适宜摄入量为 12mg/d，动物性食品中的血红素铁吸收率一般在 10%或以上。动物肝脏、动物血、瘦肉是铁的良好来源。膳食中丰富的维生素 C 可促进铁的吸收。

2)满足学龄前儿童对锌和碘的需要。2002 年中国居民营养与健康状况调查结果表明，我国部分儿童存在边缘性锌缺乏的问题。学龄前儿童锌的推荐摄入量为 12mg/d。锌最好的食物来源是贝类食物，如牡蛎、扇贝等，利用率也较高；其次是动物的内脏(尤其是肝)、蘑菇、坚果类和豆类；肉类(以红肉为多)和蛋类中也含有一定量的锌。

学龄前儿童碘的推荐摄入量为 50ug/d，使用碘强化食盐烹调的食物是碘的重要来源，含碘较高的食物主要是海产品，如海带、紫菜、海鱼、海虾、海贝类。学龄前儿童每周应至少吃一次海产食品。

(4)每天饮奶，常吃大豆及其制品。学龄前儿童每日平均骨骼钙储留量为 100～150mg，学龄前儿童钙的适宜摄入量为800mg/d。奶及奶制品钙含量丰富，吸收率高，是儿童最理想的钙来源。每日饮用300～600mL牛奶，可保证学龄前儿童钙摄入量达到适宜水平。豆类及其制品尤其是大豆、黑豆含钙也较丰富，芝麻、小虾皮、小鱼、海带等也含有一定的钙。

(5)膳食清淡少盐，正确选择零食，少喝含糖高的饮料。

(6)不挑食、不偏食，培养良好的饮食习惯。

(7)吃清洁卫生、未变质的食物。

第四节　健身运动膳食的最优化方案

营养是现代健身运动尤其是竞技健美训练中最重要的组成内容之一。在相当程度上，膳食方案是达到健身锻炼效果和竞技健美巅峰的重要途径之一。故健美界有“七分吃三分练”之说，但目的不同吃法各异。

一、不同人群三大营养素需要量不同

(一)碳水化合物的需要量

1. 所占比例

正常人合理膳食中的碳水化合物占总热量摄入的55%～65%，其中10%为单糖类，50%为复合糖类，训练者的热量摄入占总热量摄入的65%～70%。一般成年人每天摄入谷类、薯类及杂粮250～400克为宜，摄入量最少也不应少于200～250克，以防组织蛋白质的过量分解。以谷类为主是平衡膳食的基本保证，谷类食物中碳水化合物一般占重量的75%～80%，蛋白质含量是8%～10%，脂肪含量1%左右，还含有矿物质、B族维生素和膳食纤维。谷类食物是最好的基础食物，也是最便宜的能源。只有膳食中谷类食物提供的能量的比例达到总能量50%～60%，再加上其他食物中的碳水化合物，才能达到世界卫生组织(WHO)推荐的适宜比例。为保证机体的正常工作，一般建议普通人每天需摄入的量为500～600克碳水化合物。减肥者碳水化合物应限制在占总热量的50%～60%，甚至45%，以利于减肥。

2. 建议摄入量

成年人：4～6g/kg体重/天，力量项目运动员：5～8g/kg体重/天，耐力项目运动员：9～11g/kg体重/天，减肥者向下限量(4g/kg体重/天)靠近。

(二)蛋白质的需要量

1. 所占比例

一般成人摄入机体的蛋白质一般应占总热能的11%～15%，增肌人群为15%～20%，减脂人群可达20%～25%。

2. 建议摄入量

青少年：2克/公斤体重/天，成人：0.8～1.2克/公斤体重/天，非从事锻炼群体0．6～1．4克/公斤体重/天，少年运动员2～3.4克/公斤体重/天。增肌者：1.6～2克/公斤体重/天(具体建议是，一般强度的锻炼需1～1．5克/公斤体重/天，大强度锻炼需1．5～2克/公斤体重/天，休息日需1克/公斤体重/天)，有的增肌者甚至达到3.4克/公斤体重/天。减脂：1.2克/

公斤体重/天，有的减肥者有时达 2 克/公斤体重/天。

(三)脂肪的需要量

1. 所占比例

WHO 推荐的脂肪能量为 20%～30%，为了保持较低脂肪，食物脂肪不超过总热量的 20%～25%较适宜。饱和脂肪酸(SFA)、单不饱和脂肪酸(MUFA)和多不饱和脂肪酸(PUFA)之间的比例约为：S∶M∶P=1∶1∶1。健美锻炼者饱和脂肪可占 5%，不超过 10%，单不饱和脂肪酸占 8%，多不饱和脂肪酸占 7%。

2. 建议摄入量

一般人每天摄入约 40～50 克(包括植物油)脂肪即能满足必需脂肪酸(亚油酸、亚麻酸、花生四烯酸)的需求，并保证脂溶性维生素的吸收。

二、不同活动目的热量需求不同(千卡/公斤体重/天)

极轻体力活动：37～40，轻体力活动：41～43，重体力活动：50 以上。

三、不同锻炼目的热量需求不同(千卡/公斤体重/天)

(一)健美增肌的热量需求与合理比值(≥50 千卡/公斤体重/天)

蛋白质	碳水化合物	脂肪
15%～20%	60%～65%	20%

(二)减脂瘦身的热量需求与合理比值(30 千卡/公斤体重/天)

蛋白质	碳水化合物	脂肪
20%～25%	55%～60%	15%

减肥者应减少总热量的摄入，且能量摄入要小于能量的消耗：

轻度肥胖　0.5～1.0kg/月减　125～250kcal/天少摄入

中度肥胖　0.5～1.0kg/周减　500～1 000kcal/天少摄入

此外，控制食量不等于禁食，如果摄入糖、脂肪过少，“脂库”中储存的脂肪转化为热量一时难以满足人体的正常活动需要，就会导致低血糖，出现头晕、心悸、乏力等症状。因此，控制饮食既不能禁食也不能减得太快，要逐渐递减。食量控制应以有饥饿感又能保持正常活动的精力、体力为宜，一般是逐步降低到正常需要热量的 60%～70%。

需要说明的是，运动是减脂和消耗热量的最佳方法。每减少身体中 0.454 公斤的脂肪，须消耗 3 500 千卡热能。如果一个人每天有 500 千卡的能量的负平衡，那么每周可以减少 0.454 公斤的脂肪。建议每周降低体重的最大数量为每周 0.454～0.908 公斤，即每周减脂 0.5～1 公斤较适宜，因此，每天的能量负平衡不宜超过 1 000 千卡。研究还证明，男子降体重后保持 3 次/周运动，500cal/次消耗，35～60 分钟的有氧运动体重反弹最少。

(三)健美竞赛的热量需求与合理比值

一般将常规的赛前 12 周分为 4 个阶段，依据不同目的和时期执行此膳食计划。

1. 增肌期(第 1～3 周，50 千卡/公斤体重/天)

蛋白质 15%～20%，碳水化合物 60%～65%，脂肪 20%

2. 维持期(4～6 周，≥39～44 千卡/公斤体重/天)

蛋白质:15%～20%,碳水化合物:60%～65%,脂肪:20%

3.减脂期(7～9周,≥35～38千卡/公斤体重/天)

蛋白质:20%～25%,碳水化合物:60%～65%,脂肪:15%

4.快速减脂期(10～12周或赛前1周)

(1)快速减脂期的热量需求(30～33千卡/公斤体重/天)。

蛋白质和碳水化合物基本上维持上阶段量,视实际情况可适当增加碳水化合物摄入量和减少脂肪摄入量。

(2)赛前一周的营养方案,表6-28。

表6-28 赛前一周营养方案(供参考)

比赛前	第6天～第4天	第3天～第1天
蛋白质	70%～80%	20%～30%
糖	20%～30%	70%～80%
水	多饮水	少饮水
钠	正常摄入	少摄入
钾	适当减量	适当增加

5.体脂的标准

非竞赛期在15%～18%之间;竞赛时体脂应控制在8%以下;优秀的健美选手可控制到4%～7%。

四、不同体力活动热量消耗的简易计算方法如表(6-29)所示

表6-29 体力活动分级及其热量消耗

分级	心率/分(次)	能耗(kcal/分)	分级	心率/分(次)	能耗(kcal/分)
极轻	<80	<2.5	轻	80～100	2.5～5.0
中等	100～120	5.0～7.5	重	120～140	7.5～10.0
很重	140～160	10.0～12.5	过重	160～180	12.5～15.0

五、不同食物提供热量的简易计算方法(表6-30)

表6-30 不同食物能量计算范例(下列食物均提供90kcal热量)

食物	克	食物	克	食物	克
米饭	75	蔬菜	500	豆腐干	50
瘦肉	50	水果	200	花生米	15
鸡蛋	50(1个)	烹调油	1汤匙	牛奶	160ml(2/3袋)

此外,2两薯片含612kcal、1个汉堡含300(小)～600(大)kcal、1片蛋糕含300kcal、1个炸鸡腿含300kcal、1g酒精含7kcal热量。水果中,西瓜以0.5倍计算能量,香蕉以一般水果的2

倍计算能量，胡萝卜以一般蔬菜的2倍计算能量，土豆一般以蔬菜的4倍计算能量。

六、健美训练营养膳食方案举例

表6-31是源于中国健美队训练实践的某一个健美营养膳食方案，仅供参考。

表6-31　营养膳食方案

餐次	食物种类	热量(kcal)	蛋白质(g)	脂肪(g)	碳水化合物(g)
第一餐	蛋清、粽子	596	48.0	0.57	10.0
第二餐(上午运动前半小时)	面条、菠菜(水煮)	354	13.2	0.3	74.7
第三餐(上午运动后1～1.5h)	鸡胸、米饭、青椒、芹菜(水煮)及其他蔬菜	493	62.9	9.1	39.5
第四餐(下午运动前半小时)	鸡胸、芹菜及其他蔬菜	504	64.0	9.3	41.1
第五餐(下午运动后2h)	鸡胸、蛋清、胡萝卜及其他蔬菜	495	62.9	15.3	26.5
第六餐	同第五餐	338	52.6	6.5	17.5
加上营养品总计		3 205	366.0	44.0	333.0
三大能量物质供能比			46%	12%	42%

“一高三低”即高蛋白、低碳水化合物、低脂、低盐(低钠)是该方案的基本特点。该方案在施行时的食物做法、进餐次数、进餐时间间隔及各餐热量分配方面均较为合理，但同时该方案也有值得商榷之处，如上午运动前碳水化合物多、蛋白质少，这将减弱运动时脂肪的分解，而运动后蛋白质多，碳水化合物少，这会影响到运动后肌糖原的恢复，错过了最佳恢复时间；长期低脂摄入会导致脂溶性维生素和必需脂肪酸摄入不足，同时降低体内激素睾酮的合成；长期低钠盐摄入，会影响体内水分代谢以及细胞渗透压等多方面的功能，而这些与人体运动能力、肌肉生长又是密切相关的。制定健美训练膳食方案时可以此为鉴，但不宜照搬，并在此基础上行改良之举，以扬长避短。

第五节　健康膳食的安全措施

一、应该减少食用的食物

(一)高脂肪食品

首先，应该减少或避免那些含有高脂肪的食品。因为无论是饱和脂肪还是不饱和脂肪都与心脏病、肥胖症和其他癌症密切相关。此外，人们常常忽略在膳食中脂肪比糖和蛋白质对形成身体肥胖有更直接的关系。胆固醇是一种维持身体功能所必需的物质，但胆固醇太高可引起心脏病等。因此，食用低胆固醇的食物可降低发生心脏病的危险。

(二)高盐食品

盐(氯化钠)是必需微营养素,但机体的每日需要量较小(小于 1/4 匙)。排汗量较大的人,其需要量可增加到 1.5 匙/天。世界卫生组织建议每人每日食盐用量以不超过 6 克为宜。人体应该避免摄入过多的盐,因为高盐是引起高血压的一个很重要的原因。膳食中少盐的国家,其国民高血压的发生率极低。因此,即使你还没有患高血压,也该在膳食中减少每日盐的摄入量。

(三)高糖食品

据估计一般人每天膳食中摄入的食糖是以蔗糖这样的糖的形式摄入的。蔗糖是用来做糕点、糖果、冰淇淋、甜饮料、甜食品和其他食物的。有研究认为过多摄入这些单糖与许多健康问题(从儿童多动症到糖尿病)密切相关,但也有研究认为尚没有足够的证据支持这一观点。然而,过多摄入这些糖,对机体有许多不良影响。首先,大量的食糖增加了膳食中的热能,这就容易发生肥胖,而肥胖则又可导致许多健康问题(如糖尿病)。此外,由单糖提供的热能被认为是“空的”热能,因为它不能提供机体所需的微量营养素用于三大营养素的代谢。因此,多糖对机体更有利,因为它们可提供多种微量营养素。其次,食糖也易产生龋齿,尽管吃过甜食后刷牙可以防止这些问题的产生,但是它不能解决其他摄糖过度所带来的问题。由于食糖有不良后果,应当注意控制食糖。

和蔗糖一样,酒精也提供了“空的”能量。此外,长期饮酒会导致机体贮存的某些维生素消耗,这会引起维生素缺乏症,因此应该限制酒精的摄入。

二、注意食物安全

食物的安全性对健康有积极影响。近些年来,由于不当的食品贮存和食品加工而导致机体患病和死亡的报告有所增加。

(一)防止食物感染

据报告,每年大约出现 8 000 万种由食物引起的细菌性疾病,这些疾病在感染后 12 小时到 5 天里会出现恶心、呕吐和腹泻等症状,其严重程度取决于微生物的摄入量和受害者的综合健康状况。实际上,对那些免疫系统遭受损害的人和处在疾病中的人来说,食物产生的感染可能对他们是致命的。下面的建议可防止食物中毒。

(1)彻底清洗所有的农产品和生肉,并且确信罐装食品没有泄漏和膨胀现象。

(2)喝消毒过的牛奶。

(3)不吃生蛋。

(4)彻底煮熟家禽。

(5)烹调猪肉时,使猪肉内部的温度达到 80℃以上,才能杀死寄生虫。

(6)彻底煮熟所有的水生贝壳类动物。

(7)当心生鱼体内可能含有寄生蛔虫,应将鱼冷冻或烧熟。

(8)加工家禽后,用消毒液和非常热的水清洗器皿、盘子、切菜板、刀、搅拌器和其他烹调用具。

(二)尽量少食用含食物添加剂的食品

食物添加剂常常用来延长食物贮存的时间,改变食物的口味和颜色。对食物进行一些加工使食物更加诱人,但是它们易形成亚硝酸盐。亚硝酸盐常常在咸猪肉、香肠和午餐肉中发现,可防止食品的腐败,但在体内也容易形成致癌物亚硝酸胺。

(三)关注被照射过的食品

照射是指用放射性射线(X 射线)来杀死食物中的微生物。这个过程并不使食物含有放射性,但可延长食物的保存时间。事实上,被照射过的食品可以在室温下密闭的容器中保存数年而不变坏。此外,照射可以推迟马铃薯和洋葱等蔬菜的发芽,也可以推迟香蕉、芒果、西红柿、梨等水果的成熟,这可以明显地节省费用。

这些被照射过的食品是否可以安全地食用呢?目前认为是可以食用的。近年来的一些研究表明,这些食物是安全的,但这些研究尚没有充分的事实加以证明。因为目前大部分研究是用非常低的放射量去照射食物的,这就产生了一个问题:对处理食物来说,安全的放射量究竟是多少为宜呢?

(四)远离用抗菌素和激素治疗过的动物食品

近年来,消费者越来越担心自己在吃用抗菌素治疗过的动物肉,这种担心还在发展,因为吃了这些肉可能导致体内出现抗菌素抵抗性细菌的繁殖。现在,专家们认为这些用抗菌素治疗过的动物是不宜食用的。

近来的厂家常常用激素来增加牛奶的产量,最值得注意的是,牛生长激素已经用来增加牛奶的产量。这种用激素帮助生产出的奶制品可以导致一些不确定的健康问题,应引起人们的注意,许多超市也严格限制这类奶制品的出售。

(五)提倡吃绿色食品

我国每年有无数的农药被利用,尽管这些农药有助于防止植物的病虫害,但它们对人类的健康也构成了威胁。近年来,许多人都开始购买绿色食品。绿色食品是指那些在生长过程中没有使用过农药和其他化学药品而生长出来的食物。由于绿色食品是天然生长出来的食品,且没有太多污染而对健康有益,因此深受大家的欢迎。

在不久的将来,随着生物学的发展,人们可寻找到一种新的基因技术,并能开创一个无农药、无杀虫剂的新的绿色食品世界。这种新技术可以将各种植物中能够抵抗病虫害的基因原料结合起来产生出高质量无化学污染的高产粮食植物,也可以将植物嫁接起来形成新品种,最大程度地提高其营养价值。

思考题

1. 简述我国居民的营养目标及要求。
2. 简述运动中糖摄入不足的后果,脂肪摄入过多或过低的危害,运动中补水的方法及水与运动的关系。
3. 简述不同人群对碳水化合物、脂肪、蛋白质、维生素、水及膳食纤维的需要量各是多少。
4. 简述不同运动形式的营养、增加肌肉体积的营养、肥胖者的营养及补充方法。
5. 简述健身的饮食原则、健康食品的选择与食物的搭配。
6. 简述不同健身人群的营养方案。
7. 简述不同锻炼目的、不同人群的热量与营养素的需求有何不同。
8. 简述健康膳食的安全措施。

第七章　健身环境与装备

随着生活水平的提高以及闲暇时间的增多，人们越来越注意身体健康和体形的美丽，为此在健美方面的投资也日益增加。尤其是针对年轻人的时尚运动休闲方式，如轮滑、瑜伽、跆拳道、乒乓球、羽毛球、射击、射箭等项目。

第一节　室内健身器械

由于近年来室内健身健美产业发展迅猛，与之相对应的健身器材越来越多样化，有上百种之多，但归纳起来，大致可分为三种类型：①健美类健身器械：此类器械以塑造改善身体肌肉线条与力量为主，着重提高人体的肌适能。这类器材种类繁多、功能专一，较先进的抗阻力的练习架如蝴蝶机、高低滑轮练习器、小臂屈伸器、深蹲练习器架、腿蹬出练习器等；常用的健身器材如杠铃、哑铃、拉力器等，这类器材简单适用、占地面积小、价格又很便宜，所以很适合健身房和家庭的需要；②有氧健身器械：以提高机体有氧适能为主的运动器械与装备，如健身自行车、划船器、楼梯机、跑步机等；③健身操类健身器械：如健身球、瑜伽垫、普拉提床等。

一、健美类器械简介

1. 哑铃

哑铃（图 7－1）是一种用于增强肌肉力量训练的简单器材。它的主要材料是铸铁，有的外包一层橡胶，还有木制或用塑料制成的哑铃。哑铃可训练单一肌肉，也可作为复合动作训练器材使用。分固定重量的和可调节重量的两种。

图 7－1　哑铃

（1）固定重量哑铃。用生铁铸成，中间是铁棒，两端为实心的圆球，因练习时无声响，取名哑铃。轻哑铃的重量有 6、8、12、16 磅（1 磅＝0.453 6 千克）等。重哑铃的重量有 10、15、20、25、30 磅等。

（2）可调节哑铃。在短铁棒两端套上重量不等的圆形铁片，长约 40～45 厘米，举重或健身练习时可以增减重量。经常做哑铃练习，可以增强身体各部位的肌肉力量。

2. 曲柄杠铃

曲柄杠铃（图 7－2）的用途广泛，无论是肩部、后背、手臂、胸部等处肌肉，藉由杠铃及不同重量的铁片，运用多次数的肌力特殊训练技巧，针对全身肌群做肌耐力训练，使脂肪燃烧，转换成健美的线条,改善运动许久局部却仍松弛的肌肉;此外,杠铃健身可延缓肌肉老化、增加骨质密度、防止骨质疏松等效果。

图 7-2　曲柄杠铃

3. 弹簧拉力器

弹簧拉力器(图 7-3、图 7-4)由高质握柄和高强度拉簧组合而成,是一种适合于大众健身锻炼的器械。使用拉力器可帮助肱二头肌以及肱挠肌得到强化。随着时代的发展,拉力器也开始走时尚道路。更为安全,方便使用的拉力器才能满足人们的需求。便携式拉力器已逐步形成潮流,越来越多时尚健身人群已开始使用。

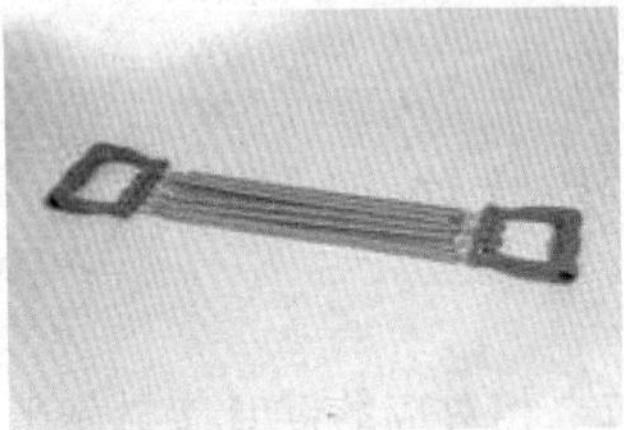

图 7-3　弹簧拉力器(一)

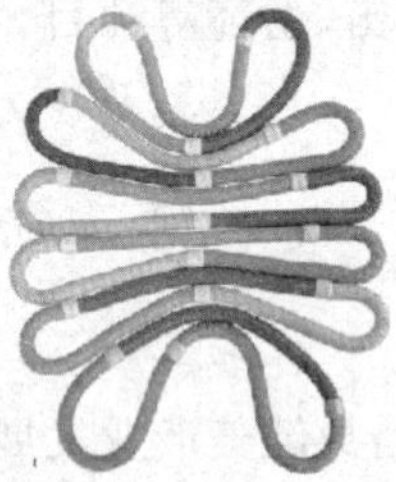

图 7-4　弹簧拉力器(二)

使用弹簧拉力器时应注意尽量保持上臂固定不动,肘关节弯屈,以二头肌之力将把手经胸前拉向肩部。当你达到肌肉最大收缩位置时,肘部应正好指向低位滑轮。然后回复至开始姿势。两臂交替进行。

4. 综合训练器

综合训练器(图 7-5)是根据人体工学设计的多功能重负荷训练器械组合,结构是由拉簧、背部板、板簧固定器、可调砝码组及受力板等构成,可供一人或多人同时进行练习。综合训

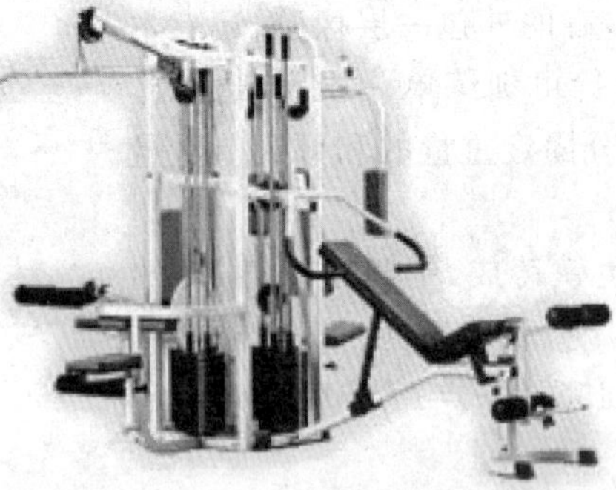

图 7-5　综合训练器

练器功能较为多样,可进行蝴蝶臂训练(前三角肌、胸肌、大圆肌、背阔肌),高位训练(背阔肌、肱二头肌、后三角肌、大圆肌),下拉训练(小臂肌、腕部柔韧肌、前臂伸肌群),踢腿训练(肱四头肌、缝匠肌、腓肠肌、比目鱼肌),以及举重训练(前三角肌、胸大肌、长头肱三头肌、前锯肌)等,

可进行 10～50 种动作的全身性力量练习。负荷器(阻力器)采用的是高强力橡胶块(包胶铁块)，克服了调重块垛的噪音，且负荷可变具有等动力量练习之优点，练习动作简单易掌握，受伤的机会较少。质量好的器械根据人体结构设计阻力，从而保证了动作全程阻力均匀，加减重量简便，训练效果俱佳。它的缺点是只能按设计的路线动作，局限性大。无法进行爆发力练习。综合训练机一般分为 5 人站、8 人站、10 人站、12 人站等规格和种类。

二、有氧健身类器械简介

1. 跑步机

跑步机(图 7-6)是当今家庭健身器材中最简单的一种。一台跑步机其占地面积一般都在 1 700mm×750mm 左右，如果具备折叠和移动功能，在平时不用时可以节省空间，方便家庭使用。跑步机结构上在扶手架适当位置处设一枢杆，复使该枢杆向机体前下方延伸，并使其另端枢结在跑步框架的适当位置处，在跑步框架前端底部设有一贴地滑轮。该贴地滑轮将有助于使用者的施力，具有折收省力、撑持稳固的特点。

图 7-6　跑步机

跑步机有电动与人力两种。电动跑步机通常装有电脑，可显示距离、速度、时间、耗能等数据。由于传动滚带是橡胶的，所以对腿脚关节的冲击力比跑马路要减少很多，不易引起伤病；电动跑步机具有速度调节功能，可根据个人需要进行设置。它通过电机带动跑带使人以不同的速度被动地跑步或走动。由于被动地形成跑和走，在电动跑步机上跑、走比普通跑、走省去了一个蹬伸动作，使跑步的人感到十分轻松自如，可使人比普通跑步多跑 1/3 左右的路程，能量消耗也比普通走、跑为多。电动跑步机上的电子辅助装备功能多，一台具有坡度调节的跑步机，可体验不同的跑步环境，如平地跑、上坡跑、丘陵跑、变速跑等，可以提升有氧训练的效果，消耗更大的卡路里和更好的心肺锻炼效果。人力跑步机靠使用者向后蹬踏来驱动滚带，所以双手不能离开扶手，实际上只能快走，无法真正跑起来。

2. 动感单车

动感单车(图 7-7)是健身房中运动量最大的器械之一，对体能的要求非常高。其结构与普通单车相似，包括车把、车座、蹬板和轮子四个部分，车身稳固地联结为一个整体。与普通单车不同的是，它的结构可以做很大的调整，使骑行的人感觉更舒适。

图 7-7　动感单车

在以腿部为中心的锻炼过程中，臀部、腰部、背部、手臂的肌肉都能得到充分的锻炼，同时还能够增强你的心肺功能。上车之前，首先要决定座位的高度，高度以骑行的人站在地面、抬起大腿并与地面水平时的高度为准，这样在骑行的时候，大腿与小腿的夹角不会过小，从而减轻了膝盖的负担，避免其受到损伤；然后以座位的位置决定车把的位置，手扶在车把最前方，手肘靠在最近把位上最为合适，身体要紧凑，手臂伸向前方不觉得吃力就好。车把的高低也可以根据骑行者的身材升降。

在使用器械时要注意：不要耸肩，保持挺直，避免含背或过分后倾，令背部受压而损伤；头部尽量与背部保持平直，不要过高或前仰；套好脚套，收紧；双臂保持微曲，手腕不要过分弯曲。

3. 划船器

划船器（图 7－8）是一种模拟划船运动的器材，对腿部、腰部、上肢、胸部、背部的肌肉增强有较好的作用。划船器采用优质钢材做中心滑道，表面喷砂氧化防腐不锈，滑道光滑平整，对称型油缸阻力，手感阻力均匀可调 3 档。先进的划船器为齿轮链条传动，带电脑屏幕，机体较长，划起来动作舒展、幅度大。而经济型的划船器多为杠杆或气泵阻力，使用时有效划动距离很短。划船器有单功能和多功能等型号。

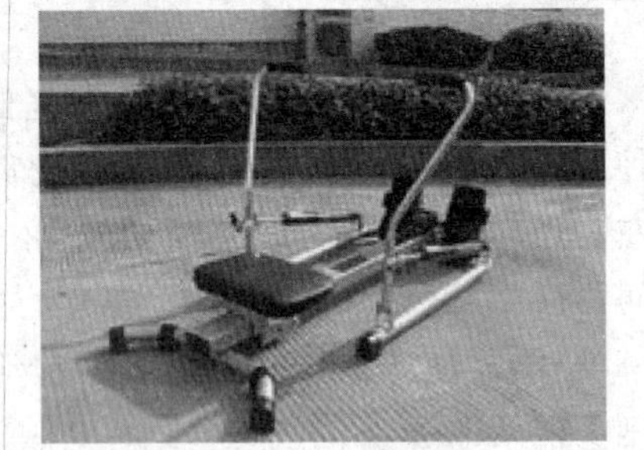

图 7－8　划船器

划船时锻炼者曲腿坐在滑凳上，手足同时施力，腿部伸直后腰部后仰，双臂向两侧后划，模拟划船。划船动作周期为入水、拉桨、出水及回桨，若初期使用划船器则可从出水动作开始练习，从分解动作慢慢练习再进阶形成连续动作。可将划船动作简单地分为出水阶段、回桨阶段、入水阶段、拉桨阶段四个阶段，每一个屈伸的划臂动作，锻炼手腿腰等部位肌肉组织，有效地锻炼伸展肌群，对腰背的锻炼尤为明显，能让脊背在体前屈和体后伸当中有更大的活动范围，使脊柱的各个关节得到锻炼，能缓解背部酸痛症状。练习划船时，要注意动作的连贯性，每一个蹬伸动作不要出现停顿，一定要做到位。如果幅度过小，则参与运动的肌肉将得不到充分伸展或收缩。

4. 椭圆机

椭圆机（图 7－9）是一种常见的健身器材，其操作简单，运动量适度，无噪音，是常见的心肺适能运动训练工具。椭圆机的运动形态类似越野滑雪的动作。椭圆机运动量小，但保护踝关节与膝关节效果更好，受到大众尤其是老年人与女士的喜爱。

图 7－9　椭圆机

椭圆机能把手臂与腿部的运动有机结合起来，经常使用可以协调四肢、健美身体。较长时间的练习有助于提高身体耐力，锻炼心肺功能，还能平和心态和提高运动能力。椭圆机的适用人群很广。对于健康人群，椭圆机能增强体质、提高身体素质；膝踝关节不好的人走路或跑步时，双脚着地时产生的撞击力常使他们关节疼痛，而使用椭圆机锻炼则是更为安全、舒适的选择。

但一些锻炼者误将椭圆机当作跑步机，运动时只有腿用力，胳膊仅仅在腿的带动下起稳定作用，或干脆不扶扶手。利用椭圆机健身时，如果手脚配合不协调，越用力身体越紧张，上下肢之间的对抗也会更强烈，结果顾此失彼，还可能由于动作不协调，产生疲劳感，拉伤肌肉，甚至摔伤。正确的练习方法是：双手轻握器械上方的扶手；手随着脚依次向前进行蹬踩运动；等手脚的运动达到比较协调的程度后，再逐渐增加手的推力和拉力。

可进行10～50种动作的全身性力量练习。负荷器(阻力器)采用的是高强力橡胶块(包胶铁块),克服了调重块垛的噪音,且负荷可变具有等动力量练习之优点,练习动作简单易掌握,受伤的机会较少。质量好的器械根据人体结构设计阻力,从而保证了动作全程阻力均匀,加减重量简便,训练效果俱佳。它的缺点是只能按设计的路线动作,局限性大。无法进行爆发力练习。综合训练机一般分为5人站、8人站、10人站、12人站等规格和种类。

二、有氧健身类器械简介

1. 跑步机

跑步机(图7-6)是当今家庭健身器材中最简单的一种。一台跑步机其占地面积一般都在1 700mm×750mm左右,如果具备折叠和移动功能,在平时不用时可以节省空间,方便家庭使用。跑步机结构上在扶手架适当位置处设一枢杆,复使该枢杆向机体前下方延伸,并使其另端枢结在跑步框架的适当位置处,在跑步框架前端底部设有一贴地滑轮。该贴地滑轮将有助于使用者的施力,具有折收省力、撑持稳固的特点。

图7-6　跑步机

跑步机有电动与人力两种。电动跑步机通常装有电脑,可显示距离、速度、时间、耗能等数据。由于传动滚带是橡胶的,所以对腿脚关节的冲击力比跑马路要减少很多,不易引起伤病;电动跑步机具有速度调节功能,可根据个人需要进行设置。它通过电机带动跑带使人以不同的速度被动地跑步或走动。由于被动地形成跑和走,在电动跑步机上跑、走比普通跑、走省去了一个蹬伸动作,使跑步的人感到十分轻松自如,可使人比普通跑步多跑1/3左右的路程,能量消耗也比普通走、跑为多。电动跑步机上的电子辅助装备功能多,一台具有坡度调节的跑步机,可体验不同的跑步环境,如平地跑、上坡跑、丘陵跑、变速跑等,可以提升有氧训练的效果,消耗更大的卡路里和更好的心肺锻炼效果。人力跑步机靠使用者向后蹬踏来驱动滚带,所以双手不能离开扶手,实际上只能快走,无法真正跑起来。

2. 动感单车

动感单车(图7-7)是健身房中运动量最大的器械之一,对体能的要求非常高。其结构与普通单车相似,包括车把、车座、蹬板和轮子四个部分,车身稳固地联结为一个整体。与普通单车不同的是,它的结构可以做很大的调整,使骑行的人感觉更舒适。

图7-7　动感单车

在以腿部为中心的锻炼过程中,臀部、腰部、背部、手臂的肌肉都能得到充分的锻炼,同时还能够增强你的心肺功能。上车之前,首先要决定座位的高度,高度以骑行的人站在地面、抬起大腿并与地面水平时的高度为准,这样在骑行的时候,大腿与小腿的夹角不会过小,从而减轻了膝盖的负担,避免其受到损伤;然后以座位的位置决定车把的位置,手扶在车把最前方,手肘靠在最近把位上最为合适,身体要紧凑,手臂伸向前方不觉得吃力就好。车把的高低也可以根据骑行者的身材升降。

在使用器械时要注意：不要耸肩，保持挺直，避免含背或过分后倾，令背部受压而损伤；头部尽量与背部保持平直，不要过高或前仰；套好脚套，收紧；双臂保持微曲，手腕不要过分弯曲。

3. 划船器

划船器(图 7－8)是一种模拟划船运动的器材，对腿部、腰部、上肢、胸部、背部的肌肉增强有较好的作用。划船器采用优质钢材做中心滑道，表面喷砂氧化防腐不锈，滑道光滑平整，对称型油缸阻力，手感阻力均匀可调 3 档。先进的划船器为齿轮链条传动，带电脑屏幕，机体较长，划起来动作舒展、幅度大。而经济型的划船器多为杠杆或气泵阻力，使用时有效划动距离很短。划船器有单功能和多功能等型号。

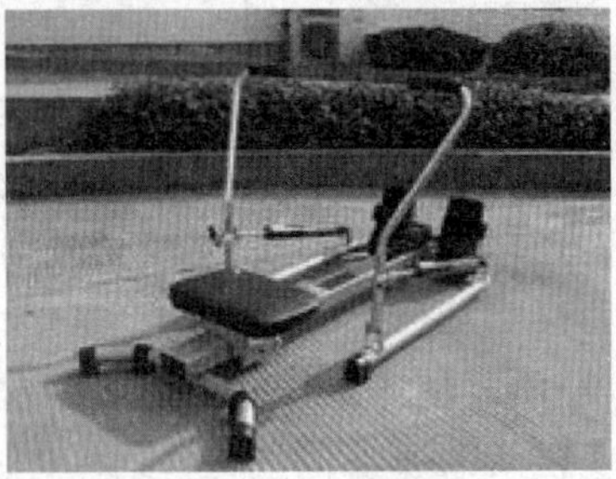

图 7－8　划船器

划船时锻炼者曲腿坐在滑凳上，手足同时施力，腿部伸直后腰部后仰，双臂向两侧后划，模拟划船。划船动作周期为入水、拉桨、出水及回桨，若初期使用划船器则可从出水动作开始练习，从分解动作慢慢练习再进阶形成连续动作。可将划船动作简单地分为出水阶段、回桨阶段、入水阶段、拉桨阶段四个阶段，每一个屈伸的划臂动作，锻炼手腿腰等部位肌肉组织，有效地锻炼伸展肌群，对腰背的锻炼尤为明显，能让脊背在体前屈和体后伸当中有更大的活动范围，使脊柱的各个关节得到锻炼，能缓解背部酸痛症状。练习划船时，要注意动作的连贯性，每一个蹬伸动作不要出现停顿，一定要做到位。如果幅度过小，则参与运动的肌肉将得不到充分伸展或收缩。

4. 椭圆机

椭圆机(图 7－9)是一种常见的健身器材，其操作简单，运动量适度，无噪音，是常见的心肺适能运动训练工具。椭圆机的运动形态类似越野滑雪的动作。椭圆机运动量小，但保护踝关节与膝关节效果更好，受到大众尤其是老年人与女士的喜爱。

图 7－9　椭圆机

椭圆机能把手臂与腿部的运动有机结合起来，经常使用可以协调四肢、健美身体。较长时间的练习有助于提高身体耐力，锻炼心肺功能，还能平和心态和提高运动能力。椭圆机的适用人群很广。对于健康人群，椭圆机能增强体质、提高身体素质；膝踝关节不好的人走路或跑步时，双脚着地时产生的撞击力常使他们关节疼痛，而使用椭圆机锻炼则是更为安全、舒适的选择。

但一些锻炼者误将椭圆机当作跑步机，运动时只有腿用力，胳膊仅仅在腿的带动下起稳定作用，或干脆不扶扶手。利用椭圆机健身时，如果手脚配合不协调，越用力身体越紧张，上下肢之间的对抗也会更强烈，结果顾此失彼，还可能由于动作不协调，产生疲劳感，拉伤肌肉，甚至摔伤。正确的练习方法是：双手轻握器械上方的扶手；手随着脚依次向前进行蹬踩运动；等手脚的运动达到比较协调的程度后，再逐渐增加手的推力和拉力。

5. 骑马机

骑马机(图 7-10)是日益流行的一种家用休闲健身器械。通过改变握把姿势和脚部位置,模拟骑马姿势,可使身体中80%的肌肉群得到训练,全身关节都会得到充分的转动和伸展。机器装备有电子表,可自动记录运动次数,并显示运动频率、热量消耗及持续时间等。骑马机轻便体小,适合各种年龄层次的人使用。

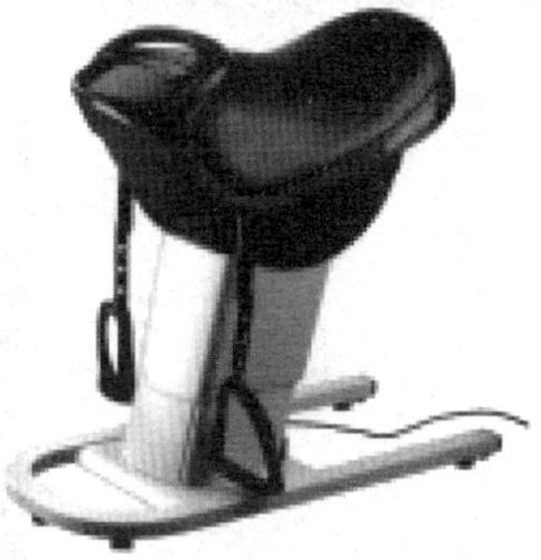

图 7-10　骑马机

使用骑马机必须保持上半身挺直,才能持续接受前后左右不同方向的摆动。而当身体配合摆动取得平衡时,便可强化背部及腹部周围及大腿的肌肉。骑马机一般有热身、小跑步、快跑、奔驰四档不同的速度模式。

6. 台阶器(健步机)

图 7-11　台阶器

脚蹬踏板,手扶把柄,在等动量设计的液压阻力器控制下,可以模拟登山路或是爬楼梯,优点在于没有跑步时地面对腿脚的冲击力,安全稳妥。由于台阶器(图 7-11)使用了自动升降器装置,而且练习过程中脚掌始终没有离开脚踏,因此它能够降低对膝关节的作用力。练习者还可以自由控制采用不同的运动幅度,使练习更为安全、舒适。台阶器练习的运动幅度,取决于练习者的身高和运动水平。练习时,为了保持适当的强度和正确的身体姿势,双脚的运动幅度要保持在 10～20 厘米之间。不要使脚踏落地,也不要使脚踏接触器械的最上缘。在保证不产生过度疲劳或上体过分前倾动作的前提下,可以保持较大的运动幅度。

三、健身操类器械简介

健身操类是目前室内流行的众多健身健美体操等项目的统称,健身操常需要用到一些器械,如实心能量球、弹力绳、平衡板、哑铃、踏板等从身体的几个基本素质来塑造运动能力,瑜伽和普拉提课也会用到很多小器械,如弹力带、瑜伽砖、瑜伽带等,其特点是简单易操作,而效果比徒手好。

图 7-12　踏板操

1. 踏板

踏板操(图 7-12)是一种方便实效的器械有氧健身活动,利用踏板做运动,可以相应增加运动的强度,使全身各个部位都能得到充分的锻炼,在踏板上随着动感音乐有节奏地上下舞动,进行健美操的动作和步伐。踏板操是一中等强度的运动,非常具有挑战性和娱乐性。踏板操里一上一下犹如上楼梯的动作,加上快速的节奏,不仅运动量增加,而且女性最难减脂的臀部和大腿是首当其冲的“受益者”,对下半身的减脂塑形效果更好。另外,在原来健身操的基础上加个踏板,让人感觉到增加了不少趣味性。

踏板(图 7-13)一般长 100 厘米,宽 35 厘米,高 8 厘米。踏板的高度也可以根据运动水平、踏板技术、膝关节的弯曲度而调节。

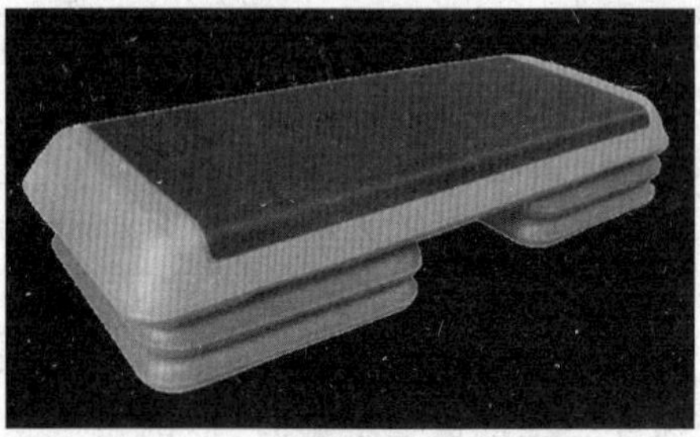

图 7－13　踏板

2. 健身球

健身球(图 7－14)最早在瑞士只作为康复医疗的设备。之后,健身球又被传到澳大利亚、美国及欧洲一些国家用来治疗腰背疾病、神经紊乱、膝盖和肩部康复医疗、纠正体态、提高病人的平衡能力等。由于健身球在提高某些肌肉(腰背、骨盆)方面的作用,这项运动也被广泛推广。健身球现在不再仅作为一种理疗,它也成为新兴的健身运动。它适合所有需要康复治疗的人,健身效果良好,特别对脊柱和骨盆的锻炼;健身球有很好的康复功能(对腰背疾病疗效显著)。在锻炼时比较安全,不容易出现损伤,还可以提高人(包括病人、受伤人)的柔韧、力量、平衡、姿态、心肺功能。健身球不适合体重过重、以减重为目的者。

图 7－14　健身球

健身球曾有过许多称谓,从瑞士球、瑜伽球、体操球到物理球等。健身球是最为常用的称呼,健身球是目前功能最多用途最广的健身器材之一。健身球最大功能之一是它改善了人的平衡能力。健身球的不稳定性促使健身者不断的发展其平衡能力,使他集中注意在平衡躯体的肌群上(腹部、下背部、髋部或骨盆)。在球上做练习一般都需要一定的平衡能力和躯体控制能力,在经过一段时间的健身球运动后,这两种能力将会有一定程度的提高。

(1)选择合适的健身球。健身球有许多尺寸供选择,正确的方法是:坐在球上,大腿与地面平行,膝盖的角度应是 90°。也可以选择大一点或小一点的球改变练习,这要依练习的目的而定,譬如是为伸展、平衡还是为力量而练习。可以选用不同的球,富于挑战但非常有趣。除球的大小外,球的充气程度一样会影响练习的强度,球充气要足,通常要依据产品说明书来决定。体重偏重以及手臂较长的人应选择较大号的球进行练习,例如,这些练习者按身高应该是选择 75 厘米的球,但会感觉很不舒适,正确的选择则是 85 厘米的球。教练有责任引导学员选择正确型号与材料的球。特别坚硬的球在移动时阻力小,移动更容易,速度更快,这使练习更具难度,适用于那些有过平衡训练经验的练习者使用。相对不坚硬的球则给练习者提供了一个更宽的支撑面,因为球的大部分面积都与地面接触,这一类球让运动更容易进行,适合于初学者、老年人以及那些平衡能力较差的人。那些体重过重的人则更偏向于选择较软的球。

(2)充气。给健身球充气,就像给篮球或自行车充气一样,根据球大小需要来充气,如果气太足,可以释放一部分来调整球的硬度,这主要根据练习者的需要进行调整。在上健身球群体课时，应提供给练习者不同硬度的球，并且帮助练习者挑选适合自己的球，除了要适合自己的手臂长度以外，还要考虑到他们各自的技术技能，最后，让练习者坐在球上，大腿保持水平，膝盖成90°夹角，双脚平放在地板上，如果练习者能很容易很舒适的维持这种姿势，那么也说明了这个球适合此练习者。还应该注意的是长期使用会使健身球聚乙烯材料弹性和硬度降低，一般健身球的使用寿命是一到两年，这与使用和保养及球本身材料的质量有关，因此需定期检查球的大小、硬度，练习时确保球的充气程度合适以及使用的安全性。

(3)储存与清洁。由于健身球的形状与型号，它的储存成为了许多健身房的一个难题。目前，不同种类的储存架可以用来放置健身球，除此以外，有一些球的球体上带有支撑点，它们是三英寸长拇指粗的充气的聚乙烯突起物，有这些支撑点，健身球就可以堆积起来，可到三个球的高度。

还有一种方法则是买一张网，然后将球放在网中。最好的办法是在健身房四周手能够拿到的高度安装一根离墙40cm左右平衡于墙面的杆子，这样把球放在上面就不会占用场地。

在清洁健身球时，用清水或肥皂水清洗球的表面，不能用化学溶剂，它会毁坏球的表面。为了练习者的舒适以及清洁的原因，球应该定时的经常清洗，因为球的表层经常与地板接触。为了延长球的寿命，应保持房间地板的清洁，去除尖锐的物体。

3. 瑜伽器械

(1)瑜伽服。瑜伽服(图7-15)分长袖、中长袖、短袖、背心、吊带，而裤子一般就是直筒，喇叭、灯笼裤比较居多。瑜伽服是练习瑜伽最基本的装备，瑜伽的动作比较柔软，且幅度比较大，所以就要求瑜伽的练习服装不要太紧身。瑜伽服的选择上，建议参考以下几点：①质地。以采用棉或麻的全织品为主，因为棉或麻的透气性、吸汗性很好，又很柔软，不会让你的身体感到紧张束缚。可以选择在棉织物中加入一些莱卡成分的材质以增加衣服的弹性；②款式。简洁、大方、利落。衣服上不要有太多的饰物、带或结，以免造成不必要的伤害。应以四肢伸展自如，整个身体不感到束缚为准；③样式。上衣袖口不要紧扎，以自然敞开为宜；裤脚以松紧口或扎绳为宜，因为瑜伽中有一些仰卧后翻的动作，紧口可以防止裤筒下滑。冬天服装以长裤、长衣为主。夏天以短衣裤为主可配长裤；④颜色。尽量选择清爽、淡雅的色彩，以纯色为最佳，不要让颜色过于跳跃、扎眼，最好以白色为主；⑤风格。要突出个性，可以选择具有印度民族风格的服装，宽松自然，穿上即有一种飘逸洒脱的神秘感；还有一种是现代风格的健身服，紧身弹性好，穿上也可以衬托出美好的身材，一般练习高温瑜伽比较适宜。

图7-15　瑜伽服

(2)瑜伽垫。瑜伽垫(图7-16)长宽大小基本上都是173～183cm×61cm，甚至更长的。瑜伽垫有很多种材料制作，环保瑜伽垫采用天然乳胶、麻和其他天然材料制成，瑜伽垫应柔软而富弹性，不含PVC，并要没有任何异味。瑜伽垫为确保卫生最好每隔一周就清洗一次。最简易的清洗方式就是将两滴洗洁精兑四碗水，喷洒在瑜伽垫上，然后用干布擦净。

图7-16　瑜伽垫

(3)瑜伽砖。瑜伽砖(图 7－17)是做瑜珈动作时的辅助用具。主要是防止做高难动作时拉伤。瑜珈体位法里有些动作需完全伸展手臂或下腰碰地面。辅助砖可帮助初学的您伸展盆骨,然后慢慢地调整瑜珈砖与地面的距离,循环渐进地完成自我柔软,延伸等完美动作。在做一些流派的瑜伽动作时,为了苛求动作的绝对标准,用瑜伽砖来进行动作的帮助。

图 7－17 瑜伽砖

第二节 户外健身器械与装备

户外健身,并不是仅指在室外进行体育活动,而是指人们回归自然的各种体育休闲方式。如野营、远足、登山、攀岩等。

一、攀岩

攀岩(图 7－18)是一项惊险刺激的时尚运动,在攀岩中如何将力量灵活、协调地分配利用,需要良好的肌肉力量、平衡能力、柔韧性以及协调能力,离不开系统的专项身体素质训练。按照竞赛形式不同,攀岩一般可以分为以下几种。

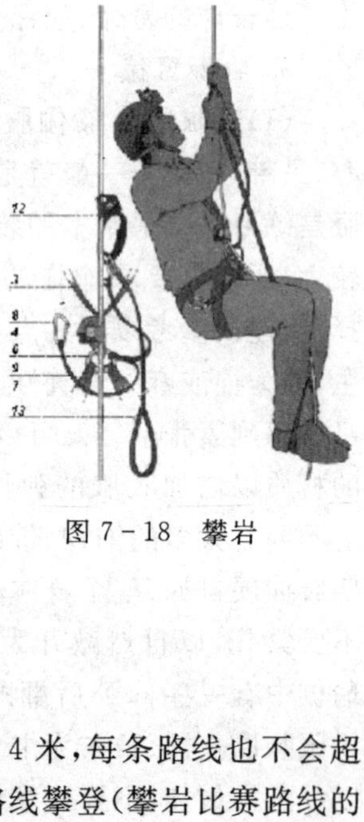

图 7－18 攀岩

1. 难度攀岩

运动员下方系绳保护,带绳向上攀登,并按照比赛规定有次序地挂上中间保护挂索的比赛。高度的获得(如果是横跨,则指沿路线轴上最长距离)将决定运动员在每轮比赛的名次。

2. 速度攀岩

指上方系绳保护,运动员按指定路线进行速度攀登的比赛。根据每位运动员完成比赛路线所用的时间来决定每轮比赛的名次。

3. 大圆石攀岩

此种攀岩区别于速度攀岩和难度攀岩比赛。岩石高度不会超过 4 米,每条路线也不会超过 12 个支点。攀登时运动员不系绳保护,每次比赛需要选择 10 条路线攀登(攀岩比赛路线的宽度不少于 3 米,高度不少于 12 米,设计长度不少于 15 米)。

在攀岩过程中,最基本的技术,就是支点固定攀登法。就这种基本技术而言,结合岩壁上不同的支点情况,可以大致将攀岩过程中的用力方式归纳为:

(1)抓——主要是指用手抓住岩石凸起部分。

(2)抠——是指用手抠住岩面上的棱角、台阶和裂缝。

(3)拉——是指在抓住前上方牢固支点的前体下,小臂贴于岩面,用力下拉使身体上攀。

(4)撑——指利用台阶裂缝或其他地形、以手、掌和臂的力量使身体向上移动,或左右移动。

(5)推——主要是指利用侧面、下面的岩体或物体,以手、臂的力量使身体向上或左右移动。

(6)蹬——是指用瓣脚掌内侧或脚趾的蹬踏力把身体支撑起来，减轻上肢的负荷。

(7)跨——是指利用自身的柔韧性，避开难点，以寻求有利于攀登的支点。

(8)挂——主要是指用脚尖或脚跟挂住岩面凸起或下凹处维持身体平衡或使身体移动。

(9)踏——主要是指利用脚前部下踏较大的支点，使身体移动，以减轻上肢的负荷。

(10)摩擦——是指利用岩石鞋与岩壁形成的合理角度所产生的短暂稳定，使身体向上或左右移动。

在野外活动必备品中，都需有一根直径 8 毫米以上的尼龙绳，主要用于确保安全。一般保护分为上方保护和下方保护两种方式。上方保护指保护绳索(图 7－19)通过被保护者上方的固定物或固定点，保护者在下方进行保护；或保护者在被保护者的上方(如岩顶、冰雪坡的上部)直接进行保护。下方保护指保护绳索通过被保护者下方固定物或固定点进行的保护。

图 7－19　保护绳索

另外，在野外登山、探险活动中经常采用结组保护，一般一个结组为 3～4 人。通过一条 40～50 米长的保护绳索连接在一起，在通过困难、危险地段时相互保护通过。一个结组必须要有两个以上有攀登和保护经验的人。如果全是没有经验的初学者，结组保护有时不但不能起到保护作用，反而会造成更大的事故损失。

在进行岩壁攀登时，有经验的攀登者可采取下方保护方式，即攀登者自己将保护绳索要向上攀登过程中，挂扣在保护支点上，保护者在下方进行保护。对没有经验的攀登者，尽量采用上方保护方式。

二、蹦极

蹦极源于英文“bungy”或者“bungee”。“蹦极”(图 7－20)就是跳跃者站在约 40 米以上(相当于 10 层楼高)高度的桥梁、塔顶、高楼、吊车甚至热气球上，把一端固定的一根长长的橡皮条绑在踝关节处 然后两臂伸开，双腿并拢，头朝下跳下去。绑在跳跃者踝部的橡皮条很长，足以使跳跃者在空中享受几秒钟的“自由落体”。当人体落到离地面一定距离时，橡皮绳被拉开、绷紧，阻止人体继续下落，当到达最低点时，橡皮绳再次弹起，人被拉起，随后又落下，这样反复多次直到橡皮绳的弹性消失为止，这就是蹦极的全过程。蹦极方法主要有以下几种。

图 7－20　蹦极

1. 绑腰后跃式

此跳法为绑腰站于跳台上采用后跃的方式跳下，此跳法为弹跳初学者之第一个规定基本动作，弹跳时仿佛掉入无底洞，仿若整个心脏皆跳出，约 3 秒钟时突然往上反弹，反弹持续 4～5 次，定神一看，自己已安全悬挂于半空中，整个过程约 5 秒钟，真是紧张又刺激。

2. 绑腰前扑式

此跳法为弹跳初学者之第一个基本动作做的另一种尝试跳法。此种跳法近似于绑腰后跃式，但弹跳者为面朝下，真正感受到视觉上的恐怖与无助，当弹跳绳停止反弹时能真正享受重生的欣喜。

3. 绑脚高空跳水式

此种跳法为将装备绑于绑踝上，弹跳者站于跳台上面朝下，如奥运选手跳水时的神气风情，弹跳者于倒数后即展开双臂，向下俯冲。

4. 绑脚后空翻式

此种跳法是弹跳跳法中难度最高但也最神气的跳法。此种跳法为将装备绑于脚踝上，弹跳者站于跳台上背朝后，弹跳者于倒数后即展开双臂，向后空翻，此种跳法需要强壮的腰力及十足的勇气。

5. 绑背弹跳

此种跳法被弹跳教练喻为最接近死亡的感受，弹跳者将装备绑于背上，双手抱胸双脚往下悬空坠落。

此外，按地点分类大致可分桥梁蹦极、塔式蹦极以及火箭蹦极等；按操作方法也可分绑腰、绑背和绑脚三种不同方式，每种玩法都会让您有不同的感受。

蹦极前的准备：

蹦极对身体素质要求较高，凡是有心、脑病史的人不能参加。凡是深度近视者要慎重，因为硬式蹦极跳下时头朝下，身体以 9.8 米/秒方的加速度下坠，很容易使脑部充血而造成视网膜脱落。跳下前应充分活动身体各部位，以防扭伤或拉伤。着装要尽量简练、合身。跳出后要注意控制身体，以避免颈部或胳膊被弹索卷伤。

三、滑板

滑板运动（图 7－21）发源于 20 世纪 60 年代初的美国，由海上冲浪运动演化而来，是水上滑板向陆地的延伸。滑板运动不同于传统运动项目，不拘泥于固定的模式，需要滑者自由发挥想象力，在运动过程中创造，以创造力来运动，强调身心的自由，推崇与自然互相融合的运动理年。滑板运动富有超越身心极限的自我挑战性、观赏刺激性、高科技渗透性。

图 7－21 滑板运动

滑板竞技方式有如下几种。

1. 马路式(Street Style)

马路式是滑板的最基本方式，人行道、台阶、护栏是最好的场地。马路式的特点在于随机性大，观赏性强，可以充分利用地形，无所不往，无障不越，滑手陶醉在无拘无束的自我表现里，观者沉浸在极大的感官刺激中，各得其所。

2. 下坡式(DOWNHILL)

在盘山公路或其他有坡度的地形上，可进行类似高山滑雪的活动。

3. 半管式(Half－pipe)

又称 U 形池，因场地像半个庞大的管子而得名。由于运动中的高位能和滑板的低阻力，滑手可以获得足够的高度做出空翻、转体、倒立等技术动作。

四、小轮车运动

小轮车(BMX)运动（图 7－22）起源于 20 世纪 60 年代的加利福尼亚，在很短的时间里它便以其独特的魅力征服了全美国。虽然使用的是自行车，但不妨碍他们充分体会那瞬间的撞击所带来的刺激与兴奋。对于青少年来说，BMX 的花销相对低廉而且也不用去离家太远的练习场。70 年代初，美国建立了最早的 BMX 组织，这也被认为是 BMX 成为正式运动项目的标志。在其后的十年间，小轮车运动又传入了其他一些国家。1981 年 4 月国际 BMX 联盟正式成立，1982 年举行了第一届世界 BMX 锦标赛。到这时 BMX 这一独特的运动项目便在全球范围内迅速发展起来。由于这项运动与自行车运动有较多的相似，1993 年 BMX 正式成为自行车运动大家庭的一员。

图 7－22　小轮车运动

1. 小轮车运动平花动作技巧

(1)右脚放在地上，抓住前闸。

(2)向前倾斜，捏住闸并尝试让你的脚离开地面。

(3) 当你掌握以上动作的平衡时，尝试用你的右脚向后戳动你的前轮，在这个过程中要放一点点你的闸，接着再次抓住你的前闸。

(4) 戳动——停止——戳动，戳动——戳动——戳动——滑行，捏闸。

2. 直排轮滑

直排轮滑的发展有几百年的历史，1979 年 Scott Olsen 改进了直排轮滑，由此开始了直排轮滑的迅速发展，并出现了各类赛事，成为世界流行的一项运动，并因为其特有的惊险刺激而成为极限运动的一员，与滑板、特技单车一起成为极限运动会的项目。直排轮滑、特技单车、滑板等三项运动俗称 3B(都带有 B 字母，Bike、Skat Board、Skate Blade)项目。

3. 装备介绍

最重要的装备当然是一双轮滑鞋。远看每双轮滑鞋都看似一样，但由于耗损及磨蚀厉害，因此运动员的轮滑鞋都配备特别的设计。

(1)外壳。外壳是轮滑鞋外面的坚硬部分，多以耐用塑料造成，以抵御运动中的耗损，亦可以承受花式技巧所造成的刮磨及落地冲力。竞赛用直排轮滑并无配备如一般休闲用直排轮滑的通风设计，因为通风系统会减低外壳的厚度及耐用度。外壳脚掌以上的靴型部分有鞋带(LACES)或扣环(BUCKLES)绑紧，令足部可以穿稳直排轮。大部分直排轮外壳均附有铰链(HINGE)，连接好靴筒及外壳下半部，在保持挺硬之余亦允许运动员可以弯腿或调校小腿位置角度。

(2)强力皮带。部分轮滑鞋现在均备有一条强力皮带，由鞋内套的后方伸展至脚掌前方，作用是让运动员的脚跟及脚掌不至于移位。鞋内套用来包覆足部，作用类似足部的软垫，以不同密度的泡末胶制成，密度愈高则垫护愈硬，轮滑鞋的反应愈强。

(3)底座。底座是连接外壳与轮子的结构。一般运动员多采用铝合金制底座。底座距地面甚近的设计让运动员能保持低重心。同时底座与足部愈近，则可为运动员提供更大的摩擦力。现在的趋势是底座愈来愈贴近地面，而保持少于 50～67 毫米轮子大小的距离。底座与鞋之间的连接方面，由于特技表演摩擦力强，故采用铆钉将两者连接。某些制造商亦开始安设隐性的铆钉以避免过早磨损。

(4)摩擦片。是一种采用金属或塑料的长方形薄片，置于第二及第三个轮子中间的鞋子表面，以保护外壳免受磨蚀。金属制摩擦片让运动员能保持更佳平衡，并可在与其他金属接触时免受磨蚀。而街头运动员则较多以塑料制摩擦片以应付一般障碍物。

(5)摩擦钉。通常置于第二及第三个轮子中间的一条塑制小栓。作用是为运动员在进行摩擦动作时为外壳提供更大保护。轮子多以 polyurethane 这种与橡胶类似的抗刮磨性强的材料制造。大小由 44 毫米至 82 毫米不等。特技直排轮滑运动员一般采用较小轮子,更有趋势在底座上装更小的轮子。共有三种轮子装置在底座的方法:①摇椅型:第二及第三个轮子较第一及第四个突出。从侧面看就如摇椅之底部或一条宽抛物线;②平面型:四个轮子安装于同一高度,皆能触及地面,大约三分之一至一半运动员采用;③反摇椅型:与摇椅型刚好相反。第二及第三个轮较小或较第一及第四轮低陷,侧面看有如一条彩虹,这种安装方法限制了运动员的转向但在栏杆等障碍物上把抓较佳。

五、冲浪运动

冲浪运动(图 7-23)是一项惊险而优美的水上运动,运动员站立在冲浪板上,或利用腹板、跪板、充气的橡皮垫、划艇、皮艇等驾驭海浪的一项水上运动。不论采用哪种器材,运动员都要有很高的技巧和平衡能力,同时要善于在风浪中长距离游泳。冲浪运动以浪为动力,要在有风浪的海滨进行。海浪的高度要在 1 米左右,最低不少于 30 厘米。夏威夷群岛常年有适合于冲浪运动的海浪,特别是冬天或春天都有从北太平洋涌来的海浪,浪高达 4 米,可以使运动员滑行 800 米以上。因此夏威夷群岛一直是世界冲浪运动中心。

图 7-23　冲浪运动

冲浪装备主要有:

1. 浪板

长板长度在 9 英尺以上,头部呈半圆形,浮力大,于浪较小的情况下也可以享受冲浪的乐趣,颇适合在台湾一般的浪况与初学者练习使用。短板长度在 5～7 英尺之间,头部呈三角型,浮力小。竞速型冲浪板,板身尖锐而狭长,从 7 英尺到 12 英尺以上,主要是用来冲大浪(图 7-24)。

图 7-24　冲浪板

2. 脚绳

冲浪时能保证生命安全,当落水时(在外海),可借由它找回冲浪板,也可以让你在海上能够有个依靠。一年后视使用情况更换一条新的脚绳,以避免脚绳断裂的情况发生。

3. 蜡块

可以让冲浪者站稳和坐稳,还可以保护板子。防滑垫加防滑鞋。

4. 泳装

最基本的装备,由于在你冲浪时,你会坐在冲浪板上等著好浪(或者是小浪)出现,所以没有穿短裤(冲浪装),大腿内侧会因板子上的蜡,产生的磨擦力使得皮肤擦伤,穿上泳装是有必要的。

5. 防晒油

阳光中的紫外线会伤害皮肤,涂防晒油是必需的。

6. 太阳眼镜

水面会反射阳光导致眼睛不适，但是通常不建议携带太阳眼镜以及蛙镜（泳镜）进行冲浪活动。

六、潜水

早在2800年前，米索不达文化全盛时期，阿兹里亚帝国的军队用羊皮袋冲气，由水中攻击敌军，这也许就是潜水的老祖宗了。距今1700年前的中国史书《魏志倭人传》中，就已经有了海边渔夫在海里潜水捕鱼的场面描写。到了1720年，一个英国人利用一只定做的木桶潜到水下20公尺深的地方成功地进行海底打捞。而今天职业潜水的前身，则要算160年前英国的郭蒙贝西发明的从水上接帮浦运送空气的机械潜水，也就是头盔式潜水。这种潜水于1854年首次在日本出现。1924年开始使用玻璃做潜水镜，并利用帮浦从水面上吸取空气的"面罩式潜水器"，这是水肺潜水器材的前身。就在这年日本人使用面罩式潜水器潜入地中海底70公尺，成功的捞起沉船八阪号内的金块，震惊了全世界。在二次世界大战期间，开发了一种特殊军事用的"空气罩潜水器"，采用的是密闭循环式，并有空气瓶的装置。二战末期，法国开发了开放式"空气潜水器"，1945年前后这种潜水器在欧美非常流行。近几年来由于潜水器材的进步，带动潜水运动蓬勃发展，投身于潜水和喜欢潜水运动的人也越来越多。

潜水装备主要是潜水三宝（图7-25），它包括以下几种。

1. 面镜——水底世界的窗口

尝试在水中睁开眼睛，能看见的只是一片模糊的景象，这是因为水的密度比空气大，光线到了水中会有折射。而眼睛的焦距是根据空气中的光线来调节的，因此，面镜使你的眼前保留了空腔，让你有清晰的视线。面镜与游泳眼镜最大的不同在于前者不仅罩着眼睛还罩着鼻子，这是因为潜水时为了防止挤压，需要平衡鼻腔内的压力，所以游泳眼镜不能用于潜水。

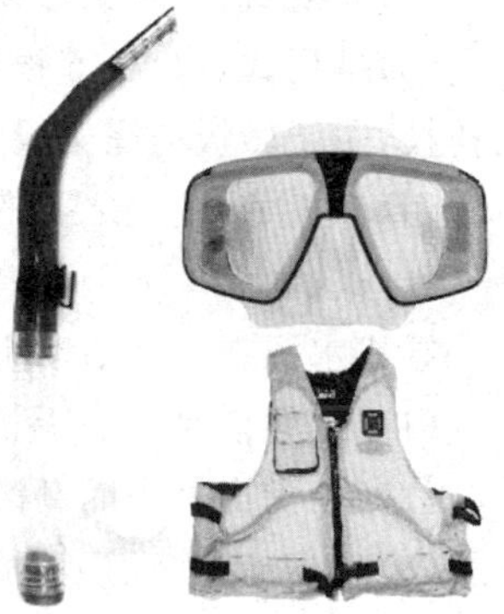

图7-25 潜水三宝

2. 呼吸管——轻松呼吸

既然水肺潜水有气瓶和调节器，一般的呼吸管设计是一端开口，另一端是有咬嘴的弯管。呼吸管的上半部（管身）通常是半硬的塑料管，下半部的咬嘴多由硅胶制成。一个合适的呼吸管要有适当的曲度（适合你自己的脸型），内径2厘米左右，长度30～35厘米。合适的呼吸管除了舒适外还要呼吸容易。试用时，可以将咬嘴放在嘴唇与牙齿之间，将管身靠在左耳前，咬嘴应该合适舒服，不会擦伤嘴部或造成下巴疲劳，并且含在嘴里是平直的。

3. 脚蹼——提供强大的前进动力

脚蹼宽大的面积能提供给你强大的动力，使你不必靠划动双手以产生动力，使得双手能解放出来从事其他工作。脚蹼主要分为无跟和套脚型两种。套脚型脚蹼一般用于温暖水域或浮潜。脚蹼的设计包括有：①龙骨。用来增加脚蹼的硬度和平衡；②排水孔。减低对脚蹼的阻力以增加效率；③导流沟。让水平滑地滑过脚蹼，增加速度。选择脚蹼要根据你的体型、体力和潜水的环境，重要的是舒服和合适。

七、野外生存环境与安全装备

1. 罗盘

山野行走，一旦迷失方向，赶快回到自己所认识的地方，用罗盘(图 7－26)和地图确定所处方位和目的地方位。休息时多注意周围风景与标志，不要直走下坡路，因为下坡路视野范围小，方向不易确认。

图 7－26　罗盘

2. 断水

一种是无任何水源可以饮用，另一种是无干净卫生饮用水。第一种情况一般野外不多见，第二种情况则比较多见了。如携带的饮用水用尽，而附近山水有泥沙或污染，就需要进行净化处理，一般净化取水法有：地汽取水法、渗水净化法、人工净化法。

3. 野外篝火

从事野外活动的人，无论登山、探险、旅游、狩猎或科考都能深刻体会篝火在野外生活中的重要性。没有篝火，就无法烧水做饭，不能烘烤潮湿的衣物，夜里也不能露营，常用的篝火方式有框架式，放射式与排列式。

(1)框架式：将木柴交互成 90°搭成”＃”字形框架，层层上叠从底部点燃。

(2)放射式：将木柴或树枝以某点为圆心呈放射状排放，从中心点燃，可用于做饭。

(3)排列式：取 3～5 根较粗木材平行排列，两端用树枝或石块垫起，木柴下放置引火的干柴树枝，用于做饭与露营极佳，注意的是干燥，未腐朽的木柴点火好，腐朽木柴火势小，无木炭，不宜用，栎树、山樱桃之类的硬杂木和松木比较好，易燃点。

4. 寻找水源

寻找水源在野外活动中非常重要，寻找水源遵循听、嗅与观察三种基本方法。

(1)听：凭借灵敏的听觉器官，注意山脚与山涧，断崖盆地是否有山溪瀑布流水声。

(2)嗅：到山林中闻潮湿的气味。

(3)观察：走去观察动植物与气象和地理环境，也可找到水源，例如香蒲、沙柳、马莲、金针、水芥的地方水位比较高，且水质也好。

5. 紧急取水

直接从植物中取水，在南方丛林中，到处都有野芭蕉，也叫仙人蕉，这种植物内芯含水量很大，此外竹子的根部几个竹节中也可以储水，摇晃竹茎，听到汩汩水声，就在每个竹节底部用刀切个小口，倒出里面的水便可饮用，上述方法在紧急缺少水时是有效的。

6. 野外取火

野外活动中，检验人的野外生存能力，某种程度上可以取决于取火的能力，可采用手搓式与弓切式钻木取火，找一根粗 1～2 厘米的枯枝，用刀削光滑，枯枝一端削尖，引火物可找一些干燥的树叶、杂草，在木板边缘用刀削一个 V 形缺口，将枯枝置于 V 形缺口，用两手反复搓捻枯枝，将引火物引燃。

7. 野外着装

野外活动时着装，在体现个性的同时，必须考虑其实用性，野外活动的着装(图 7－27)，应以宽松、舒适、耐磨、随意为基本原则，贴身的衣服，应选择柔软吸汗的纯棉制品，切忌尼龙纤维，春秋两季，外罩一件纯棉或宽松外套及防风衣，耐磨程度异常重要，一般的野外活动，牛仔裤是不错的选择，宽松式的牛仔裤和棉制的休闲裤都会给你以舒适潇洒，另外，别忘了带上一顶有檐的遮阳帽，在野外，鞋和袜基本功能用来保护你的双脚，野外活动最好不要穿新鞋，皮面的旅游鞋柔软，舒适便于行走，是较为明智的选择，也是首选，袜子以穿纯棉制的袜子为最佳选择，它柔软、吸汗，使你的脚部时时保持干爽，一双合适的鞋加上柔软干爽的袜子，你的户外活动就有了保障，与此同时，还要带上一个普通的太阳镜。还应该具备有雨具及保护双手的手套，应备两副，防止丢失。

图 7-27　野外着装

8. 饮食

野外生活中利用地形地物建野炊灶是野外生活很重要的一种技能，是野炊的基础和必备条件，常用的野炊炉灶有三石炉灶、吊灶与木架灶，均是常用的野炊方式，三石炉灶是最简单且历史最久远的一种炉灶，取三块高度相同的石块按三角形摆放，锅或壶架放在当中；吊灶：在森林地区有时找不到合适的石块建灶，可找 4～6 根长约 30～40 厘米的粗树枝，将锅或壶吊在木桩上，下方生火；炕灶：在既无合适石块又无树枝的情况下，可在地上挖坑灶，选择食物应为好吃、有营养、不复杂，烹饪前不必特别处理。能配合所携炊具、不浪费水，尽量不要有剩余，还有可利用高压锅煮饺子，做烙饼，蒸馒头，可用直径为 22～40 厘米的锅，在野外还要注意保存食物，可因地制宜采取一些切实可行的土办法加工和保持食物，熏晒法如在野外钓到鱼就可以用晒制法将鱼晒成鱼干保存或食用，风干法，秋季将牛肉挂在背阴处，靠干燥风吹，将肉中水分去掉，风干后食用，靠热风吹干，肉不宜太厚，食用时将风干食物烹熟食用。

9. 宿营

野外活动时，住宿露营(图 7-28)非常重要，营地的选择应遵循安全，避风、近水，平坦这四项基本原则：

(1)安全：营地选择必须避开各种危险，即营地应远离裂石间危险的威胁，有些地方貌似安全，其实有极大的隐患。

(2)避风：野外的强风可将帐篷吹跑，扯破，最好选在有屏障的避风处，如山丘或巨石的背后。

(3)近水：营地是活动人员过夜，生活的临时场所，接近水源会带来许多方便，但若在河流两岸设营必须充分考虑水道水流的涨落，以免涨水淹没帐篷。

图 7-28　野外住宿

(4)平坦：营地建在平坦地面或雪面上要比凹凸不平的碎石堆上要舒服的多，软土是理想的建营场所，地面若有碎石和荆棘应予以清除，准备宿营时，应首先搭建公用帐篷，在营地的下风处首先搭好炊事帐篷，建好炉灶，烧上一锅水，然后再依次向上风处搭建存放公用装备的仓库帐篷和各自的宿营帐篷。另外，千万别忘了，在下风处，远离水源的地方再搭上一个简易厕所，以免用时着急。

10. 行走

野外行走，走路是生活基本技能，野外走路，是野外生存活动的基本技能，基本原则是安全，即避免危险事故发生和迷失方向，节省体力提高行进速度，山路行进的原则是走梁不走沟，走纵不走横，有路时自不必说沿路走，而不要穿林翻山，没有路时则尽量在山脊、山梁林木稀疏的地方行走，这些地方地形相对简单，视野较开阔，非不得已不要在深沟和密林，灌丛及竹林中行走。河流横渡，不要草率入水，应仔细观察，沼泽地行进，避开或绕行，渡河是野外活动常遇到的障碍，有的河流缓缓而过，清澈见底，有的则是水深流急，侦察做到心中有数，观察后确定渡河的地点及方法，选择河水较浅、水流平缓、无暗礁、暗流和漩涡的地点，涉水过河时，应当穿鞋，可避免河底尖石划破脚，同时也可以更好地保持平衡，如果河底是淤泥，应脱掉鞋袜，赤足过河。

当遇险迷路时，应注意：

(1)迷路十分危险，在野外生活中切记勿离开队伍，以小组为单位一起行动，休息与行军应全队统一进行，避免单独行动。

(2)学会利用地形图，指南针和高度针，参加活动之前记住路线上的特征点，距离、高度等数据，并在图上作好标记。

(3)行动中要处处留意观察并留下标记，在不曾去过的山区或茂密的森林中行军时应处处留意，观察周围的地形。

(4)在天气恶劣或大雾天的时候最好暂停活动，原地休息或扎营。

11. 冻伤及溺水预防

(1)要选择高营养、高热量的食物。

(2)冬季野外活动，穿着的服装与内衣应选择柔软，质轻吸排汗性能好的，如纯棉毛。

(3)保护血液循环的末稍部分，如手指、脚趾、要戴好手套及穿上厚袜子。

(4)涉水过河的地点应选择在水浅并且水流平稳之处，避免在急流及瀑布上游处渡河，以免不慎滑倒，就已接近危险区。

(5)在山间，选择营地时，不可在河道里，河岸两边和河水上涨时能危及到的地方扎营。

(6)当天气不好或下大雨时，应当绕开需涉水过河的路线，河水上涨，不可冒险强行涉过。

12. 环保

不要破坏自然界平衡的状态：大自然中的植物彼此保持着很微妙的平衡，一块狭小的空地，表面看起来没有生物存在，实际上生物正在那里活跃着。接触大自然时，不要破坏这种平衡，不乱折花木，不乱捕鸟兽，享受大自然就应遵守规则。恢复自然界原有的风貌才离开，保存自然原有的风貌处理掉垃圾，将临时厕所掩埋好，把不能燃烧化解的塑料集中带走，后来的人才能享受干净的大自然。

碗盘尽量不要用洗洁剂来洗，尤其不要在河中漂洗化学剂污染的物品，以免污染水源。做好的饮食尽量吃完，不要残留下来，如果不够，可用干粮或其他速食品补充。其他垃圾，能燃烧的物品用火焚烧掉(注意不要引起火灾)或埋掉，不易分解的玻璃空罐，塑胶等用备用袋装走。烹饪用火要特别小心，临走前要检查火星是否熄灭，分多次浇水，并用手轻拨沙土加以掩灭。

第三节　环境因素对健身的影响

任何体育活动都是在特定的环境下进行的，运动健身离不开环境，没有环境便没有健身运动。健身环境是指影响健身活动的自然环境、社会环境以及其他相关要素的总和。它包括自然环境(如气候、地理环境等)、社会环境(如政治、经济等)和人工环境(如色彩、噪音等)。

健身环境不仅制约着健身手段，而且影响健身过程和结果。如冬季健身项目的开展就受到季节和地域范围的限制，像气流和气温也会对许多室外运动项目产生极大的影响。不仅如此，作为人类一种特殊的实践活动，健身运动反过来也会给环境造成影响和损害。

近 20 年来，健身环境日益引起人们的重视，健身环境的研究涉及到许多学科领域，如生态学、地理学、气象学、人类学、运动医学、航空医学、时间生物学、体育社会学、体育心理学和运动训练学等，人们从上述学科的角度出发去认识健身过程及其规律，优化健身环境，提高运动健身的整体效益。

一、自然环境与健身

健身运动总是在某一具体的地点进行的，该地点的地理位置、自然地貌和气象变化，对于人的健身锻炼都有着重要的影响。

(一)数理地理位置对运动健身的影响

数理地理环境是指某一地点在地球经纬网上的方位，纬度决定了健身地点的气候类型和重力环境，经度的影响主要表现为时差反应及人体的生物节律性(生物钟)。生物钟是生物在进化过程中随自然界的节律变化以及昼夜变化相适应的结果，是生物最基本的特性之一。人体的生理生化功能、心理功能、行为活动也表现为一定的生物节律。如人的体温，大致保持在摄氏 37 度，在一日之间，4～6 时，人体温度呈现最低水平，而在 16～20 时，测量值为最高；心率和血压也比白昼时增值，黑夜睡眠时最低，心率 24 小时的差值，可以达到每分钟 20～30 次。血压在早晨 7～8 时如为 120/80mmHg，则在黄昏 6～7 时会达到 140/100mmHg。同样，人的呼吸频率、消化功能、心理活动、智力工作、神经系统、新陈代谢等，也出现昼夜的节律性变化。人的生物节律具有相对的稳定性，但也不是一成不变，也具有一定的可塑性。由于人体的生理活动具有节律性，所以人体的运动能力在一天中也呈现波动。许多研究表明，身体机能能力如握力、背力、关节活动度、耐力、反应时，等指标及跳高、跳远、游泳等运动能力在 12～21 时之间达到最高水平，然后开始下降。因此，在一昼夜中，白天的工作能力比夜间高，且在已经习惯的特定时间里，工作效率最高。前苏联学者弗·阿·多斯金与思·阿·拉夫莲季耶娃把人的工作能力昼夜变化，描绘成一条曲线(图 7 - 29)，从中可以发现，每天 7～10 时和 17～23 时，机能水平较高，凌晨 3～4 时，机能达到一昼夜中的最低水平。

哈丁大学生理实验室的初步研究也证明，人体的最大肌肉力量也存在日周期节律(图 7 - 30)，女性和男性的肌肉力量的日周期模式存在差异，男性早上测试结果最小，然后持续升高，而女性测试结果相近。

总之，人体运动能力和身体机能节律性规律与日常生活有着紧密的联系。研究认为：白天交感神经系统紧张性强，分解代谢占优势；夜间副交感神经系统紧张状态明显，合成代谢占优

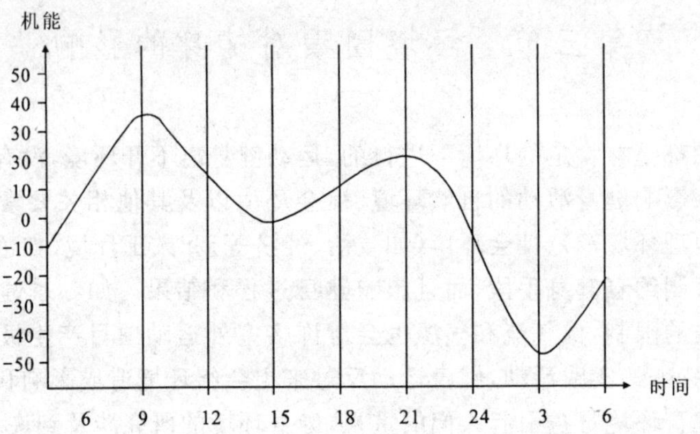

图 7-29　一昼夜身体机能的变化曲线

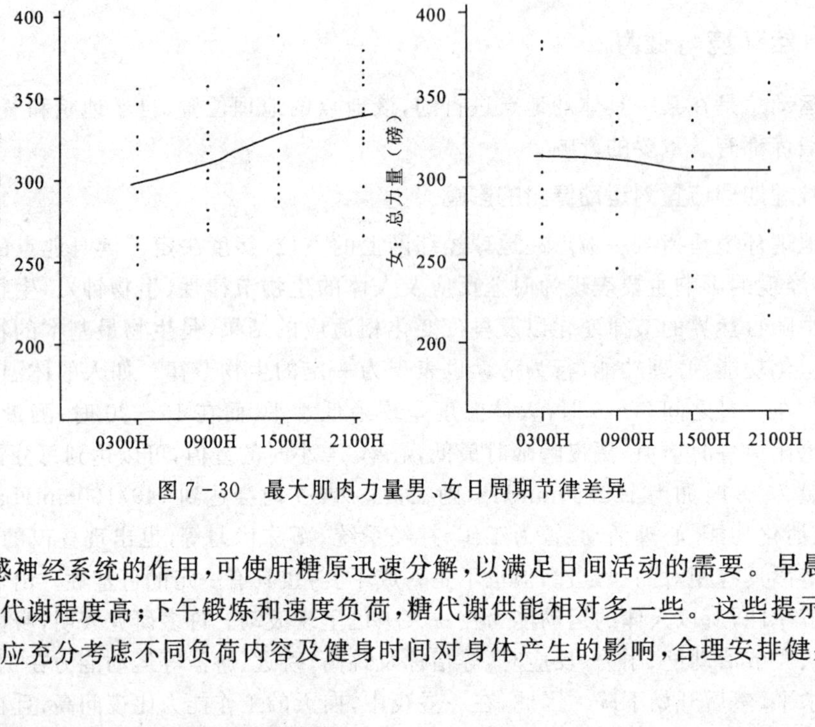

图 7-30　最大肌肉力量男、女日周期节律差异

势。由于交感神经系统的作用，可使肝糖原迅速分解，以满足日间活动的需要。早晨锻炼和耐力负荷，脂肪代谢程度高；下午锻炼和速度负荷，糖代谢供能相对多一些。这些提示我们制定健身计划时，应充分考虑不同负荷内容及健身时间对身体产生的影响，合理安排健身方案，提高健身效果。

(二)自然地理环境对运动健身的影响

健身所处的自然地理环境，是指健身地点周围的地形地貌和生态环境。在自然地理环境诸多因素中，影响人体机能和运动能力最大的因素是生态环境和海拔高度。生态环境包括空气质量、气候和水等，它们直接影响人体的机能能力。

1. *高原环境*

高原环境是一种低气压、低氧含量及低气温和低湿度的特殊环境，一般人在海拔 2 000 米以上时，由于缺氧可能会出现轻微的视觉症状，3 000 米以上就会表现出缺氧症状。高海拔环境不但有助于人体无氧运动能力的发挥，而且有助于提高有氧工作能力。人体对高海拔低气压环境的适应是通过下列机制实现的：肺通气量增加，呼吸中枢对化学刺激的敏感性增加，肺泡气与肺毛细血管间氧气交换加速，血红蛋白增加，血液中二氧化碳及碳酸盐呈比例降低。

随着海拔高度的增加大气氧分压下降，人体的呼吸负担加重，呼吸肌出现疲劳，同时结合于血红蛋白上的氧气量减少。研究表明，在海平面血红蛋白氧结合率为96%～98%，而4 000米高度则下降为71%～88%。同时，心脏运输氧气至工作肌群的能力下降，主要表现为最大心率出现显著下降。运动实践表明，当最大有氧耐力也随着海拔高度的增加而降低时，就意味着在长距离竞技运动比赛中，在高海拔地区速度成绩不如平原地区。然而，受影响的不仅是最大有氧耐力，因为在高原上血中氧含量降低，欲供给同样的氧气量，心脏就得加快跳动。所以，在高原地区任何耗氧水平的情况下，心率均比平原地区要高。这就意味着在高原运动健身时，健康者必须减慢速度才能维持靶心率。因而，健身指导者应再次强调让参与者注意靶心率的重要性，靶心率为在各种各样的环境下调整运动健身强度提供了科学的参考。

2. 热环境

人体对高温和热辐射环境有一定的适应能力，但热适应能力有一定限度，超过这个限度会引起生理功能的紊乱，导致运动能力下降，甚至出现中暑。人体从事健身运动时的最佳体温是37.2℃，骨骼肌的温度是38℃，在高温环境条件下长时间剧烈运动，由于体表散热效率低容易形成体内热量聚集而产生热疾患。在热环境中进行健身要考虑温度、湿度、空气流动、锻炼时间和强度、人体对气候的适应能力、阳光的照射、服装和脱水等因素，特别应注意运动前和运动中必须充足饮水，以避免出现肌肉痉挛、能源耗竭和中风等情况。

空气湿度是与气温共同发生作用的。主要有高温高湿、高温低湿和低温低湿三中情况。在高温环境中运动，人体通过蒸发散热的能力受到障碍，人感到异常闷热不适，极易造成情绪烦躁不安，自制力下降。高温低湿环境容易造成大量失水，产生呼吸道干燥不适，甚至造成黏膜破损。低温低湿由于忽视饮水，也容易造成失水过多。上述情况都会导致人体运动能力下降。因此，在热湿环境中健身锻炼应尽量选择在早上和傍晚较凉爽的时候进行，并安排有规律的饮水和休息时间。

通常运动负荷是锻炼中引发心率增加的主要因素。然而，在运动健身引起心率的诸因素中，环境担负着相当重要的角色。如果环境温度高于皮肤表面温度，人体从环境中吸收热量而非散发热量给环境，而且当相对湿度也高时，人体蒸发汗液的能量也降低，使得散热更加困难。这两种因素都将导致体温升高、心率增加，正确的方法是降低运动强度，将健身调整到一天中较凉爽的时段，或者利用空调降温装置。除了上述因素外，运动健身时所穿的衣服类型以及个人体内的储水量也影响着心率变化。不能使汗液到达皮肤表面的衣服必须会导致体温及心率的增高。从降低体温的角度来说，让汗水往下流进袜子是没有好处的。建议健身者穿得尽可能地少并且选择棉质或透气性好的面料。而由于误穿衣服带来的另一类问题是脱水加重或水平衡的破坏。正常的出汗对运动中散热是重要的；高热、湿环境及不合适的衣服导致出汗增多而增加了脱水的可能性。所以，健身者应在锻炼前、锻炼中、锻炼后要及时补充水分。为强调这一点最好的办法是让每人每天称体重；任何快速的体重下降都是因为脱水，因而应在继续运动前纠正这一不良行为。健身指导员应强调大量出汗后水要及时补充。尽管盐分随汗液的挥发也有丢失，但数量较小，更何况大多数人都是超量摄取盐。有些健身者问及服用盐片剂的问题，建议他们仅在吃饭的时候稍加些盐于食物中而非服用盐片剂。在高温、潮湿环境下不宜于锻炼，以免发生中暑，有损于身体健康。但作为健身指导员，你应该给健身者们提出合理的建议以减少中暑的危险。因为有许多人在高温、潮湿的环境下喜爱自己做运动或从事休闲活动，帮助人们学会适应这些环境也是很明智的。强调利用靶心率来衡量热环境及运动健身负荷的综合作用，靶心率这一指标不仅对运动锻炼负荷敏感，而且对于温度、湿度、衣服及身体的水合状态也相当敏感。希望在湿热环境下也愿单独做运动的人，在参与有人监督的健身锻炼计划的初期，有望对湿热环境产生适应。当身体适应后，就能在高温环境下更好的降低体温、心率以及中暑的可能性。

在湿热环境下，应采取如下的预防措施和方法：

(1)在有利于汗液挥发的环境下运动，并且不要增加太多的热负荷。

(2)利用靶心率作为监督运动锻炼中减少中暑的可能性。

(3)逐渐地接触湿热环境，通过7～10天完成适应过程，通过出更多的汗来适应热环境。

(4)穿适合湿热环境中运动的衣服。鼓励穿纯棉衣物或透气性好的针织物以便于汗液挥发。

(5)告诉健身锻炼者不要服用盐片剂。

(6)让健身锻炼者掌握中暑的症状以及如何处理的程序：即中暑——停止运动——转移出热环境—喝水—用凉毛巾、扇子等使身体冷却下来。

3. 冷环境

冷环境一般指气温在0℃以下，经常在冷环境中进行健身锻炼可以加速对寒冷的适应。但气温过低也会影响人的运动能力，低气温会增加身体的产热过程，增加肌肉的粘滞性，降低肌肉的工作速度。在体育活动中由于外周血管的舒张还会降低身体对寒冷的绝缘能力，而且身体如果长时间暴露在寒冷的环境中，低温的刺激会使机体发生冻伤。因此，在寒冷的环境中进行健身要考虑冬季对运动产生的各种限制因素，注意机体的保暖，做好热身活动和机体的御寒准备。

冷空气引起表皮血管收缩，阻止了暖和血液流至体表，限制了血液向体表传热。若这种反应持续时间延长，则导致发生皮肤冻伤。对于一些易感人体来说，冷空气能诱发心绞痛或哮喘疾病、上呼吸道等疾病的发生。当气温低于零下6℃时，最容易使人皮肤患冻疮。因此，健身指导员应告知健身者在运动时要穿上合适的衣服，以及如何处理皮肤冻疮。一旦冻疮产生，受影响的部位应浸在温水中，不要按摩该部位。

在低温环境下，身体散热快于产热，结果使体温下降。由于风和环境的潮湿度等综合作用，大多数体温降低都发生在0℃以下，当身体浸于水中时，从体表散热比在相同温度的空气中要快20倍。而健身的目的，就在于让健康的人能在寒冷的环境下坚持更长的时间并减少降低体温的可能性。健身指导员应建议健身参与者在寒冷环境中采用如下措施和方法：

(1)不要在极冷或大风中锻炼，而改为户内运动锻炼或者休息调整。

(2)穿合适的多层保暖衣服以隔离冷空气。

(3)当热身活动后可脱去一些衣服以减少出汗量，但仍要穿着足够暖和的运动服。

(4)尽可能地保持锻炼场所适宜的温度、湿度，因为汗液从皮肤蒸发能迅速降低体温。

(5)一旦锻炼者低体温出现，及时让锻炼者离开寒冷环境，避免潮、风并脱去湿衣服，喝热饮料并睡在暖和的睡袋中。

所以，分析运动过程中气候、气象等因素的各项指标，对制定健身计划及准备相关健身装备，有很大帮助。

二、人工环境与健身

运动健身中的人工环境，是指人类为进行运动而修建的场地、建筑以及对运动发生影响的其他一些人类活动的产物。它包括半人工环境和完全人工环境。人工环境影响健身的几个主要因素是：人工环境的地理位置和形式、建造人工环境的材质属性及人工环境的色彩和照明。

运动场馆的修建应考虑自然地理和气候因素，包括日照、风向和降雨等因素，场馆的建筑形式应考虑空气和气流对场馆气温和方向的影响。运动环境所使用的材料，对运动的影响也很大。如常用的地面材料有泥土、煤渣、木材、水泥和塑胶等，这些材料的硬度、弹性和摩擦系数对体育运动本身影响较大。其他常见的地面材料还有高级复合地面、人工草皮和人工冰面等。

1. 色彩

色彩不仅能影响某些运动项目的表现效果，而且能够直接影响人的心理和生理状态。不同色彩刺激视觉，能够引起人的大脑活动的不同反应。研究认为：红色表示有活力、健康，使人兴奋、易怒；蓝色表示清新、宁静，使人安静或萎靡不振；黄色意味着温和、光明，使人开朗、欢快；橙色表示兴奋、活泼，易使人受到刺激；绿色意味着生命和青春，使人趋于平和、安静；黑色使人心情沉重、压抑。运动场多采用红、橙、黄等暖色，以帮助运动员提高兴奋程度。色彩环境的枯燥和不协调能引起视觉疲劳并导致心理疲劳加快，从而降低运动能力。相反，悦目和协调的色彩环境会延缓疲劳的发生，减轻疲劳程度。对人体最适宜和最不容易引起疲劳的颜色还是自然色，因此，运动环境的色彩应趋向于自然色，同时应充分利用色彩的特性，创造更有利于提高体育运动效果的色彩环境。

2. 照明

在照明方式上，自然光优于人工照明。在人工照明环境中，人的工作能力也比自然光照明环境中下降10%。另外，室内运动时，直射光源不仅容易产生疲劳，而且产生的视觉留存余像还会严重破坏技术动作。因此，运动场馆应尽可能使用自然照明和间接照明。

3. 环境污染

随着社会的发展，环境污染对生态环境造成破坏，也使体育健身活动受到影响。环境污染对体育健身的影响主要是大气污染和噪声污染。大气是人类生存的重要环境，大气质量对健身者影响极大，其中主要有粉尘、碳氢化合物、铅、硫化氢和光化学烟雾等。粉尘进入人体后沉积在肺泡组织，对呼吸功能有一定危害。运动过程中由于人们通常伴以口呼吸，会使更多的粉尘沉积在肺泡内。因此，健身中应注意保持场地的湿度，降低空气中的粉尘含量。经常进行户外健身的人群，应注意选择运动的时间和地点，注意避开大气污染严重的环境。

许多环境污染都会损害健康，如一氧化碳、臭氧、二硫化碳。因为一氧化碳结合血红蛋白能力比氧气强约200倍，所以它能降低血红蛋白的运氧能力，故一氧化碳直接影响血液中的氧气的运输。血液中正常的一氧化碳含量：不吸烟者为1%，吸烟者为10%；而生活于受污染的城市中的居民可能为5%。血液中一氧化碳浓度达3%时运动锻炼能力即受到影响，达4.3%时最大有氧能力下降。紫外线反应和内燃机排放都能产生臭氧。臭氧和二硫化碳都可以收缩支气管，增加呼吸阻力，易诱发哮喘，从而影响运动锻炼能力。人体在臭氧0.75ppm浓度的环境中2小时，就会使VO_2max降低。因此，长期暴露于臭氧中会损害肺的功能，并随高温、高热的环境而更加恶化，应尽量避免在臭氧和其他污染物浓度较高的时段进行剧烈运动。

健身指导员应随时注意气象部门发布的“污染指数”,必要时,为对污染敏感的人进行调整运动量等预防和干预措施。同时注意健身环境的清洁问题。

噪声对于人体的危害是多方面的。它能引起神经机能失调,头晕、心率不齐和血管收缩;使胃肠功能紊乱,食欲不振、消化不良;长期反复接触噪声会使听力减退,诱发心脏病等50多种疾病。噪声环境使人心情烦躁,容易疲倦,反应迟钝,导致运动能力下降。因此,健身活动中应远离噪声源。

三、社会环境与健身

健身是一种文化活动,它不仅依赖于运动器材和装备,自然环境和人工环境等物质条件,而且与一定文化氛围的社会条件有着紧密的联系。体育的社会环境主要影响健身者的情绪和深层意识,主要表现为对健身的基本态度和价值认识,以及决定健身内容、形式的选择甚至健身能力的差异。人生活在这个世上,总会与社会形成方方面面的联系,一方面,积极健身有助于调节健身者的情绪;另一方面,个人情绪也会影响健身效果以及参与运动的积极性。因此,树立良好的人际关系,培养乐观向上的人生观也对健身有着非常重要的影响。从社会上来讲,人是社会的人,其观念和行为总会受到家庭、社会观念和行为的影响。一般父母爱好运动,其子女通常也爱好运动,一个倡导健身运动的社会环境则有益于人们投入到健身运动中去。当一个参加运动的人得到家庭、社会的支持和鼓励时无疑有助于其坚持参加运动。俗话说“物以类聚,人以群分”,如能和喜爱运动的同龄人一起参加健身运动,将有利于相互交流思想感情,更好地促进身心健康,且有助于健身运动的坚持。

1. 家庭

家庭是社会构成中最基本的细胞,每一个人不仅从家庭继承了身体,而且也接受了对健身的态度和价值标准,深深影响着人的性格和人生观。许多研究表明,父母或兄弟姐妹的运动兴趣和孩子所从事的健身锻炼有着紧密的联系。家庭体育是人们实现终身体育的起点和归宿。人的一生从家庭走进学校,步入社会,最终又回到家庭,家庭体育应成为终身体育锻炼的重要形式。

2. 社区

社区是指一定区域内,按照一定的社会制度和社会关系组织起来的,具有共同人口特征的地域生活共同体。人们总是生活在一定的社区之中,人们彼此会产生一种认同意识,并在生活方式或文化习俗上有某些共同特征。学校、工厂、街区、城市和乡村都是不同层次、规模和种类的社区。社区不但决定着运动场地等基本运动设施的状况,而且也通过闲暇生活方式和运动传统等影响着人们的运动方式和价值判断等。从许多运动之乡和有运动传统的学校、工厂以及农村教育和体育的情况中,可以看出社区生活对于健身正、反两方面的影响。

3. 社会

社会是指国家规模上的社会。它从三个方面影响着体育的发展:社会经济和科技的发展制约着社会的整体体育水平,社会政治结构决定体育的总体价值取向和基本目标,社会历史文化结构决定着体育的形式和内容。近代以来,社会日益借助于通过国家的体育、文化行政机关和全国性体育组织,对体育发展进行有意识的调控,大众传媒也在为社会对体育的影响方面发挥巨大的作用。

第四节　不同季节的健身方略

俗话说，一年之季在于春。其实对于健身来讲，春夏秋冬都应该坚持锻炼，但结合健身者的身心特点，不同季节的健身应该有不同的注意事项。

一、春季健身

一年之计在于春，春意盎然，理应将健康进行到底。然而，“草堂春睡足，窗外日迟迟。”这是古人对春困的描述。的确，一年一度的春困搅得人无精打采，实在令人厌烦。怎样才能让自己逢春而不困呢？

人之所以犯春困，主要是因为冬天天气比较寒冷，人的新陈代谢比较慢，需要的氧气也很少。而春天天气突然转暖之后，人的新陈代谢随即变快，需氧量大增，供氧量就显得相对不足，因而导致人的身体感到困乏和不适。在天气变化大的时候和地区，这种现象会更加明显，但只要没有特别的症状，就是一种正常现象。

要解春困首先要注意日常的生活起居。既然总是犯困，就说明睡眠存在不足，所以作息时间一定要有规律，早睡早起，保证充足的睡眠。

此外，适当调整饮食，在睡觉前千万不要喝浓茶或者咖啡，因为这样会导致大脑兴奋，从而影响睡眠；相反，在早餐后喝上一杯浓浓的咖啡，午休后喝上一杯浓茶，都有助于大家工作期间保持兴奋。

要解春困关键还得勤锻炼。勤锻炼首先可以增强人的体质，让人更容易适应天气的变化，保持旺盛的精力。更重要的是，如果大家养成了锻炼的习惯，每天早上起来后，出去小跑一会儿，出一身汗，再洗个热水澡，就能使人感到一身轻松，并让人的神经系统兴奋起来，从而在上班时间保持轻松的心态和饱满的工作热情。

最后特别提醒大家，虽然解春困的根本在于勤锻炼，但大家一定要根据自己的身体特点来选择锻炼方式，而不要一味追求锻炼的量，如果锻炼过猛的话，只会让人感到更加困乏。

春天正是享受森林浴的好时节！听听鸟语，闻闻花香，呼吸着森林中的新鲜空气，置身其中，令人心旷神怡，流连忘返，不但可以放松精神、消除疲劳，而且全身的经络气血也会运行舒畅与和谐。森林中树木散发出来的芳香，具有杀菌作用。有研究表明，如果把新鲜的桦树或栎树的叶子切开，在那里注人结核菌或大肠菌，几分钟以后，这些病菌就会全部死亡。因此，当你在享受森林浴时，森林中含有多种药理作用的树木花草，会不停地散发各自含有药理作用的微粒流，这些比其他地方浓度高的黴粒流完全可以通过口、鼻、皮肤进入人体而到达全身，培养人体的正气，可以起到防病抗邪的效果。春天人们除采用或沿袭原有的健身方式外，可多进行一些森林浴。

森林浴的具体做法如下。

（一）散步

当我们漫步在林海或浓荫之间时，各个关节会自动替自己“加油”，使各机能发挥它的功能，身体的四肢及五脏六腑等都会自动协调，有韵律地活动着，尤其可以促进细胞的新陈代谢作用。

（二）做体操

在森林中行走、做体操，可以舒展筋骨和肌肉，减缓骨骼和肌肉的老化过程，能够使人长寿。

（三）推拉运动

用手抓住树木的某个部位，全身随手臂的屈伸做来回推拉运动，可用于治疗腰痛，还能使头、肩、背部得到舒展，消除疲劳。

（四）闭目养神

在森林中闭目养神，忘掉周围一切，在幽静的环境中，使大脑极度放松，可调节人的自律神经系统，对治疗神经衰弱、失眠等极为有效。

（五）腹式呼吸

深吸一口气，在15～20秒内将气缓慢全部呼出；用鼻呼吸10～20秒；暂停呼吸五秒钟左右。将上述3个动作连续做10～15次，可以调和五脏六腑。

（六）仰天长啸

当你因各种原因引起忧愁、苦恼、焦虑、悲哀、精神抑郁时，会呼吸短促，气郁闷胀，你可以在森林中放开喉咙，昂首挺胸，仰望天空，尽情地、有节凑地发出吼声或呼叫声，每间隔30秒至1分钟吼叫一声，连续10～20声为一次，每日一次，顿时就会精神振作、轻松愉快、心平气和、胃口大开。因为大吼大叫可以吸入大量的氧气，增加肺活量，改善呼吸功能，提高胸廓的舒张幅度，调节神经系统的兴奋性，增强胃肠蠕动，促进胃液分泌，可以达到健身治病的目的。

（七）日光浴

由于森林中树叶的作用，阳光疏密适中，人体能适当地受到紫外线的照射，从而增强人的体质，是适合做日光浴的佳点。不会像在强烈阳光曝晒下那样，造成皮肤灼伤。

二、夏季健身

夏日炎炎，稍微动一动就会出汗，更不要提运动了。于是，不少人一到夏天就懒得动，甚至连体育锻炼也放弃了。其实，健身完全可以按照四季变化合理调节。夏季是人体新陈代谢最活跃的季节，只要注意劳逸结合，运动就能取得比较好的效果。同时，体质的增强，也能帮助我们安然度夏。

"冬练三九，夏练三伏"，意思是不管天气多冷或多热，都应坚持体育锻炼，这样才能使身体更好地获得"顺四时、适寒暑"的能力。其实，在炎热的夏季，不爱体育锻炼的人，越是怕热越觉得热，越不活动，机体适应外界环境的能力就越差。在热环境下锻炼，能使皮下毛细血管扩张，体腺开放加速，散热能力得以提高，使肌体有更强的调节体温的能力，所以很多专家提倡"夏练三伏"。

现代医学研究认为，科学合理的运动能改善人体各个系统的功能，从而起到祛病延年、健康长寿的作用。夏季高温闷热，人体消耗能量特别大，各器官的衰老比其他季节更为明显。如果能够在夏季坚持锻炼，其抗衰健体效果将更加显著。

增强心血管系统功能。运动可使心脏的冠状动脉口径增粗，让心脏的供血更加充分，以适应夏季高能量消耗的需要。通过夏练，心脏的交感神经紧张性相对减轻，心率明显减慢，从而使心脏负担减轻，心肌耗氧量减少，可避免心血管疾病的发生，对健康十分有利。

促进呼吸系统功能。夏天往往气压较低，在这种状态下进行锻炼，呼吸必会加深。因此，夏练能提高呼吸器官功能，使气体交换充分，血液中氧含量增高，物质的氧化过程更加完善，从而保证身体各项新陈代谢的需要。

促进消化系统功能。夏天，人体的消化功能常处于低下状态，胃酸分泌减少，导致食欲不振，而且容易患胃肠道疾病。人的消化系统是在植物神经系统的调节控制下进行生理活动的。坚持夏练，可以使腹横肌活动幅度逐步增加，人为地改变交感神经和副交感神经系统的兴奋强度，从而增强消化系统的功能。同时，夏练能使唾液分泌量增加，增进人们的食欲，并保持大便通畅，有利于防治消化道疾病。

改善代谢和内分泌系统功能。目前，血脂(包括胆固醇、甘油酯和磷脂等)高的人群愈来愈多，血脂高容易导致动脉硬化。通过运动锻炼，可以改善机体的物质代谢，使总胆固醇、甘油三酯均有所降低，对防治动脉硬化有积极意义。同时，运动锻炼可以改善体内激素的水平，起到延缓生理老化、减轻病理损伤的作用。

总之，夏季坚持参加各种项目的体育锻炼，可以使人精神愉快，身体健康，适应大自然。

运动、健身贵在坚持，但夏日炎炎，顶着烈日运动不止的方法也是不科学的，为此有关专家提出以下八项“运动纪律”。

(一)避免高温“作业”

夏季一般以低运动量、短时间的方式进行健身为好，将锻炼调整到一天中较凉爽的时段，或者利用空调降温装置。要尽量避免在阳光强烈的正午到下午 2 时参加户外运动，这时的紫外线特别强，会灼伤皮肤，甚至使视网膜、脑膜受到刺激。

(二)选择吸汗服装

夏天运动一定要穿吸汗功能好的棉质衣服。运动服不能过紧，如果汗液排不出去，会对心脏造成很大的压力。并且不可以用自己的身体来烤干衣服，运动后马上脱下湿衣服。

(三)提前补充水分

运动出汗会使人体内水分流失较快，因此运动前半小时应喝 800 毫升水。如果户外运动时间超过 30 分钟，一定要带瓶水，最好是能够补充含一定盐分的水。

(四)合理摄入食物

运动前一个小时要吃些主食或水果之类的食物。这是为了防止摄入热量过低，导致体力不佳。

(五)运动后饮食适量

运动后饮水过多过猛，会给血液循环系统、消化系统，特别是心脏增加负担。建议采用少量多次的喝法，即每次饮水只喝几口。另外，运动后也不可吃过量冷饮，否则会使机体因内冷外热而失去平衡，引发肠胃不适。

(六)降温不可太急

运动后不要马上洗冷水澡或吹电扇、开空调。因为运动后全身各组织器官新陈代谢增快，扩张的毛细血管突然遇冷马上收缩，会打乱体内器官正常功能，容易患伤风感冒。

(七)莫忘防暑措施

如果做户外运动,最好戴上运动墨镜、太阳帽,擦上防晒霜来防止紫外线的侵袭,并带上清凉油、藿香正气水(丸)来预防中暑。有条件的话,最好再带上一个心率监控器。

(八)降低运动强度

夏季最好的运动是游泳,锻炼的同时还有降温作用。如果一定要做远途运动,就要注意帮助体温的散发。在阳光下行走时,可以用水把太阳帽浸湿;在阳光照射不到的地方行走时,把帽子摘掉;注意勤休息,休息时可解开上衣领口并放下随身携带的背包。

三、秋季健身

秋季是由热转凉,再由凉转寒的季节。从立秋到霜降,秋季的气候变化经历了由热转凉,由凉转寒两个阶段。

秋季锻炼应注意的问题包括:

(一)注意衣着,防止感冒

秋季和夏季不同,秋季清晨的气温已经开始有些低了,锻炼时一般出汗较多,稍不注意就有受凉、感冒的危险。所以,千万不能一起床就穿着单衣到户外活动,而要给身体一个适应的时间。尤其是老年人,在早晨醒来后不要马上起床,因为老年人椎间盘松弛,突然由卧位变为立位可能会发生扭伤腰背部的现象,有高血压、心血管病的老年人起床更要小心,可以在床上伸伸懒腰,舒展一下关节,稍休息一会儿再起床。

(二)及时补水,防止秋燥

从潮湿闷热的夏季进入秋季,气候一下子干燥起来,温度也降低不少,人体内容易积一些燥热,而且秋季空气中湿度减少,容易引起咽喉干燥、口舌少津、嘴唇干裂、鼻子出血、大便干燥等症状。再加上运动时丧失的水分会加重人体缺乏水分的反应,所以,运动后一定要多喝开水,多吃梨、苹果、乳类、芝麻、新鲜蔬菜等柔润食物,或是平时多喝冰糖梨水、冬瓜汤等来保持上呼吸道黏膜的正常分泌,防止咽喉肿痛。

(三)循序渐进,切忌过猛

有的人觉得运动量大、身体才能练好,抵抗力才能增强,其实不然,运动跟吃饭、睡觉一样,都是适度才好。从中医理论讲,秋季是人体的精气处于收敛内养的阶段,所以运动也应顺应这一原则,运动量应由小到大,循序渐进。锻炼时觉得自己的身体有些发热,微微出汗,锻炼后感到轻松舒适,这就是效果好的标准。相反,如果锻炼后十分疲劳,休息后仍然身体不适、头痛、头昏、胸闷、心悸、食量减少,那么,您的运动量可能过大了,下一次运动时一定要减少运动量。

(四)运动保护,预防损伤

由于人的肌肉和韧带在秋季气温开始下降的环境中容易反射性地引起血管收缩,关节生理活动度减小,因而极易造成肌肉、肌健、韧带及关节的运动损伤。因此,每次运动中要注意方法,除了做好充分的准备活动外,运动的幅度、强度都要重视,不要勉强自己做一些较高难度的动作,以防损伤。

(五)晨起锻炼,不能空腹

有的人习惯早上起床就先去锻炼,练完再吃早饭,这样对身体不太好。因为运动时身体会消耗大量的能量，经过一夜的消化和新陈代谢，前一天晚上吃的东西已经消化殆尽，身体中基本没有可供消耗的能量了，如果还在腹中空空、饥肠辘辘时锻炼，很容易发生低血糖。对老年人来说更为严重。所以，起床后、运动前应该适当喝些糖水或吃点水果“垫一垫”，这样让身体得到一些启动的能量，会更有利于健康。

（六）酒足饭饱，不宜运动

现代人的生活习惯已经很少是“日出而作，日落而息”了，晚上睡得晚，早上上班又早，不少人没有时间早上锻炼，所以有人就把锻炼的时间定在了晚饭后。能够坚持锻炼是件好事，不过，饭后立即进行运动，哪怕是散步也是不利于健康的。这是因为饭后消化系统的血液循环大大增加，而身体其他部位的血液循环就会相对减少，如果马上开始运动，消化的过程受阻，胃肠容易生病。所以饭后30分钟后再进行运动为宜。

（七）晨跑锻炼，不宜路边

秋季在林荫大道上慢跑，呼吸清新的空气，有利于人体健康。但是，在现代城市中，车水马龙的马路越来越多，不少人为了省事，就在马路边慢跑来锻炼，其实这是很不健康的。因为秋季气候干燥，灰土容易飞扬起来，使空气受到污染，在马路边跑步，肺活量增加，会吸入更多的灰尘和汽车排出的有害气体。无形中增加了对身体的损害。所以，晨跑和锻炼最好选择在公园等安静又干净的地方进行，而不宜在马路边慢跑。

（八）锻炼的同时，保证睡眠

健身运动一定要在最佳的精神状态和生理状态的情况下，用饱满的情绪投入到健身运动中，才能取得身体锻炼的成果和精神情趣的愉悦。俗话说“春困秋乏”，进入秋季，气候宜人，日照时间变短，利用这一好时机尽可能保证睡眠充足不仅能恢复体力，保证健康，也是提高机体免疫力的一个重要手段。所以，在秋季要遵照人体生物钟的运行规律，养成良好的睡眠习惯，这时，再加上有序、科学的锻炼，身体才能越来越好。

（九）调整饮食，增强体力

到了秋季，天气转凉，人们都会食欲大振，使热量的摄入大大增加。再加上气候宜人，使人睡眠充足，为迎接寒冷冬季的到来，人体内还会积极地储存御寒的脂肪，因此、身体摄取的热量多于散发的热量。所以，在秋季既要多吃有营养的食物，增强体力，也要注意体重增加，尤其是本身就肥胖的人。注意多吃一些低热量的食品，如赤小豆、萝卜、竹笋、薏米、海带、蘑菇等，不吃重油腻味的食物，免得加重肠胃负担，还会使体温、血糖上升，使人萎靡不振，产生疲惫感。

四、冬季健身

冷空气引起表皮血管收缩，阻止了暖和血液流至体表，限制了血液向体表传热。若这种反应持续时间延长，则导致发生皮肤冻伤。对于一些易感人体来说，冷空气能诱发心绞痛或哮喘等疾病、上呼吸道疾病的发生。当气温低于零下6℃时，最容易使人皮肤患冻疮。因此，健身锻炼者在运动时要穿上合适的衣服，以及如何处理皮肤冻疮。一旦冻疮产生，受影响的部位应浸在温水中，不要按摩该部位。

在低温环境下，身体散热快于产热，结果使体温下降。由于风和环境的潮湿度等综合作用，大多数体温降低都发生在0℃以下，当身体浸于水中时，从体表散热比在相同温度的空气中要快20倍。而健身锻炼的目的，就在于让健康的人能在寒冷的环境下坚持更长的时间并减少降低体温的可能性。建议健身参与者在寒冷环境中采用如下措施和方法。

(一)锻炼不宜骤然进行

冬季锻炼前应首先做些简单的四肢运动,以防韧带和肌肉扭伤。

(二)雾天不宜进行锻炼

实践证明,雾是由无数微小的水珠组成,这些雾珠中含有大量的尘埃、病原微生物等有害物质,锻炼时由于呼吸量增加,肺内势必会吸进更多的有害物质。

(三)锻炼时不宜用嘴呼吸

冬季锻炼应养成用鼻子呼吸的习惯,因鼻子里有很多毛,它能滤清空气,使气管和肺部不受尘埃、病菌的侵害。另外,寒冬气温低,冷空气进入鼻孔后即可得到加温。

(四)锻炼时不宜忽视保暖

穿合适的多层保暖衣服以隔离冷空气。开始锻炼时,不应立即脱掉外衣,等身体微热后再逐渐减衣,锻炼结束时,应擦净身上的汗液,立即穿上衣服,以防着凉感冒。

(五)不宜空腹进行锻炼

近年来的研究表明,清晨除了血糖偏低外,人体血液黏滞,加上气温低,血管收缩等因素,若空腹锻炼人就可能因低血糖和心脏疾患而猝死,故中老年人早晨起床要舒缓,适当进餐、饮水后锻炼。

(六)不宜早起外出锻炼

近年科学证实,冬季的早晨空气并不新鲜,只有下午 4 时左右时的空气才富含氧气负离子,那种"闻鸡起舞"的观念应予以更新。

(七)不要在极冷或大风中锻炼

而改为户内运动锻炼或者休息调整。

(八)尽可能地保持锻炼场所适宜的温度、湿度

因为汗液从皮肤蒸发能迅速降低体温。

(九)锻炼者出现低体温

及时让锻炼者离开寒冷环境,避免潮、风并脱去湿衣服,喝热饮料并睡在暖和的睡袋中。

思考题

1. 开展室内健身运动应注意那些安全问题?
2. 普拉提运动的基本要求。
3. 高原体育活动的特点和作用有哪些?
4. 如何理解野外休闲活动的意义和特点?
5. 试列举几项适合野外开展的休闲运动项目,各有哪些特点?
6. 户外运动时应注意哪些环境问题对身体的影响?
7. 不同季节的健身各有哪些特点?

第八章　体育健身分类指导

第一节　减脂塑身人群的健身指导

一、肥胖的危害、原因及标准

(一)肥胖的定义、趋势、危害、原因及其影响因素

1. 定义

世界卫生组织认为,肥胖可被简单定义为过多脂肪在体内积累到引起健康损害程度的一种慢性非传染性疾病。

2. 趋势

当今世界 60 亿人口中有 14 亿人口体重超重,而全球 20%的胖人在中国,统计显示,目前中国肥胖者远远超过 9 000 万人,超重者高达 2 亿人,未来 10 年中国肥胖人群将会超过 2 亿。为此,世界卫生组织已经把肥胖列为流行病的一种。

3. 危害

肥胖对身体的主要损害是容易引起非胰岛素依赖性糖尿病、心肌梗塞、脂肪肝、冠心病、高血压、中风、胆囊疾病、胆肾结石、呼吸功能不全、骨关节炎、痛风、胰腺炎、儿童疾病、皮肤疾病、增加外科手术的危险性、反应缓慢、运动能力下降、乳腺癌、月经异常、卵巢机能不全和子宫发育不全、不孕症、子宫内膜癌等,此外,还会产生一些社会心理问题和其他病症,特别是腹部和内脏脂肪含量过多对健康损害最大。英国科学家研究表明,过度肥胖平均减寿 13 年。还有资料显示,肥胖者每减少 1 公斤体重可延寿 3 个月以上。

4. 原因及其影响因素

关于导致肥胖的原因,长期以来,众说纷纭,莫衷一是,大至有下列说法:①遗传和内分泌代谢异常,体重调节机制紊乱;②脂肪摄入过量;③精神紊乱及体内生物化学因素影响所致;④吃得好,运动少,贪睡形成;⑤饮食方法错误,进食速度过快,咀嚼次数太少;⑥脊背褐色脂肪细胞机能衰退;⑦血液中缺少三磷酸腺苷酶;⑧高胆固醇摄入;⑨食糖过多,没有用完的原糖由肝合成为中性脂肪储存体内久而久之形成肥胖等。

从营养学角度看,肥胖是营养过剩的表现,是由于能量的供给大于能量的消耗,作为机体燃料的脂肪在体内过剩而贮存起来的一种状态。

从医学角度看,肥胖是指脂肪细胞数量增加和脂肪细胞中脂肪储存过剩,身体脂肪过度增多,体重超过正常值的 20%以上,并对健康造成了严重危害的一种超体重状态。

(二)肥胖的判定标准

肥胖的测定及其评价方法很多,可从原子、分子、细胞、组织系统和整体等不同水平和层面测试。常用方法有如下几种。

1. 根根体重指数(BMI)判定

体重指数也称身体质量指数(Body Mass Index,简称 BMI)。体重指数=实际体重(kg)/身高 2(m)。

国际肥胖特别工作组(IOTF)提出成人界值点为,BMI≥25 kg/m^2 为超重,BMI≥30 kg/m^2 为肥胖。而我国肥胖问题工作组(WGOC)根据 20 余万人体测量的 8 万份血液样本分析后提出我国成人界值点为,BMI≥24kg/m^2 为超重,BMI≥28kg/m^2 为肥胖。

2. 根据标准体重判定

标准体重测量法原为法国人类学家勃劳克(有时也译为布诺卡)提出的勃劳克指数法即:

标准体重(公斤)=身高(cm)-100,并由此衍生而来。

按布诺卡(Broca)公式,我国健身健美专家提出成人的标准体重可用如下公式判定:

(1)成年男子标准体重(kg)。

标准体重(公斤)=身高(cm)-100(适用 165cm 以下人群)

标准体重(公斤)=身高(cm)-105(适用 166~175cm 之间人群)

标准体重(公斤)=身高(cm)-110(适用 176cm 以上人群)

(2)成年女子标准体重在成年男子标准体重相应组别基础上减去 2.5kg。

3. 根据腰臀比(WHR)判定

腰臀比(WHR)=腰围/臀围。国际最新研究提出:男性腰围与臀围比值最高限度为 0.85~0.90,女性为 0.75~0.80。通常腰臀比值小于 0.9(男)或 0.8(女)为好,大于这个比值为肥胖。

美国最新研究显示,腰围与臀围比例达到 7 :10 的女性被认为是最完美、最理想、也是最具吸引力的比例关系。

此外,科学家还根据我国具体情况确定了我国成年男女正常的腰围标准,男性正常腰围在 85 厘米(2.6 尺)以内,女性正常腰围在 80 厘米(2.4 尺)以内,超过这一标准为肥胖。

4. 根据理想体重判定

理想体重是指在体质调查材料中统计得出的死亡率最低的体重数值。它约为脂肪占机体重量的 13%~15%左右。理想体重带有医学性质,我国的计算方法如下:

北方人理想体重(kg)=[身高(cm)-150]×0.6+50

南方人理想体重(kg)=[身高(cm)-150]×0.6+48

5. 根据体脂百分比判定

由于体内骨骼、肌肉等瘦组织密度高(1.2~3.0 克/毫升),脂肪组织的密度低(0.9 克/毫升),两种组织的含量不同,身体密度不同。根据人体密度的高低,即可判断身体脂肪的含量。常用以下公式推测身体脂肪含量:Brozek 公式脂肪%=[4.570/身体密度-4.142]×100(方法略)。

身体脂肪含量用体脂百分比最可靠。正常成年人理想身体成分的平均体脂含量如表。身体脂肪过少,指储存脂肪低于必需脂肪的限度,身体脂肪过多,则发生肥胖(表 8-1)。

表 8－1　身体脂肪含量的判断标准

判断标准＼性别	男　性	女　性
正常	14%～16%	20%～22%
脂肪含量过少	3%～5%	10%～12%
肥胖	20%～25%	25%～30%

一般 30 岁以下的成年人的体脂含量占体重的百分比，男子约为 10%，女子约为 25%。若男子超过 15%，女子超过 30%即为肥胖。

(1)身体脂肪含量的最低限度。体内脂肪包括必需脂肪和身体中“额外”的脂肪，它存在于所有的细胞当中，大多数神经的外部也含有脂类，并与某些特定的组织功能有关。男子身体中必需脂肪约占体重的 3%，女子约占体重的 12%，这也是男性和女性身体脂肪含量的最低限度。人体一般每天至少应摄取 40～50 克脂肪才能维持健康。女性的脂肪含量较高能保证青春期乳房和腰部等部位脂肪的正常堆积和雌激素的产生。其实体内适量的脂肪是必不可少的，它是人体内重要的能源之一，对帮助脂溶性维生素(A、D、E、K)的溶解吸收，对肌体的热垫、保护垫作用，增加肌肤健美，保持青春，丰满曲线及繁衍后代都有着重要的生理功能。

(2)人体脂肪的理想推荐值。为了保证良好的健康状况，体内脂肪的含量不应太高或太低。对于男子推荐的脂肪值应在 10%～20%之间，女子应在 15%～25%之间。需要注意的是体脂通常在一年内有所变化，随不同季节和假期的变化、体力活动和饮食量有所不同，而体脂也随之不同。

(3)人体的脂肪细胞数。正常人体大约有 300 亿到 350 亿个脂肪细胞，当脂肪细胞的数量和体积增多后就形成了肥胖。随着体重的增加，首先脂肪细胞的体积增大，然后数量开始增多。并非一般人们认为的只有细胞体积的增大。

(4)人体的三大脂肪库。肥胖是体内脂肪，尤其是三酰甘油积聚过多而导致的一种状态。人体的脂肪主要储存在三大脂肪库。

皮下组织：皮下组织里含有适量脂肪，才不会使人显得皮包骨头，且有丰腴之美。

内脏周围：像肾脏及肠系膜周围含有适量脂肪，可以支撑、固定内脏，起保持稳定作用。

肚子里大网膜上：人体肥胖到一定程度后，变得大腹便便，这正是大网膜贮油过多的表现。

二、减肥塑身人群的科学健身方法

(一)运动减脂的好处

(1)增加热能消耗量

(2)影响安静代谢率及生热作用

(3)使能量消耗和能量摄入准确适应，利于保持脂肪平衡

(4)改善心血管、呼吸、消化系统功能，保持瘦体重，防止减体脂后的体重反弹

(5)改善肥胖内分泌失调

(6)防止或减轻肥胖合并症

(二)减肥塑身人群的健身锻炼方案

健身锻炼方案是指在身体健康检查的基础上，根据健身者的锻炼目的或需要，运用科学健身的原理，来确定健身者适宜的健身锻炼的项目内容、强度、次数、时间及要求等的定量化的训练方案或凭证。制定健身锻炼方案前，必须询问健身者的病史或健康状况，进行体格检查和必要的实验室检查，特别是心功能检查，从而确定适宜的训练内容和运动负荷(强度、数量、次数、时间及要求等)，使机体在一定时期内获得适量的训练。经过一段时间的训练后，再根据机体功能提高或改善的状况，重新设计出新的健身锻炼方案，以达到强健身体、疗疾康复、减肥塑身的目的。

1. 减肥塑身运动的形式、内容和方式

用于降低体重的运动应以中等强度(体质差者采用小强度)、较长时间、动力性、全身性的有氧运动为主，辅之以力量训练和柔韧训练(运动形式)；大肌肉群参与，如走、跑、游泳、骑车、有氧舞蹈和健身操等(内容)。走，跑虽方便易行，但耗时枯燥及下肢负担重；坐位或卧位骑车(采用功量计)，下肢不着地，膝关节负担轻，且可调节运动量，并在室内进行，但需设备，但有坐久或卧久后体位不适，还有固定体位运动的热传导差及枯燥等问题；有氧舞蹈及健身操是一种良好的运动，既是全身性活动，又可提高健身者兴趣，易于坚持，但可能需要经费投入(方式)。

此外，身体状况好的练习者还可选择跳绳，每天在进行其他运动的同时跳绳 10 分钟，其效果相当于 500 米健身跑的功效。游泳对减肥也有效果，每周 3～4 次，每次不少于 20 分钟；还有各种球类，游戏和气功等也可能达到减肥的目的。

减肥运动中为什么要进行肌肉力量训练呢，一是修塑健美的形体，完美的身体曲线除力量训练外，别无他法；二是增加和保持瘦体重，本节已提到在节食减去的体重中，肌肉组织占 35%～45%，有研究报告，即使是温和的节食减肥也会减少瘦体重的 25%；三是肌肉含量增加可提高人安静状态下的代谢率，如果通过力量训练增加了 1 公斤肌肉，在不运动时也会每天多消耗 100～200 kcal 热量，这其中也包括脂肪的消耗。这正是在现代减肥运动处方中，常常首先安排力量练习的原故。

2. 减肥塑身运动的时间和频率

每次运动持续 30～60 分钟(每次活动能量消耗为 300kcal 左右)，每周至少运动 3 次；也可早晚各锻炼一次，减肥者每天坚持运动则效果最佳。建议减肥者每次持续运动时间最好不要少于 40 分钟(水平较高者可达 90 分钟左右)，因为运动中脂肪代谢的特点是动员(分解)较慢，常在运动 2～4 小时后，即便是训练水平高的人，在持续运动 20～40 分钟后才可能动用游离的脂肪酸提供热能。美国运动医学研究显示，有氧运动前 15 分钟，由肌糖原供能为主，脂肪供能在运动 15～20 分钟后才开始，运动 20 分钟内基本不减脂肪。运动 30～60 分钟时由糖原和脂肪同时供能，脂肪供能达 40%～70%。运动 60～90 分钟时，消耗的能量大部分由脂肪提供，脂肪供能所占比例可达 90%以上。故此，减肥者每次持续运动时间不可少于 20 分钟，也不要超过 120 分钟。

关于减肥运动最佳锻炼时间的选择，健身专家有三种建议：

(1)一种建议认为，每天下午 4 点至晚上 9 点，即 16～21 时运动为宜，19～20 时最佳。因为晚餐后即 19～20 时锻炼，可以消耗晚饭摄取的能量，防止吃饱后睡觉时能量的堆积，同时消耗掉一天多余的热量。

(2)一种研究证实，晚餐前 2 小时，即每天的 16～18 时锻炼最佳。有人通过人体实验比较了每天的16～18时与19～20时这两个时间段的减肥效果，证实晚饭前跑步与晚饭后跑步都有减肥效果，但晚饭前跑步的减肥效果明显好于晚饭后跑步的减肥效果，前者在60天内体重指数比后者多下降了2.66。其机制可能有三：①晚饭前运动时，会动员脂肪供能，降低了运动对含脂类、糖类食物的食欲，使人们较容易减少能量质的摄入；②晚饭前跑步，由于运动负荷的增加，不但提高了身体机能，也有利于睡眠的改善和脂肪的代谢；③由于晚饭时间相对延后，使睡眠前的饥饿期相应延迟到睡眠期内，不仅避免了饥饿感的痛苦，还再次动员了脂肪供能。

（3）一种观点认为，早饭前锻炼最佳。因为早饭前锻炼，其消耗的热量约2/3来源于脂肪，这是因为人在长达近10小时活动后（睡觉同样要消耗能量），早上起床后是空腹，体内储存的糖原已被消耗殆尽，运动时无“原料”供应，只有靠分解脂肪供能。所以锻炼效果最好。但注意起床时先喝上一杯温开水和吃少量食品。因为，长期在早晨进行空腹锻炼可能出现下述问题，一是空腹跑步时胃里没有吸收一定的糖分，会因跑步而产生脂肪酸，使胃液分泌旺盛，甚至可能导致胃痛和十二指肠溃疡；二是空腹跑步不仅会增加心脏和肝脏负担，而且极易引发心率不齐，导致猝死，尤其50岁以上的中老年人，由于利用机体内游离脂肪酸的能力比年轻人低得多，因此发生意外的可能性更大。三是可能导致结石病和低血糖。故建议早晨锻炼不可起得太早，早餐时间也不宜晚于8:30。

总之，晚饭或早饭前跑步可使减肥进入良性循环状态，即增加了运动量（即能量的消耗），又减少了能量物质的摄入，所以减肥效果更好。但有研究证实，不论早上或晚上锻炼，其消耗的能量是一样的。

3. *减肥塑身运动的强度及监控*

运动强度是健身锻炼方案的四要素（其他三要素是运动形式，时间，频率）中最重要的一个因素。一般用运动中的心率反映运动的强度，准确测量10秒钟的脉搏乘以6即代表运动中的每分钟心率。在有氧运动中，减肥运动的强度应为最大吸氧量（VO_2max）的50%～70%或最大靶心率的60%～70%（青少年人可达75%）。在此负荷强度范围内运动，脂肪氧化的绝对速率处于理想状态即此时脂肪燃烧最快。

通过实验发现，能强身健体的合理运动负荷是本人最大运动心率值的65%～85%之间（减肥者为最大心率的60%～70%）。研究认为，心率过低，对机体无明显影响；心率过高，易产生疲劳与运动伤病。因此，最佳心率范围也可参照如下指标：

男21～30岁（女18～25岁）：150～160次/min。

男31～40岁（女26～35岁）：140～150次/min。

男41～50岁（女36～45岁）：130：～140次/min。

男51～60岁（女46～55岁）：120～130次/min。

男61岁以上（女55以上岁）：100～120次/min。

研究还证明，持续运动30～60分钟，用最大靶心率的50%的负荷强度锻炼，每分钟可燃烧7kcal热量，且90%的热量来自脂肪；而用最大靶心率的75%的负荷强度锻炼，每分钟可燃烧14kcal热量，约60%的热量来自脂肪。可见低强度长时间的有氧运动更有利于减肥。

第二节 强身健体人群的健身指导

一、有氧健身与无氧健身锻炼的不同作用

(一)有氧健身锻炼的作用

(1)有氧运动可以有效地改善心血管系统、呼吸系统功能,提高人体的最大摄氧能力。主要表现为:①降低心率;②增强心肌力量;③能增加开放的血管的数量并增大其口径,从而增加血流量,并充分地把氧送到每个组织;④能提高最大耗氧量,增强整个身体特别是心肺、血管等功能,提高抗病力。

(2)改善脂肪代谢,燃烧多余脂肪:①有氧运动可以消耗身体脂肪,有效防止过多的脂肪在体内过多地储存;②预防动脉粥样硬化。

(3)增强肌肉耐力(红肌纤维为主)及体力。

(4)减肥塑身。采用60%～75%最大心率(或50%～70%最大摄氧量时,脂肪氧化的绝对速率处于理想状态,也就是说这时脂肪燃烧最快)持续时间超过40分钟,就可使脂肪代谢的速度增加。当持续时间达120分钟以上时,脂肪供能成为主要方式,可达50%～70%之多。此时,脂肪细胞释放出大量游离脂肪酸,脂肪细胞的体积随之变小。同时,体内多余的血糖也被消耗殆尽而不再转化为脂肪。

(5)预防和治疗糖尿病(同力量训练)。经常运动的人发生糖尿病的危险小20%。

(6)预防和治疗高血压。有氧运动能使肌肉和血管的张力改善,使软弱无力的肌肉和血管变得坚韧,可以消除紧张消极情绪,缓解紧张状态,同时减少脂肪沉积,延缓血管硬化,从而有效地降低血压。

(7)提高骨密度,保持或增加瘦体重(LBM)。

(8)增加胰岛素的敏感性,改善内分泌系统的调节机能。

(9)有氧健身能健脑,并延缓老年人认知功能的下降。

美国哥伦比亚大学神经学家斯莫尔在经过近10年动物研究的基础上,第一次把这个原理运用到人身上:连续锻炼3个月之后,所有参加实验的人都有了新的神经细胞。美国伊利诺伊州立大学神经学家查尔斯·希尔曼认为,肌肉与大脑之间存在着某种关系。

(二)无氧健身锻炼(肌肉力量训练)的作用

(1)延缓衰老,有研究证明,长期力量训练者比实际生理年龄年轻5～7岁。此外,不经常参加锻炼的人在20～25岁达到最大肌肉力量,以后每10年将会损失10%左右的肌肉重量和肌肉力量。60岁后,力量损失加速。经常参加锻炼的人可以把最佳状态保持到60岁以上。

(2)美化体形体态(发达肌肉,改变(修塑)体形)。

(3)增加骨密度,减少骨质疏松,关节病以及其他相关疾病。

(4)消耗更多热量,防止肥胖,改善脂肪代谢。

即使在不运动的状态下,每公斤肌肉每天都要消耗75～110千卡的热量。通过力量训练,每增加1公斤肌肉,其消耗的热量等于在一年内燃烧掉3～5公斤脂肪。经常参加力量训练,

可以使血液总胆固醇下降，低密度脂蛋白下降，高密度脂蛋白升高，有利心血管健康。

(5)减少运动器官的损伤和疼痛。肌肉力量的不足和退化会造成肌肉劳损、疼痛及身体形态改变。力量训练可以使颈部和腰部等重要部位的肌肉力量增强，延长工作时间。

(6)改善身体对碳水化合物的代谢机能，促进心血管健康，预防和帮助治疗糖尿病。力量训练可增加肌肉重量，更多的肌肉组织使机体对胰岛素的敏感性加强，从而更有效地从血液里摄取所需的糖并加以利用，降低血糖，起到预防和治疗Ⅱ型糖尿病的作用。

(7)降低患癌风险。瑞典研究人员 2009 年宣布，经过 20 多年跟踪 8 677 名男性志愿者生活方式的调查，并对每名参与研究的志愿者定期体检和做肌肉力量测试。结果显示，定期做举重等锻炼且肌肉发达的男子比其他人患癌症丧命的几率低 30%～40%。

(8)此外，无氧练习(训练)还可以：①锻炼速度、力量及爆发力；②培养神经、肌肉的“强度”。

二、强身健体人群的科学健身原则与方法

(一)健身运动锻炼的原则

健身锻炼的原则，是健身运动过程客观规律的反映，是健身运动实践普遍经验的总结和概括。为了取得最佳健身效果，达到健身的目的，除了要遵循体育锻炼的普遍规律之外，还应遵循健身锻炼特有的准则。主要有目的性原则、超负荷原则、渐进性原则、个别对待原则、特异性原则、系统性原则、全面性原则、经常性原则等。

以上八项原则相互独立、联系密切，并构成健身活动互为依存的整体，在锻炼实践中，应予以全面贯彻、实施。然而，在对待具体问题时，各项原则则各有适宜与指导作用。

(二)健身健美训练的经典法则

方法是达到目标的途径之一。在健美运动中，方法同样是训练系统中最重要的“软件”之一。训练法则是训练原则在训练方法上的具体贯彻与运用，是编排训练课程、拟定训练计划、进行运动训练可借鉴的方法。世界经典的健美训练法则主要包括：渐进性超负荷训练法则、孤立训练法制、多组数训练法制、顶峰收缩训练法则、优先训练法则、金字塔训练法则、局部集中训练法则、周期训练法则、持续紧张训练法则、助力训练法则、静力紧张训练法则、退让训练法则、发胀训练法则、预先疲劳训练法则、间歇训练法则、强迫次数训练法则、优质训练法则、局部动作训练法则、渐降重量训练法则、综合训练法则、兼顾训练法则、快速训练法则、分化训练法则、双分化训练法则、三分化训练法则、交错穿插动作训练法则、动作多变训练法则、超组合训练法则、复合组训练法则、三组合训练法则、多组合训练法则、本能训练法则等。

(三)健美训练的一般动作与锻炼方法

1. 健美颈部肌群的锻炼动作与方法

早在古希腊时代，人们就认为：“健美的人体应具有宽敞的胸部、灵活而强壮的脖子……和块块隆起的肌肉”。由此可见，颈部的强壮与否直接关系到一个人雄健、英武和健美的形象。颈部强健的胸锁乳头肌，能显示出男性的阳刚之气；女性颈部两侧对称修长、脖颈圆润而富有弹性、皮肤白皙细腻、袒露或缀以装饰，再配合后颈部飘荡的青丝与摆动的腰臀，会增添无限魅力。如果颈部脂肪堆积，则显得臃肿。颈部保持良好的姿态和曲线才会增添人的风度和气质美。

(1)锻炼颈部的肌群及常见练习。要想使颈部变得强健漂亮，就必须锻炼胸锁乳头肌、斜方肌、颈阔肌及夹肌、头长肌、颈长肌等与颈部健美有关的肌肉。主要练习动作有站姿颈屈伸、侧向颈屈伸、仰卧颈屈伸、俯卧颈屈伸、俯立颈屈伸等。

(2)颈部肌群锻炼方法建议。锻炼的初级阶段，一般只进行徒手颈绕环和左右转颈等练习，也可不安排专门的颈部练习，6个月后每次课选择1～2个动作，每个动作练习2～4组，每组10～12次左右。在没有专门器械的情况下，可以徒手(或毛巾)的自抗力练习为主；6个月至1年后，可加重量练习，如负重颈屈伸等，以使颈部肌群与全身肌群平衡发展。

2. 健美肩部肌群的锻炼动作与方法

假若现代女性拥有一对丰满圆滑的双肩，现代男子拥有一副宽阔厚实的肩膀，则无疑是独具魅力的。而决定肩膀宽度和健美与否的条件有两个：一是锁骨和肩胛骨的长短与大小；二是锁骨末端附着的三角肌的丰满程度。肩窄的根本原因是锁骨和肩胛骨周围附着的肌肉群不发达而无力，使得锁骨和肩胛骨远端下垂。另一原因是两个横面的肌肉发展不平衡，前紧后松继而形成扣肩凹胸。锁骨和肩胛骨的长短大小，除先天的遗传因素外，与后天缺乏锻炼，不注意保持正确姿态，也有重要关系。

(1)锻炼肩部的肌群及常见练习。男性要想展示肩的宽度和力度，体现“倒三角形”体型。女性要想体现肩的圆滑感，展现柔美的曲线，并弥补“塌肩”、“窄肩”、“瘦肩”和“锁骨窝太显”等先天的不足，唯一的办法就是加强肩部肌群尤其三角肌的锻炼。主要练习动作有站姿提肘上拉、站姿侧平举、站姿前平举、躬身侧平举、俯立飞鸟、颈后推举、颈前推举、坐姿推举哑铃、平举下拉橡皮带、侧上拉橡皮带、站立耸肩、俯立耸肩等。

(2)肩部肌群锻炼方法建议。初练时按不同的锻炼部位，每次课可安排一个动作，每个动作可做2～3组；半年至一年的锻炼课，每次可选择两个动作为组合，每个动作做2～4组；一年以后应根据实际情况，选择三个动作为一组合，每周练二次，每次课的每个综合组约为8～10组。

一般的肩部锻炼方法是男女大致相同，只是由于锻炼的要求和目的不同，在试举的重量和运动量的选择上有所区别。对要求减肥的女子而言，其试举的重量要轻些，次数可多些，每组一般14次以上；对那些为了发达肌肉的男子，其试举的重量应大些，次数可少些，每组一般8～12次。在锻炼中，还必须根据肩部的生理特点，把每个动作按不同的部位(如肩部的前中后)合理地安排在训练课中，以使“肩膀”周围的肌群都能得到锻炼。

3.健美臂部肌群的锻炼动作与方法

自古以来，胳膊就被视为力量的象征，它是完成人的基本活动的重要器官。在我国历史上也一直把臂力过人的英雄作为崇拜的偶像，如楚霸王力举大鼎、鲁智生倒拔垂杨柳的故事就曾迷倒过不少青少年。

在现代生活中虽有各种起重机能举起数以吨计的重物，但有一双灵巧的手和健美粗壮的胳膊还是很重要的。因为能具有“力拔千斤”的力量，仍是令人羡慕的。

(1)锻炼臂部的肌群及常见练习。健美臂部应重点锻炼肱三头肌、肱二头肌、肱肌。主要练习动作有站姿反握弯举、坐姿托肘固定弯举、俯身弯举、斜板单臂弯举、单臂坐弯举、斜卧弯举、反握引体向上、颈后臂屈伸、仰卧臂屈伸、俯立臂屈伸、站姿双臂胸前屈肘下压、仰卧撑、直臂后上拉举、腕屈伸、站姿双手卷棒、重锤握力器交替握等

(2)臂部肌群锻炼方法建议。胳膊肌肉的锻炼，重点应集中在上臂，以练肱二头肌和肱三

头肌为主。其他的肌肉如前臂的屈肌和伸肌，只要适当安排 2～3 个动作就足以能与上臂肌肉协调发展。这是因为在练上臂的同时，前臂也加入了运动，从而得到了锻炼。锻炼胳膊时应充分注意下列几点：

①两手交替练习和依次练习的项目，其负荷应完全相同，既要练屈肌又要练伸肌，只有这样，才能使臂肌发达对称。

②一般女子的锻炼，往往以增强臂力，提高肌肉的弹性和减缩多余的脂肪为目的。在锻炼中，练习重量常以中小重量为主，练习次数可多些。而男子的锻炼多数是以发达臂部肌肉、增强臂力为主要目的。练习重量应以大重量为主，练习次数可少些。在进行系统的锻炼时，各阶段训练课的内容安排一般为：

A. 第一个月的锻炼课安排：每块主要肌肉或肌群，如肱二头肌、肱三头肌、前臂肌群等，各选择一个动作，每个动作练 2 组。

B. 第二、三个月的锻炼课安排：应根据上述各肌肉或肌群另选择动作，每个动作练 3 组。

C. 第三个月至第六个月的锻炼课安排：每块肌肉或肌群可选择两个不同方位或不同器械的动作，每个动作做 2～3 组。

D. 6 个月以后的锻炼课安排：应根据臂部肌肉的增长情况，每块肌肉或肌群选择 2～3 个不同的动作，每个动作练 3～4 组，最多不超过 5 组。

锻炼一年左右，一般臂围会明显增粗。但一年后，臂围的增长幅度可能要稍慢些，为进一步增强训练效果，一年后的锻炼应根据实际情况，合理选择有效动作进行练习，并应适当的增加运动量。

4. 健美胸部肌群的锻炼动作与方法

人们在追求健美的体形时，往往把挺拔、丰满、结实的胸脯看作是“人体美”的主要标志。它甚至象征着男性的力量和开阔的胸襟。它更是女性性特征最重要的部位和人体形体美审视的触目点。它可使小伙子显得格外魁梧健壮，并为自己的挺拔宽厚的胸脯感到自豪。姑娘们则把挺拔饱满、润泽而富有弹性、尖挺不垂、富于曲线的胸脯看作为“女性曲线美”的象征。练就宽厚的胸部，不仅可使体形变得健壮优美，而且有助于矫正低头含胸的缺陷，还可增强心肺功能，使人充满青春活力。

(1)锻炼胸部的肌群及常见练习。

健美的胸部主要有赖于发达的胸大肌。主要练习动作包括平卧推举、斜卧推举、仰卧飞鸟、俯卧撑、双杠臂屈伸、仰卧屈臂上拉、仰卧直臂上拉、坐姿屈臂扩夹胸等。

(2)胸部肌群锻炼方法建议。

①各阶段胸部肌群锻炼的内容安排。

A. 初练至三个月的锻炼期：除掌握基本的动作要领外，主要应以发展胸部形状为主。可隔天练习，每周练三次，每次课选 1～2 个动作。此外，在练胸肌时最好同练背阔肌及大腿肌群结合起来，以取得更好的效果。

B. 三个月以后至一年的锻炼期：即第一阶段是三个月至六个月，第二个阶段是六个月至一年。一般在这个时期的训练中，主要以扩大胸腔、改变基本体形为主，促使胸肌发达，每次课练 2～3 组。

C. 一年以后的锻炼期：根据胸肌的发展情况，合理地选择发展不同部位的 3～5 个动作为一个组合。由于运动量逐渐增大，还要与身体其他部位的锻炼结合起来，每次课可选 3～10 个动作为一个组合，综合组数为3～4组。

②在进行胸部的锻炼时，男、女的锻炼方法有区别。

男子的胸部外形，根据部位可分为“外侧翼”、“下缘沟”“上胸部”等。如改变“排骨”体形的锻炼，主要从发达胸大肌，扩大胸腔，增强呼吸系统功能着手，然后结合肩、背、臂和腿部等肌肉群进行锻炼。前三个月的锻炼，主要以发展胸部的形状为主，即先发达“外侧翼”、“下缘沟”的肌群，然后，由“外侧翼”逐渐向“中间沟”、“下缘沟”、“上胸部”发展，把三角肌前束肌群联系起来，以形成宽厚结实的胸脯。

女子的胸部主要是由“乳腺”外覆盖脂肪形成的。一般来说，胸部的大小与遗传和先天因素有关。女子在青春期(16～18岁)是胸部发育的顶峰，20岁以后脂肪逐渐增多，如果女性荷尔蒙分泌较多，胸部往往过于肥大。有些胸部过小的人，为使其变得丰满，采用按摩推拿的方法，收效甚微；也有的服用荷尔蒙或食用高脂肪，扰乱了内分泌系统，引起严重恶果。如果经常采用徒手或器械的健美锻炼，可以防止脂肪增多和乳腺萎缩，使胸部丰满而富有弹性。在锻炼时一般应以采用轻器械的练习为主。

开始锻炼胸部时，应先以扩大胸腔、增强呼吸功能着手，同时发达胸大肌的两侧翼和周围肌群，一般锻炼三个月以后，胸大肌用力收缩时，会有结实饱满的肌肉感，乳腺的弹性也会有所改善，但女子在进行胸部锻炼时还是应该注意以下几点：

A. 一般每周锻炼以3次为宜，即隔天练一次。

B. 锻炼前要求选择两套或三套形体健美操为准备活动项目，至少活动15分钟。

C. 每课可选择2～3个动作，每组所采用的重量以能举起8～12次为宜，如能超过12次，说明要适当加重，举不起8次，则应减轻重量。每课的次数与组数应随训练水平的提高作适当的增加。

D. 如果重点要求是减缩多余脂肪或以增强肌肉弹性为主的话，每组锻炼的次数至少要有15次，最多不超过20次；如果重点要求是扩大胸腔或增强胸大肌或使胸部永远保持“挺拔丰满”，可以按照常规要求练习。

E. 有些乳房发育过大或胸部脂肪过多的人，要使胸部健美，首先应从控制饮食着手，日常注意摄取“抵热能”和“低脂肪”的食物；要减缩脂肪，必须积极参加各种体育健身活动，如游泳、跑步、竞走、打球、骑自行车等，再配合做侧重锻炼胸部的健美操，才能获得良好的效果。

对胸部平塌、乳房较小的女青年来说，应加强胸部锻炼，发达胸大肌，增强肺活量，扩大胸腔，这对乳房发育也能起到一定作用。如果在家里锻炼没有杠铃、哑铃，还可以用其他废旧物代替，同样能收到效果。

5. 健美背部肌群的锻炼动作与方法

背部肌肉宽阔、发达，不但使上肢强劲有力，给人以健壮、雄浑之感，而且能使躯干呈“V”字形，构成挺拔的体态，给人以美好的背影，也是现代男性健与美的综合反映。而女性背直腰硬，则是保持挺拔丰满胸脯的有力支柱。尤其在审视现代美女时，上背部宽于上胸部的“倒三角形”无疑更具女性魅力和时代风采。

(1)锻炼背部的肌群及常见练习。

要想使躯干上部肌肉发达，重点是要加强对胸大肌和背阔肌的锻炼。值得注意的是，在健美训练中有的人只注重对胸大肌的锻炼，认为锻炼胸肌同时会影响到背肌，我们认为这种观点不算全对。虽然锻炼胸肌会使背阔肌得到锻炼，但背阔肌面积大，要使背阔肌与胸大肌同步发展，或者说要想使背阔肌发展得快，必须做大量的专门练习，否则只注意发达胸肌，不作背阔肌专门练习，可能会导致胸廓畸形发展。例如俯卧撑对健美胸部和肩部有很好的效果；对“后缩肩”和“鸡胸”体型有矫正作用，即可使肩前伸；但对于“驼背”、“含胸”、“翼状肩”缺限者则不宜练习，因为做俯卧撑反而增大了缺陷效果。所以发达胸大肌与背阔肌要交替进行，不可偏废。当然，在全面锻炼的基础上，各阶段可以有所侧重。锻炼背部的主要练习动作有坐姿重锤颈后下拉、单杠引体向上至颈后、俯立划船、俯卧提拉、屈体硬拉、坐姿双手划船、坐姿对握腹前平拉等。

(2)背部肌群锻炼方法建议。

①女性背部肌群锻炼方法建议。

如前所述，女性应有一个背直腰硬的躯干，因为它是保持挺拔丰满胸脯的有力支柱。加强背部肌群的锻炼，对纠正脊柱前屈和侧屈等有较好的整形效果，同时还能有效地减缩背部和腰部的多余脂肪。一般各阶段的锻炼安排是：

A. 在初级阶段主要应以掌握正确的锻炼背部的动作要领和改变背部的形状为主，其中，第一个月主要掌握背部练习的动作要领。

B. 第二、第三个月改变背部的肌肉形状，使之形成良好的形体。

C. 第三个月至一年的锻炼主要是进一步改变背部的肌肉群和形状，巩固训练后所获得的形体，使肌肉坚实而富于弹性，胸部更为丰满挺拔，以体现出女性的“曲线美”。

D. 一年以后的锻炼主要应以加强背部重点肌肉群的锻炼为主。另外，在各阶段的锻炼中，要注意背部各肌群的平均发展。

②男性背部肌群锻炼方法建议。

古人把“虎背熊腰”作为男性健美的标准，而现代男性则把“V”字形挺拔体姿作为衡量健美的尺度。人体的躯干是人体活动的支柱，人到中年、晚年后，如果缺乏体育健身锻炼，背部肌群的萎缩或脊柱的老化就会提前，导致躯干变成“含胸前屈”体姿。如能经常进行锻炼，背部肌群就能保持良好的体态。一般男子的背部锻炼，应从背阔肌的训练着手，先使其宽厚和形成良好的体形，一年后，再根据各人的背部肌肉发展的特点，合理地安排重点锻炼部位。在锻炼课中，一般在一至三个月内，每次课可选两个动作，做2～3组；三个月至一年内，每次课可选2～3个动作，做5～8组。不论男女，发达肌肉的最佳次数都是每组8～12次；如果着重减缩脂肪者，次数可多些；如果着重在发展力量者，次数应少于8次。

6. 健美腰腹部肌群的锻炼动作与方法

当我们赞美某一个人“挺拔，利索”时。“挺”是指胸部肌肉丰满而结实，“拔”是指腰部细壮而拔直有力和重心高，“利索”则是指腰部动作灵活。人体躯干挺拔、利索，不仅是健与美的体现，而且具有重要的生理功能与运动功能。腰部是连接人体上、下两部分的枢纽，是人体做前后屈、体侧屈及旋转等各方面运动的一架万能轴承，承担着各种生活技能和运动技能的繁重工作。并且在人体的腰腹部位又集中着人体消化、排泄、生殖等重要器官，真可谓是人体内脏的一个大储藏箱。

腰部是人体躯体的第二个生理弯曲，更是女性线条美中最富有变化的部位。如果腰腹部脂肪堆积，大腹便便，不仅体形不美，而且使人行动不便，动作迟缓，给人以笨拙之感，甚至引起内脏器官功能紊乱，体虚乏力，心血管系统负担加重，体质下降，还有可能出现其他疾病。增强腰腹肌群的锻炼，不仅可以增强消化和排泄系统的功能，而且对消化不良，胃溃疡、胃炎、胃下垂和便秘等症也有一定疗效。尤其对减缩腰腹部脂肪,更是一种很好的体育健身疗法。

(1)锻炼腰腹部的肌群及常见练习。

要想使躯干强壮,就要发展竖棘肌和腰背伸肌以及股后肌群力量。要想使腹部曲线优美,肌肉结实而有力,就必须加强上腹部(腹直肌上部)、下腹部(腹直肌下部及髂腰肌)和腹部两侧(腹内外斜肌)肌群的锻炼。主要练习动作有、俯卧两头起、俯卧挺身、直腿硬拉、俯身展体、负重体侧屈、侧卧弯起、负重转体、俯卧转体挺身、锻炼腹部肌群的常见练习、仰卧起坐、仰卧举腿、仰卧两头起、悬垂收腹举腿、仰卧双腿绕环等。

(2)腰腹部肌群锻炼方法建议。

①在男子健美体形匀称发展的要求中,腹部肌肉线条是体形美的主要部位。所以,腰腹部的锻炼,除了减缩多余的脂肪之外,主要是发达腹直肌和腹外侧肌。

②女子腹部的锻炼应根据不同的训练要求,采用不同的训练方法。

A. 对重点减肥者,应包括腰周围的上腹、下腹、腹侧、腰背甚至胸部、臀部和大腿上部等部位的锻炼,每周安排 5~6 天训练,每次训练课至少 60 分钟以上,并以有氧运动为主。各部位的训练组数和次数也应相应增加。有条件的人每天还可练习两次。

B. 对较瘦者,则采取加强重点部位锻炼的方法,以达到丰满体形、增强内脏器官机能的目的。对外型原就比较匀称者,则以加强力量和肌肉弹性的练习为主,使其能达到增强体质,保持其健美体形的目的。

③腰腹肌的健美锻炼应与发达其他部位的肌肉的锻炼严格区别开来。特别要注意:每次课应选择 2~4 个动作;练习的组数约为 3~5 组;每组的次数不得少于 20 次;间歇时间最多不超过 30 秒钟;每周至少安排 2~5 天。动作频率稍快;初练时动作难度要求不必过高,从徒手到持器械,有一定基础后不断增加训练难度和增加器械的重量。从运动生理学的能量供应与热量的消耗来说,腰腹肌的锻炼应安排在每次训练课的最后,这是使腰腹健美的关键。

7. 健美臀部肌群的锻炼动作与方法

臀部是人体背面审美的焦点,是男性健和力的象征,是展示女性魅力最生动、最丰满的部位之一。女性的臀部、乳房和腰部是构成躯体曲线美的三大要素。胸部的大波和后翘的美臀构成一种上下呼应关系,通过腰的柔和连接,交织成一曲起伏跌宕、丰满圆润的“三乐章”,形成女性形体的韵律美。尤其是臀部和髋部,更是人体的重心所在处。男性的臀部则应有丰满、鼓胀、富有弹性和立体感的肌肉群。显现出男性的强健力感和阳刚之气。塌臀、宽臀不美。臀部肥大或松弛下垂也不美,只有圆凸、坚实的臀部才最具魅力。女性若要使体形丰满、匀称、苗条,让臀部获得理想的曲线,必须与腰、腹、腿的训练结合起来,因为女性的肩、胸、腰、腹、臀、腿的曲线共同构成了“女性人体美”。

(1)锻炼臀部的肌群及常见练习。

臀部的健美与臀大肌、股后肌群、扩筋膜张肌及大腿部肌群有关。如果臀部瘦削、干瘪、无肌肉弹性或臀部太小,通过系统的训练可使臀部肌肉发达起来,并逐渐塑造成丰满结实的臀部。反之,如果臀部肥大或松弛下垂,亦可以通过健美训练加以修塑。俯卧直腿后上举、负重弓步蹲、最大宽度半蹲等练习是美化臀部曲线的最好方法,此外,还有俯卧后举腿、俯卧交替后举腿、站姿直腿前举、外侧举、内侧举、后举、站立支撑后摆腿、站姿负重伸大腿等也对美化臀腿有重要作用。

(2)臀部肌群锻炼方法建议。

胸、腰及臀部是女性曲线美的核心。调查研究表明，腰臀围比例达到 7∶10 的女性被认为是最完美、最理想、也的是最具吸引力的比例关系。修塑臀部并使臀部结实圆凸的最好办法，一是发展臀部肌肉，如臀大肌、臀中肌和臀小肌，二是减缩全身和臀部多余的脂肪。在锻炼中，对要求达到减缩脂肪、增加肌肉弹性或发达肌肉群的锻炼者们来说，由于锻炼部位相同，动作方法基本是相同的，只是试举的重量，练习的次数、练习的组数，动作速度、频率，动作幅度的大小和训练的强度、密度与运动量有所区别。

①对重点要求减肥者和增强肌肉群弹性者，应采用最多不超过 60％的重量标准（指这个动作能举起最大重量的百分比）进行练习，练习次数可做到极限的最后一次。锻炼时注意力一定要集中在所练的肌肉部位，动作速度、频率可稍快些。

②对重点要求发达肌肉者，应采用最高为 85％左右的重量标准进行练习，练习次数应比减肥者少些，组与组的间隙时间一般要比减肥者长些，组数要少些。通过一定时间的锻炼后，课程的内容可根据自己的特点进行合理选择，并根据体力和力量的增长情况适当增加试举的重量。

③在锻炼课的安排中，一般前三个月选择 1～2 个动作，每个动作可做 2～3 组；对重点减肥者还可适当增加。三个月后，除根据自己的特点选择动作外，每次训练课最多不能超过 4 个动作，每个动作练习的组数和次数可与前三个月基本相同。

8. 健美腿部肌群的锻炼动作与方法

如果说把人宽阔、厚实的胸部比作是“门面”，挺拔、结实的腰部比作是一架“万能轴”，那么强健、有力的双腿应视为“中流砥柱”。线条流畅的双腿不仅是健美体格的基础，而且是维持运动和生命活力的有力“武器”。在正常情况下，除了运用外力和机械之外，能使人产生位移的唯一办法是靠双腿的运动，所以腿是组成人体的重要部分。不论男女，大腿应以股四头肌健壮有力、结实丰满、棱角分明、肌肉显著为美；小腿则以腿肚鼓突适中，呈纺锤形的为美，而腓肠肌与比目鱼肌构成的腿肚又是腿部审美的重点。然而，要想双腿既苗条修长和重心高又强健有力，只有积极参加健身健美锻炼，做专门练习才能达到这一目的。

(1)锻炼腿部的肌群及常见练习。

健美腿部应重点发展股四头肌、小腿三头肌、股二头肌以及半腱肌、半膜肌等肌群。主要练习动作有、坐姿腿举、下蹲起（前蹲、后蹲、半蹲、深蹲）、坐姿腿屈伸、跨举、仰卧腿举、斜架负重蹲起、俯卧腿弯举、对抗腿弯举、站姿负重提踵、练习架提踵、坐姿负重举踵、壶铃蹲跳等。

(2)腿部肌群锻炼方法建议。

①腿部肌肉块较多，从健身健美角度出发，一般以大腿前面的股四头肌和小腿后面的小腿三头肌为主，以股二头肌等肌群为辅。

女子腿部的锻炼主要是以减缩多余的脂肪，增强肌肉弹性，美化腿部线条为主。男子腿部的锻炼主要以发达肌肉群，增长肌肉力量为主。下肢肌群能承受的负荷和运动量比其他肌肉群要大得多，尤其是股四头肌。腿部能承担的负荷能力，一般超过体重的几倍。

②在安排训练时，一般男子在前六个月的训练中，应适当降低动作难度，每次课可安排 1～2 个动作，大腿约做 3～4 组，小腿约做 2～3 组。在六个月至一年左右，动作难度可适当增加，每次课可安排 1～2 个动作，做 4～5 组。在一年以后，大腿锻炼一般安排 2～3 个动作。女子一般可多安排一些徒手和轻器械练习，动作的组数和次数要比男子多，组间休息时间要短些。不论男女，如属于单纯性腿部肥胖者，其锻炼方法，练习次数、组数、负荷、间歇时间等均可

按照常规的减肥和体型雕塑方法进行。

③腿部力量和肌肉增长有其客观规律，在开始的1～2年内，增长速度较快，以后越来越慢。到了一定程度时，增长曲线往往上下起伏，好像到了生理极限。根据遗传学的研究结果表明，腿部肌肉力量的极限所出现的时间最高点是受遗传因子影响的。因此，可以说，每个人的生理极限是有差异的。有些人练来练去腿部肌肉都不会怎么长，就是这个原因。在这种情况下就必须采取不同重量，不同站距，不同角度，不同方法等进行多组数和多次数的练习。腿部的潜力是很大的，只要不怕艰苦，坚持练习，腿部力量和肌肉都会逐渐地得到增强和增长，挺拔、美观、强健、有力的双腿一定会实现。

(四)健身健美锻炼中运动负荷的运用

1. 健身健美训练运动负荷的特点

健身健美训练运动负荷的特点是以中大强度为主，周训练次数多，训练课时间长，负荷总量重。且主要受训练的强度、组数、次数、时间、密度以及练习动作性质等因素的制约。见表8-2。

表8-2　运动强度的相关因素

重量%		次数	速度	主要作用	适应对象
大	90～100	1～6	慢、中	发展力量	中、高级
中	70～80	8～12	慢、中、快	发展肌肉、发展力量	初、中级
小	65	16以上	中、快	降脂、增长肌肉耐力	脂肪型初级者

注：重量，100%为本人力所能及的最大重量；次数，为一组的练习重复次数；速度，指一次动作的快慢。

如表所示，不同强度的组合其训练效果不同。因此，选择正确的训练强度是有效发达肌肉的关键，特别是对有些刚开始从事健美训练的学生尤为重要。以训练水平的高低来衡量初、中、高级运动员的训练时间和周的训练次数，是运动负荷特点的又一特征。初、中级水平者每次训练课时间约1～1.5小时，周训练次数3～5次不等，而高水平运动员则以局部肌群或某一块肌肉的训练来衡量训练课时间和周的训练次数。课训练时间一般约1.5～2小时(有时达2.5小时)，周训练次数在9～12次不等。训练负荷量是以肌肉纤维接受到重点刺激的总量为特征。从形式看，单个动作上举的负荷量并不大，但单个动作重复上举的负荷量和重复组数所构成的负荷量远远超过其他项目。

综上所述，大运动负荷训练有使机体疲劳加深、恢复时间加长的特点。因此，作为一名健身健美教师或练习者，了解运动负荷的特点，对于如何采用训练后的机体恢复措施，如训练后整理与放松活动，以及有助恢复的各种按摩手段，如日光浴、蒸气浴、桑拿浴和保证足够的睡眠时间、必要的营养素供给等，是调动锻炼者的训练积极性和提高训练质量的重要保证，否则就很难坚持长期的大运动负荷训练。

2. 健身健美训练运动负荷的安排与调节方法

(1)健身健美训练运动负荷的安排方法。

健身健美锻炼的核心负荷形式是渐进性超负荷。渐进性超负荷有两个含意：一是锻炼负荷必须超过生活中正常负荷水平；二是在进程上后来施加的负荷必须超过前面施加负荷的水平。

在超负荷的大前提下，一般可用负荷强度的训练目标，以负荷量限制训练程度，以组间间歇和训练频率保证机体恢复、提高，正常情况下，1～4RM 的负荷强度的主要练习目标是增长绝对肌力与体力；6～12RM 发达肌肉，壮肌增块；较合适的应用是：初、中级水平 8～12RM；高级水平 8～10RM；高级后水平 6～8RM 等；15～20RM 主要发达小肌群，增进肌肉线条和弹性及减脂；20～30RM 则有助于雕琢肌肉、增进肌肉质量、增强心肌功能、以及减缩体内脂肪等。在负荷量安排上，对于胸、背、大腿等大肌肉群，初级水平以每部位总组数 1～3 组为宜；中级水平 6～9 组；高级水平 12～14 组；高级后水平 16～18 组。而对于肩、肱二头肌、肱三头肌、前臂、腹部、小腿等小肌群，初级水平以每部位总组数 1～2 组为宜；中级水平 3～6 组；高级水平 8～10 组；高级后水平 12～14 组。至于间歇，在平时训练活动中，一般可为 60 秒，强度较大时可延长至 90～120 秒，最多不超过 180 秒；在赛前训练中，由于其他负荷因素的变化，间歇时间可缩短为 30～45 秒，但一般不少于 10～15 秒。在训练频率上，提倡每部位重复训练的休息时间至少要有 48 小时，强度与量大者须延长到 72～100 小时的休息时间，为此建议的周训练次数为三次，或四次、五次、六次、乃至十次、十二次的分化训练等。

在考虑运动负荷的安排方法时，主要注意两个问题：一是运动负荷（主要是数量和强度）大小如何掌握，中、小运动负荷的范围又怎样，在各种不同运动负荷中，各个因素又如何掌握；二是各种不同的动作如何安排和搭配，也就是说，是集中刺激好，还是全面影响好。所以，负荷的组合与运用也须因时、因地、因人而异。

(2)健身健美训练运动负荷的调节方法。

在影响运动负荷大小的几个因素中，数量和强度是两个主要因素。时间与数量有密切关系，一般来说，数量多时间就长，因而通过数量基本可以反映出时间因素。而密度一般变化不大。在几个因素之间，关键是如何处理好数量与强度的关系。运动负荷大小总是因人因时而异，很难提出一个统一标准。关于运动负荷的数量掌握与调节方法，不外有下面几种方式：

①加大运动负荷的方式：增加量、减小强度，增加量、保持强度，增加量、增加强度，保持量、增加强度，减小量、增加强度。

②减小运动负荷的方式：减小量、保持强度，减小强度、保持量，量和强度均适当减小。

在上述几种方式主中，究竟采用何种方式，要视训练时期、训练任务以及练习者的习惯不同而变化。但健美运动负荷的增加依然遵循量变到质变的一般规律，总是先有组数、次数、总重量等数量的增加，然后才会转化为强度的增加和成绩的提高。如果没有一定量的积累，而是硬拼强度，那不仅达不到发达肌肉的目的，而且容易造成损伤或伤害事故的发生。

3. *健身健美训练负荷练习动作的安排方式*

不同发达肌肉动作的安排主要有三种类型：

(1)全面影响（刺激）肌肉：此种安排方式适应初级训练者。一次课内几个动作的选择，要兼顾到对身体各部位肌肉的全面影响，既有发展上肢肌肉的动作；也有发展下肢肌肉的动作。这种安排方法对身体各部位肌肉都能刺激到，但对任何一个部位的肌肉刺激不深，肌肉围度增长缓慢。

(2)分部位影响（刺激）肌肉：此种安排方式适应中级训练水平者。一次课内几个动作的选择，对身体 2～3 个部位肌肉的影响，安排时可有上肢发展肌肉动作，又可有下肢肌肉动作。这种安排方法对身体各部位肌肉有选择的刺激，对肌肉的刺激就较全面，效果也较好，肌肉围度增长较快。

(3)集中影响(刺激)肌肉:这是国内外优秀健美运动员训练中采用的一种安排方法。其特点就是一次训练课中的几个动作相当集中地刺激身体某一部位的一块肌肉。又称"孤立训练法"。这种方法的优点是可以集中刺激身体某一部位的一块肌肉,因而对肌肉刺激深度加深,故能较快地增长肌肉的围度和提高竞赛成绩。其缺点是对身体的局部肌肉刺激过分集中,容易造成局部肌肉负荷量过重,甚至出现局部肌肉劳损。因此,采用这种安排方法应该慎重而仔细。

第三节　康复人群的健身指导

一、高血压人群的健身锻炼指导

1. 运动治疗高血压的机理

(1)运动可调整自主神经系统的功能:有氧训练可降低交感神经的兴奋性,放松运动可提高迷走神经系统张力,缓解小动脉痉挛。

(2)运动可降低血容量:运动锻炼可降低心输出量。经常进行锻炼一方面可使静息心率减慢、心输出量下降。运动锻炼可引起体内钠代谢的变化。其原因是运动导致血中前列腺素E水平升高及胰岛素水平下降,从而促进钠的排泄,使血容量下降。

(3)运动可减低外周阻力:运动锻炼引起血管扩张。降低交感神经的活性,使血中总的儿茶酚胺水平下降,血浆中前列腺素E水平升高。从而使血管扩张、外周阻力下降。

(4)运动可调整内分泌:运动训练可提高心房利钠肽水平,降低胰岛素水平,从而减少血容量,降低血浆去甲肾上腺素水平,起到调整血压作用。

(5)运动锻炼能降低血浆总胆固醇,升高高密度脂蛋白,降低血液的粘滞度:这些改变都直接或间接地与运动降压效果有关。

2. 高血压人群的健身锻炼方案

对于没都心、脑、肾等严重合并症的轻、中度高血压患者均可进行运动疗法。特别是对伴有交感神经活性亢进的轻度高血压病人效果尤佳。但对于重度高血压病人,因运动时可至短时间的血压升高而增加危险性,故在血压未得到充分控制的情况下应禁用运动疗法。

(1)健身运动的方式:一般以有氧运动为主,如步行、慢跑、骑自行车、游泳和体操等。静力性练习及最大重量的举重应尽量避免。此外,气功、放松练习也是有效的运动治疗方式。

(2)健身运动的强度:研究认为40%～80%VO_2max的强度对降压都有效,而50%VO_2max的强度较75%VO_2max的强度降压效果更加明显。因为血浆中乳酸堆积达阈值时的运动水平大致相当于50%VO_2max,所以运动强度以轻中度为宜。

(3)健身运动的时间:每次运动的时间一般以30～60分钟为宜。每周3次以上即可产生降压效应。研究发现,每周5～7次运动锻炼比每周3次运动降压效果更明显。

二、高脂血症人群的健身锻炼指导

1. 运动对脂代谢的影响

运动疗法是治疗高脂血症的重要环节。中等强度的有氧运动对机体的脂代谢产生良好的作用，其作用表现在以下几方面：

(1)适度的中等强度的有氧运动促进能量消耗，增加脂肪的燃烧，减少机体过剩的脂肪。脂肪对肌肉供能随运动时间的增加而增加，运动时供能的脂肪来源于肌肉的甘油三酯储备及血中游离脂肪酸。肌肉的脂肪动员加强，血中游离脂肪酸水平由于继续向肌肉转运而降低，甘油三酯和脂蛋白进一步水解产生更多的游离脂肪酸，血浆甘油三酯水平下降。

(2)运动有效地改善血浆脂蛋白的成分，这些改变包括：①降低血液中不利于脂代谢的脂质成分，如总胆固醇(TC)，甘油三酯(TG)、低密度脂蛋白－胆固醇(LDL－C)水平，从而防止动脉粥样硬化的发生；②提高高密度脂蛋白－胆固醇(HDL－C)水平，高密度脂蛋白可以将周围组织中的胆固醇运载到肝脏，胆固醇在肝脏转化为胆汁酸或直接通过胆汁从肠道排出，从而促进胆固醇排泄。实验也证明，血清 HDL－C 水平与冠心病发病率负相关，也就是说 HDL－C 水平越高的人，冠心病发生的可能性越小。高密度脂蛋白(HDL－C)作为一种载脂蛋白，被医学界誉为“抗动脉硬化因子”、“血管的清道夫”，也就是说，只要血液里的高密度酶蛋白水平达到正常，它可以将血管内多余的胆固醇、甘油三脂等脂质类物质通过血液循环运输到肝脏及其他地方进行分解代谢，同时使人体的脂代谢恢复平衡。

(3)对血浆载脂蛋白(APO)代谢的有益作用：血浆载脂蛋白(APO)是脂蛋白的蛋白质部分，因其在血浆中是唯一明确的生化标志，故它们与动脉硬化的关系较大。APO 有几种类型：包括血浆载脂蛋白－A(APOA)、血浆载脂蛋白－B(APOB)、血浆载脂蛋白－E(APOE)等。APOA 是 HDL 最主要的载脂蛋白，而 APOB 是 LDL 的主要载脂蛋白。临床对冠心病患者的研究发现，其血清中 APOA 水平下降，APOB 水平升高，而且 APOA、APOA/APOB 愈低，APOB，APOB/APOA 愈高，冠状动脉病变程度愈重。有研究显示，经常有氧运动的人群其血浆 APOA 水平显著高于对照组。长期有氧训练可使健康中年男性和肥胖女性 APOA 提高，APOB 下降，APOA/APOB 比值上升。

(4)长期有氧运动后脂蛋白酯酶(LPL)活性提高：LPL 是人体内水解甘油三酯(TG)的关键酶。有研究证实，长期有氧运动后 LPL 活性提高，随之 TG 降解增加。

2. 高脂血症人群的健身锻炼方案

高脂血症患者宜采用中等强度、长时间周期性大肌群参与的运动。现在认为改善脂代谢所需运动强度应低于改善心肺功能的强度，约为 40％～60％最大摄氧量(VO_2max)强度或 60％～70％最大心率(HRmax)，大于 80％VO_2max 强度与低强度效应相同。运动频率为 3～5 次/周。每次持续时间为 45～60 分钟(准备活动 5～10 分钟，运动部分 25～40 分钟，整理活动 5～10 分钟)。但也有研究认为运动频率大于 3 次不会导致血脂的更大改善，甚至有研究发现每周 2 次的运动，共 3 个月也能使 HDL－C 上升 19.3％，LDL－C 下降 12.8％。近年美国疾病控制预防中心和美国运动医学会推荐小量、短时、多次、累积和完成总的运动时间和运动量，同样可以取得较好的效果。

最好的运动方式是散步、慢跑、骑自行车、游泳、健身操、太极拳、气功等有节奏的全身性运动。患者可以依据各自的体力和爱好来适当选择简便、有效可行的运动项目，有规律科学地进行，才能保持运动锻炼的最佳顺应性。一些放松性治疗，如太极拳、气功等也有较好疗效。

也有人建议，采用有氧运动与力量练习相结合的方式，力量练习的负荷为最大重量的 80％。

三、糖尿病人群的健身锻炼指导

1. 糖尿病运动疗法的作用及原理

大量糖尿病运动疗法的机理研究证实，糖尿病运动治疗是行之有效的。其效果表现为急性和慢性两个方面。一次性运动可以提高胰岛素的作用，促进糖原的产生，降低空腹血糖浓度。这一作用可以持续到运动后的24～48小时。长期从事有氧运动的人，除了达到以上效应外，还可以降低空腹胰岛素的浓度和改善血糖。然而运动一旦终止，锻炼的效果即开始降低，两个星期内不参加任何锻炼，效果将完全消失。也有报道称，1～2天不锻炼即可使胰岛素的敏感性明显降低。这就是为什么在糖尿病的运动治疗中强调每周运动不能少于3次的原因。糖尿病运动疗法的作用机制表现在以下几个方面：

(1)提高外周组织对胰岛素的敏感性。

(2)长时间有氧运动可减轻体重。

(3)改善糖代谢。

(4)改善脂代谢。

(4)改善心肺功能。

(6)增强体质，提高机体适应性。

2. 糖尿病人群的健身锻炼方案

(1)糖尿病运动治疗的实用对象。糖尿病运动治疗的对象主要适用于空腹血糖在16.7 mmol/L(300mg/dl)以下的II型糖尿病病人，特别是超重或肥胖者。对于缺乏运动而肥胖的中年以上患者和伴有高脂血症、高血压病的糖尿病人，运动锻炼有良好的生理效应，相当一部分人采用运动与饮食相结合的方法可达到控制血糖的目的。

(2)糖尿病人群的健身运动方式。糖尿病运动治疗主要采用中等强度节律性有氧耐力运动。运动的形式应根据病情、体力及客观条件选择适合个人特点和兴趣的运动项目。最好选用尽可能动员较多的大肌群的运动，这样的运动能量消耗大，对呼吸循环系统也能够产生有效的刺激。目前推荐的运动形式有散步、快走、慢跑、骑自行车、做广播操及各类健身操、太极拳、球类、划船、爬山及上下楼梯等。不必是单一的，可以是交换组合的。要避免快速高强度运动，如快跑、快速游泳、体操、网球等。此外，除了无并发症的轻度糖尿病人以外，赛车、举重、拳击、游泳等运动也不宜参加，以免兴奋交感神经及胰岛β细胞等，引起糖原分解和血糖升高。步行安全，简捷而易行，是最容易坚持的一种锻炼方式，是首选的运动项目。不同人群运动方式的选择可参见表8-3。

表8-3　不同人群运动方式的选择

老年、妊娠糖尿病	肥胖型糖尿病	轻度糖尿病无并发症
散步、下楼梯	平地快走、慢跑、上楼梯	举重、拳击
平地自行车	坡道自行车	游泳
太极拳、体操	登山、各类球类训练	体育比赛
轻微家务劳动	擦地板	重体力劳动

摘自：唐红梅，施榕，上海预防医学杂志，2004。

关于阻力锻炼对葡萄糖代谢的影响研究比较少，已获得的证据显示短期和长期阻力锻炼对葡萄糖平衡和胰岛素活动的影响与有氧运动相似。尽管研究证据表明阻力锻炼是有利的，但是糖尿病患者，尤其是I型糖尿病患者(胰岛素依赖型，IDDM)是不提倡进行阻力锻炼的。阻力运动可以产生Valsalva反应，持续的运动可使血压升高，这使得有视网膜病变的患者有发生视网膜剥离、玻璃体出血等危险，也使得神经病变的患者有发生皮肤外伤和溃疡的危险。但如果给予严格的筛查和监督，可以防止运动造成的伤害。证据表明将有氧运动和阻力锻炼合理地结合起来对糖尿病患者的管理是十分有效的。

(3)糖尿病人群的健身运动强度。运动量和强度一定要适中，而且要个体化。运动过度反而会使血糖过大波动，使病情加重；运动量过小，对肌肉没有足够的刺激，达不到运动治疗的目的。对没有合并症的轻中度糖尿病病人推荐中等强度运动，即指运动时耗氧量占本人最大耗氧量的60%(60%VO_2max)。美国运动医学会推荐糖尿病患者应以有氧运动为主，达到40%～60%的最大耗氧量，或是60%～90%的最大心率。国内学者多主张以60%VO_2max运动30分钟。

准确的运动强度指标是%VO_2max即%最大耗氧量，因测定VO_2max比较困难，所以常用心率来表示这种强度(相对强度)，把极限的强度定为100%最大心率(HRmax)。运动中达到的%HRmax越高，运动的强度也就越大。估算方法有：

①计算法：

运动中靶心率＝最大心率×%HRmax

最大心率＝220－年龄

如一名50岁的病人，如果以60% HRmax强度运动

运动中靶心率＝(220－50)×60 % ＝102次/分

②简易法：

运动中心率＝180(或170)－年龄＝ 130(或120)次/分

(4)糖尿病人群健身运动的时间和频率。目前大多数学者推荐餐后1～2小时定时进行运动，认为此举有很好的降糖作用。日本学者研究，认为餐后90分钟运动较餐后30分钟及60分钟降糖作用好。熊艳的研究显示，降糖效果最好为餐后90分钟进行，餐后60分钟次之，而餐后30分钟进行的降糖作用最差。另外，运动的时间因人而异，视所用药物品种而异，应在药物发挥最大效力之前进行，如注射普通胰岛素以餐后0.5～1.5小时运动为宜；口服优降糖时的高峰浓度为服药后1.5小时，故运动在餐后0.5～1小时即可，运动时间应避开药物高峰作用时间及空腹时间。

有资料表明终止运动锻炼3天，已获得改善的胰岛素敏感性会随之消失，故运动频率以3～5天/周为宜，如果能坚持1次/天最为理想；运动的持续时间为20～60分钟/次/天，包括5～10分钟热身和放松运动。

3. 糖尿病人群健身运动时的注意事项

(1)糖尿病运动疗法主要适用于轻度和中度的非胰岛素依赖型糖尿病(NIDDM)患者，肥胖型II型糖尿病是最佳适应证。胰岛素依赖型糖尿病(IDDM)患者，由于体内胰岛素绝对不足，必须依赖胰岛素治疗。但对稳定期的IDDM病人，病情得到较好控制后也可进行运动锻炼，以促进健康和正常发育。

(2)II型糖尿病多见于中老年患者，运动前最好进行医学评估(包括：糖尿病诊断，确认是

否存在大血管和微血管并发症，药物的使用情况)，同时应进行运动耐力试验，以获得最佳运动适宜心率范围，保证锻炼安全有效。

(3)选择适合自己的运动项目和运动方式。强调适量运动，过量运动可促进低血糖的发生，低血糖发生后又刺激交感神经系统兴奋，使体内各种升糖激素分泌增加，对抗胰岛素，致使高血糖出现，甚至发生酮症酸中毒，因此一定要加强医务监督。

(4)运动前要做适当的准备活动，如伸展及松弛肌肉的运动，以免肌肉骨骼受伤，准备活动后逐渐加大运动量，以免心率增加过快。运动将结束时宜行减速等适当活动，以免发生运动后血压过低、心律失常或晕厥等。

(5)有空腹运动习惯可于运动前适量加餐，预防低血糖反应，加餐量应记入当日主食量。

(6)定期检查身体，检测血糖、尿糖，时时关注自己的体重，评价锻炼效果，不断地修改完善运动处方。

(7)有冠心病及高血压者选择慢行及太极拳、气功运动为宜，切不可负荷过度，以免诱发脑出血及心肌梗塞。

(8)为了保证锻炼安全，I型糖尿病人必须学会调整运动锻炼前碳水化合物的摄入量与胰岛素注射量，以维持运动锻炼过程中血糖的稳定。这要求病人不断地监测血糖浓度以便知道胰岛素和碳水化合物以怎样的比例搭配才是最合适的。例如，悠闲地散步不需要对胰岛素和碳水化合物的摄入量作任何调整；但对于长达1～2个小时费力的运动锻炼，则需要在运动锻炼前多摄入25～50克的碳水化合物；对于更长时间的运动锻炼活动，如全天的远足，尽管碳水化合物的摄入量增多了，但注射胰岛素的量仍要减少。

(9)下列糖尿病人应严格禁忌从事运动治疗：①血糖过高，胰岛素用量太大，病情易波动者。②糖尿病酮症或消耗时分严重、血粘稠度高者。③伴有高热、严重感染、活动性肺结核者。④有严重心肾并发症及糖尿病视网膜病变者。

四、冠心病人群的健身锻炼指导

1. 运动的目的和健身锻炼方案的着眼点

冠心病人运动的目的是提高心脏功能的水平，增加对体力负荷的耐受量，控制体重、降低血脂、降低过高的血压，改变疾病的自然进程，从而控制冠心病的危险因素。减少发病率和死亡率，提高生存质量。因此运动处方应该从以下几个方面入手：①增加心肌供氧量，增强心肌工作效率；②降低血液胆固醇的含量；③减少心脏病的危险因素；④增加血管弹性，促进动脉硬化的逆转；⑤改善情绪。运动处方以改善心肺功能的有氧运动为主，配合一些活动关节、促进血液循环的体操和增强肌肉力量的训练。

2. 健身运动的安全保障

为了安全，冠心脏病人进行运动前务必进行身体功能评估，评估的方法主要是运动负荷试验，即在医疗监护下的活动跑台运动。在进行运动负荷试验中，应注意以下几类指标：①是否出现胸闷、心悸、气短、头晕、步态不稳、面色苍白等症状和体征；②心电图是否出现ST改变；③心脏缺血的程度(ST段压低的幅度和范围)；④是否伴有各种心律失常。出现这类以上情况，应停止运动负荷试验。急性心血管意外后不宜参加运动负荷试验。如果没有以上不良反应，说明该患者能够耐受运动负荷，并能通过运动训练增强心血管功能。

3. 健身方案的锻炼方式、强度、持续时间和频度的控制

运动以耐力性有氧运动项目为主，其方式可以采用：

(1)步行。如果以 80～85 米/分的速度步行，心率可达 100 次/分，100 米/分以上者，可使心率达 100～110 次/分。

(2)走一跑交替。步行一分钟与慢跑半分钟交替进行，共 20 次，总时间为 30 分钟，走速约 50 米/分，跑速为 100 米/分。

(3)健身跑。一般为 8 公里/小时，缓慢者只 4～5 公里/小时。有过急性心肌梗塞者，不宜进行慢跑，以免发生意外。

(4)骑自行车。应用功率自行车在室内锻炼，运动强度(功率)为 450～750kg. m/min，持续 15 分钟。

运动强度是制定冠心病人运动处方中最重要和难度最大的部分，对运动的效果和安全性有直接的影响。通常用运动的靶心率控制运动强度。可以用最大心率的 60%作为靶心率，最大心率可用：220－年龄(岁)推算。更为简单的计算方法是根据患者的年龄层次确定：青年：195－年龄；中年：180－年龄；老年：170－年龄。从小强度逐渐过渡到中等强度，运动时心率在 110～130 次/分范围为宜。

主项耐力性运动持续时间一般要求每次运动持续 40～60 分钟(其中包括 15～20 分钟的准备活动(如伸展活动、关节活动等)和 5～10 分钟的整理活动。真正的锻炼时间为 20～30 分钟，至少 20 分钟，其中达到适宜心率的时间应持续在 5 分钟以上。

要取得运动效果并使其得以维持和积累，运动频度应为每周 3～4 次，隔日一次最好。如果一次运动强度等于或大于 60%，持续 20 分钟，则每周 3 次；如果运动强度小，就要增加运动频度或时间，以确保运动量和运动效果。有些活动，如散步、健身气功、太极拳、保健操等可以每天练习。

(四)脑血管病人群的健身运动康复

脑卒中病人的运动属于医疗康复的范畴，需要在专门的康复医师的指导下进行，本书不再赘述。

五、骨质疏松症人群的健身锻炼指导

1. 健身运动有利于骨健康

长期不活动的人易发生骨质疏松。最明显的例子是，长期卧床的病人和失重状态下的宇航员，他们每周要丢失 1%的骨质。其中主要丢失的是松质骨。因此，负重运动对骨骼健康是有益的。据国内外最新研究发现，运动对骨密度的影响比重(40%)远远超过了与骨代谢相关的激素、钙及维生素 D 对骨强度的影响(3%～10%)。

(1)长期科学地进行身体锻炼能维护和提高骨矿密度，增强肌肉力量，提高平衡能力，减少跌倒的危险性，从而降低因骨质疏松引起骨折的发生率。

(2)适宜的运动锻炼还能减轻因骨质疏松引起的疼痛症状，能全面提高身体素质和日常生活活动能力，进一步改善生活质量。

(3)体育锻炼有益于绝经后妇女的骨健康。试验研究表明，每周进行 3～4 天，每次 30～60 分钟的锻炼，可以明显减缓绝经后妇女的骨丢失；中等强度和大强度锻炼者，髋部骨密度均显著高于小强度锻炼者。

(4)负重锻炼的效果最好。体育锻炼增加了机体负重的机会,对骨生成细胞有刺激作用,可促进骨质形成,因此可预防骨质疏松。骨骼的发育和骨量的多少与运动有密切关系。经常从事体力劳动和体育运动者骨矿含量明显增加。体重与骨密度也呈正相关。

(5)运动可促进全身血液循环,骨骼也可得到充分的营养物质和矿物质,从而减缓骨骼的退行性变化。

(6)运动也可使肌肉强壮,骨骼的受力增加,应力刺激状态下,骨骼的成骨细胞代谢活跃,促进骨骼的生长,骨的密度和强度也缓慢增加。

2. 健身运动防治骨质疏松的机制

(1)性激素效应:性激素与骨代谢关系非常密切,睾酮与雌二醇能促进骨的蛋白质合成,骨基质总量增加,使骨盐沉积保留、骨质增厚、骨髓融合,从而促进骨的生长发育。一旦二者分泌不足,骨密度就随之下降,导致骨质疏松。研究表明适度中等强度的运动训练,特别是各种力量性训练可促进睾酮及雌激素的分泌,防治骨质疏松的发生。

(2)骨血流量效应:钙易在酸性环境中溶解,一旦骨内血流降低使局部血流酸性化,就会导致骨溶解和骨萎缩。运动时骨血流量的增加可能也是引起骨形成增加的机制之一。

(3)骨机械应力效应:在应力负荷作用下,骨骼胶原基质发生变形,产生压电效应。改变骨细胞的生物物理环境,影响其增生和分化,这就是骨对运动负荷产生的适应性改变。骨骼的形态和骨量的多少受着个体活动水平的调控,运动不足时骨发育较差,运动足够时骨发育较好。

(4)提高钙阈值和钙吸收效应:缺钙是导致 OP 发生的主要原因。运动在增加骨质的同时,也增加了对钙的需求量,即提高了需钙阈值,这时的补钙效果较好。反之,由于长期不运动,使骨质对钙的需求量减少,此时即使大量补钙,钙从尿中排出,也不会产生明显效果。另外,如前所述,运动使骨皮质血流量增加,改善了细胞的血液供给,又进一步促进了钙的吸收。除此以外,户外充足的阳光,可使维生素 D 增加,从而促进钙的吸收。

(5)增强肌肉力量效应:在骨质疏松发病机制中,非机械因素(钙,维生素 D,激素等)并不是最主要的,而在神经系统调控下的肌肉质量(包括肌纤维的质量和肌力)是决定骨强度(包括骨量和骨结构)的重要因素。因此,运动在保持肌力的同时,也保持住了相应的骨量。

3. 骨质疏松症人群的健身方案

任何一种运动形式都是可行的,只要全身的骨骼都受到足够的张力和拉力就会有防治骨质疏松的效果。当然,不同的人群应选择不同的运动项目,安排不同的运动方式。

(1)老年人骨质疏松的健身锻炼方案。

对于老年人,因为骨骼逐渐衰老,为了减少骨量的下降幅度,延缓骨质疏松的发生,宜选择符合其生理特点和运动能力的有氧运动项目如走跑交替、慢跑、登山、中老年健身操、体育舞蹈、太极拳和广播操等。另外,还应有针对性地选择骨折好发部位(因骨质疏松所致骨折主要集中在腰椎,四肢长骨近端和远端等处)的专项肌力锻炼,以加强肌肉对骨骼产生的牵张力和对骨强度的影响作用。

①走跑交替运动:走跑交替既有增强体质的显著效果,又便于从实际出发灵活掌握运动量,活动不剧烈且容易坚持,是一种较适合中老年人锻炼身体的好方法。锻炼方法是先走后跑,交替进行。根据身体的适应程度逐渐增加走跑的时间、距离和次数。刚开始锻炼时,一般是先走 1 分钟,再跑 1 分钟(每分钟 100 米左右),次数上可隔周递增 1 次,如第 1 周走 5 次跑 5 次(共 10 分钟),第 3 周走 6 次跑 6 次,第 5 周走 7 次跑 7 次,一直增加到走 10 次跑 10 次,就不

再增加跑的速度，以出汗、稍喘气、跑后心率不超过 120 次/分、无异常感觉为宜。

②慢跑运动：开始时慢跑 400 米，1～2 周后，逐渐增加距离，待距离稳定在 1 200～1 600 米左右，身体逐渐适应时，也可改为中等速度；以出汗、喘粗气、跑后心率不超过 120 次/分、疲劳恢复较快为宜。

除了慢跑、游泳、爬楼梯、蹬自行车等基本方法外，还有许多有氧训练方法，如划船、太极拳、中老年迪斯科、篮球、排球、足球、羽毛球等项目。但球类运动均应在具备一定训练基础的条件下进行，而太极拳、健身舞、中老年迪斯科等简便易行，应大力提倡。

③专项肌力锻炼：

A. 日常静力性体位训练：取坐或站位时，伸直腰背，收缩腹肌和臀肌，增加腹压，吸气时扩胸伸背，接着收颏和向前压肩或背靠椅坐直；卧位时应平仰、纸枕，尽量使背部伸直，坚持睡硬板床，对所有骨质疏松患者，无论有无骨折都应进行本项训练，使其通过训练，习惯这种姿势，以防骨折和驼背的发生。

B. 力量性训练：握力训练，每日坚持握力训练 30 分钟以上；俯卧撑练习：每日 1 次，尽量多做，每次所做个数不得少于前 1 次，先从低难度开始；拉橡皮练习：两腿分开与肩同宽，直立于 1 棵大树或类似物体前，取 1 根 3～4 米长的橡皮条，绕过树干，两手各持橡皮条的 1 端于体侧，并绷直皮条，做各种练习。

练习 1：两臂同时前后摆动用力向体后拉橡皮条；

练习 2：手心向上，两臂同时屈肘，用力拉橡皮条至胸前，伸肘，还原；

练习 3：转身、背向树干，两腿前后站立，前腿成弓步，两臂屈肘将橡皮条置于两侧肩上，然后同时用力伸臂向前拉直皮条，屈肘还原；

练习 4：上述 3 种方法组合，每种方法来回重复 15～20 次，每天练习 1 次或每周练 3～4 次，持之以恒可增强上肢肌肉和胸背部肌肉的力量，有效牵伸脊柱，提高肩关节的柔韧性，同时锻炼了腿部肌肉力量，具有全身性强骨、健骨效果，能起到预防骨质疏松的作用。

特别值得注意的是，原发性骨质疏松的发生多见于中老年人，而且这一人群发生骨折的危险性较高，必须重视运动的安全性。因此，运动强度宜选择中等强度为好。同时一定要强度循序渐进，不可操之过急。

(2)中年人骨质疏松的健身锻炼方案。

为防止骨质疏松的发生，中年人应选择以全身运动为主，同时辅以适度的爆发性、力量性练习，如跑步、跳跃、俯卧撑、负重蹲起和推举哑铃等练习，以达到长时间维持高峰值骨量，避免或减少骨丢失的目的。中等强度的有氧运动的方法很多，也比较容易掌握。这里我们着重就防止骨丢失的肌力锻炼的方法介绍如下：

①腹肌练习动作：仰卧起坐，悬垂抬腿或摆腿，仰卧抬腿(先单腿后双腿)，俯卧撑，杠铃提放(过膝)。以上各动作 10 次为 1 组。

②背肌和腰肌练习动作：背屈，俯卧抬腿，侧屈，持横杆体前屈，持横杆俯卧引体。以上各动作 10 次为 1组。

③腿部肌力练习动作：负重下蹲，负重跳台阶(5 次为 1 组)，俯卧屈小腿，立姿屈小腿，仰卧上下摆腿，仰卧直腿摆等。以上各动作 10 次为 1 组。

选取以上的 2～3 个动作，每个动作练 4～6 组，每组练 15～20 次以上。用本人最大负荷的 30%～50%的强度来锻炼。组与组的间隙一般为 3～4 秒，最多不超过 5 秒。每分钟的动作频率为 18～22 次，肌肉收缩时快些，伸展时稍慢些。每周锻炼 3～5 次，每次锻炼的时间 1 小时左右。这是针对体型肥胖的中年人所采用的小重量、多次、中快速度和短间隙的消耗性锻炼方法。

第四节　特殊人群的健身指导

一、老年人健身锻炼指导

1. 老年人健身锻炼的意义

进入老年阶段，人的身体结构和各项生理指标也随之进入衰老状态，其中一个重要原因就是缺少运动。因此，加强健身锻炼一直被视为老年保健的必由之路。

大量实例证明，健身锻炼有助于增强体质，能促进新陈代谢，改善各系统器官功能，提高对环境变化的适应能力，起到预防疾病、延缓衰老和健康长寿的作用。

但老年人在健身运动方式的选择和运动负荷的正确把握上显得比其他人群更重要。只有科学的运动才能真正保持老年人的健康状况，提高老年人的生活质量。

2. 老年人健身锻炼方案

(1)健身运动形式。

①耐力性健身运动：耐力性运动(有氧训练)包括散步、慢跑、游泳、走跑交替、骑自行车、登山、乒乓球、原地跑、上下楼梯、交谊舞、网球、门球、高尔夫球等；在我国传统体育项目中，还可选择气功、太极拳、太极剑等。

耐力性项目的主要作用是提高心肺功能，增加心脏的每搏输出量，同时可以锻炼肌肉。老年肥胖者可用每小时 5 公里左右的速度进行减肥锻炼，因为每小时 4.8 公里速度减肥效果最快。

与此同时，耐力性运动将改善血管壁的膜弹性，降低血中胆固醇(TC)、甘油三酯(TG)、低密度脂蛋白(LDL)的含量，增加高密度脂蛋白(HDL)的含量。对冠心病、糖尿病、骨质疏松症等有一定的预防作用。

②力量性健身运动：多数人认为老年人不适宜从事力量项目运动(重量训练或称阻力训练)，因为容易受伤或引起高血压等心血管疾病，其实不然。即使是受过训练的运动员，到 60 岁左右，体内的肌肉就会转化成脂肪。有研究发现，妇女进入更年期后，平均每年减少 500 克肌肉，增加 1 000 克脂肪。实际上力量训练对老年人有不少的好处。主要表现在：其一，通过肌力训练可以防止肌肉萎缩，增强肌肉力量，提高机体的平衡能力、协调性、灵敏性和维持各器官的正常功能及提高日常生活的能力。其二，防止骨质疏松和骨的退行性变，从而减少骨折的发生，缓解肩、颈、腰和关节的疼痛。其三是可以消耗脂肪，控制体重。

老年人的力量训练以每周 2～3 次为宜。主要是以增加肌力为主要目的，宜选择诸如举小沙袋、握小杠铃、拉轻型弹簧带、单杠悬垂等项目，锻炼节奏不宜太快，重量不宜太大，时间不宜太长。活动幅度应逐渐加大，注意掌握正确的姿势和适宜的活动范围。

③放松性健身练习：放松性练习若以消除身体疲劳、改善心情、防治高血压或神经衰弱等老年常见病为目的，可选择运动量较小的放松性练习，如气功、太极拳、散步、保健按摩、秧歌

等。这些运动负荷都在老年人适宜的生理负荷内，有很强的健身效果。

(2)健身运动强度。

运动强度是运动处方的核心部分，对运动效果和运动安全有直接的影响。一般老年人应以中等强度的有氧运动为主。以心率来控制强度容易接受和运用。一般人运动时心率在160次/分以下的运动都是有氧运动。一般认为身体健康的老年人运动时以本人最大心率的60%～80%为宜，女性(＞55岁)的健身心率范围在100～120次/分钟，男性(＞50岁)健身心率范围在120～130次/分钟。而过去不从事运动、很少从事运动或身体素质较差的老年人，他们的运动强度只能达到本人最大心率的50%左右或更低。

对于老年人运动强度的设置因人的健康程度和体力大小而不同，一般可按以下公式为中间值上下调节：运动目标心率＝(220－年龄－安静心率)×(60%～80%)＋安静心率。

运用此公式时要注意两点：一是不要在很短的时间内把心率提高到目标心率，运动前一定要做充分的准备活动来热身和逐步提高心率。准备活动一般需10分钟左右；二是在长时间相对固定运动强度的运动中心率会逐渐增高，超过目标心率，在心率增高较多时，要降低运动强度以避免生理负荷过大。

运动强度和运动负荷是否适宜，可观察脉搏和呼吸的改变来判断。如果运动后第二分钟时脉搏下降了20%以上，则表明这次运动强度和运动量是适宜的；如果运动后第五分钟时，呼吸恢复正常，心脏不再砰砰作响，第二天晨起脉搏应波动不大，体重基本不变，也可以认为运动强度和运动量是适宜的。

运动后的放松是对运动效果的保证，也是运动的延续，放松有利促进恢复和防止肌肉延迟性酸痛，积极消除运动中产生的疲劳物质。放松方式可以以慢跑、全身抖动、运动肌肉的反向牵拉、按摩、拍打等多种方式，放松时间可以在10分钟左右以内。

(3)健身运动时间。

库拍认为，一般人在运动时至少要在运动强度为心率150次/分水平上运动5分钟时才能获得锻炼效果，而且随运动时间的增长锻炼效果也增长。但是对大多数老年人而言运动时的适宜心率往往在130次/分左右，达不到150次/分的心率。在运动心率较低时，运动时间就要相应增加，这样才能得到相同的锻炼效果。不同的运动强度选择不同的运动时间，对应关系如下：(心率：次/分：运动时间分)110：180；120：90；130： 45；140：20；150：10。运动量确定后，运动强度大时持续时间应相应较短，采用同样运动量时，体质好的老年人宜选择强度中等、持续时间稍短的练习，每次最好有30～60分钟。运动时间如果太短，身体中的内分泌系统、心血管系统、呼吸系统、运动系统等器官功能不能在短时间内被激活或达到高峰，不能收到最理想的锻炼效果。运动时间如果太长，能源物质消耗过多，汗液丢失过大，引起机体过度疲劳，抵抗能力下降，也达不到理想的锻炼效果。

(4)健身运动频率。

运动频率即是每日或每周运动的次数，一般每日或隔日运动一次，视运动量的大小和自我感觉而定。有资料表明，每周锻炼3～5次能获得较好的锻炼效果，体质差的老年人每周锻炼2～3次，亦可提高有氧能力。

3. 老年人健身锻炼的注意事项

(1)锻炼的时间安排要科学：清晨是老年人锻炼的最好时机，有利于促进肾上激素的正常分泌，对人体健康十分有效。上午9～12时，下午15～21时之间，人体的生物节奏也处于机能的高峰期，也可依据自己的日常习惯安排适宜的运动项目。但不要在空腹（空腹锻炼易得胆结石，胃病，且早晨是心肌梗死、心脑血管发病最高的时候）、疲惫、有病时硬性参加锻炼活动。

(2)锻炼场合要合适：应多到户外活动，尤其是冬季。户外空气清新，有利肌体吐故纳新。有资料表明，冷空气(14℃以下)或清凉空气(14℃～20℃)可使皮肤表面血管产生舒张压，对增加肺活量，加强造血器官的能力，提高红细胞和血红素含量颇有好处，也有助于年老体弱者恢复和治疗疾病。此外，活动地点应平坦宽敞，较少有车辆和行人，以防发生危险。

(3)锻炼内容方法要从简：要注意运动卫生，养成良好习惯，运动前应做好准备活动，使关节、肌肉和内脏器官能够满足运动中的需要；运动后要做好调整活动，以消除体育健身锻炼时出现的疲劳和缺氧状态。同时还应做到循序渐进、持之以恒。

(4)锻炼医疗的监督要到位：为了保证安全和增强运动效果，老年人在参加运动前后或运动期间均应配备医学监督，依照医生的检查结果，合理而有针对性地安排锻炼计划和确定锻炼项目，并改进锻炼方法。有较好锻炼基础的老年人参加球类、长跑等大运动量和对抗性强的项目时，更须注意这个问题，以确保运动中的安全。

同时要注意辨认过度劳累的信号；与他人一起活动；养成摄食、饮水、服药和锻炼的良好习惯。

二、孕期及哺乳期女子的健身锻炼指导

怀孕也是一种特殊情况，因为它给孕妇增添了额外的应激，即超出了单纯运动锻炼引起的应激。孕妇健身者在开始一项锻炼计划之前一定要先咨询一下健康保健医师，和他讨论一下自己的目标和计划参与的活动，并在怀孕的不同阶段去征求医生的建议。如果怀孕顺利的话，完全可以在怀孕期间进行锻炼。在怀孕期间，腹中宝宝的健康远比母亲的健康更为重要，因此，如果健康保健医师告之其不要锻炼时，应遵从他的意见。但是一些高危孕妇确实不能在孕期参加训练。

科学家通过研究发现，对于绝大多数准妈妈来说，外出工作是很安全的，只要她们具备基本的保健常识。参加运动锻炼并不会剥夺对胎儿的氧气供应，而且通过胎儿的心率对运动锻炼的应答，可以判断运动锻炼并没有给胎儿带来不适。适度的运动不但对宝宝有益，对准妈妈更是有相当大的好处。与那些怀孕时身体不适的孕妇相比，那些定期做运动的孕妇所受的疼痛会少很多，会更有体力和精力，特别是在怀孕的第三阶段。定期的运动会让孕妇在分娩时更有信心和力量，更能忍受痛苦。

一些研究也表明，经常运动的产妇在分娩时会比不运动的产妇用时更短，剖腹产的几率更低。但运动并不能保证你可以安然度过生产的过程，哪怕你在分娩之前还在游泳或是散步，你还是有可能遭受地狱一样的煎熬。一些产妇注定要经历一个漫长而又痛苦的分娩过程，而另一些则可以稍快地将一个小生命带到这个世界上。除此之外，经常运动的产妇恢复起来要比不爱运动的产妇快得多。

如果身体状况不太好，孕期锻炼是不是不安全呢？是的，只要你能适度锻炼并且事先征得医生的同意。事实上，大多数大夫认为怀孕期间进行锻炼是非常好的选择。他们说，在身体状况很糟糕的情况下分娩就如同未经过任何训练就去参加波士顿马拉松比赛一样。为最后生产做好身体准备是非常必要的。

1. 孕期健身锻炼对孕妇及胎儿的益处

怀孕女子如何保持孕期健康，从而轻松挺过40周的考验，让孕妇和胎儿从运动中受益，使其分娩时更轻松，并帮助其更快地在产后恢复到孕前的体重和优美身材。健身锻炼的主要作用如下：

(1)有利于减少后背疼痛感：怀孕女子应该知道，腹中胎儿逐渐长大，这会给孕妇的臀部和后背增加压力，从而导致僵硬和疼痛感。但若在怀孕期间进行锻炼，就会改善这种情形，让健身者的后背、臀部等部位的肌肉处于一个好的状态，从而减少背部的疼痛感。

(2)有利于增加足够但不是过多的体重：怀孕期间，由于孕妇腹中有胎儿正常成长所需的额外脂肪的储存、体液以及血液——不涉及胎儿的体重，我们无法确定孕妇应该增加的"足够的"重量。但是，许多孕妇都增重过多，需要花好几年时间减肥，有的甚至一生都减不下来。最近的一些研究表明，到怀孕的末期，常锻炼的孕妇比不常锻炼的孕妇要少增重八磅(当然，这仍处于健康怀孕正常增重的范围之内)。

(3)有利于保持好的睡眠：倘若孕妇怀孕期的睡眠质量不好——很多孕妇都这样——运动能帮助其在夜间睡得安详，白天更有精神。

(4)有利于减少生产并发症：一些研究表明，常锻炼的孕妇在生孩子时更少出现并发症，自然也就不需要更多的药物缓解疼痛。

(5)有利于减少生产时间：怀孕期间锻炼的最令人惊奇的好处之一是阵痛时间的减少(大约1/3)。同时，常锻炼的孕妇比不锻炼的孕妇提早五天进入阵痛期，这让怀孕时间大大缩短。

(6)有利于生一个瘦些的健康宝宝：研究表明，怀孕期间常锻炼的孕妇生的宝宝瘦一些(并不是低于正常宝宝的出生体重)，而且，这种状况会一直持续到孩子五岁。这就让孩子从出生第一天开始就打好了一个健康的身体基础。

(7)有利于快速恢复到你的正常体重：相对于那些不锻炼的孕妇来说，怀孕期间常锻炼的孕妇生完孩子后要减的体重更少，她们还会发现多余的体重更容易减掉。

2. 孕期健身锻炼的特点

从怀孕的前、中、晚期来看，整个孕期均可视情况安排适宜的健身锻炼，而怀孕4～7个月之间是最适合运动的时期。孕早期，胚胎尚没有牢固地"扎下营盘"，运动不当，可能导致流产；孕晚期，因为胎儿已经长得较大了，运动有可能导致早产。故孕妇应根据自身的体能每天进行不少于30分钟的低强度身体活动，最好是1～2小时的户外活动，如散步、做体操等，因为适宜的身体活动有利于维持体重的适宜增长和自然分娩，户外活动还有助于改善维生素D的营养状况，以促进胎儿骨骼的发育和母体自身的骨骼健康。

在妊娠期进行运动时，如果发现阴道流出水样物或血，同时有下腹疼痛，应立即停止运动，并去医院检查，这些症状属于流产征兆。

宜静养，不适宜运动的情况有：前置胎盘，妊娠高血压、早期宫缩、羊水早破。

3. 孕期健身锻炼安全项目的选择与锻炼方法

(1)平地散步锻炼。

①散步方式：有些孕妇每天都以散步的方式运动，有些喜欢跑步的孕妇当觉得跑步太困难、后腰和膝盖承受不了时，会转而采用走一会儿慢跑一会儿的方式或者是散步的方式运动。随着怀孕天数的增加，尽量避免爬陡峭的山，那样会让孕妇的心律徒增，也会给孕妇的后腰施加更多的压力。

②散步要领:孕妇要特别关注走路的姿态。直立,背部成自然的S曲线,两肩向后、向下收紧,不要耸肩。挺胸向前走。手臂放松,前后甩而不是在身体周围摆动。

③散步禁忌:在炎热潮湿的天气中不要散步,那样孕妇的心律会升高得更快,而且身体也会过热。地面结冰时也不要外出散步,因为怀孕时孕妇的平衡感不如平常好。如果天气不好,只能在室内运动,在踏车上散步时,要抓住两边的扶手(不要只死死抓住一个扶手)。在踏车上做运动比在地面散步对平衡感的要求更高。

④散步要求:孕妇散步时确保其穿的是能起支撑作用的散步鞋。由于孕妇怀孕时的体重比平常增加,其关节也得承受额外的压力,关节需要所有帮助缓冲震动的东西,孕妇的脚可能会肿胀到比平常大半码。

(2)水中慢游锻炼。

一些孕妇觉得散步不舒服,尤其在怀孕的最后三个月。因而她们改做一些对身体影响小的运动,譬如游泳。事实上,一些孕妇表示只有在水中时她们才真正觉得舒服。

水中锻炼是非常好的,因为在水中孕妇不必担心自己的平衡。水浮起孕妇的体重,也包括孕妇腹中宝宝的体重,减轻孕妇后腰的压力。同时,水也能减少重力的影响,减轻孕妇关节的压力。没有什么能比在水中慢慢地游动更让人平静的了,游泳甚至能减轻一些由怀孕引起的肿胀感。再者,在水中,孕妇基本不可能摔倒。

同时,孕妇也能进行大量的锻炼。孕妇能在游泳池里跑步,绕着池边跑步,用湿手套和泡沫哑铃等专用器材锻炼自己的肌肉。随着腹中胎儿的不断成长,孕妇可能需要修改自己的水中锻炼计划。使用踢水板可能会让孕妇不舒服,因为它强迫孕妇躬着背,这可能会引起孕妇的背部疼痛。蛙式(用于蛙式游泳中)也可能导致孕妇身体不舒服。别忘了喝水——即使在游泳池中,孕妇也可能缺水。

无论是否怀孕,都不要不带水瓶就去锻炼,当你为另一个人的生命负责时,更应如此。让身体保持充足的水分对我们的健康是十分重要的。身体缺水是导致痉挛尤其是腿部痉挛的首要原因,身体缺水还会导致血压升高、心率加快。在你感觉到渴之前喝水——当你感觉到身体在向你发出喝水的指令时,你的身体已经处于缺水状态了。

在一个通风好的地方运动,同时确保你的衣服透气性良好。孕妇腹中胎儿的温度安全取决于孕妇身体降温的能力。过高的体温影响胎儿发育,容易导致早产。注意保持身体水分充足,定时补水,这样可使你的体内降温。

作为一个孕妇,必须有内在的身体机制让其能减少因运动而产生的热量对自己身体的影响。事实上,相对于那些不爱运动的孕妇们,健康的孕妇在低一些的温度中就开始排汗。当然,这种适应仅在某一程度上有效,因此,应该用常识去判断。

(3)低强度的有氧健身操或瑜伽锻炼。

许多健身俱乐部和医院都为孕妇和新妈妈专门开设了锻炼班。一些班级专门开设有氧运动,另一些则开设力量锻炼甚至瑜伽班。当然,不论是有氧运动或是力量锻炼甚至瑜伽班,这些锻炼必须和孕妇受限制的身体相适应——包括平衡感的下降、重心的改变、不断增加的关节的疏松以及不断减少的耐心。

参与者们都喜欢这些专门的班级,因为在这种班级的气氛比一般的班级更好。在这种班级中,孕妇找不到一个发狂的训练指导者喊着:“好吧,今天我们的任务是抬腿直到你倒下为止。”孕妇也不会看到任何班级成员穿两件套紧身连衣裤炫耀她们有型的腹部肌肉。

美国孕妇当娜在她怀孕最后三个月时从一般的日常等级的有氧健身操转为孕妇有氧健身操。她说："和壮得像头牛的女人们一起锻炼的感觉真是棒啊！以前，我属于那种由于上气不接下气或者背部疼痛不得不很早就停下来的人。"孕妇锻炼班给了孕妇们消除和很难相处的人产生隔阂的机会，也能缓解她们浮肿的脚踝的痛苦。

(4)科学合理的连续举重锻炼。

如果孕妇以前从未举过重，怀孕不是孕妇开始一项无人监督的力量练习的好时期。但是，如果孕妇知道在举重室正在干什么或者在家里曾用哑铃锻炼过，就没有理由去暂停其锻炼习惯。只要将自己的锻炼计划作了合适的修改，仍然有很多好的理由坚持锻炼(我们并不想打击初学者在怀孕期间进行力量练习的信心，但是作为初学者，必须和在孕妇锻炼方面有经验的教练员配合，或者是加入健身俱乐部的一个有监督的孕妇力量训练班级)。

美国有一位叫 Holly 的孕妇在她两次怀孕期间都举重。虽然她不得不调整她的锻炼去避免使用上下时有困难的机器，但是她仍然在九个月中坚持力量练习，维持了她的力量。

怀孕期间举重不仅能让你看起来了不起，还能使你减少一些常有的疼痛，甚至可能减少一些由于不断增大的胸部和子宫所引起的肩部和背部疼痛。

孕妇必须不断地调整其力量锻炼计划，使之与每天都在改变的身体相适应。比起自由举重，孕妇可能更偏向于使用器械，因为器械能给孕妇更多的支撑而要求更少的平衡。

举重安全防范提示：特别要关注那些承受着孕妇目前负担最重的部位的肌肉，譬如膝盖、脚踝和后腰附近的肌肉。一旦做哪项运动时你感觉到不舒服了，立刻停止做该项运动。当孕妇感觉眩晕、恶心、腹部、臀部、骨盆或者其他部位拉伤的时候，应选择另外一种运动。

当女子怀孕时，其在举重室的目标就该改变了。不要一味关注肌肉的塑造，或者是在长凳举重器械上要求自己做到最好。在某种程度上来说，孕妇每组动作的最后几次重复应该是对自己的一种挑战，但是这最后的几次重复不应该释放自己全部的精力。随着怀孕时间的不断增加，孕妇的精力会不如从前，要随之逐渐减少其举的重量，保证呼吸均匀并且要特别关注自己的体能和健康状况。不要太用力地抓把手——抓得太紧容易使你的血压升高，无论采用哪种方式锻炼，都会急剧增高孕妇的血压。

孕妇禁忌参与的一些运动项目如下：①带自携式水中呼吸器潜水：因为水下压强比较大，对腹中胎儿不利；②滑水：这项活动容易让孕妇摔倒。另外，如果不太卫生的湖水或者海水进入孕妇的阴道，孕妇很容易受到感染；③接触性的运动：例如足球、排球、篮球和曲棍球等，这些是导致摔倒和接触性伤害的主要原因；④从山上向山下滑雪、花样滑冰、骑马和骑自行车登山等：这些都有导致摔倒的可能；⑤越野滑雪、划船和快速跑步：这些难度较高的活动容易使你的身体负担过重。

4. 孕期健身锻炼的监测与调控

直到 1994 年，美国妇科医生和产科医生学会(ACOG)仍坚决认为孕妇不能让自己的心律每分钟超过 140 次。许多健康女性发现这个指导方针太局限了，经过良好训练的运动员在怀孕期间锻炼时的心律能高达 190 次，但并没有引起什么并发症。但是，大多数医生害怕医治不当的诉讼，不希望孕妇参与更多的锻炼。1994 年，美国妇科医生和产科医生学会发表了新的条款，废除了以前对心律的限制，这让许多孕妇赛马的骑师都很高兴。

但是，对于一个健康的初学者来说，每分钟 140 次的心律的要求对她们是适用的。怀孕时期不是去弄清自己能在踏车上跑多快的时期。如果觉得估算心律太麻烦，也可以采用简单的聊天测试法：不要锻炼得太厉害以至于上气不接下气，没法继续谈话。总的来说，让孕妇的身体决定自己能以多大力气运动，给自己一些喘息的机会，尽量放松。

在怀孕期间的锻炼过程中，应加强自身的监测与调控，如果出现以下锻炼过度的迹象，尽快告诉自己的健康保健医师。

(1)疼痛：无论何时开始一项锻炼项目，都会遭受一些疼痛，但是，如果任何一种方式锻炼都让自己感觉到疼痛的话，应停止锻炼，打电话告诉健康保健医师。

(2)疲劳：如果觉得自己一整天都极度疲劳——不仅仅是锻炼的时候——请一天假并且在下一次和自己的健康保健医师见面时将这个情况告诉她。

(3)身体过热：如果发现锻炼时自己出了很多汗，身体过热，感觉到头晕、恶心或者头重脚轻，应停止锻炼，喝大量的水，休息，然后给健康保健医师打电话。

不要在一天当中最热的时候去锻炼，也不要在不通风的地方进行室内锻炼。

(4)脱水：身体脱水对孕妇和腹中宝宝的身体都是不利的。在一天中的大部分时间里，都应该带一个水瓶在身边，并且每次去厕所时检查自己的尿液颜色——颜色越浅越透明越好(但是，记住，即使自己身体水分充足，早晨的尿液也应是深色或橘色，所以不要用早上的尿液作为指导)。如果你尿液是金色或者是橘色的，就需要多喝点水了。如果每天多喝水对自己并不管用，不能缓解其脱水状态，在和健康保健医师见面时向她征求意见。在怀孕期间锻炼的关键是：一旦感觉到什么地方不对劲了，马上调整其锻炼计划。除了上述那些常见的锻炼过度的迹象以外，下面(5)～(12)条也属于应重视的迹象。如果遇到下列任何一种情况，马上打电话给健康保健医师。

(5)子宫收缩：孕妇在临盆前的一两周子宫出现收缩是一个很好的迹象，除此之外，子宫收缩可能导致早产。

(6)头晕眼花：这可能是贫血(由虚弱或疲劳引起的血红细胞数量偏低)或者其他一些情况的表现。

(7)呼吸困难：如果呼吸困难，孕妇可能呼吸短促、急促而微弱。

(8)头疼：虽然很多孕妇都表明在怀孕期间头痛次数会增加(通常由于疲劳和压力导致)，如果孕妇遭受很严重的头疼或者不算特别严重的头疼但总在疼，应和健康保健医师联系。头疼可能是妊娠高血压综合征的早期迹象。

(9)腿部不断肿胀：这可能是妊娠高血压综合征的一种迹象。妊娠高血压综合征是很危险的。腿部肿胀也可能是深静脉血栓——在静脉中长的一种血液凝块的迹象。

(10)肌肉乏力：肌肉乏力有两种不同的形式：全身乏力(孕妇会感觉整个人都很虚弱)和局部肌肉乏力(例如孕妇的右胳膊或者是身体的左边)。

(11)阴道流血或者羊水外泄：血或者其他体液外泄可能导致一些并发症，包括如下几种：胎盘前移(胎盘——在子宫内生长的一种器官，用来给胎儿提供营养，排除废物——堵住了部分或全部子宫颈)、胎盘分离(胎盘在生孩子之前与子宫脱离)、早产和流产等。

(12)感觉不到宝宝在动：如果宝宝正常的胎动(通常在第18到22周之间孕妇开始能感觉到宝宝在自己的肚子里动)突然消失或者停止了，宝宝可能出现问题了。记住，孕妇在锻炼时宝宝可能会很安静，但是停止运动后20～30分钟之内孕妇就应该能重新感觉到宝宝在肚子里动了。

5. 孕期健身锻炼安全措施

(1)怀孕妇女应与自己的医生商讨其健身计划,并征得健康保健医生的同意。

(2)每周锻炼活动 3 天,并有充分的准备活动及放松练习。

(3)避免使心率超过 140 次/min 的剧烈活动。

(4)避免长时间(超过 40min)的运动锻炼和剧烈活动。

(5)避免在湿热的环境中运动,因为那种环境能将体温升至 38℃以上,易导致中暑。

(6)怀孕 4 个月以上仰卧时不要进行任何活动。

(7)避免做弹跳式的运动及躯体过度屈伸的活动。

(8)一些高危孕妇不宜在孕期参加训练。

(二)产后健身锻炼建议

孕妇生完孩子后应适时继续进行健身锻炼。当哺乳期女子一晚上只睡两小时时,锻炼似乎是一个相当过分的要求,其身体也会感觉就像在打转。但是,即使是十分简短的轻微锻炼,譬如十分钟的散步,也能让人保持精力,锻炼能让人夜间睡得更香,而且,锻炼还能帮人缓解由于睡眠不足而导致的压抑。

但是,不要立刻就回到锻炼中去。没有人强迫生完孩子的女子干任何事情。一旦自己感觉不错(生完孩子几天或者几周并且在医生给其做完检查之后),就可以开始尝试简单的运动,例如,每天散步。逐渐地,推着婴儿车散步时自己的步子变得轻快起来。考虑一下买一个婴儿慢跑车或者是专用手推车,把它和自己的自行车绑在一起,这样就能安全地带着小宝宝出去骑车锻炼了。

如果孕妇生产没有什么并发症,不超过六周医生就会同意其去参加更有活力的运动,例如游泳、慢跑、举重等。但需要保证的就是慢慢地、一步一步地开始做这些运动。孕妇的腹部肌肉因怀孕被伸展过了,那就意味着它们不能像怀孕之前一样支撑其后背了。在开始其健身计划之前,还是应该先征求医生的意见。

产后锻炼能让人感觉更好,但是不要期望它能加速自己的减肥进程。这项研究是不确定的,但是,它表明,如果生完孩子之后吃得和平常一样并且参加锻炼,则和那些不锻炼的女人一样要经过同样的减肥过程。换句话说,仍需要半年到一年时间才能恢复到怀孕之前的体重。但是,生完孩子后的女子能更快地恢复有氧锻炼和健康。

三、婴幼儿的健身锻炼指导

婴幼儿处于人生的最初阶段,这一时期又分为三个时期:婴儿期(0～1 岁)、幼儿期(1～3 岁)和学龄前期(4～6 岁)。从小开始锻炼对于增强身体素质,奠定日后的健康体魄极为必要。婴幼儿尚无自主意识,他们的锻炼全靠父母加以实施,其主要途径有两条,一是充分利用大自然赐予的空气、阳光和水,二是开展适合于婴幼儿生理发育水平的简单运动。

1. 婴幼儿健身锻炼的内容与手段

(1)空气浴:使婴幼儿全身裸露,以接受大气的抚摸。在寒冷的早春和冬季宜在室温 18～20℃的房间里进行;夏秋季节气温较高,可选户外避风处实施。做空气浴的时间宜先短后长,每次可由 7～8 分钟渐渐增加到 15～20 分钟。不足 9 个月的婴儿每天以一次为宜,9 个月后可增加到一天 2 次。空气浴有利于提高身体素质,改善皮肤营养状态,促进新陈代谢和血液循环。

为配合空气浴,应常将婴幼儿抱到户外去呼吸清新空气。当室外气温在 10℃以上时,足月儿在出生后一星期,未成熟儿在出生后一个月就可抱到户外溜达,每次约 10～20 分钟。当室外气温不低于 5℃时,健康的足月儿也可在室外呆上 10～20 分钟。随着婴幼儿的成长,对室外气温可要求逐步降低,在外时间也可适当延长。

(2)类日光浴:婴幼儿的日光浴概念不同于成年人,务必选择在阴处进行,或者让柔和的阳光穿透玻璃后再进行日光浴。出生 3～6 个月的婴儿应选择 20～30℃的气温环境,每次以 2～10 分钟为限,完毕后用 30～35℃的温水冲洗全身。时间最好安排在上午 9～11 时或下午 2～4 时。出身 6～12 个月的婴儿则应选择 12～20℃的气温环境,每次以 6～12 分钟为限,完毕后用 32～36℃的温水冲洗全身。这样既可避免阳光中紫外线的有害影响,又可增进血红蛋白数量,有利于皮肤中的固醇类物质转化为机体成长所需的维生素 D。

(3)温水浴:利用水的物理、化学性质使婴幼儿获得体质上的锻炼。由于婴幼儿出生前一直生活在羊水中,因此,只要水温适宜,他们都愿意水浴。对周岁内的婴儿,水浴时水温应以 36℃为宜,方式以盆浴为主,辅以轻柔的擦浴,即孩子浸泡在水中,使水温水压作用于机体,然后仔细洗净皮肤。因浴后毛孔扩张,应及时用浴巾把婴儿包裹起来,并擦干身体,穿上衣服,防止着凉。

(4)赤足行走:人的脚部皮肤分布着大量血管和神经末梢,经常搀扶婴幼儿赤足行走,能使足底肌肉群受到很好的按摩,有利于防治足癣、鸡眼和软组织炎症,同时也可减少足底出汗,提高机体对外界环境变化的适应能力和增强皮肤的温度调节功能。相反,让娇嫩的双脚成天裹在汗气潮湿的鞋子里,只能有损健康。另据日本学者证实,赤足行走不仅能锻炼踝关节的柔韧性,而且能有效防治扁平足。正因为如此,日本国内已有相当多的教育机构正在大力推行"赤足运动",并且取得了显著成效。所以,在生活水平日益改善的今天,家长们更有必要从婴幼儿的成长特点出发,有意识地鼓励孩子赤足在床铺或草坪、沙滩等处行走嬉戏,以促进身体健康。

2. 婴幼儿健身锻炼注意事项

(1)婴幼儿缺乏独立锻炼的能力,健身锻炼要在成人的引导下进行。

(2)婴幼儿的身体各器官、系统远未发育成熟,在身体锻炼时不宜进行持续时间过长的激烈运动。

(3)婴幼儿时期竞争意识发展较快,可安排某些游戏性竞赛活动。

(4)婴幼儿自我控制能力差,锻炼时要特别注意安全监护。

上述各项锻炼应遵照循序渐进的原则,做到因人而异,持之以恒。在此基础上,也可增加一些必要的为婴幼儿所能接受的启蒙游戏和简单运动(如幼儿体操)。

第五节　形体修塑人群的健身指导

一、形体修塑的原则与技巧

如果说身体局部过胖或者不良体形体态的修塑有什么秘诀和技巧的话,那就是必须遵从以下几条基本的训练原则。

(1)全面(身体)训练与专门(体形修塑)训练相结合。

(2)全身(整体)训练与局部(体形修塑的某部位)训练相结合。

(3)有氧训练与无氧训练相结合。

(4)负荷训练与徒手训练相结合。

(5)肌力训练与伸展训练相结合。

(6)突出弱势部位训练与兼顾优势部位训练相结合。

(7)循序渐进训练与区别对待训练相结合。

(8)系统训练与不间断训练相结合。

(9)科学综合训练与饮食调控相结合。

此外,不论是矫正不良体型体态,还是减缩局部多余脂肪,一般都是先全身,后局部;先有氧,后负荷(混合或无氧训练);先大肌群,后小肌群。并制定出科学的训练计划和明确的阶段目标,再加上坚强的毅力和持久的恒心,才能获得事半功倍的锻炼效果。可是又出现了一种全新的观点,认为先进行无氧训练,可率先动用身体的肌糖元,接着再进行有氧运动,即可动用脂肪酸。但不论是先进行无氧训练还是有氧训练,只要做好充分的准备活动和放松整理活动,对身体都会有益无害。

二、人体不同部位肥胖的修塑技法

人体多余的能量通常以脂肪的形式储存在身体的腰、腹、臀等不同部位,人在采用科学的综合训练与饮食调控等方法,特别是有氧训练的基础上,再进行针对性的训练(如局部修塑减肥练习等),每天练习并坚持数周或数月,就可达到减肥的目的。但在运用下面的局部减肥技法时,首先也必须遵从体形修塑的训练原则,否则仅练局部则可能收效甚微。

(一)腹部过胖的修塑技法

1. 仰卧起坐(20 次×4)

(1)仰卧屈膝,屈臂交叉抱肩(也可双手抱头或双臂伸直置于头上方)。

(2)慢慢抬起上体成坐姿,计数 3 秒钟,还原。

(3)重复练习。起坐时脚不离地,可叫同伴用双手压住脚背。

2. 仰卧腿屈伸(15 次×2)

(1)仰卧,两臂伸直在头上方,双手抓住床架或其他固定物体。

(2)收腹举腿,与躯干成直角。

(3)屈膝大腿贴胸。

(4)双腿下伸还原成(1)的姿势。

3. 收腹提膝(8 次×3)

(1)直立,两手侧平举。

(2)左脚起跳,收腹,右膝触左肘。

(3)右腿放下,同时起跳,收腹,左膝触右肘。

(4)左右腿交替进行。

4. 屈膝两头起(8 次×3)

(1)仰卧,两臂在头上方伸直。

(2)收腹起坐,同时屈膝,两臂前摆至膝部两侧。

(3)还原成仰卧姿势再做。

5. 全蹲跳转(15 次×3)

(1)屈膝全蹲,脚跟抬起,两臂侧上举。

(2)上体不动,膝腿向左右转动或跳起左右转动,使之锻炼腹内外斜肌。

6. 仰卧并腿环绕(15 次×2)

(1)仰卧,两腿伸直并拢,两臂平放于体侧,掌心朝下。

(2)两腿微抬起,由左侧经头部绕向右侧至原位,再练习。

7. 直立转体(20 次×4)

(1)两腿微开立、左右间距 10 厘米,两手侧平举。

(2)下肢站稳不动,以腰部为轴左右转动,脚跟不得离地。

8. 仰卧交替举腿(15 次×2)

(1)仰卧在垫子上,两手抓住固定物体,两腿并拢伸直。

(2)一腿上举至躯干垂直部位,放下脚跟不触地。

(3)另一腿作同样练习,交替进行。

(二)腰部过胖的修塑技法

1. 俯卧两头起(15 次×2)

(1)俯卧在垫上,两臂在头前伸直。

(2)抬头挺胸,臂后振,同时两腿向上方摆动,使胸部和下腹同时离垫。

(3)还原成俯卧姿势。

2. 胸腰波浪(15 次×3)

(1)跪撑、低头、弓背、肩后缩。

(2)屈肘、蹋腰、胸轻微触垫向前滑动,然后伸直手臂,抬头、挺胸。

(3)弓身向后滑动成(1)的姿势,再重复练习。

3. 仰卧转体(15 次×4)

(1)仰卧,两臂屈肘于胸前,两腿屈膝,大小腿折叠,脚稍抬起。

(2)两脚并拢向左转,尽量让脚部触地。同时上体带动两臂向右扭转。

(3)上下肢换一个方向扭转一次。

4. 左右侧屈(20 次×3)

(1)左右开立同肩宽,上体正直,两臂下垂放于体侧。

(2)上体右侧屈,体不前倾,右手尽量下伸摸膝外侧下方。

(3)换一个方向,上体左侧屈,左手摸左膝外侧下方。如此左右交替练习。

5. 上体绕环(15 次×2)

(1)坐在垫子上,两脚并拢伸直固定,两臂伸直上举。

(2)上体前倾由右向后、向左、向前匀速做绕环运动。

(3)换一个方向再做一次。顺、逆时针方向交替进行。

6. 俯身侧起(15 次×2)

(1)俯卧,腹下部位置于长凳或跳箱盖上,两脚都用绳带固定或由同伴按住固定,躯干和头下垂。

(2)边抬上身边转上体,眼看上空。

(3)还原后换一个方向再做一次。左右交替进行。

7. 侧卧抬腿(15 次×2)

(1)侧卧,两臂向前平伸,两腿重叠伸直。

(2)使劲抬起双腿向上举,稍停。

(3)还原成(1)的姿势再重复练习。练完一侧规定次数后,再换另一侧练习。

8. 左右体前屈(20 次×2)

(1)两脚左右开立,与肩同宽,两手侧平举。

(2)先向左侧腿做一次体前屈,尽量使手触地或触脚趾。

(3)还原成开始姿势,再向后侧腿做体前屈。左右交替进行。

(三)臀部过胖的修塑技法

1. 弓步送髋(8 次×4)

预备姿势:左膝跪地,右腿屈膝成 90°,两手置于膝盖上。

(1)左腿和臂向前下方移,髋部尽量前送。

(2)还原成预备姿势,再重复练习。左右腿交替练习。

2. 仰卧抱膝(8 次×4)

预备姿势:仰卧,两手放在身体两侧,两腿并拢伸直。

(1)右腿屈膝上举,两手抱膝(尽量靠近胸部),左脚伸直。

(2)还原成仰卧。

(3)(4)同(1)(2)。两腿交替练习。

3. 跪撑后摆腿(8 次×4)

预备姿势:跪撑在垫子上,低头、弓腰、含胸。

(1)抬头、挺胸、蹋腰,左腿尽量伸直后上踢。

(2)还原。还原时腿尽量不要触垫子。

(3)(4)同(1)(2)。8 次后换右腿按左腿方法练习。

4. 腿伸异侧(8 次×2)

预备姿势:身体侧向有靠背的椅子站立,距离约 30～50 厘米,两手抓握椅背。

(1)～(3)左腿屈膝下蹲,右腿在左腿后尽力向左侧外伸展,上体正直、头部左转。

(4)还原成站立姿势。做完 8 次后换至另一侧练习。

5. 仰卧挺髋(15 次×4)

预备姿势:仰卧在垫上,分腿(或并腿)屈膝,两腿间距约同肩宽,两臂伸直平放在身体两侧。

(1)两腿蹬伸,髋部向上挺起,臀部用力夹紧,身体成反弓。

(2)还原,(3)同(1),(4)同(2)。

6. 体前屈(8 次×3)

预备姿势:两脚左右开立,略宽于肩,两手臂放松垂于体侧。

(1)上体前屈,两手撑地,两脚尖内转,脚趾相对。

(2)两脚尖向侧外转。

(3)同(1)。

(4)还原成预备姿势。

7. 俯卧绕腿(8 次×4)

预备姿势:俯卧垫上,手抓垫边,两腿伸直并拢。

(1)上体不动,两腿尽量向上抬起,划弧形向左边放下。

(2)同(1),向右边放下。

(3)同(1),(4)同(2)。

8. 坐姿前振(8 次×4)

预备姿势:分腿坐,腿伸直,两臂屈肘撑地,手指相对。

(1)上体前振,同时两臂屈肘触地。

(2)、(3)上体微抬起,再向前振 2 次。

(4)手臂伸直向前压 1 次,手掌触地,停 2～3 秒钟。还原再做。

(四)腿部过胖的修塑技法

1. 并膝提踵(15 次×2)

(1)坐在凳子上,两腿屈膝并拢,脚踏在地上,两手压住膝盖。

(2)提踵,脚趾用力抵地,双膝用力挤在一起。

(3)两踵轻轻放下,但不完全着地,自然放松。重复练习。

2. 俯卧抬腿(8 次×2)

(1)俯卧,头枕双臂。

(2)双腿抬起离地 15 厘米左右,稍停。

(3)屈膝大小腿成 90 度角,停 3～5 秒种。

(4)腿伸直,然后慢慢放下。

重复练习。

3. 两膝挤球(15 次×4)

(1)坐正,两脚踏实,两膝夹住一个柔软的橡皮球。

(2)两膝挤压橡皮球。

(3)匀速地松开,挤压,再松开,再挤压。如此重复练习。

4. 屈膝触胸(15 次×4)

(1)侧卧平躺,两腿伸直。

(2)屈右膝触胸。

(3)右大腿外展。

(4)向上伸小腿,绷直,然后轻轻放下,不着地。

重复练习 15 次后,换左腿按右腿方法练习。

5. 脚背屈伸(15 次×2)

(1)直背坐凳,两臂伸直撑凳边。

(2)直腿抬平勾腿尖。

(3)直腿绷脚背向上抬 10 厘米左右。

(4)放下成(2)的姿势。

大腿与躯干成直角。左脚练完后练右脚。

6. 站立提踵(15 次×4)

(1)直立,双腿并拢,两手在背后握住椅背或其他物体。

(2)双腿提踵,脚趾用力抵地稍停。

(3)两踵轻轻放下,离地3～5厘米。

重复练习。

7. 屈膝伸腿(8次×4)

(1)半躺在垫子上,两臂屈肘放于体侧支撑上体,屈膝,两脚置地平放。

(2)两膝分开至超过肩宽,脚尖指向身体外侧,一腿屈膝靠向胸部中间,然后外展,弧形伸直还原成(1)的姿势。

另一脚重复同样的动作。

8. 大腿侧抬(4次×4)

(1)直立,两臂侧平举,两肩放松,脚跟并拢,脚尖向外。

(2)左膝抬至左肘,体不前倾,然后还原成开始直立姿势。

(3)左腿直腿侧抬,脚或踝触手(图11-37)。

(4)右腿做(2)、(3)同样动作。动作开始慢些,以免拉伤肌肉。

(五)胸部过胖的修塑技法

1. 直立扩胸(8次×3)

(1)两脚左右开立,与肩同宽。

(2)胸前屈肘抬平,手心向下,指尖相对。

(3)扩胸后振,还原。

(4)两臂经前平举扩胸,还原成胸前屈肘抬平的姿势。

重复练习。

2. 跪撑压胸(8次×3)

(1)跪姿,两膝稍分开,手指相对撑地。

(2)用力下压胸部随之慢屈肘,使胸部尽可能接近垫子,两臂撑起还原。

再重复练习。

3. 站立抬臂(8次×4)

(1)两脚左右开立。左手背贴近左脸颊,肘部尽量上提。

(2)向上伸展左臂,再将左手由后向下画弧放至体侧。重复8次后换手做,动作相同。

(3)最后两手臂同时进行,重复做8次。

4. 直立夹胸(8次×4)

(1)两脚开立,上体正直,肩放松,臂下垂。

(2)臀部后移同时收胸,两肩前移尽量靠拢夹紧。挺胸,两肩后移尽量向后靠拢。还原。重复练习。收胸时胸肌尽量夹紧,挺胸时两肩用力后收。

5. 俯卧抬头挺胸(8次×2)

俯卧,双手交叉置于脑后,头部和胸尽量向后上方抬起。还原再做。

6. 反撑挺胸(8次×2)

(1)背对椅子(或其他稳定物体),双脚分开站立。

(2)双手在背后握住椅背,慢慢下蹲,然后站起,胸部尽量前挺。还原,重复做。

7. 跪撑转肩(8次×3)

(1)直体跪,上体前屈,左手撑地。

(2)右臂先伸至左侧腰部,再回到右侧并尽量向右侧后上方伸举。

重复做8次,换左手做,动作相同。

8. 俯卧抬臂(8次×2)

(1)俯卧,右臂前伸,左臂放在体侧伸直。

(2)两臂同时向后抬起,还原,做8次后,将左臂前伸,右臂放在体侧,做同样动作。

(六)臂部过胖的修塑技法

1. 直臂内旋外转(8次×4)

预备姿势:两脚开立与肩同宽,身体站直,双手持哑铃垂于体侧,拳心向内,离身体15~20厘米。

(1)两臂同时外转超过90°。

(2)接着两臂同时内旋超过90°。

(3)同(1),(4)同(2)。

2. 直臂后举(8次×2)

预备姿势:右腿直立,左腿微屈,脚跟抬起,双手持哑铃置于身体两侧。

(1)双臂斜后拉至极限,拳心相对。

(2)大臂不动,小臂前屈,提铃至胸前两侧。

(3)大臂仍固定不动,小臂后伸,还原成(1)的姿势。

(4)慢慢还原成预备姿势。

3. 仰卧头上拉(8次×4)

预备姿势:仰卧,下背部贴紧垫子,两腿屈膝平放,手持哑铃直臂上举。

(1)微屈肘慢慢地把哑铃放在头顶上方,使哑铃微触地面。

(2)双手向上拉起哑铃,还原成预备姿势。

(3)同(1),(4)同(2)。

4. 颈后臂屈伸(8次×2)

预备姿势:一腿微屈,一腿直立,挺胸收腹,双手各持一哑铃,举至头上方。

(1)两臂屈肘向头后弯曲,使哑铃一端触背部。

(2)两臂用力向头上方拉起还原成预备姿势。

(3)同(1),(4)同(2)。

5. 俯卧臂伸展(8次×3)

预备姿势:俯卧,保持髋部贴紧地面,两手持哑铃置于体侧,拳心向下。

(1)直臂向上方举到极限,销停。

(2)还原成预备姿势。

(3)同(1),(4)同(2)。

6. 单臂屈伸(8次×2)

预备姿势:一腿稍屈,另一腿支撑直立,收腹挺胸,左手持哑铃置于颈后,肘关节向头上方,右手抵住哑铃手臂的肘部。

(1)慢慢抬起持哑铃的前手臂于头顶上方。注意上臂保持静止状态不动,右手仍用力挡住肘部。

(2)还原,(3)同(1),(4)同(2)。

7. 屈体臂屈伸(8 次×3)

预备姿势：上体前屈与地面平行，双膝微屈，两臂屈肘持哑铃置于胸前，拳心相对。

(1)手臂用力后拉至最高点，拳心向上。

(2)还原成预备姿势。

(3)同(1)，(4)同(2)。

8. 仰卧臂屈伸(8 次×2)

预备姿势：屈腿仰卧，两臂伸直上举哑铃，拳心相对。

(1)慢慢屈臂，直到哑铃轻触前额为止。

(2)肘部保持不动，慢慢将哑铃举起成预备姿势。

(3)同(1)，(4)同(2)。

(七)膝部过胖的修塑技法

1. 单腿外展(8 次×2)

预备姿势：坐姿，两手撑于臀后外侧，挺腰直背，头正眼平视，左腿向前平伸，右腿屈膝。

(1)左脚背绷直，同时将左腿向外侧转动，膝关节朝外，并将腿抬离地面 15 厘米高左右。

(2)接着将左腿尽可能地向外侧移展。至左腿无法再继续移展时，将其在原高度的基础上再提高几厘米，然后回至原位(即到(1)姿)。但仍需保持离地 15 厘米的高度。

(3)随后左腿再从(1)到(2)重复做 8 次×2。间歇时间 15 秒钟。左腿练习结束后，再以同样的方式练习右腿 8 次×2。间歇时间 15 秒钟。

2. 屈膝外旋(8 次×2)

准备姿势：两脚左右开立伸直，略比肩宽，两手五指自然分开，分别抓握左右膝盖，眼看膝部。

(1)两腿屈膝至大小腿夹角成 150～170 度，身体重心下降。

(2)上动不停，两膝前送，弯屈程度超过脚趾。

(3)两膝外旋至极限，随之双腿伸直，还原成(1)的姿势。再重复 8 次×2。

整个动作要求连贯、匀速。动作过程中，两手用力抓捏膝盖。

这两节操每天练习 5 次，每次 2 分钟，2 个月就能见成效。

第六节　体态矫正人群的健身指导

一、颈短的矫正技法

颈短，欲称“搓脖子”，看上去与人整体的比例不相称，不但有损于外形的美观，而且影响颈部运动，使头的活动不够灵活，甚至引起颈椎损伤或骨质增生等病症。

颈短主要是由于颈椎间韧带弹性差，或是颈部皮下脂肪较多，颈部肌肉群的力量差，不能将颈椎有力地支撑住的缘故。因此每天坚持做下列活动 2～3 次，加强颈肌的力量和颈椎间韧带的弹性，是可能将脖子变长一些的。

1. 两足左右分开站立，头屈伸，转动，绕环

可消除颈肌周围脂肪，增强颈部肌群力量，拉引颈肌韧带，提高颈部的灵活性。

1～4 拍：向前屈 2 次(低头)，向后屈 2 次(抬头)。

5～8 拍：向左侧屈 2 次，向右侧屈 2 次。

9～12 拍：向左转 2 次，向右转 2 次。

13～16 拍：头由前向左、后、右绕环 1 周。

17～20 拍：头由前向右、后、左绕环 1 周。

要求：肩部放松。在头做动作时，颈肌群放松，两臂自然下垂。作时速度稍慢一点，幅度大一些。

1～20 拍为一组，每次共做 10～20 组。

2. 头颈上伸

可拉引颈肌群及颈椎间韧带。

1～2 拍：在头顶上方悬挂一作业物，起踵并尽量伸长脖子，用头顶接触作业物，勿抬头或低头。

3～4 拍：还原。

要求：上体直，尽量伸长颈肌，勿耸肩。还原时放松。

1～4 拍为 1 组，每次共做 10～20 组。

此外，还可 2 人 1 组，短颈者仰卧或坐在椅子上，两手伸直用手抓住下边坐板，另一人两手托短颈者两腮侧，轻轻向上提，然后慢慢放松，帮助短颈者做伸颈动作。

二、脊柱侧弯的矫正技法

(一)脊柱侧弯矫正技法

正常人的脊柱有一系列向前后的正常生理弯曲，而没有向左或向右的弯曲，假如脊柱发生了向左或向右的弯曲，那就是脊柱侧弯。这种畸形，在脱掉衣服时，就会看得很明显，天热只穿一件背心或薄的衬衫时也会被人们清楚地看见，在一定程度上影响体形的健美。

脊柱侧弯初起时，由于骨骼和韧带还没有发生异常的变化，这一时期做矫正体操效果最显著。侧弯发生较久后，由于一侧的肌肉韧带松弛；另一侧发生萎缩，矫正起来就不如初起时那样快。侧弯发生更久时，脊柱骨本身往往也随着变了形，有的椎骨一边厚一边薄，矫正起来就更困难了。不过，青少年如果能长期坚持做矫正体操，还有可能防止畸形再发展，或使脊柱在发育过程中长得直一些。

青少年的脊柱侧弯，以脊柱中段凸向右侧者居多，下面就针对这种侧弯介绍一套简易的脊柱侧弯的矫正体操。

1. 仰卧挺胸

准备姿势：仰卧，左手用力向上伸，右手用力下伸。

动作要领：挺胸，同时抬起肩部，吸气，放下时呼气。

2. 仰卧举腿

准备姿势：同上节。

动作要领：右腿伸直抬高 60°左右，呼气，放下时吸气。

3. 仰卧弓身

准备姿势：同上节，只是右下肢屈曲，足踩床(垫)面。

动作要领：抬起腰部和臀部，吸气，放下时呼气。

4. 侧卧弯起

准备姿势：向左侧卧，左手用力向上伸，右手用力向下伸。

动作要领：抬起头部、肩部和胸部，呼气，放下时吸气。

5. 侧卧举腿

准备姿势：同上节。

动作要领：右腿伸直抬起，同时呼气，放下时吸气。

6. 俯卧挺身

准备姿势：俯卧，左手向上伸，右手向下伸。

动作要领：抬起头部、肩部、上胸部和左手，吸气，放下时呼气。

7. 俯卧举腿

准备姿势：同上节。

动作要领：右腿伸直抬起吸气，放下时呼气。

8. 俯卧两头起

准备姿势：同上节。

动作要领：抬起头部、肩部、上胸和左手，同时右下肢伸直抬起，吸气，放下时呼气。

（二）脊柱侧弯矫正技法的作用

脊柱侧弯矫正技法的作用，在于重点加强脊柱凸出一侧的肌肉，逐渐把侧凸的脊柱拉直。这套操就是重点加强右侧的躯干肌肉。矫正体操的准备姿势和动作，要求左手用力向上伸展而右手用力向下伸直，这样脊柱两侧的肌肉活动就不对称，右侧紧张而左侧松弛。在这一姿势下做背部肌肉锻炼，就可把作用集中到右侧脊柱肌肉，达到矫正侧弯的目的。

在一侧的髋部用力时，可以使同侧的腰腹肌肉紧张，从而达到锻炼和矫正作用。

第 1 节和第 6 节，对胸部脊柱的作用大一些，第 2、3、5、7 各节，对腰部脊柱的作用大一些。

第 4 节全面地锻炼了躯干右侧的肌肉，第 8 节则综合了 6、7 两节的动作，这两节做起来较吃力，作用也较强。

这套操，脊柱中段凸向左侧者也可用，但在练习时必须把各节的左右方向全部颠倒过来。否则，不但无益，反而使畸形加重。

做操时，动作要缓慢平稳，每个动作做 3～5 秒，每一节重复两个 8 拍，逐渐增加到重复 4 个 8 拍。各节中间可适当休息。体力强的，做完全套还不太累时，可以选择某几节动作完成后再停住 10～30 秒，以增加运动量，提高矫正效果。此操每天要进行一次，一般要做几个月到几年，可获疗效。

除了定期做矫正操外，还要注意经常保持较好的动作姿势。有脊柱侧弯的青少年，两个肩胛不一样平，胸椎突出的一侧肩胛比凹陷的一侧高些，因此，在背书包、挎包或提重物时，都要用肩胛低的一侧来做，以使对侧的胸背肌肉用力，起到锻炼和矫正的作用，同时，可常进行体侧、体转练习，这样效果更佳。

三、背部畸形的矫正技法

（一）驼背预防技法

年轻人若含胸驼背，不仅无精神，而且大有碍于体型的健美。那么，怎样预防驼背呢？

驼背首先是由于背部肌肉松弛引起的。有许多身体练习可以加强背部肌肉，有助于防止驼背。如人人都能做到的单杠引体向上练习，特别是双手宽握上拉至后颈部触杠的练习，就能很好地发展背部和肩部的肌肉。

预防和矫正驼背最重要的是要经常注意保持正确的姿势。靠墙站立，使后脑壳、双肩、臀部和脚跟贴墙，尽可能长时间地保持这种姿势。每天练习几次，即是一种很有效的预防和矫正法。

让少年学会做各种平衡练习(如在窄平衡木、平衡木或方木上来回走动)，注意姿势，是效果更好的预防措施。这样做不仅心理因素起作用，而且生理因素也起作用——使躯体保持正常姿势的肌肉得到增强。

下列练习有助于矫正(取决于年龄大小)非病理性驼背。

(1)双手背后叉握，尽力上提至肩胛骨，用力顶住后背，头后仰。

(2)仰卧，双臂侧平放，上体挺起，成后脑壳和臀部撑地的姿势。

(3)跪立，两手抓住脚跟，胸前挺，头后仰。

(4)俯卧，双手叉握放头后，两脚固定。上体和头尽量向后上方抬起，两肘同时张开上抬。

(5)坐在椅子上，双手叉握放头后，胸部用力向前挺，头后仰。

(6)仰卧，用手(靠近头部)和脚支撑，做“桥”。

(7)背对墙站立，头后仰，前额触墙。

上述练习每天做 2～3 次，每次 3～4 个，每个重复 12～15 次。

这些练习的主要作用在于加强背部和肩颈部肌肉，从而帮助人保持正确的姿势。

(二)驼背矫正技法

青少年驼背(圆背)畸形，即影响体型的挺拔健美，又在一定程度上妨碍心肺的发育，容易疲劳，不耐久站久坐。至中年以后，还容易腰酸背疼，不能负重，给一生工作、生活带来困难。

青少年驼背，多数是因平时经常低头、窝胸的不良姿势引起的，比如看书写字时身体趴在桌上，使用过矮的桌椅，经常用肩背杠过重的东西。在这种情况下，脊柱前面的韧带就紧紧收缩，后面的韧带和肌肉就得放松，日久天长，背部肌肉就会变得松弛无力，形成姿势性的圆背。不及时矫正，发展下去，脊柱骨就可能出现结构性的改变，成为严重的驼背，再矫正就困难了。所以在刚刚出现圆背后，就应该尽快矫正，不能任其发展下去。

青少年时期，身体的可塑性较大，既容易因不良姿势引起驼背，又容易纠正不良姿势，矫治驼背。年龄愈轻，驼背愈容易矫正过来。最简单的方法是每天用一根木棍夹在背后两肘弯处，挺胸行走 5～10 分钟；或双肩后挺，将两手互握于背后腰际，每天步行 5～10 分钟；或头上顶书包行走 300～400 米；或单杠上做颈后上拉等，坚持锻炼，即可收到效果。青年人姿势性驼背的预防和矫正，还可采取以下两种方法矫正：

1. 习惯养成法

(1)注意端正身体姿势。平时不论站立、行走，双眼要向前平视，胸部自然挺起，两肩向后自然舒展，不窝胸弯腰。坐时脊背挺直，看书写字时不要过分低头，更不要趴在桌子上。

(2)使用合适的桌椅和用具。身高增加，相应增高桌椅；睡觉时的枕头不宜过高；视力不好的，及时配戴矫正视力的眼镜，等等。

(3)在身体还在发育的青春期内，不宜经常搬扛过重的东西。如挑、扛麻袋时，不要装得过满过重，尽量减少脊柱的过重负担。

(4)睡硬板床。上床后、入睡前,在背后垫上高枕头,全身放松,让头后仰,活动15～20分钟上。早上起床前再做1次,每天坚持。

(5)坚持做矫正驼背的医疗体操。这主要是为了增强伸背挺胸的肌肉力量,调整身体前后方肌肉的力量平衡,纠正圆背。同时练习扩胸运动,可以增强两肩的肩胛骨向后靠拢的力量。

2.体操矫正法

下面介绍的几节矫正圆背的体操,可以全做也可选用一部分练习。

(1)挺胸运动。仰卧,用枕部和两肘支撑,挺起胸部,同时吸气,放下时呼气。

(2)抬头运动。俯卧,两手置体侧,抬起头部及肩部,同时吸气,维持10秒钟,放下时呼气。

(3)后举运动。俯卧,抬起头部和上胸部,两臂伸直向后举起,双腿尽量上抬,同时吸气,放下时呼气。

(4)扩胸运动。站立,两臂前平举,然后分别向左右挥摆,作扩胸动作,要求抬头,挺胸,收腹,踮脚。

(5)挺背运动。站立,两手轻靠在臀后,两肩及两上臂向后上方提拔,头同时向后仰,做挺背动作。

(6)拱背运动。仰卧,以双脚、双肘和头五点支撑,做上挺动作,挺时吸气,放下时呼气。

以上体操,每天早晚各练一次,长期持续进行。

四、肩部畸形的矫正技法

(一)两肩不平的矫正技法

造成两肩不平的主要原因是,经常用同一侧的肩挎背包、书包或肩杠、手提重物,使一侧肩关节周围的软组织长时间地处于紧张状态,久而久之,致使肩部下肌群紧缩,上臂肌群拉长而成斜肩。如果不及时纠正,还会进一步引起颈向一侧歪斜,甚至造成脊柱向一侧弯曲等病症。除负重不平衡导致肩不平外,在日常生活或运动中,不注意保持正确的姿态,如站立时爱用一只脚支撑身体,坐或走路时,上体时向一侧弯倾,这样久而久之因脊柱弯曲也会使肩一侧下垂而不平。

在青少年时期,及早预防两肩不平是十分重要的。除进行全面锻炼,增强身体素质外,平日还须养成良好的生活习惯。比如,用两肩或两手轮流挎拎书包,提重物或扛重物,使两肩肌群轮流承受压力,有张有弛。挎包的背法也可斜肩背,或背后双肩背。负重的重量要少一些,不要过重。在坐、站、走、跑时,要注意姿势端正,美观大方。运动时则要注意正确的锻炼方法。

如果已经形成斜肩,在骨化前及早矫正还比较容易取得效果,骨化后就比较困难。轻微的斜骨,容易矫正,而严重的就困难了。下面介绍几种预防和矫正的方法。

(1)两臂侧平举,向内和内外交替绕环。开始向外绕小环,逐步绕中环,至绕大环,四八呼后再向内绕环四八呼。可增强肩臂肌肉群及胸、背肌肉群的力量,加快这些部位的血液循环。做时保持侧举绕,内绕和外绕各四八呼为1组,共做3~4组。

(2)两臂侧屈,屈肘,向内和向外绕环。动作同上节。所不同的是,要加大肩绕环的幅度,由侧向前、向上、向侧后绕环,由小逐渐放大。做时上体注意保持正直,主要靠肩部运动。做四入呼后换另一方向作。内绕和外绕各四八呼为1组,每次共作3～4组。

(3)两肩轮流上提,一肩提两次后换另一肩上提。作四八呼为1组,共作3～4组。可加强肩部的血液循环,使肩部肌群新陈代谢旺盛,增强肌肉力量。做动作时上体正直,单纯是提肩动作,头、颈勿动,肩放松。

要求:做动作时思想应集中,用力协调,放松,速度由慢渐快,幅度从小到大,呼吸自然。

如果用作矫正,则针对肩歪斜一侧增加锻炼次数,甚至可以手握最轻量的物品做。但另一侧也要做,只是次数减少一些。

(二)肩太窄或太宽的矫正技法

1.肩太窄的矫正体操

肩是人上体的主要组成部分之一,肩宽窄适度,与人体总身高的比例匀称协调,可显得开阔、稳健而有朝气,突出体型的曲线美。如果肩太窄,则给人们纤细软弱、无力支撑头颈的感觉;从横面看上体呈"锥状",穿着衣饰显得空旷、拖踏,衬不起来。而且肩狭窄,会缩小胸腔体积,除影响外形美观外,更有害的是限制了心、肺内脏器官的功能。肩还是上肢负重的主要支撑部位,如果肩窄而下溜,会影响日常生活劳动中负重、攀登、上举等动作。

肩带由锁骨和肩胛骨组成。肩的宽窄与锁骨和肩胛骨的平正有关。肩狭窄的根本原因是,锁骨和肩胛骨(肩胛带)周围附着的各肌肉群(如三角肌、胸大肌、背阔肌、斜方肌等)不发达而无力,使锁骨和肩胛骨远端下垂,另一个原因是两个横面的肌肉发育不平衡,前紧后松弛而形成扣肩凹胸。锁骨及肩胛骨的长短大小,除先天的遗传因素外,与后天缺乏锻炼,不注意保持正确姿态,也有重要关系。

要使窄肩变宽,可以通过锻炼,增强上提肩胛骨及锁骨远端的肌肉群,以及胸肌和上背肌的力量,使锁骨得到平正。另外采用增强上臂肌的肌肉群(如三角肌及肱三头肌等)的力量的锻炼方法,加粗这些肌肉群的肌肉体积,使肩两侧隆起,前后增加一些厚度,以改变其外形。为了便于锻炼,可采用下列几种练习和徒手操练:

(1)站立,两臂侧举,下落。可增强三角肌力量。男子可手握哑铃、沙袋等重物,做同样的动作。做时上体要正直,侧举要到位,下落时要加强控制力。做 10～15 次为一组,共做 8～10 组,逐步加快速度。

(2)两足左右分开站立,两臂向内、向外绕环。可发展肩带肌群的伸展性。两臂由内向外绕环 4 次,再向内绕环 4 次,为一组,共做 4～6 组。做时肩放松,臂自然伸直,贴近上体的平面绕,上体和头正直。

(3)两足左右分开站立,两臂侧上举下落,再由上经侧下落。可增强肩带肌群的力量。做时要举到位,下落时要慢慢经侧下落。开始时约二拍时间一动,逐步提高到一拍一动。做 12～16 次为 1 组,每次 3～4 组。

(4)俯卧撑臂屈伸。可增强胸大肌、三角肌的力量。做时身体要平,勿塌腰、耸肩,腿蹬直。做 10～15 次为 1 组,每次做 3～4 组。

(5)臂交替上举。可增强斜方肌和三角肌等肌群的力量。做时上体要正,上举或下落时都要加强控制力。做 10～15 次为一组,每次做 3～5 组。这节练习也可使用拉力器或橡皮条做。

以上 5 节动作可作为一套做,也可以选择几节单独做,但要增加次数,肩、胸、背肌群的锻炼要全面。此外还可以负重做,尤其是男子,手持一定重量的哑铃、沙袋或其他重物,进行负重练习,有助于肌纤维发达粗壮。

如有条件,还可以利用双杠作支撑前行、支撑摆动、支撑双臂屈伸,利用单杠做引体向上,或进行爬绳、爬竿,或利用拉力器做前举、侧拉开,可锻炼胸大肌、三角肌、斜方肌、背阔肌等肌群。

除以上练习外，游泳和划船也是窄肩变宽的极好运动。因游泳和划船时上肢活动大，呼吸深而有节奏，可促进肩、胸、背部肌群的发育。

总之，增强肩、胸、背部肌群的锻炼方法很多，可根据自己的体质、性别和条件进行选择。

刚开始锻炼时，可从徒手操做起，逐步加负重，持之以恒，就能获得明显效果。但须指出，锻炼时要注意配合全面锻炼，如跑、跳、打球等，只有在改善整体健康的基础上，才能奏效快。如果单纯为肩宽而狠练几块肌肉，就会欲速则不达，甚至会使其他部分的功能受到限制。另外做完练习后，必须及时做放松肌肉的练习，缓解肌肉的紧张状态，以免肌肉僵硬而影响血液循环。

2. 肩太宽的矫正体操

肩太窄影响人体健美。同样，肩过宽，超过总身长和胸厚的比例，则不能突出胸的曲线美，穿衣时肩部架起空荡而不显曲线，外形也一样不美观。

肩过宽的主要原因是，肩胛带较长，锁骨远端上翘，上肢肌肉群周围的脂肪肥厚。另一个原因是平时偏重于肩带肌和臂肌群的锻炼，而又不得法，使其体积粗大、僵硬。如果在青少年时期，及时采用正确的锻炼方法，使肩带肌群及上臂肌群拉长，缩小肌细胞和肩部脂肪的体积，可以改善肩过宽的现象，而且使肩部肌肉丰满有力而圆润美观。下面介绍锻炼肩带肌，增强其弹力的方法：

(1)两臂肘侧屈，手腕向内屈置于肩上，两足左右开立。

1～4 拍：两肘慢上举，吸气。

5～8 拍：两肘慢下举，呼气。

要求：以肩为主做动作，上体正直，要慢做，下举时尽量向下沉。

1～8 拍为 1 组，每次共做 8～12 组。

(2)两臂侧屈肘，同上节的准备动作。

1～4 拍：两肘带肩由侧向前、向上、向侧慢绕环。

5～8 拍：两肘带肩由侧向上、向前、向下至侧慢绕环。

要求：边意念“缩……缩”，边动作，动作要很慢，似有阻力。

1～8 拍为 1 组，每次做 8～12 组。

(3)两足左右分开站立。

1～4 拍：两臂由下经侧向上举(掌心向外)至两臂夹耳边，手背相碰，吸气。

5～8 拍：停在 1～4 拍姿态上，闭气。

9～16 拍：臂由上经侧慢慢下落(控制力)，两手侧垂，同时呼气。

要求：侧举和下落时要保持臂伸直，上体要正，勿前倾、缩颈、低头，在动作过程中要保持平面。幅度要大，要到位，要慢做。

(4)两足前后分开站立，两臂侧平举，从肩关节开始，轮流做侧斜上摆和下摆，臂呈大波浪状。

要求：以肩关节为轴，逐节向上或向下摆动，上体不动，连续做。

做 20～30 次为 1 组，每次做 5～8 组。或不分组，一直做到感到肩臂发酸为止。

(5)臂肩放松。

1～4 拍：两臂由前向上、侧下放松绕环 4 次。

5～8 拍：反绕环 4 次。

9～12 拍：两臂自然伸直，左、右手轮流上伸。

13～16 拍：上体放松前屈。两臂松弛前下落，前后摆动。

要求：做动作时全身要协调、放松，不要用力。

1～16 拍为 1 组，每次做 4～6 组。

在坚持慢做动作的过程中，容易引起肩带及臂部肌肉群发酸，这是因为肌纤维承受的阻力和紧张程度较大，同时消耗能量较多，血液供应暂时不足等缘故。因此，在做完上述练习后，必须做放松肌肉练习，及时缓解肌肉的紧张程度，使血液循环畅通。

五、胸部畸形的矫正技法

女性丰满的胸脯是曲线美不可缺少的组成部分。男性强健隆起的胸部则充分显露着阳刚之美。

胸部形态以骨性胸廓为基础。骨性胸廓由 1 块胸骨、12 块胸椎和 12 对肋(肋骨和与之相连的肋软骨)借助韧带连结而成。其中 12 对肋呈向前和向外的弯曲状，使得胸廓内空加大，以保证胸腔内脏器官的良好发育。由于胸廓的存在，再加上宽大的胸大肌的覆盖，胸部就显得丰满、前挺。丰满而富于弹性的胸部。除了能显示健美体形、曲线美、阳刚美之外，还是强健体质的一种表征。

胸部健美与否，可通过目视和测量胸廓来衡量。根据胸廓前后径和横径的大小，一般可将胸部形态分为正常胸、扁平胸、桶状胸、鸡胸、漏斗胸、不对称胸等。如胸前后径与横径之比约为 3∶4，胸骨较平，胸肌结实而丰满，即为正常胸。如胸部平坦，胸背径较小，胸背径与横径之比明显小于 3∶4，则为扁平胸。扁平胸说明胸廓发育不正常，会影响胸腔内脏器官的发育和机能，同时也表明胸肌不发达。如胸背部特别外突，胸背径过大，则为桶状胸。此形态貌似肌肉发达，实际是胸廓发育不正常和各部肌肉发展不均衡。对女性来说，桶状胸尤其缺乏美感。如果胸骨突起程度过大，则形成鸡胸。如果前胸是凹陷状，则呈漏斗胸。如果胸部左、右两侧发育极不均衡，则称为不对称胸。以上四种形态均为不健美形态或畸形，可通过矫形操进行矫正。

(一)不对称胸的矫正技法

不对称胸的形成有先天性和后天性两种。先天性不对称胸一般是因神经或血管的病理性原因，造成一侧骨骼、肌肉发育不良。对于这种畸形，只通过矫形操来进行矫正，效果不明显。必须先进行临床诊治，然后在康复医生指导下采用综合性手段，其中包括矫形操锻炼，以获得对身体的康复和形体的矫正。后天性不对称胸形成的原因较复杂，有的是因为佝偻病后遗症，有的是职业特点所致，有的则是由于神经或者血管的病理性原因等等。对于病理性原因造成的不对称胸，应该先诊治，再进行康复矫形。对于后遗症、职业特点或不良习惯所致的不对称胸，可以直接进行矫形操练习和健美训练。这种练习应以加强弱侧的训练为主。有些女孩子出于害羞，对不健美形态或畸形讳莫如深，消极掩饰，这是可以理解的。但切不能讳疾忌医，而应主动找医生诊治。

下面介绍一套矫形操，它既可成套按顺序做，也可以选择性地单节组合做；既可弱侧单独做，也可以两侧以不同负荷同时做。练习者可视训练效果，随时进行内容、组合、数量和时间的调整。此练习进行一段时间后，最好与健美练习配合起来做。

(1)持铃摆臂：站立，两脚同肩宽，手持哑铃连续做前后摆臂。

(2)持铃绕环：站立，两脚同肩宽，手持哑铃连续做前后绕环。

(3)肋木斜撑臂屈伸：斜撑于肋木上，两腿伸直，足趾撑地，抬头、紧腰、收腹。呼气伴随臂弯屈，身体下降；然后吸气伴随撑起。重复数次。

(4)站姿举铃:屈肘,手持哑铃或壶铃于肩上,上举器械至肘充分伸直,然后缓慢还原。重复数次。

(5)仰卧举铃:仰卧于长凳、木板上,或斜卧于木板上,手持哑铃,屈肘。深吸气,臂向上伸直;然后屏气,臂向同侧下方放下,还原。重复数次。

(二)胸部过大的矫正技法

女性健美的胸部应该是胸脯隆起,乳房丰满而不下垂,侧面观有明显曲线。如胸脯过分前突则为桶状胸。胸部过大则往往是桶状胸加上脂肪过厚所致。对此形态,训练的目的主要是减少胸部、乳房部皮下脂肪和胸部肌肉内脂肪成分,以及使此部结缔组织成分相对致密;同时也使肌肉结实有力而便于调节和固定乳房位置。

下面所介绍的胸部健美练习,若以减脂为主时,可以适当增加练习数量和时间;以训练肌肉为主时,可适当加快动作速度。

(1)含胸和挺胸:直立,含胸、低头,挺胸、还原。重复8～16次。可快速做。

(2)含胸低头和挺胸仰头:直立,含胸、低头;挺胸、抬头。重复8～16次。

(3)胸绕环:直立,以腰椎为轴,胸部依前、后、左、右方向绕环,重复4～8次。再做方向相反,动作相同的练习4～8次。。

(4)拉胸:离墙约50厘米,面对墙站立,两脚略分开,两臂上举,抬头挺胸,体前屈两手扶墙。弹性下压,塌腰直膝,使胸部贴墙。重复8～16次。最后保持胸部贴墙姿势停数秒。

(5)胸波浪:直立,两臂上举,手心向前。两臂向前,眼睛看手,稍含胸,脊柱前屈约45°左右;依次做胸上提、挺腰、低头伸颈、抬头,同时两臂做小波浪。重复4～8次。

(6)扩胸:直立。两臂胸前平屈,两手半握拳,拳心向下,扩胸;两臂经前向侧,扩胸。重复8～12次。此练习可持重物做。

(7)提胸:站立,两脚同肩宽,两臂腹前交叉,稍低头,两臂侧上举,抬头,提胸。重复8～16次。可双手持重物做。

(8)振臂提胸:预备姿势同上。两臂下垂后摆;两臂经前上举后振提胸。重复8～16次。此练习可单臂依次做,也可双手同时做,或者手持重物做。

(9)躯干波浪:跪坐,两手前撑。胸部贴沿地面向前依次做躯干波浪式运动,成俯撑状,抬头挺胸;胸部贴沿地面向后依次做躯干波浪式运动,还原。重复8～12次。

(10)双手对抗:跪坐,两臂胸前屈肘,手指紧握另侧前臂。两手相互猛力推动,胸肌紧收。重复8～12次。

(11)俯卧撑:俯撑,两手分开与肩同宽,身体保持挺直,稍含胸收腹。屈臂,两肘不外张,胸部接近地面,再快速发力推起使肘关节伸直。重复10～20次为1组。此练习可通过改变足支撑点的高度,降低或增大强度。每次练习做2～3组。

(12)体前屈提重物:站立,双脚同肩宽,体前屈,上体与地面平行,两手持哑铃或重物,手心向后。上提重物至胸前,还原。重复10～12次为1组,做2～3组。

(13)仰卧扩胸:仰卧于长凳,两手持重物,臂上举,手心相对。两臂向两侧慢慢分开至两臂不能再下降,并使胸部隆起,还原。重复8～16次为1组,做2～3组。

(14)仰卧推举:仰卧于长凳,屈肘,两手持重物,掌心向上。两臂上推,还原。重复8～16次为1组,做2～3组。

(15)双臂屈伸:两手撑双杠或桌子,两手置于高处(高度视练习者情况而定)。屈臂,还原。

重复 8～16 次为 1 组，做 2～3 组。

(三)胸部过小的矫正技法

有的女青年由于营养不良或女性荷尔蒙分泌不畅等原因，致使乳房发育欠佳，几乎没有一点高峰；加之胸大肌群也不发达，几乎呈扁平胸。另外，有的姑娘由于缺乏健美知识，或有封建意识怕羞，平时常有意识地含胸低头，或是缩胸，尽量不使胸、乳房突起，久而久之，也很容易形成小乳房和扁平胸。这不仅有损于形体美，还影响脊柱、胸廓和胸肌群、内脏器官的正常发育。这两种情况所造成的扁平胸、小乳房，都可以通过加强营养和体育健身锻炼，尤其是加强胸部肌肉群的练习，如俯卧撑等使胸大肌发达，促进乳房的发育。其锻炼方法如下：

(1)仰卧挺胸：仰卧在垫子上，两臂侧举，挺胸，停一会儿，再下落。要求尽量抬头，收腹。每次做 20～30 次为 1 组，分 2 组做。

(2)站立含胸挺胸：含胸时两臂内旋，挺胸时两臂外旋，尽量挺胸收腹，抬头。两臂在侧自然放松，以胸为主动。每次做 20～30 次。

(3)跪撑移胸：跪撑在垫子上，屈臂，至胸触地，大小腿保持 90°。臀保持原位，勿前移。以手支重，使乳房尽量下垂，停一会儿，再还原。每次做 10～15 次。

(4)仰卧辅助挺胸：一个人手向后撑并腿仰卧，另一个人分腿立于坐者的两腿外侧，两手托坐者上背部，卧者的胸部提起，同时卧者挺胸抬头，手在侧支撑。停一会儿，放下还原至仰卧。共做 10～15 次。要求坐者挺胸时，尽量收腹。

(5)俯卧辅助挺胸：一人俯卧在垫子上，另一个分腿跪在卧者腿外侧，两手握其小臂，将卧者两臂提起斜上举。卧者挺胸，胸腹不离地，停一会儿，再还原至开始姿势。共做 8～10 次。做完后应放松。

采用以上的运动，可促进胸大肌、肩带肌、背肌的发育，以胸大肌的强壮衬托起乳房，使其丰满起来。

六、腿部畸形的矫正技法

在幼儿时期，站立过早或行走时间过长，或缺乏营养和体育健身锻炼，或病后或伤愈后两腿支撑时间过长，或站立行走姿势不正确等，都可能造成罗圈腿或 X 形腿，有些青少年深为此影响健美而苦恼。其实，青少年尚在长身体的时期，如果能早发现，早做矫正体操，还是有可能减轻或矫正这种畸形的。腿部是否畸形，很容易检验。立正姿势站立，若两腿膝部足部能互相接触则为正常腿；若两腿膝部能靠拢，而两脚不能靠在一起并且相距 1.5～2 厘米以上，就称为“X”形腿；反之脚能靠拢而膝不能靠拢，并相距 1.5～2 厘米以上，则称之为“O”形腿，俗称罗圈腿。下面介绍两套矫正体操，供青少年试用。

(一)“O”腿矫治体操

(1)膝部回转运动：直立，两脚并拢，两手扶膝，做蹲下起立的屈伸运动；然后半蹲，左右交替做膝部回转运动。

(2)膝部靠拢运动：两脚开立，距离 50 厘米左右(高个子可以宽一些)，两手扶膝半蹲，做两膝靠拢运动。

(3)脚跟外展内收运动：直立，两脚平行，做提脚跟运动(提起放下)；然后以脚跟为轴，做脚尖外展内收运动；再以脚尖为轴，做脚跟外展内收运动。

（4）跪坐两腿前移运动：跪坐腿上，塌腰，两脚慢慢向外向前移动，腰部随之渐渐直起。

（5）两腿夹书运动：坐在椅子上，用两脚夹住书本，不使脱落，坚持一会儿。这是增强两腿内侧韧带弹力的有效方法。若腿夹书时用橡皮带把两膝捆住，效果更好。

（二）“X”型腿矫治体操

（1）坐姿压膝运动：坐正，脚掌相合，两手扶膝，轻轻下压。注意脚掌不要分开，膝盖压到不能再压时，坚持一会儿。

（2）坐姿两腿对抗运动：正坐，两臂于身后支撑，用橡皮带或布带系成圈套在脚腕上。两腿伸直抬起，两脚用力向左右分挣。

上述各项矫治运动，只要经常坚持，每天做一两次，每个练习做得认真准确，达到一定的运动量（重复次数应该多一些），就一定能收到良好效果。

七、足部畸形的矫正技法

（一）八字脚的矫正技法

一般人走路，两只脚的脚尖是正对着前方迈步的，大腿和脚掌在同一平面上。但是，有的人走路的姿势和一般人不同，脚尖不是向外，就是向内，大腿和脚掌不在同一平面上。从这种走路姿势的人的两只脚的脚印上看，很像一个“八”字，人们就把这种脚叫做“八字脚”，脚尖朝内的叫“内八字脚”，脚尖朝外的叫“外八字脚”，常见的大多是外八字脚。

有八字脚的人，因为脚尖偏离前进的方向着地，所以步幅比正常走路的人小，走起路来一摇一摆的，动作迟缓。这不但影响身体姿态的健美，而且跑跳时脚掌一侧着力，不能充分利用所有的脚趾蹬地，反蹬力和弹跳力减弱，还影响跑跳的速度和高度，锻炼吃力，劳动工作不便。

有的人的八字脚，是幼年时过早地站立学走路，腿的力量弱，很难保持身体平衡，脚尖就自然地向左右分开，慢慢形成的习惯。有的人的八字脚，则是用不正确的姿势走路，慢慢形成的习惯。既然都是习惯，只要认真注意，肯下功夫，是可以矫正的。

“外八字”脚患者，行走时，每走一步，都要让自己感觉到两膝内侧有轻擦的过程；随时随地选择有直线的地面，两脚正直踩线进行练习，这主要靠在生活中坚持。

“内八字”脚患者，行走时，应让五个脚趾和前脚掌牢牢地接触地面，使脚的外侧部位吃重；随时随地选择有直线的地面，两脚正直踩线行进练习。这同样主要靠在生活中坚持。下面介绍 5 种矫正八字脚的方法：

（1）平时走路和跑步，随时注意使自己的膝盖和脚尖始终对着正前方，不要偏。

（2）在沙土、松土和水湿的地上走过后，检查一下脚印，看看脚尖是否朝正前方，边走边改。

（3）在田径的跑道线上练习走和跑，要求每一步都踩在直线上，或者脚步与直线平行。

（4）反复练习从高台阶上往下跳的动作。这样可使两脚尖被迫并拢一起起跳和下落。

（5）两脚交换用脚内侧连续向上盘踢毽子，或者用脚外侧拐踢毽子。

只要思想重视，坚定信心，经常注意，持之以恒，时间长了就会矫正过来。

但有些严重的“八字脚”，实际上是由臀肌挛缩引起的一种症状。有的青少年症状较重，用一般矫正方法难以见效，而只能通过完全、彻底的松解手术才能达到矫正效果。动手术的最佳年龄在 10～15 岁较理想，年龄太大，挛缩越广泛，甚至出现髋关节挛缩，造成终生髋关节功能受限。故应引起高度重视。

(二)平足的矫正技法

平足又叫平底足、扁平足,就是足弓塌陷,是足部肌肉和韧带的力量薄弱,不能维持正常的足弓姿势引起的。足弓富有弹性,能使足部各肌群均匀地负担体重,还能使肌体在活动时减少震荡,感到轻快省力。所以足弓塌陷形成平足后,走路时容易疲劳,走路多时感到脚痛,不能多走路,也不能长时间站立和搬扛重物;运动时小腿肌肉和膝腰部难以适应,甚至下肢血液循环发生障碍,出现足部肿胀,小腿前面胫肌痉挛。

平足多发生于青少年和儿童。是不是平足,可以自己检查一下,方法是:两足沾水,在地上踩个足印,看看足印内侧中间有无凹陷。要是没有明显的凹陷,就是平足。

造成平足的常见原因有:先天性肌肉和韧带发育不良;经常站立和负重过久,足肌过度疲劳,肌力减退;过分肥胖,足弓不能维持正常;缺乏锻炼,足弓力量不足。

有人曾对一些平足学生进行全身体格检查,发现他们的平足大多属于非病理性的,主要是足部肌肉、韧带力量弱造成的,而且平足程度大多数是轻度的。所以青少年及儿童的平足,只要能及早采取措施,是可以矫正或者减轻的。

矫正平足,目前医学上除了采用矫形鞋治疗外,尚无良好方法,主要还得靠加强体育健身锻炼。通过适当的锻炼,增强足部肌肉和韧带的力量和弹性,消除过度负重和长久站立的疲劳,消耗掉多余的脂肪而减轻体重。适合青少年矫正平足的锻炼方法如下:

(1)足尖走,足跟走,足底外缘着地走,各 1~2 分钟。

(2)两腿前伸,用力勾足尖和绷足尖,并且尽量使足外翻或者内翻,停留 20 秒钟。

(3)足尖向内或向外绕环,做 20 次。

(4)足背弓起,放下,做 20 次。

(5)屈曲足趾,伸直,连续做数次,然后再做用足趾夹起小球、沙袋等小东西的练习。

(6)两足心合抱一小皮球,前后左右揉动,做 20 秒钟。

(7)足踏一圆木棍在地上滚动,做 1~2 分钟。

(8)站立,足前掌用力顶地,足跟提起,放下,连做 10~20 次。

(9)下蹲,足尖着地,足跟抬起,做短跑起跑的预备动作,到足部稍感疲劳为止。

(10)踮足尖跳绳,连续跳 2 分钟。

以上这些体操练习,每天早晚各做一遍,每次 10 分钟左右。轻度平足,连续 3 个月见效。少年儿童矫正快些,青年慢些,只要每天紧持做,至少可以减轻症状,防止平足发展。

游泳时多练蛙泳,也是锻炼足部肌肉的好方法。多参加跳高、跳远、跳绳以及踮足走的舞蹈动作,对轻度平足也有一定的矫治作用。

第七节　青少年增高的健身指导

一、人体增高的科学原理

(一)影响身高的原因

1. 遗传因素的影响

一种观点认为遗传因素是决定人的身高的重要因素,这个要占 70%,且父、母的遗传各占

35%，后天的环境、营养与运动只占30%。持这种观点的科学家占绝大部分。而日本的川畑爱义博士则持完全相反的态度，他经过大量的科学研究和电脑分析得出结论，在影响身高的因素中，后天的作用和努力占67%，先天性遗传因素仅占33%，诸因素的顺序依次是：营养占31%；遗传占33%；运动占20%；环境占16%。他甚至认为遗传因素对身高的影响最多只占20%。但不管是哪一种观点，都一致认为，通过后天的努力，特别是运动、环境、营养能促进人体大幅度增高，由此看来，后天的努力至关重要。

2. 日光作用增强

专家们一致认为阳光是促进生物生长的重要因素，身高与日照率有一定关系。有些地区日照率低，该地区人的身体比较矮小。通过日光等对机体进行反复作用，可以促进人体的新陈代谢，尤其是人体维生素D的生成，对吸收钙质，促进骨骼发育都具有较好的作用。

因此，凡是生长发育中的青少年，为了使体型更健美，要经常坚持在阳光下活动。有些青少年怕晒了太阳，皮肤变黑影响“美”。其实黝黑发亮的皮肤较之细皮嫩肉更显示健康美。

3. 城市环境的刺激作用

城市里文化比较发达，人们从感观上获得的刺激较多，由于刺激脑垂体，使生长激素分泌增加。当前许多国家城市普遍扩大，农村相对缩小，因此，对广大青少年来说，普遍引起生长发育长期加速趋势。

4. 体育健身锻炼和劳动的影响

体育健身锻炼和劳动对骨骼生长的影响是比较明显的。通过体育健身锻炼和劳动，促进骨骼的生长和钙化，增强骨骼力量，促进肌肉长得更丰满、更结实，同时也能增强呼吸系统和心脏的功能。

5. 种族间通婚的影响

过去结婚对象找同乡人，在农村里通婚往往不出方圆15公里，由于受遗传基因因素等影响，大多数子女身体发育欠佳。在我国个别地区因一个家族内通婚，造成儿童矮小，痴呆等。如今，随着交通、文化的发展，地区、种族间来往频繁，通婚率明显增加，使得身高有逐代增长的趋势。据生物学家对家畜进行实验也证明，不同种系杂交所生后代，个子一般比较大，人类也有类似的情况，即父母亲的血缘关系间隔越远，则所生的子女个子就越高大。

6. 生活水平提高

营养供应充足，以及含激素食品增多，这对人的生长发育会起到一些作用。

我国青少年身高、体重和胸围虽然和解放前相比，有很大的提高，但和许多发达国家相比，还有差距。其原因虽然是多方面的，但最重要的是缺乏锻炼和营养供应不足或不均衡(特别是农村的少年儿童，主要是蛋白质不足)。因此，在充分发挥先天遗传的潜力基础上，要充分利用后天因素，使青少年的体魄发育更高大，更强壮。

7. 医疗保健水平的提高

毫无疑问，医学科学的成就，尤其是对影响生长发育的传染病、寄生虫病及一些小儿慢性疾病的控制和消灭，对代代长高也是有积极作用的。

(二)身高增长的基本原理

人体自身的高矮取决于骨骼的长短，尤其长骨(股骨、肱骨等)的增长。

每个人身上都有206块骨头，它们借助关节囊或韧带相连接，构成人体支架——骨骼。

构成骨的成分有无机物和有机物。钙盐约占21.8%，使骨骼坚硬；骨胶元蛋白等使骨具有弹性，约占 28.2%，其余的 50%是水。由于骨骼既坚又韧，所以能承受外界的压力、拉力和扭转力，从而使人体能适应各种体力劳动和运动的需要。

每块新鲜骨的表面还覆盖有一层骨膜，膜内含有神经和血管，骨骼生长发育所需要的营养就是通过这些血管供给的。

骨的生长主要靠软骨的增长。在大腿骨、小腿骨等长骨的两端有骨骺，骨骺与骨干相连的地方有一层软骨板，叫骺软骨，骺软骨细胞不断增殖、肥大，并与钙盐沉淀，就会使骨逐渐加长。

随着年龄的增长，骺软骨增殖速度逐渐减慢，而钙盐沉淀越来越快。人到成年，即性成熟期，男子 20～24 岁，女子 18～22 岁，骺软骨内钙盐沉淀快于软骨细胞的增殖，骺软骨就渐渐钙化了，只留下一条线状的痕迹。至此骺软骨与骨干融合在一起，长骨的长度就不再变化，而脊椎骨还可以继续增长发育，稍有增高。男子到 25～26 岁，女子到 23～24 岁，人体的个头就定型了。因此，少年儿童时期骨的发育状况，决定了人成年后的高矮。

在骨生长发育停止以前，从事体育健身锻炼，能促进人体内各分泌素的调节，使各器官系统发育，并由脑下垂体前叶分泌生长素，促进骨骼、肌肉和内脏的生长，从而使身体长的高大，同时，体育健身锻炼还能使全身血液循环加快，使内脏和肌肉的血液增多，蛋白质供应充分，骨的血液循环得到改善，骨细胞的营养供应得到加强，提高骺软骨细胞的增殖能力，对骨头的生长也十分有利。

俄罗斯专家认为，体育锻炼是影响身高的主要因素。刺激机体内的代谢过程能导致骨组织的加速生长，尤其是各种各样的动力性练习，如纵跳、悬垂、跑步、跳高、跳远、跳绳、跳皮筋、踢毽子、游泳及体操中的大跳步、小跳步等动作，对下肢骨的增长十分有利。而游泳、体操等动作则能加强身体的柔韧性，对脊柱增长有良好的作用。

当然，只有在青少年长身体时期，积极参加体育健身锻炼和加强营养，才能改变其遗传因素，塑造一幅比例匀称而身长适中的骨架。年龄过大，作用就不明显了。因为骨组织中有机物同无机物含量的比例，随着年龄的增长而变化。儿童时期，有机物含量较多，无机物较少，因而具有较大弹性，但不够坚硬，虽不易骨折但易变形。所以，少年儿童从事体育锻炼时，应注意身体全面发展。练习非对称项目时，如投掷、单腿跳跃等，要让对侧肢体也得到锻炼，以防身体不对称发展。同时，还要注意在日常生活中保持良好的坐、站、走、跑的正确姿势，防止畸形。

我们知道骨骼不仅承担了身体的支柱作用，同时也是构成人体运动和活动姿态的根本前提条件。但是，为了使骨骼能够正常发育以及机能健全，肌肉的发育就必须能配合骨骼的成长。肌肉和骨骼的同时与协调发展是增长身高的必要条件，二者缺一不可。

（三）身高增长的一般规律

青春发育期，体重、身高的增长明显加快。一般以身高明显加快的年龄作为衡量青春发育的开始阶段，我国城区男为 12～13 岁，女为 10～11 岁，郊区男为 13～14 岁，女为 11～12 岁。由此可见，城区男子女子比郊区男子女子早一年，女子又比男子早 2 年，而北、中、南部地区差别不明显。脊椎的增长也是跳跃式的，男子 14～18 岁，女子 10～14 岁，这是人生发育的重要阶段，在这个时期锻炼效果最好。

从男少年运动员的青春发育期情况来看，从身高增长有 3 种不同类型。

1. 正常类型

正常类型占多数。他们身高的突增高峰维持 2 年，第 1 年平均增高 9.85cm 左右，第 2 年仍能增长 7.18cm 左右，第 3 年增长渐趋缓慢，第 4 年有 32.5%的青少年身高停止变化。

2. 迅速增高型

他们身高的突增时间只有 1 年左右。虽然这一年的突增可达到 10cm 以上，但第 2 年明显缓慢，第 3 年便有 23%的人身高停止变化，第 4 年几乎大部分人都不长高。

这些青少年由于身高停止早，突增时间短，最后一般都长得不高，平均增长的范围也只有 15cm 左右。

3. 缓慢增高型

缓慢增高型是少数。他们的身高突增可以维持 3 年以上，第 1 年突增 8～9cm，第 2 年仍保持增长 8.5cm 左右，第 3 年增长 6.2cm，第 4 年才缓慢停下来，甚至到第 5～6 年还能增长。他们增长的范围平均在 27cm 左右。

从以上 3 种类型来分析，一般发育早和发育快的青少年，最后未必长得高大；而发育进程缓慢、较弱的，最后却长得较高大。

根据世界卫生组织对青少年生长发育的调查研究，发现人类的生长发育有逐代增高的趋势。

国外文献报道，美国、英国、日本以及其他各国的发育调查发现，生长有长期加速趋势。这种趋势在 19 世纪后期及 20 世纪初期最显著。据统计分析，成年人在 100 年内同年龄比较，身高增加了 10～12cm，平均每 10 年长高 1cm 左右。随着身高的长期加速，女子月经初潮年龄也在不断提高，有的国家统计，每 10 年平均提前 3 个月，有的报道在 50 年内提前 1 年。

我国解放以来，青少年一代发育的加速也非常明显。据北京市 1979 年的调查，男性 11 岁儿童与 1973 年同龄的儿童比较，身高就增加了 5cm 左右，从各地的青少年体质调查结果研究来看，也反应了这种趋势的规律。

(四)身高增长最快的季节和月份

世界保健组织对世界各国进行大量调查证明，儿童的生长速度一年四季并不相同，一年中，春夏两季长得较快，长得最快的月份是 5 月，平均身高增长 7.3mm；10 月份则长得最慢，平均身高增长只有 3.3mm。因此，5 月份被一些专家称作“奥秘的 5 月”。

儿童为什么在 5 月长得最快呢？因为决定人身材高矮，身高增长快慢，除遗传、内分泌、营养、体育锻炼、睡眠及卫生条件等因素外，还与气温、阳光等自然条件有着密切的关系。

5 月前后，大地回春，万物复苏，百花争艳，气候宜人，器官和细胞都空前活跃，增强了生理机能，促使少年儿童在 5 月份长得最快。因此，在此阶段应重视孩子的体育卫生保健，以促进身高的增长。

(1)保证足够合理的营养。孩子在 5 月份生长速度加快，营养物质消耗量相对增加，如果营养供应不足，就会影响生长速度。因此在 4～5 月份，要多给孩子吃一些鱼虾、瘦肉、蛋乳、豆制品及骨头汤等食品。这些食品中都含有一定数量的卵磷脂和赖氨酸，有利于儿童的大脑发育和长高。同时，还应多给孩子吃蔬菜、水果等含维生素及矿物质丰富的食品，保持膳食营养平衡，做到早餐热量要充分，三餐热量分配好。

(2)增加户外活动时间。通过户外活动，接触新鲜空气，接受阳光照射，以促进体内维生素 D 的合成，满足孩子生长发育加快对钙质的大量需求。

(3)加强体育健身锻炼。尤其应该多进行有利于长高的体育健身活动，如跑步、体操、跳绳、踢毽、打球、游泳等，以增强体质和抗病能力。

(4)保持合理充足的睡眠，促进生长激素的分泌。

(5)遵循适量、渐进、系统科学的训练原则,注意全面训练与专门训练的结合,要做到情绪饱满的生活、学习与训练。

二、青少儿增高训练的方法

(一)艾哈迈托夫增高训练法

鲁斯塔姆·艾哈迈托夫是前苏联的著名健美研究专家,他创制的一套长高训练法,科学性很强,效果明显。采用艾哈迈托夫长高训练法时,要注意循序渐进,不可操之过急。同时,要注意训练后的体力恢复。要求训练时,一方面要认真练习,注意交换运动项目,如跑、跳、游泳、柔韧练习交替进行;另一方面,练习后要休息好,尤其要保证睡眠充足。此外,饮食要多样化,多吃含维生素和矿物质的食品,如肉、鱼、新鲜蔬菜和水果、奶制品等。尼古丁、酒精、各种传染病都会妨碍身高的增长。因此,要忌烟酒,讲究卫生,增强身体的抗病能力。艾哈迈夫长高训练的主要方法如下:

(1)慢跑5～7分钟。柔韧和放松练习、劈腿、摆动、抖动18～20分钟。

(2)单杠悬垂,尽量放松身体,两组不带负荷,每组20秒钟,一组带5～10公斤负荷(重物系在脚上)。头朝下悬重(双脚用皮带固定),两组不带负荷,每组15秒,一组带5～10公斤负荷(要注意量力而行)。

(3)跳,双手摸高(树枝、篮板、天花板等)。双腿跳、左腿跳、右腿跳各2组,每组10次。每组间歇5～8秒,换腿时间间歇4～5分钟。要全力起跳,尽量跳得高些。

(4)登20～30米的小山,尽量加快速度,然后疾步跑下。重复3～4次。

(5)请同伴帮忙,一人抓住你的双手,一人抓住你的双腿,两人同时向相反方向轻轻振拉你的躯干2～3次,每次15～20秒。

艾哈迈托夫认为最主要的是跳。每天都要尽全力跳200次。再就是训练要多样化,球类、跳跃运动要和骑自行车、滑雪、滑冰、跑步等结合起来。有条件的青少年可以早晚各训练一次。

(二)简易增高训练法

简易增高训练法方便易行,随时可做,可加强刺激,促使身体更快的长高。

(1)每天早上起床时,多伸几个长长的懒腰,充分舒展四肢。

(2)每天早晨坚持步行或慢跑15分钟,宜前脚掌先着地,步幅大些。

(3)早晚纵跳,摸高各50次。

(4)仰卧在垫上或床上,足绑3～5公斤的重物,屈腿抬起前踢。两足交替进行,每足踢20次,每天坚持1～2次。

(5)双腿屈膝,脚尖勾着一根杠,做后仰、收腹动作,每回30次。

(6)运动前,自上而下按摩各个大关节;运动后,除做放松运动外,自下而上按摩各大关节。

(三)游泳增高训练法

游泳的健身意义是尽人皆知的,可以使肌肉发达,内脏器官功能增强,提高人体对各种疾病的抵抗能力等等。然而,很少有人想到,游泳还可以塑造人的体型,促进青少年长高。

据报道,女子100米、200米蛙泳前世界冠军鲍格丹诺娃,幼年时代曾有轻度的驼背,身高较矮,后来在医生的指点下,从事游泳锻炼。游泳不仅纠正了她的驼背,还促进了身高的增长,而且打开了她通向世界冠军的道路。

曾连续创造过女子游泳五个项目世界记录的澳大利亚优秀运动员古尔德，也是在医生的建议下，以游泳作为治疗皮肤烫伤的手段进而登上了世界冠军的宝座。

为什么游泳会有如此神奇的作用？游泳对体形体态的影响又是怎样的呢？

脊椎状态是决定人们体态和身高的关键因素，而游泳锻炼的重点正好在强健脊椎上。因为无论何种游泳方式，都是平卧在水中进行的。爬泳，不仅要俯卧，而且还要略呈背弓，使身体在水中尽可能呈流线型，最大限度地减少水的迎面阻力。海豚泳，则要求躯干做波浪动作，背部肌肉须保持紧张。蛙泳时，虽然腿不能蹬出水面，但在抬头吸气时，臀部和下肢仍要保持较高的位置，也要求背肌有一定的紧张度。各种游泳姿势都要求椎柱充分伸展，以便加长划水路线，使游泳动作更符合力学原理。而脊柱伸展对矫正和防止驼背及其他职业性脊柱侧弯是有益的。

游泳时，腿臂并用，全身肌肉都对称地参与运动。长期从事游泳不仅可以使四肢肌肉匀称发达，而且还可以使身体的一些小肌肉群得到锻炼。此外，因为水的密度比空气大 320 倍，游泳时胸廓所承受的压力为 12～15 公斤，因此，游泳对人的呼吸肌提出了更高的要求，喜欢游泳的人，一般都胸部肌肉丰满，肩部宽阔。

由于游泳多在露天进行，因而能经常接受阳光中紫外线的照射。这对皮肤中的胆固醇转化为骨骼发育所需的维生素 D 具有强化作用，有助于骨质钙化和佝偻病的防治，长期坚持能使青少年大幅度增高。

游泳还是一种有效的减肥运动。科学试验证明，水的导热性比空气高 28 倍，其阻力远远超出空气。当在水温为 12℃的水中活动 4 分钟时，它所消耗的热量几乎等同于在同温度空气中活动 1 小时释放出的能量。因此，通过游泳锻炼，可使人体变得苗条而富有曲线感。

与此同时，有些人还把游泳视为高效的“血管体操”。这是因为：其一，水对其身体各部分有按摩作用，有助于血液循环和促进表皮细胞的新陈代谢，使人的肌肤更加光滑细腻，富于弹性和美感；其二，人体在水中运动时，节奏方面一般都比较缓慢，这对心脏的工作很有好处；其三，当进入水中时，人体皮肤和皮肤血管会急剧收缩，大量血液被驱入内脏和深部组织，使内脏器官增大，接着，皮肤血管也随之扩张，血液开始回流。这种来回往复有利于增强血管弹性，提高心脏机能，从而也促进形体的健美。

然而，游泳锻炼时也需认真注意以下问题：游泳前一定要做好准备活动，使全身肌肉和关节都活动开，以免抽筋，发生危险。不要空腹下水游泳，以免体内出现入不敷出，使大脑血糖供应不足，直至引发头昏眼花、四肢无力、面色苍白乃至晕倒等症状。同时，刚吃过饭就游泳也不好，容易造成体表血管扩张，胃肠血液相对减少而影响消化功能。鉴于此，游泳最好安排在饭后一小时进行，每次不要超过 3 小时，而且每隔半小时就应休息 10 分钟。若遇雷雨天气，不要游泳。游泳时，还应保护好眼、耳、鼻等器官，以免造成疾患。

（四）幼儿增高训练法

要想让幼儿长得高一些，父母不妨利用早上起床之后，与晚上就寝之前带幼儿多做一些韵律游戏操。韵律游戏对孩子没有心理负担，运动也会变得更为轻松有趣。父母可结合幼儿实际情况编一套兼有伸展、抑止、回转、扭动、跳跃等各种类型动作的韵律游戏操。因为，如果任何一个运动都能使脊柱和腿骨适用于身高的增长，那么它必须是协调伸展、抑止、回转、扭动等各种类型的运动，换句话说，这种运动绝不能是偏于某一部分骨骼或关节的运动，而必须由所有的方面来协调各种运动。基于以上原理，我们应该针对身体的各部位关节、骨骼、肌肉，平衡地分配和进行屈体、伸展、回转、扭动、跳跃的运动，而这些正是增高体操的精髓所在。

尽管我们重复了多种局部性运动，但它们还不是全身运动。较为剧烈的全身运动，能使循环、神经、肌肉、呼吸器官系统产生独特的生理效应。而此处所讲述的全身运动则可以用跳绳运动代替。跳绳同样可以融入幼儿游戏操。幼儿可仿照无绳跳跃方式进行，时间、次数、强度及难度需灵活掌握。作为青少年，只要用心去做 5 分钟就够了。

跳绳运动已被人们用来作为减肥、增高、美容的运动，在青少年中间开展得颇为广泛。但是，由于使用了绳子的跳跃运动受到了绳子半径的影响，因此，在狭窄的室内便不易进行了，同时身体的运动也受到了绳子运动的束缚。而无绳跳跃运动则不受场地条件的影响。大家不妨一试。

幼儿做这类运动时尽可能少穿衣服，如此便能同时进行冷气浴和空气浴。因为空气浴透过皮肤刺激，活跃了增长身高的最重要的因素——荷尔蒙、甲状腺荷尔蒙及其他荷尔蒙的分泌。有利儿童身高的助长。

幼儿韵律游戏操可自配音乐，自编歌词，注意音乐必须轻快、活泼、适合孩子特点，并能配合游戏节奏的乐曲。如果母亲也能与孩子一起做这种游戏，那么它也可以说是一种妈妈的健美体操

(五)增高训练处方归纳

1. *准备活动*

可进行诸如徒手操、慢跑、柔韧、伸展、关节按摩、游戏等练习，时间 5～15 分钟左右。

2. *伸拉、悬垂、旋转扭腰、振压练习*

主要刺激脊椎、关节、韧带及相关的肌肉群。

3. *跑跳练习(以跳为主)*

各种跑、跳及与跑跳相关的各种运动(时间、距离、次数视情况而定，但不应少于 5～10 分钟)。主要刺激下肢长骨和提高全身的生理机能。

4. *整理放松及深呼吸*

主要针对脊椎、下肢与全身和心理的放松练习。

上述练习少则十几分钟即可完成，多则几十分钟，即可使骨干、背骨、腿部长骨的骨端软骨都得到适度的刺激，从而促进人体增高。

5. *平时注意养成正确的站、坐、行、睡等姿势*

预防或矫正脊椎非正常性生理弯曲，如驼背、脊柱侧弯、异常步态、X 形腿、罗圈腿、八字脚、平足等。

要特别注意一点是，儿童骨端软骨极其脆弱，最易受伤，切忌激烈运动。可采用韵律游戏法，形意练习法等进行锻炼。

三、促进青少儿长高的营养

做父母的都希望自己的孩子成年后体格强壮，身体高大健美，独生子女的父母尤其如此。如何做到这一点呢？除遗传、运动等因素外，合理的饮食具有极重要的作用，而婴幼儿时期的合理营养又起着关键作用。这就像植物长得好不好与种子发芽、幼苗出土时施肥得当不得当有关一样。如果这一时期的营养不合理，使摄入的营养素不足或不平衡，就会影响孩子的正常发育，影响长高，甚至会造成终生体态畸形。比如：缺乏维生素 D，小孩就会得佝偻病，四肢弯

曲，两腿呈“O”型或“X”型；缺乏维生素B，则消化和神经系统功能就会受阻；缺乏维生素C，又会使血管脆性增加，或患坏血病；如果膳食中碳水化合物不足，就不能为青少儿提供学习及活动所需要的足够能量；食物中蛋白质的质量、数量不足，或热量不足，或缺乏铁、钾等元素，就会使少年儿童发育迟缓，身体矮瘦，四肢短小，智力下降，身体消瘦，免疫能力降低；胎儿期或出生后前几个月碘的供给量极度缺乏，则会造成甲状腺素分泌不足而导致智力和体格发育一系列异常，严重者生长发育迟滞，形成侏儒体格，痴呆、聋哑，运动失调、步态蹒跚、行走艰难；如果缺乏维生素A，则不利于骨骼牙齿发育，还会造成皮肤粗糙，毛囊角化；饮食中氟含量不足，则牙齿不坚固、易患龋齿病，氟量太多又会生“斑釉质”等等。如核黄素（维生素B_2），尼克酸（维生素PP），维生素C，维生素E等还对皮肤的健美都有保护作用，摄取不足也会引起各种皮肤症状；钾、钠、钙、镁、磷、氟、氯、碘、锌、铁、锰、硒、钴、钼等矿物质人体的需要量极小，以毫克或微克计，但却不可缺少，而摄入多了又会使人中毒；如缺乏钙、磷等，也会影响小学生骨骼的正常发育；缺铁则会引起贫血，面色苍白；缺锌会阻碍青春的发育，导致身材矮小，性发育迟缓等。

为使青少年儿童保持良好的营养状况，最好在睡前喝一杯牛奶。要多吃水果、蔬菜。经常吃点动物的肝脏，鱼肝油等。

还要教育少年儿童养成良好的饮食习惯，不偏食、不挑食。每天要吃好早餐，否则，孩子热能不足，尤其是大脑细胞缺少营养物质供给，上课时就容易产生疲劳，时间久了，不但影响学习效果，也影响孩子的发育成长。

为了便于选择和调配食品，在可能的条件下，满足青少年和儿童的营养需要，这里介绍一些富含各种营养素的食物。

蛋白质：鱼、瘦肉、禽、蛋、奶、豆类及其制品等。

热能：各种动植物油、谷类、薯类、淀粉、糖等。

维生素A：肝脏、蛋黄、奶、鱼肝油、绿叶蔬菜、胡萝卜、西红柿、红心白薯等。

硫胺素（维生素B_1）：各种粗杂粮、豆类、肉、鱼、蛋、干豆、绿叶蔬菜等。

核黄素（维生素B_2）：肝脏、瘦肉、蛋类、酵母、干豆、绿叶蔬菜等。

尼克酸（维生素PP）：瘦肉、蛋类、鱼、奶及奶制品、豆及豆制品、绿叶蔬菜等。

维生素C：各种蔬菜及水果。

矿物质：各种动物性食品，鱼及海产品等。

全世界首先推行以增进学生的生长发育和健康为目标的学校营养餐的挪威奥斯陆大学医学部的卡鲁·雪兹教授，还有以研究长寿和健康之道最为著名的日本东北大学名誉教授近藤正二博士，以及日本的增高健美专家川畑博士和日本京都府场大学的吉村寿人教授等，都非常重视青少年儿童的营养，在他们推荐的菜单或首选食品中，就经常出现鱼、牛奶、菠菜、胡萝卜、桔子等增高、增智和健体食物。

总之，要想使身体长得高大健美，营养和锻炼是关键。

四、影响青少儿长高的重要因素

（一）影响人体增高的体姿因素

1. 人体脊柱的姿势（生理曲线）影响身高

人的姿势对身高有极大的影响。脊椎越弯曲的人，身高就越矮。当肌肉软弱无力时，脊椎下垂可使身高降低10厘米左右。虽然脊椎有微小的生理弯曲，但不能超过允许的程度。颈椎骨的弯曲不得超过2～2.5厘米，腰部的弯曲不得超过2.5～3厘米(可以直立背靠墙壁检查)。人在站立时，身体的5个点(脚后跟、小腿肚、臀部、背部和后脑勺)能接触墙壁，才是正确姿势。

脊柱是人体的顶梁柱。人的身高，人的仪表、体态的美，很大程度上决定于这根中轴骨。有的人含胸弓背，东歪西扭、站不直、坐不正，多半是脊柱骨有毛病。

脊柱骨共有26块：7块颈椎，12块胸椎、5块腰椎，还有1块骶骨和1块尾骨。它有点像积木似地叠成一串，四周有韧带把它们紧紧拉住，外面还裹着层层肌肉。不论是挺胸收腹、弓腰仰背，左旋右转，总是活动自如，真可谓结构严谨，设计巧妙。

正常的脊柱，从背面看，由上而下是一条直线；从侧面看有4个生理弯曲；颈前凸，胸后凸，腰后凸和骶后凸，呈现出一个拉长的"S"形。人有脊柱的生理曲线，能缓冲来自下肢的震动，有保护大脑的作用。这种弯曲还有助于躯干前后、左右的对抗肌处于最省力的平衡状态，防止肌肉疲劳。它还有保护内脏器官正常功能的作用。

青少年是长身体的重要时期。在这个阶段，脊柱骨也处在生长发育中。骨骼组织里的钙盐和磷很少，有机成分较多，尚未骨化定型，可塑性很大，容易变形。

有的青少年走路时垂头含胸，看书时弯背伛腰，写字时斜身歪头，就是站着也喜欢一肩高一肩低。长期处于这种不良姿势。脊柱骨就走样了。所以，脊柱变形多发生在10～16岁的青少年中。

脊柱变形不仅影响美观，而且脊柱畸形一旦形成，心肺等重要器官必然受到扭曲、压迫和损伤。脊柱畸形，少数为先天畸形或脊柱本身病变，绝大多数是由于不正确的姿势造成的，这叫做姿势性脊柱畸形。由此可见，青少年养成良好的姿势对保证脊柱的正常发育和长高至关重要。

2. 坐、立、行、睡的姿势影响身高

(1)正确的立姿。正确的站立姿势务使身体重心均匀地落在两脚上，其要领是：头正颈直、两眼平视，下颌微收，两肩舒展，两臂自然下垂，同时挺胸收腹，两腿并拢，脚跟相靠成60°。从后背看，脊椎骨相当于垂直于地面的直线，左右两肩在一条水平线上。从侧面看、耳、肩、股骨上突和膝盖正好成一直线。也就是说，当靠墙站立时，除脚跟、小腿肚、臀部和后脑勺触墙外，其余部分均悬空，且肩胛距离墙约7厘米。

(2)正确的坐姿。正确的坐姿应当是上体保持正直，两肩平展，两臂自然弯屈，身体重心刚好落在骨盆上；同时两腿自然下垂，两脚并行或交叉，也可前后相掖收于座下或置于前方，腰背自然贴近靠背。

坐姿有前位坐姿、正位坐姿和后位坐姿三种。前位坐姿是指上体重心落在两坐骨结节的稍前方，这种坐姿多用于伏桌书写，看书，疲劳换位。正位坐姿多用于短时间的正襟危坐(不依不靠)的礼节性谈话或外界要求不得已的坐姿，因为容易累，生活中用之很少。应用最多的是后位坐姿，即上体重心落在两坐骨结节的后方，上体背部紧紧地靠着椅背，疲劳程度较小，多用于上课听讲、开会、谈话、手拿书刊阅读以及休息等。

(3)正确的行姿。正确的行姿会影响人的一生，其要求是：稳健、优美、轻松、灵便、轻巧。男性要呈稳定、矫健的阳刚美，女性则应富有轻盈、优雅的阴柔美，行姿应该以站姿为基础，都要做到头正肩平，两眼平视，挺胸收腹，整个身体稍向前倾5°左右，但不能弯曲，身体平稳，不左右晃动，重心落于脚掌前部，两臂自然前后摆动，摆幅为30°左右，步幅大小应依据自身的腿长和脚力而定，脚尖正向前方或微向外展15°，两脚前后几乎踏在一条线上，步幅一般多在50

～75cm之间，步频每分钟为100～120个单步。

(4)正确的睡姿。常见的睡姿是仰、侧、俯3种。据统计，人类睡眠时仰卧的约占60%，侧卧的占35%，俯卧的占5%。

日本川畑爱义博士认为，对促进身高增长的最佳睡眠姿势是仰卧，两脚打开10°～20°，两手放于体侧。

从有利于松弛、安眠考虑，较好的睡眠姿势是侧卧。侧卧时双腿微曲，全身自然放松，脊柱自然形成弓形，四肢容易自然活动，可放于不伸不屈的舒适位置，侧卧又以向右侧为佳。因肝脏位于右侧最低，可获较多供血，胃通过十二指肠和小肠通向大肠的开口都向右侧，有助于食物在胃肠内运行。此时胸部受压也最小，不容易造成鼾声和咳呛。养成良好的睡姿，会使人在身心健康方面受益匪浅。据许多长寿老人介绍，他们的睡姿多呈侧卧，又以右侧弓形卧位为最多。

3. 异常步态的姿势影响身高

人的步伐千姿百态，因人而异。轻松文雅，矫健有力的步态给人以高大、挺拔、赏心悦目之感，而机体病变所致的各种异常步态则严重影响一个人的身高和外观形象，需要对症矫正或弥补，并加强训练。如肢体长短不一，可设法采用特制鞋或鞋垫使身体取得等高来保持平衡；如脚部患有疾病，应首先消除疾病带来的痛苦；如是偏瘫病人，则可利用手术或其他医疗辅助器械加以治疗。只要思想重视，措施得当，持之以恒，肯下功夫，那么异常步态也一定能得到克服或改进。

4. 桌椅的高矮比例影响身高

桌椅的高度和身高不相适应，或安装的角度不符合卫生要求，就会直接影响人体的健康和身高，特别是影响少年儿童身体形态的正常发育和眼睛的健康。含胸驼背、矮小、近视眼便是突出表现。

解决驼背、近视问题需要从多方面入手，如动员学生积极参加体育健身锻炼，教育学生养成正确的读、听、写、站的姿势等。然而，容易被忽视但又极其重要的一个方面，是改进课桌椅，因为学生平均每天至少有5～7小时是在课桌椅上度过的。我们现在使用的课桌椅的最大缺陷是规格单一，高低无差别。这就不适合相当一部分学生，特别是初、高中阶段身材有显著差别的学生需要。身材矮的影响不大，身材高的就不得不低头弓背俯伏桌上，日久天长，驼背、近视就难避免。

为了确保学生的身体健康和正常发育，使每个学生都有一副健美的体型，学校及有关部门应积极采取措施，改进学生的课桌椅，特别是中小学生的课桌椅。

5. 影响身高的常见错误姿势及其矫正技法

(1)青少年中最常见的不正确姿势。

①站的不正确姿势：如有的身体重心习惯性地侧向一边，形成一肩高、一肩低；有的曲背、含胸、挺腹，形成水蛇腰；有的习惯于耸肩；有的喜欢突出一侧髋骨，显得不庄重；女孩子还由于青春期发育害羞而伸颈含胸；有的因个子高而伸脖弯腰等等。这些不正确的站姿都有损姿态美，还会影响脊柱、胸廓和内脏器官的正常发育。

②坐的不正确姿势：如有的身子偏斜、歪歪扭扭；有的歪头写字；有的含胸驼背；有的胸部太靠近桌子。这些不正确的坐姿不仅会影响姿态美，还会影响脊柱、胸廓的正常发育，造成畸形，损伤视力等等。此外，还有半躺半坐，东倒西靠，一腿盘在另一腿上、两腿大开的坐姿；体前

弯、腰塌、臀部后蹶以及习惯性的翘“二郎腿”和不停地抖动等等不良姿态，不仅于己有害，而且还会给人一种丑陋、粗俗、不文明的感觉。

③走的不正确姿势：有的上体左右晃动，令人感到轻浮粗野；有的双肩前倾、垂首含胸；有的单肩背书包；有的喜好与同学勾肩搭背。这些姿势都不美，会给人一种不舒服的感觉。

(2)几种严重错误姿势的矫正方法。

上述许多不正确姿势中，有不少是属于脊柱不正造成的“姿势性变形”，来源于平常的坏习惯。如不在生长发育时期及早纠正，将终身受其影响，不但影响身高增长和负重能力下降，还可能埋下腰痛病根的隐患。以下走是几种严重错误姿势的纠正方法。

①圆背(驼前)的矫正：详见本章第二节。此外，还可经常进行下述练习。

A. 俯卧仰起练习：俯卧，两手互握在背后，伸直并用力向后上方提位，同时头部和上体尽量向上仰起，两腿伸直，使两臂肱三头肌和肩带极度紧张，稍停还原，反复做10～15次。

B. 引体向上练习：在单杠上做颈后上拉，或在高滑轮重锤拉力器上做颈后下拉，也可背向肋木做拉引练习。

②脊柱侧弯的矫正：详见本章第二节。此外，若是向左侧弯，站立时身体重心最好落在右脚一边，右脚不要用力；坐时也可以让右侧负重。持之以恒，可收到效果。

③肩胛下角下移的矫正：一方面应用另一肩多背书包；另一方面应加强上肢肌肉和韧带的练习，如举哑铃，俯卧撑，引体向上，支撑臂屈伸等。

④腿部的畸形矫正：“O”形腿和“X”形腿及足、颈等部的矫正方法详见本章第二节。

(3)矫正错误姿态时应注意的问题。

①形成姿态美的关键部位是脊柱。应从小注意保持脊柱的正确姿态，要求颈、胸椎棘突、腰椎棘突与中心线一致。

②要在日常生活中注意培养。姿态美是在生活中逐步形成的，是习惯的流露，不是矫揉造作所能得到的。因为人们一时一刻都离不开坐或立、走或跑，所以要靠日常生活中随时随地注意培养正确姿势，从小做起，才能养成良好习惯。

③要会正确克服姿态引起的疲劳。不正确的姿势常是由于人们长时间维持一种姿势而引起的疲劳产生的，如上课坐得过久，讲课站得过久，都会分别引起两肩、腰部、下肢的疲劳。有时同学往往为了克服疲劳，便顺应肢体疲劳处肌肉的松弛，不自觉地改变了姿势，日久天长，便形成了不正确姿势。正确克服姿态引起疲劳的最好办法是更换姿势，借助外力和加强肌肉力量。如坐得过久可两手扶膝协助维持正确姿势减轻疲劳；站立过久，可将左右脚交换支持体重或体重平均落在开立的两脚上；书包应用双肩背式的，用单肩书包要勤换肩；课间应到室外活动，采取积极性休息的办法克服疲劳。

④克服不正确的心理。如有的同学由于自己身材的高大(特别是女同学)往往有不好意思抬头走路的心理，于是总驼着背，低着头，这种不正确心理造成的不正确姿势，若不注意克服，时间一长，习以为常，要想改变就会多费功夫了。

⑤加强健身锻炼是培养正确姿势的根本途径。体育健身锻炼能使人体肌肉匀称地、有力地发展，会给人长时间维持各种正确姿势创造最有力的条件，如控制能力、持久能力、协调能力的锻炼等。通过各种动作的练习还可以促进各种姿态的优美程度。

(二)影响人体增高的疾病因素

影响骨骼生长发育的疾病有甲状腺机能低下症、脑下垂体机能低下症、慢性营养失调症、间脑下垂体症候群、软骨骼型营养症(侏儒症)以及心脏病、结核症、小儿哮喘等各种慢性病症。这些疾病患者应及时就医,对症治疗。

(三)影响人体增高的心理因素

美国著名体育心理学家柯别斯顿博士说,所有体育项目在其达到高水平的活动中,精神因素的作用约占60%～90%。日本的增高健美专家川畑爱义博士也说,心理因素永远是肉体成长的促进剂。由此看来,不论我们采用什么具体方法来增长身高,心理因素都是至关重要的。为此,我们来分析一下心理因素对增高的影响。

(1)愉悦——生长激素的催化剂。

(2)信心——促进长高的动力源。

(3)信念——经久不衰的激动力。

(4)意念——强化增高训练的关键。

(5)放松——增高训练的润滑油。

(6)计划——实现增高的蓝图。

(7)想象——驶向目标的驿站。

五、身高的标准与预测方法

(一)人体身高与矮小的标准

身高是显示人体美的重要因素之一,是评定身体发育、健康情况、营养状况和形体健美的重要指标,而且受遗传因素、地理位置和社会环境等条件的影响。目前国内外对于体重的评价标准比较一致,而对身高的评价标准则各不相同。

欧美各国人体身材普遍高大,四肢较长,重心较高。而大多数东方人身材较为矮小,重心也较低,因而形成了不同的美学标准。

1. 人体矮小的标准

从医学观点来看,成年女性矮于135厘米,男性矮于145厘米,婴幼儿身高明显低于同年龄同性别儿童,称之为矮小。

2. 人体身高的标准

美国现代文学家卢米斯认为,男子理想高度为182.88厘米,女子为172.72厘米。

根据我国1979年第一次调查得知,中国男性中2/3的人身高在165～175厘米之间,女性2/3的人在154～164厘米之间。经常参加体育锻炼的人较未从事体育锻炼的人高2～5厘米。按照人类社会发展的趋势,身高也应呈上升趋势。也就是说今后我国成年人身高男性应在170～180厘米区间,女性应在160～170厘米区间为好。

当然,成年人的身高是不大可能随意改变的,但在青少年发育期加强体育锻炼完全可以促进骨骼生长。有些自以为再也不能长高的青少年,通过专门增高训练后竟然使身高奇迹般地增长了20多厘米。依据我国的现状及其发展,我们认为中国男子的理想身高大致可定为175厘米,女子的理想身高大致可定为165厘米。

上述东西方人体身高的标准只能作为理想的标准高度,现实生活中,由于遗传、种族、社会环境等因素的不同,身高不可能完全趋于一致,人们所判断的高与矮的标准也是相对的。有的人认为男子身高而不魁梧,矮小而不匀称的人算不得美,也有人认为矮小纤瘦的女子往往会给人带来小巧玲珑之感，高大丰满的女子可给人曲线优美的印象。

(二)预测青少儿未来身高的方法

身高一是和遗传有直接关系，二是与后天的生活环境、运动、营养等可变因素有关。据德国人格利姆研究，父母出生地相距越远，子女的平均身高就越高。另一个规律是身高的发育有很大的稳定性，儿童时期高的，到成年时也高，反之少年时期矮的，成年时也矮。国外研究了很多预测的方法，其中准确性最大的是通过骨骼年龄来预测，但由于确定骨骼年龄比较麻烦，而且需要一定的技术条件，不易普及。下面介绍的几种方法，可以预测少年儿童未来的身高。

1.用父母身高推算法

(1)捷克和斯洛伐克学者哈弗利克等，将子女的身高和父母的身高关系总结为下列公式：

$$\text{男孩未来身高}=\frac{(\text{父高}+\text{母高})\times 1.08}{2}$$

$$\text{女孩未来身高}=\frac{\text{父高}\times 0.923+\text{母高}}{2}$$

(2)英国 N·D·卡特预测身高的方法公式：

$$\text{男孩未来身高}=\frac{(\text{父高}+\text{母高})+12}{2}(\text{厘米})$$

$$\text{女孩未来身高}=\frac{\text{父高}+\text{母高}-12}{2}(\text{厘米})$$

2.从幼年身高预测未来身高法

国外遗传专家的研究认为，用 8～11 岁时的身高，预测成年后的身高是相当准确的。通过大量计算，他们提出一种更为简便的，由幼小年龄时的身高，预测未来成年后的身高(表 8-4、表 8-5)。表中身高数值(表左侧一行)和年龄都是受测时的资料。身高与年龄交点处数值(各年龄下的身高数)，表明成年后可达到的身高。

例如，一个 8 岁的男孩，现在的身高是 121 厘米，他到成年后身高可能是 170.4 厘米。再如一个 10 岁的女孩，现在的身高是 139 厘米，她到成年后身高可能是 165.4 厘米。

3.瓦尔克尔氏预测法

未来身高＝A＋(B×当年身高)

此方法根据捷克和斯洛伐克的乌尔布利晓娃等人验证，误差不超过 3 厘米。这个误差幅度在国际上一般认为是可以的(表 8-6)。

使用方法：如一个 12.5 岁的男孩，身高是 161 厘米，推算他的未来身高：

公式：未来身高＝A＋(B×当年身高)

查表的数据代人公式：

未来身高＝98.97＋0.52 ×161＝182.7 厘米

那么，这男孩未来的身高为 182.7 厘米。

表 8-4　男孩未来身高预测表

身高（厘米）	年龄（岁）				身高（厘米）	年龄（岁）			
	8 岁	9 岁	10 岁	11 岁		8 岁	9 岁	10 岁	11 岁
110	160.7				136	183.7	178.9	174.4	170.7
111	161.6	157.0			137	184.6	179.8	175.3	171.5
112	162.4	157.9			138	185.5	180.6	176.1	172.3
113	163.3	158.8	154.8		139	186.3	181.5	177.0	173.1
114	164.2	159.6	155.6		140	187.2	182.4	177.8	173.9
115	165.1	160.5	156.5		141	188.1	183.3	178.7	174.7
116	166.0	161.4	157.4		142	189.0	184.1	179.6	175.5
117	166.9	162.3	158.2		143	189.9	185.0	180.4	176.3
118	167.8	163.1	159.1		144	190.8	185.9	181.3	177.1
119	168.6	164.0	159.9		145	191.6	186.8	182.1	177.9
120	169.5	164.9	160.8		146	192.5	187.6	183.0	178.7
121	170.4	165.8	161.6	158.8	147	193.4	188.5	183.8	179.5
122	171.3	166.6	162.5	169.5	148	194.3	189.4	184.7	180.3
123	172.2	167.5	163.3	160.3	149	195.2	190.3	185.5	181.1
124	173.1	168.4	164.2	161.1	150	196.1	191.1	186.4	181.9
125	173.9	169.3	165.0	161.9	151		192.0	187.2	182.7
126	174.8	170.1	165.9	162.7	152		192.9	188.1	183.5
127	175.7	171.0	166.7	163.5	153		193.8	188.9	184.3
128	176.6	171.9	167.6	164.3	154		194.6	189.8	185.1
129	177.5	172.8	168.5	165.1	155		195.5	190.7	185.9
130	178.4	173.6	169.3	165.9	156			191.5	186.7
131	179.3	174.5	170.2	166.7	157			192.4	187.5
132	180.3	175.4	171.0	167.5	158			193.2	188.3
133	181.0	176.3	171.9	168.3	159			194.1	189.1
134	181.9	177.1	172.7	169.1	160			194.9	190.9
135	182.8	178.0	173.6	169.9					

表 8－5　女孩未来身高预测表

身高（厘米）	年龄（岁）				身高（厘米）	年龄（岁）			
	8 岁	9 岁	10 岁	11 岁		8 岁	9 岁	10 岁	11 岁
111	145.6	140.6			139	178.3	171.2	165.4	161.5
112	146.8	141.7			140	179.5	172.3	166.3	162.1
113	147.9	142.8	143.4		141	180.6	173.4	167.1	162.8
114	149.1	143.9	144.2		142	181.8	174.5	168.0	163.5
115	150.3	145.0	145.1		143	183.0	175.6	168.8	164.1
116	151.4	146.1	145.9		144	184.1	176.7	169.7	164.8
117	152.6	147.2	146.8		145	185.3	177.8	170.5	165.5
118	153.8	148.3	147.6		146	186.5	178.9	171.4	166.2
119	154.9	149.4	148.5		147	187.6	180.0	172.2	166.8
120	156.1	150.1	149.3	148.7	148	188.8	181.1	173.0	167.5
121	157.3	151.5	150.2	149.4	149	190.0	182.2	173.9	168.2
122	158.4	152.6	151.0	150.4	150	191.1	183.3	174.7	168.8
123	159.6	153.7	151.8	150.7	151		184.4	175.6	169.5
124	160.8	154.8	152.7	151.4	152		185.5	176.4	170.2
125	161.9	155.9	153.5	152.1	153		186.5	177.3	170.9
126	163.1	157.0	154.4	152.8	154		187.6	178.1	171.5
127	164.3	158.1	155.2	153.4	155		188.7	179.0	172.2
128	165.4	159.2	156.1	154.1	156			180.1	172.8
129	166.6	160.3	156.9	154.8	157			180.7	173.5
130	167.8	161.4	157.8	155.5	158			181.5	174.2
131	168.9	162.5	158.6	156.1	159			182.4	174.9
132	170.2	163.6	159.5	156.8	160			183.2	175.5
133	171.3	164.7	160.3	157.5	161			184.1	176.2
134	172.4	165.8	161.2	158.4	162			184.9	176.9
135	173.6	166.9	162.0	158.8	163			185.8	177.5
136	174.8	167.9	162.9	159.5	164			186.6	178.2
137	176.0	169.0	163.7	160.1	165			187.5	178.9
138	177.1	170.1	164.6	160.8					

表 8-6　瓦尔克尔氏身高预测表

年龄(岁)	男(cm)		女(cm)	
	A	B	A	B
2.5	86.90	1.02	99.75	0.73
3.5	76.76	1.02	86.71	0.81
4.5	76.00	0.97	73.04	0.88
5.5	75.44	0.91	52.22	1.01
6.5	73.09	0.88	50.09	0.97
7.5	71.80	0.86	51.68	0.91
8.5	70.89	0.82	54.57	0.85
9.5	71.85	0.78	68.63	0.71
10.5	71.87	0.75	90.84	0.52
11.5	75.38	0.70	87.94	0.52
12.5	98.97	0.52	77.08	0.57
13.5	111.08	0.42	57.41	0.80
14.5	100.38	0.47	12.40	0.94
15.5	68.02	0.64	6.57	0.97
16.5	34.11	0.82	4.39	0.98
17.5	15.85	0.92	2.15	0.99
18.5	6.13	0.97	1.71	0.99
19.5	2.00	0.99	0.00	1.00
20.5	2.00	0.99	0.00	1.00

4.美国生理学家预测法

根据男女孩子年龄和身高对照表，查出百分数，即可计算出未来的身高(表 8-7)。

表 8-7　美国生理学家预测法

年龄(岁)		1	2	3	4	5	6	7	8	9
占实际身高的百分数	男	42.2	49.5	53.8	58.0	61.0	65.2	69.0	72.0	75.0
	女	44.7	52.8	57.0	61.8	66.2	70.3	74.0	77.5	80.7
年龄(岁)		10	11	12	13	14	15	16	17	18
占实际身高的百分数	男	78.0	81.1	84.2	87.3	91.5	96.1	98.3	99.3	99.8
	女	84.4	88.4	92.9	96.5	98.3	99.1	99.6	100	100

比如一个 10 岁男孩身高 135 厘米，表中 10 岁男孩应对的百分数是 78，即：

135÷0.78＝173.1(厘米)这男孩未来的身高可能是 173 厘米。

以上几种方法均是国外学者根据他们本国的民族情况研制出来的，由于我们与欧、美等国种族不同，因此不一定完全适合我国的情况；另外，用父母身高预测子女身高的方法，其子女也必定有个体差异，因此，上述预测身高的方法只能供参考。

5.用足长预测法

此方法是 1979 年我国青少年儿童体质研究组根据对 11 万余名城市 7～25 岁男女学生的测试数据，研究出了根据儿童的足长预测成年后身高的方法。并制定了用足长预测身高表(表 8-8、表 8-9)。

表 8-8　男子足长预测身高表　（单位:cm）

足长	7 岁	8 岁	9 岁	10 岁	11 岁	12 岁	13 岁	14 岁	15 岁	16 岁
17.0	157	152	146	…	…	…	…	…	…	…
17.2	159	154	147	…	…	…	…	…	…	…
17.4	160	155	149	…	…	…	…	…	…	…
17.6	162	157	151	145	…	…	…	…	…	…
17.8	164	159	153	147	…	…	…	…	…	…
18.0	166	161	154	148	…	…	…	…	…	…
18.2	168	163	156	150	145	…	…	…	…	…
18.4	170	164	158	152	147	…	…	…	…	…
18.6	172	166	159	153	148	…	…	…	…	…
18.8	173	168	161	155	150	…	…	…	…	…
19.0	175	170	163	157	151	145	…	…	…	…
19.2	177	171	165	158	153	147	…	…	…	…
19.4	179	173	166	160	155	148	…	…	…	…
19.6	181	175	168	162	156	150	…	…	…	…
19.8	183	177	170	163	158	151	146	…	…	…
20.0	184	179	171	165	159	153	147	…	…	…
20.2	186	180	173	166	161	155	149	…	…	…
20.4	188	182	175	168	163	156	150	145	…	…
20.6	190	184	177	170	164	158	151	146	…	…
20.8	192	186	178	171	166	159	153	148	145	…
21.0	194	188	180	173	167	161	154	149	146	145
21.2	195	189	182	175	169	162	156	151	148	146
21.4	197	191	183	176	171	164	157	152	149	148
21.6	199	193	185	178	172	165	159	154	150	149
21.8	201	195	187	180	174	167	160	155	152	151
22.0	203	196	189	181	175	168	162	156	153	152
22.2	205	198	190	183	177	170	163	158	155	153
22.4	…	200	192	185	179	171	165	159	156	155
22.6	…	202	194	186	180	173	166	161	157	156
22.8	…	204	195	188	182	174	168	162	159	157
23.0	…	205	197	190	183	176	169	163	160	159
23.2	…	…	199	191	185	177	171	165	162	160
23.4	…	…	201	193	187	179	172	166	163	162
23.6	…	…	202	194	188	181	174	168	164	163
23.8	…	…	204	196	190	182	175	169	166	165

续表 8-8

足长	7 岁	8 岁	9 岁	10 岁	11 岁	12 岁	13 岁	14 岁	15 岁	16 岁
24.0	…	…	206	198	191	184	176	171	167	166
24.2	…	…	…	199	193	185	185	172	169	167
24.4	…	…	…	201	195	187	179	173	171	169
24.6	…	…	…	203	196	188	181	175	172	170
24.8	…	…	…	204	198	190	182	176	173	171
25.0	…	…	…	206	199	191	184	178	174	172
25.2	…	…	…	…	201	193	185	179	175	173
25.4	…	…	…	…	202	194	187	181	177	174
25.6	…	…	…	…	204	196	188	182	178	177
25.8	…	…	…	…	206	197	190	183	180	178
26.0	…	…	…	…	…	199	191	185	181	180
26.2	…	…	…	…	…	200	193	186	182	181
26.4	…	…	…	…	…	202	194	188	184	182
26.6	…	…	…	…	…	203	196	189	185	184
26.8	…	…	…	…	…	205	197	190	187	185
27.0	…	…	…	…	…	…	199	192	188	186
27.2	…	…	…	…	…	…	200	193	189	188
27.4	…	…	…	…	…	…	201	195	191	189
27.6	…	…	…	…	…	…	203	196	192	191
27.8	…	…	…	…	…	…	204	198	194	192
28.0	…	…	…	…	…	…	206	199	195	193
28.2	…	…	…	…	…	…	…	200	196	195
28.4	…	…	…	…	…	…	…	202	198	196
28.6	…	…	…	…	…	…	…	203	199	198
28.8	…	…	…	…	…	…	…	205	201	199
29.0	…	…	…	…	…	…	…	…	202	200
29.2	…	…	…	…	…	…	…	…	203	202
29.4	…	…	…	…	…	…	…	…	205	203
29.6	…	…	…	…	…	…	…	…	…	204
29.8	…	…	…	…	…	…	…	…	…	206

足长的测量方法：受测者右足踩于尺子上，足跟后缘抵墙，足的纵轴与直尺平行（指第二、三趾间至足跟后缘中点的连线），然后用一挡板与直尺并抵最长趾端，足跟后缘至最长趾端的距离，就是足长的数。

例如：一个 7 岁的男孩，足长是 19.2 厘米，查表 15-5，7 岁与 19.2 交叉处是 177，即这个男孩成年后的预测身高数值是 177 厘米。

再如：一个 10 岁的女孩，足长是 21.2 厘米，查表 15-6，10 岁与 21.2 交叉处是 165，即这个女孩成年后的预测身高数值是 165 厘米。

表 8－9　女子足长预测身高表　　（单位：cm）

足长	7岁	8岁	9岁	10岁	11岁	12岁	13岁	14岁	15岁
17.2	151	145	140	134	…	…	…	…	…
17.4	153	147	141	136	…	…	…	…	…
17.6	155	149	143	137	…	…	…	…	…
17.8	156	150	144	139	…	…	…	…	…
18.0	158	152	146	140	136	…	…	…	…
18.2	160	154	148	142	137	…	…	…	…
18.4	162	156	149	143	139	…	…	…	…
18.6	163	157	151	145	140	135	…	…	…
18.8	165	159	152	147	142	137	…	…	…
19.0	167	161	154	148	143	138	136	…	…
19.2	169	162	156	150	145	139	137	136	…
19.4	170	164	157	151	146	141	138	137	136
19.6	172	166	159	153	148	142	140	139	137
19.8	174	167	161	154	149	144	141	140	139
20.0	176	169	162	156	151	145	143	141	140
20.2	177	171	164	157	152	147	144	143	142
20.4	179	172	165	159	154	148	146	144	143
20.6	181	174	167	161	155	150	147	146	144
20.8	183	176	169	162	157	151	148	147	146
21.0	184	178	170	164	158	153	150	148	147
21.2	186	179	172	165	160	154	151	150	149
21.4	188	181	174	167	161	155	153	151	150
21.6	190	183	175	168	163	157	154	153	151
21.8	191	184	177	170	164	158	155	154	153
22.0	193	186	178	171	166	160	157	156	154
22.2	195	188	180	173	167	161	158	157	156
22.4	…	189	182	175	169	163	160	158	157
22.6	…	191	183	176	170	164	161	160	158
22.8	…	193	185	178	172	166	163	161	160
23.0	…	194	187	179	173	167	164	163	161
23.2	…	196	188	181	175	168	165	164	163
23.4	…	…	190	182	176	170	167	165	164
23.6	…	…	191	184	178	171	168	167	165
23.8	…	…	193	185	179	173	170	168	167
24.0	…	…	195	187	181	174	171	170	168
24.2	…	…	…	189	182	176	173	171	170
24.4	…	…	…	190	184	177	174	172	171
24.6	…	…	…	192	185	179	175	174	172
24.8	…	…	…	193	187	180	177	175	174
25.0	…	…	…	195	188	182	178	177	175
25.2	…	…	…	…	190	183	180	178	177
25.4	…	…	…	…	191	184	181	180	178
25.6	…	…	…	…	193	186	183	181	179
25.8	…	…	…	…	194	187	184	182	181
26.0	…	…	…	…	196	189	185	184	182
26.2	…	…	…	…	…	190	187	185	184
26.4	…	…	…	…	…	192	188	187	185
26.6	…	…	…	…	…	193	190	188	186
26.8	…	…	…	…	…	195	191	189	188
27.0	…	…	…	…	…	…	193	191	190
27.2	…	…	…	…	…	…	194	192	191
27.4	…	…	…	…	…	…	195	194	192

6. 骨龄预测法

即拍骨龄片确定骨龄，再通过骨龄预测身高。

7. 靶身高推算法

也属用父母身高推算未来身高的一种。

男孩未来身高＝(父高＋母高)÷2＋6cm

女孩未来身高＝(父高＋母高)÷2－6cm

8. 综合预测成年身高法

综合骨龄、身高和父母身高等预测成年后身高。

(三)测定身高的时间

据日本东京体育大学的调查研究(表 8－10)，发现从第一天 22:00，第二天 7:00、7:30、8:00、10:00、14:30、16:30、19:00、22:30，第三天 8:00 测试的身高数据，求出的平均值是 156.28 厘米，恰与上午 10 点测试的 156.2 厘米近似，因此得出的结论是:测试身高的时间最好在上午 10 点钟。

表 8－10　身高日差表

测定日期	8月1日	8月2日			
测定时间	22:00	7:00	7:30	8:00	10:00
身高的均值(cm)	155.61	157.25	156.93	156.73	156.25
测定日期	8月2日				8月3日
测定时间	14:30	16:30	19:00	22:30	8:00
身高的均值	156.12	155.51	155.67	155.67	157.04

注:均值是 156.28cm。

专家们同时还肯定，测试体重的时间也是上午 10 点钟最为准确。

思考题

1. 简述肥胖的标准及运动减脂方法。
2. 简述强身健体人群的科学健身方法。
3. 简述高血压、高脂血症、糖尿病、心脑血管病、骨质疏松症人群的健身锻炼方法。
4. 简述老年人健身锻炼的意义、方法及注意事项。
5. 简述孕期及哺乳期女子的健身锻炼方法及安全措施。
6. 简述婴幼儿童健身锻炼的内容、手段及注意事项。
7. 简述形体修塑人群、体态矫正人群、青少年身高矮小人群的矫正方法。

参考文献

北京康比特运动营养研究所编著. 运动・营养[M]. 北京:北京科学技术出版社,2005
曹湘君. 体育理论简编[M]. 北京:教育科学出版社,1986
邓荣华. 全民健身与社会发展[J]. 西安体育学院学报,2001(3)
段黔冰. 现代健身新理念[M]. 西安:电子科技大学出版社,2005
恩格斯. 反杜林论[M]. 北京:人民出版社,1970
何其霞. 运动处方理论与实践[M]. 北京:人民体育出版社,2008
霍斯特. 有氧训练教练员手册(澳). 深圳市中航健身康体有限公司译[M]. 北京:北京体育大学出版社,2002
李世昌. 运动解剖学[M]. 北京:高等教育出版社,2006
刘次林. 论身心统一的体育[J]. 教育研究与实验,1999(4)
刘琦,赫忠慧. 科学健身[M]. 北京:人民体育出版社,2008
刘洵,谭思洁. 运动生物科学基础[M]. 北京:人民体育出版社,2008
卢起,周越. 运动生理学[M]. 北京:人民体育出版社,2008
卢元镇. 社会体育导论[M]. 北京:高等教育出版社,2006
倪同云. 国际大众体育发展趋势的研究[J]. 体育科学,1998. 5(18)
沈剑威等. 体适能基础理论[M]. 北京:人民体育出版社,2008
沈芝萍. 体育健身运动对人体健康和生活方式的影响[J]. 体育文化导刊,2006(3)
唐宏贵,钱文军,张先松. 体育健身原理与方法[M]. 武汉:湖北人民出版社,2006
田里,张盛海,张先松. 健身私人教练理论与实践[M]. 北京:北京体育大学出版社,2004
万京一. 体能学[M]. 北京:人民体育出版社,2007
王健,何玉秀. 健康体适能(体育学科研究生通用教材)[M]. 北京:人民体育出版社,2008
王权. 大众体育与健身[M]. 哈尔滨:哈尔滨地图出版社,2007
翁锡全. 体育・环境・健康[M]. 北京:人民体育出版社,2004
吴晓强,张中豹. 运动健身理论与方法[M]. 北京:人民体育出版社,2007
相建华,杨润琴,尹俊玉. 初级健美训练教程[M]. 北京:人民体育出版社,2003
肖泽民. 体育与健康[M]. 郑州:黄河水利出版社,2004
杨文轩等. 体育原理[M]. 北京:高等教育出版社, 2004
杨则宜,冯炜权. 健康中年运动营养指南[M]. 北京:人民体育出版社,2007
杨则宜. 生命在于运动和营养[M]. 北京:北京体育大学出版社,2006
张钧,张蕴琨. 运动营养学[M]. 北京:高等教育出版社,2006
张先松,刘胜,贾鹏等. 大学体育学[M]. 北京:北京体育大学出版社,2008
张先松,曾三明等. 现代健美大全[M]. 武汉:湖北科学技术出版社,1992
张先松. 健康生活百忌[M]. 武汉:湖北人民出版社,2008
张先松. 健身・营养科学方案[M]. 武汉:中国地质大学出版社,2010
张先松. 健身健美理论与实践[M]. 武汉:武汉出版社,2005
张先松. 健身健美运动. [M]. 武汉:华中科技大学出版社,2009

张先松.健身健美运动[M].北京:高等教育出版社,2005
张先松.健身健美指南[M].武汉:湖北人民出版社,1998
张先松.人体美的表现与塑造.武汉:中国地质大学出版社,2010
张先松.人体增高的科学[M].武汉:湖北科学技术出版社,1996
张先松.实用长寿全书[M].武汉:湖北人民出版社,1999
张先松等.少年健美大全[M].长春:辽宁少儿出版社,1991
中国营养学会编著.中国居民膳食指南(2007)[M].拉萨:西藏人民出版社,2008
周西宽.体育基本理论[M].北京:人民体育出版社,2007.6